महामिलन

वाणी प्रकाशन
21-ए, दरियागंज, नयी दिल्ली-110002
फोन : 011-23273167, 23275710
फैक्स : 011-23275710
e-mail : vaniprakashan@gmail.com
website : www.vaniprakashan.com

महामिलन

विजयदान देथा

वाणी
प्रकाशन

प्रकाशन के उत्कृष्टतम 63 वर्ष

पेपरबैक प्रथम संस्करण : 2008
पेपरबैक दूसरा संस्करण : 2026

vaniprakashan.com

वाणी प्रकाशन

4695, 21-ए, दरियागंज, नयी दिल्ली-110 002
फ़ोन : + 91 11 23273167, 23275710

शाखाएँ

अशोक राजपथ, पटना-800 004, बिहार
कॉफ़ी हाउस कैम्पस, महात्मा गांधी मार्ग, प्रयागराज-211 001, उत्तर प्रदेश
महात्मा गांधी अन्तरराष्ट्रीय हिन्दी विश्वविद्यालय, वर्धा-442 001, महाराष्ट्र

sales@vaniprakashan.in
vaniprakashan@gmail.com

Mahalilan

By Vijaydan Detha
Isbn : 978-81-8143-715-0
Novel

मूल्य : ₹ 295

जी.एस. ऑफ़सेट, दिल्ली-110 095 में मुद्रित
वाणी प्रकाशन का लोगो मक़बूल फ़िदा हुसैन की कूची से

सुशील बछावत को

अन्तरपुट

काबुलीवाले! ओ काबुलीवाले!

16 जुलाई, 1998, बुधवार
बोरुन्दा

प्रिय शिवप्रसाद,

पाठ्यक्रम के अलावा जब से अन्य पुस्तकें पढ़ने की गहरी अभिरुचि जाग्रत हुई, तब से जाने क्यों बिना मुखबन्द की पुस्तक देखकर ऐसा महसूस होता है कि पुस्तक सम्पूर्ण नहीं है। पहिनावे में कुछ कमी रह गई है, इसलिए मेरे द्वारा प्रकाशित या सम्पादित कोई भी पुस्तक भूमिका के बगैर नहीं छपी। मेरी हर पुस्तक मेरी देखरेख में आँखों के सामने ही छपती रही है। जैसे छपाई भी किसी-न-किसी रूप में लेखन से जुड़ी हो। जिस तरह दूसरे के खाने से अपना पेट नहीं भरता, ठीक इसी तरह सामने छपाई न होने पर मुझे तृप्ति नहीं होती, शिव! कुछ-न-कुछ अभाव खटकता है। मानो मेरी सन्तान उघड़े बदन है। पहली बार मेरी देखरेख के बिना, मेरी नजरों से परे 'दुविधा' और 'उलझन' का प्रकाशन हुआ। जब भी इन्हें देखता हूँ तो दिल में एक चुभन-सी महसूस होती है। कहीं अपने ही शरीर का कोई अंग पीछे तो नहीं छूट गया?

'सपनप्रिया' की भूमिका से मुझे बड़ा सन्तोष हुआ और लिखते-लिखते ही यह बात समझ में आई कि प्राक्कथन, सम्बन्धित पुस्तक के बारे में ही हो, यह जरूरी नहीं है। रचनाओं की तरह वह भी एक स्वतन्त्र विधा हो, जिस से लेखक के हाड़-मांस और उसके अन्तस् की पहिचान अपने पाठकों से हो सके। और उस पहिचान से रचनाओं को समझने में एक दृष्टि मिले। लेखक हवा में साँस जरूर लेता है, पर उसके अधिकांश कार्य-कलाप धरती से, परिवार से, मित्रों से, परंपरा से, अपने प्रिय लेखक और पाठकों से जुड़े रहते हैं। अपनी रचनाओं के साथ लेखक का मिजाज भी प्रस्तुत रहे तभी रचना पूर्ण बनती है। अब मैं ऐसा सोचने लगा हूँ। किसी भी विशाल-से-विशाल और छोटे-से-छोटे पेड़-पौधे की ऊपरी छाल के नीचे एक झीनी-सी अन्तरछाल होती है न, उसके प्राणों की सुरक्षा के लिए चारों ओर आवेष्टित। समझ गए न शिव? रचनाओं और लेखक के बीच ऐसी ही एक

अदीठ अन्तरछाल या अन्तरपुट अवस्थित रहता है। यदि अधिकृत रूप से उसका तनिक आभास पाठकों को मिल जाए तो निस्सन्देह अपनत्व की अनुभूति होती है। अपनी आसन्न मनःस्थिति और अपना सोच रचनाओं के साथ-साथ दर्ज हो तो एक अलग ही अनुगूँज सुनाई देती है। इसलिए अपने प्रिय लेखकों के पत्र, उनकी जीवनी, उनके आत्मकथ्य, उनके संस्मरण और उनकी डायरियाँ पढ़ने की मुझे बड़ी 'हवस' रहती है। इन से फकत मेरी मानसिक प्यास ही नहीं बुझती, शारीरिक प्यास भी बुझती है, जो पानी जितनी ही अपरिहार्य है। ऐन मौके पर मेरी धूमिल स्मृति ने बड़ा साथ दिया रे शिव! श्रीमती शीला सन्धु ने सुमित्रानन्दन पन्त के बारे में एक अविस्मरणीय संस्मरण सुनाया, जब वे ज्ञानपीठ पुरस्कार से समादृत हुए थे। शीलाजी उन्हें स्टेशन पर छोड़ने गईं तो पन्तजी ने एक लिफाफा उनके सामने किया। शीलाजी ने बाल-विस्मय से पूछा, 'क्या है?' तब उन्होंने झीने स्वर में सहज भाव से कहा, 'आपने कुछ वर्ष पहिले राजकमल के लिए एक प्रेस लगाने की बात कही थी न। इस में ज्ञानपीठ का चेक है। थोड़ी मदद मिलेगी।' सुनते ही मैं स्तब्ध रह गया। पन्तजी की कविताएँ मेरे मन को छूती नहीं थीं। यह किस्सा सुनते ही पन्तजी के प्रति मेरे मन में श्रद्धा उमड़ पड़ी। पुराने पछतावे का भी पार नहीं रहा। दुबारा पढ़ने पर उनकी रचनाओं का स्वाद ही कुछ और लगेगा।

अन्तोन चेखोव और तॉलस्तॉय के संस्मरण जो मैक्सिम गोर्की ने अपनी सधी कलम से चित्रित किए हैं, वे मुझे उनकी फोटुओं की अपेक्षा ज्यादा प्रभावित करते हैं। द्रवित करते हैं। तस्वीर में तो बाहर की बनावट और क्षणिक मुद्रा टङ्कित हो जाती है और हमेशा के लिए व्यक्ति के चेहरे पर चिपकी रह जाती है। लेकिन पत्र, डायरी व संस्मरणों से आत्मिक छवि झलकती है। संस्मरण और अपनी आत्मकथा के सीगे में गोर्की लाजवाब है रे शिव, जिन्हें पढ़कर बाहर का हुलिया तो भीतर सिमटने लगता है और भीतर का तमाम अदृष्ट बाहर प्रकट होने लगता है। कृतियों के साथ-साथ यदि कृतिकार का व्यक्तित्व किसी भी रूप में उजागर होता रहे तो कृतियों में अन्तर्निहित व्यञ्जना अपना अलग ही सुर गुनगुनाने लगती है। अगली बार मिलते ही मैक्सिम गोर्की के संस्मरण लाऊँगा, और तुम्हारे मुँह से मैं सुनूँगा। अब तक तो फकत उन्हें पढ़ता रहा हूँ। तुम बड़े भाव-विभोर होकर सुनाते हो। मैं इतना अच्छा नहीं सुना पाऊँगा। जिस तरह तुम्हारे ईश्वर की माया का कोई पार नहीं है, उसी तरह विश्व की श्रेष्ठतम कृतियों की माया का भी कोई पार नहीं है। तुम्हारे खयाल से आराध्य को एक बार सुमरना ही पर्याप्त नहीं है, उसी प्रकार श्रेष्ठ कृतियों को फकत एक बार पढ़ना ही काफी नहीं है। अनन्त रहस्यमयी इन कृतियों का रहस्य केवल आँखों से ही दिखलाई नहीं पड़ता। क्षण-क्षण बदलती प्रकृति का परिवेश और उस से प्रभावित मनःस्थिति के माहौल में पारायण करते

समय रचना भी अपने रङ्ग बदलती रहती है। कलियों की नाईं सिमटे-बँधे 'सबद' शनैः-शनैः खुलते जाते हैं और उन में घुले मर्म की महक एक ऐसी सुवास फैलाने लगती है, जो किसी भी प्राकृतिक या लौकिक सौरभ से नहीं मिलती। नासा-रन्ध्रों की बजाय शरीर का रोम-रोम उसे सूँघने के लिए आतुर हो उठता है।

एक अन्तरङ्ग बात कहूँ, दूसरे विश्वास करें न करें तुम आँख मींच कर विश्वास करोगे। अभी परसों का ही ताजातरीन अनुभव है, उस से पहिले किसी भी रचना को पढ़कर ऐसी अपूर्व अनुभूति मुझे कभी नहीं हुई, दृष्टान्त का सहारा लूँ तो कहना पड़ेगा कि तुम्हें ईश्वर के प्रत्यक्ष दर्शन से जितनी खुशी हो सकती है, उस से कम खुशी मुझे रवि बाबू की अद्वितीय कहानी 'काबुलीवाला' पढ़ते समय हुई। साहित्य अकादेमी, रवीन्द्र भवन द्वारा 'रवीन्द्रनाथ की कहानियाँ' इतनी बार पढ़ चुका कि 'काबुलीवाला', 'पोस्टमास्टर', 'एक रात', 'क्षुधित पाषाण' और 'आधी रात में' अब कहीं निशान लगाने और टिप्पणी लिखने की कोई गुञ्जाइश नहीं बची है। रात के दो बजे पानी पीने के लिए उठा। मद्धिम चाँदनी से चौक हलका-हलका आलोकित हो रहा था। ऊपर देखा—बादलों से मुक्त सप्तमी का चाँद आधा खण्डित होते हुए भी मुस्करा रहा था। एक दिन पहिले तो आकाश में घटाएँ इस कदर उमड़-घुमड़ रही थीं कि जैसे अब ये कभी बेदखल होंगी ही नहीं, इसी तरह चारों ओर डेरा जमाए रहेंगी। पर एक ही दिन में किसी की जादुई शक्ति ने ऐसा सफाया किया कि बादल का नाम-निशान तक कहीं नजर नहीं आया। शायद तुम्हारे आराध्य के उन्हीं अगोचर हाथों ने उन्हें बेदखल किया, जिन्होंने आठ-दस रोज से प्रतिष्ठित कर रखा था। मेरे अपने गाँव से तो वे मामूली बूँदाबूँदी करके ही ओझल हो गए। किन्तु कोटा, बूँदी, जयपुर और अजमेर में जरूरत से ज्यादा बरस रहे हैं। तेरा ईश्वर भी बड़ा मन-मौजी है रे शिव! तेरी कुछ चलती हो तो सूखे गाँवों में बारिश करने के लिए अरदास करना। बड़ा तन्मय होकर उसे याद करता है न। कुछ-न-कुछ पढ़े बिना वापस नींद आती नहीं। सिरहाने गुरुदेव की गुरुवाणी और सीसा पेंसिल रखकर सोया था। काबुलीवाला से स्नेह-मिलन की इच्छा हुई तो वही कहानी शुरू कर दी। पढ़ते-पढ़ते नींद ही तो लेनी है। शीर्षक पढ़कर बाईं बाजू पश्चिम दिशा में खुलने वाली खिड़की से झाँका—सूबबूल पर हलकी-हलकी चाँदनी का घोल छितरा हुआ था। धुँधली-धुँधली हरियाली और पतली-पतली डालियों का ऐसा अप्रतिम नजारा दिखलाई पड़ा कि आँखें वहीं अटक कर रह गईं। खुले सीने पर पोथी धर दी। एक ही ठौर गड़ा यही सूबबूल का गाछ कितने-कितने रङ्ग बदलता है। सवेरे उषा की वेला इसकी हरियाली का रङ्ग ही दूसरा है। दमकती धूप फैली हो तो वही हरियाली एकदम प्रगाढ़ और गहरी हो जाती है। फिर साँझ की वेला झीना घूँघट पहिने सलज्ज हरियाली की रौनक ही बदल जाती है। तेरस या पूनम की चाँदनी में इसका हरा-भरा रङ्ग कैसा

प्रदीप्त हो उठता है और अँधेरी रात में तो हरियाली का आभास-मात्र दिखलाई पड़ता है। तब इसके कौन से रूप को सही मानूँ शिव, कुछ समझ में नहीं आता। लगता है इस रहस्य को समझने का प्रयास अधिक उपादेय साबित नहीं होगा। इसके सभी रूप सही हैं। रङ्ग-द्वेष से विकृत दृष्टि का प्रत्यक्ष स्वरूप भी एकदम सही है।

उस अद्‌भुत दृश्य से आँखें, मन और आत्मा तृप्त हो गई तो काबुलीवाला शीर्षक भी बड़ा रहस्यमय लगा। 'मेरी पाँच बरस की छोटी बेटी मिनी बिना बोले पलभर भी नहीं रह सकती।' यह वाक्य पूरा होते ही विश्व-जगत् की समस्त 'मुन्नियों' का बचपन चश्मे से ढकीं मात्र दो पुतलियों में ही समा गया। 'सुबह मैंने अपने उपन्यास के सत्रहवें परिच्छेद में हाथ लगाया था कि मिनी ने आते ही बात छेड़ दी, 'पिताजी, रामदयाल दरबान काक को कौआ कहता था, वह कुछ नहीं जानता। है न?' ' पानी की बूँद में असंख्य कीटाणु समाये रहते हैं। उसी प्रकार एक ही मिनी में मुझे उस उम्र की अनगिनत बच्चियों के रूप दिखाई पड़ने लगे। पिताजी में समूची दुनिया के सब शालीन मनीषी पिता, माँ की एक काया में संसार की समस्त माताएँ और काबुलवाले के ढीले-ढाले लिबास में अफगानिस्तान के तमाम पठान अपनी कद्दावर कद-काठी सहित समा गए। गुरुदेव की कलम का करिश्मा कुछ ऐसा ही ऐन्द्रजालिक है। तुम हमेशा नहाने के बाद पद्मासन की मुद्रा में रामचरितमानस का पाठ गाकर करते हो। गीता और शङ्कराचार्य के श्लोकों का सुमधुर उच्चारण करते हो। साहित्य में भी परिष्कृत रुचि है तुम्हारी। पर मेरे कहने से रवि बाबू, शरत् बाबू, चेखोव, तॉलस्तॉय, दॉस्तोयेवस्की, स्टीफन ज्वाइग, हावर्ड फास्ट, कजान जाकिस इत्यादि श्रेष्ठतम लेखकों की कृतियों का भी नियमित पाठ करो। जिन्हें पाने की तुम्हारे मन में अदम्य लालसा है वे राम-रहीम, कृष्ण, ब्रह्म, खुदा या ईसू इन सबको ऐसे विलक्षण ग्रन्थों में पा सकोगे। ये केवल लेखक ही नहीं, स्रष्टा हैं—स्रष्टा। सृष्टिकर्ता के अचराचर से इनकी सृष्टि कम नहीं है।

काबुलीवाला की घटनाएँ याद न हों तो फिर से बता दूँ—पाँच बरस की छोटी मिनी अपनी उम्र के अनुसार सब बच्चों की तरह जिज्ञासु है। बाह्य-जगत् को जानने की इच्छुक है। अपने मनीषी पिता से तरह-तरह के प्रश्न पूछती है। एक दिन संयोग से काबुलीवाला की हाँक सुनकर उसे आवाज देती है। पहली मुलाकात से बच्ची का डर मिटने के पश्चात् दोनों में अच्छी-खासी मित्रता हो जाती है। प्रतिदिन रहमत की हाँक सुनकर जोर-जोर से पुकारती है। काबुलीवाला बड़े स्नेह-दुलार से मिनी को बादाम-पिस्ते व काजू इत्यादि मेवे देता है और परस्पर हँसी-ठट्ठे के संवाद भी चलते रहते हैं। काबुलीवाला प्रतिवर्ष माघ के महीने देश जाने से पहिले अपनी उधार वसूल करता है। एक सिरफिरे ग्राहक से तू-तड़ाक के दौरान पठान-भाई आवेश में आकर उसे छुरा मार देता है। परिणाम-स्वरूप उसे

आठ साल की सख्त सजा हो जाती है। पूरी सजा काटने के बाद वह मिनी के घर उस से मिलने आता है। संयोग से उसी साँझ मिनी का ब्याह है। काबुलीवाले की उत्कट लालसा देखकर, सहृदय पिता मिनी को बुलाकर दोनों की मुलाकात करवा देते हैं। पिता के आग्रह करने पर काबुलीवाला किराये के रुपये लेकर अपने देश लौट जाता है। मिनी की हमउम्र बिटिया और उसकी माँ से मिलने की खातिर।

उपरोक्त घटनाओं के इस एक ही कथानक से अनेक लेखक बहुतेरी कहानियाँ लिख सकते हैं। किन्तु गुरुदेव ने इस कथानक को बादलों की ऊँचाई से उठाते हुए कहानी कला को जिस अज्ञात लोक तक उड़ाया है, मैं तो आज भी वैसी कल्पना नहीं कर सकता। कहानी के क्रमिक विकास में सारी घटनाएँ इस कलात्मक ताने-बाने से गुम्फित हुई हैं कि जिन्हें कहानी से अलग किया ही नहीं जा सकता। संवाद, प्रतिसंवाद, वर्णन, प्रतिक्रिया, अन्तर्द्वन्द्व, कल्पना और सूक्ष्म अनुभूतियों का ऐसा सानुपातिक चित्रण हुआ है कि निर्जीव घटनाओं में प्राणों का सञ्चार हो गया। लगता है यह कहानी लिखी नहीं गई, रची गई है। उकेरी गई है। तभी पौरुषेय के बहाने अपौरुषेय की श्रेणी में प्रवेश पा गई है। अनूदित कहानी के सारे शब्द अपने वर्णानुक्रम से कोश के भीतर बरसों से बन्दी पड़े हैं, सामने दिए अर्थों के साथ। ससुराल का अर्थ है—ससुर का घर। पति के पिता का निवास। कारागृह और जेलखाना भी लिखा है। लेकिन कहानी में बदलते प्रसङ्गों के अनुसार जिस-जिस वाक्य के बीच ससुराल का प्रयोग हुआ है, उसे बाँचते हुए कलेजे पर जो चोट लगती है, वह सौन्दर्यानुभूति के चरम-आनन्द की मानो पराकाष्ठा हो। गुरुदेव की कलम का परस पाकर ससुराल का समूचा हर्ष-विषाद, द्वेष-प्रताड़ना, पति का सहवास, गर्भ की आशा, प्रसव की पीड़ा से उत्पन्न मधुर उमङ्ग, शिशु का दुग्धपान, बेटी की विदाई, बहू का गृह-प्रवेश इत्यादि सब-कुछ भरा-पूरा परिवेश आँखों के सामने झिलमिलाने लगता है और ससुराल की यही संज्ञा जब मिनी के प्रसङ्ग से हटकर दो सिपाहियों के साथ भीड़-भभ्भड़ से घिरे रहमत के सन्दर्भ में प्रयुक्त होती है तो उसका सारा मर्म ही बदल जाता है। उसके हाथों में हथकड़ियाँ और पाँवों में बेड़ियाँ हैं। कपड़ों पर खून के दाग हैं। एक सिपाही के हाथ में खून से सना छुरा है। अबोध मिनी उस से पूछती है, 'तुम ससुराल जाओगे?'

'रहमत ने हँसकर कहा, 'वहीं जा रहा हूँ।' '

'देखा, उत्तर मिनी को विनोदपूर्ण नहीं लगा, तब हाथ दिखाकर बोला, 'ससुर को मारता, पर क्या करूँ—हाथ बँधे हैं।' '

समझ रहे हो शिव, जरा अपने धार्मिक-ग्रन्थों से तुलना करके तो देखो, इस तरह प्रत्यक्ष धड़कता दिल तुम्हें कहीं अन्यत्र दिखलाई नहीं देगा। निरावृत्त विशुद्ध घटना में तो रहमत को हँसकर जवाब देने की कोई आवश्यकता नहीं है। पर

गुरुदेव ने उस से हँसकर जवाब दिलवाया है। उसके हँसते ही अविलम्ब मेरी आँखों में आँसू छलक आए। मिनी के विनोद की खातिर उस दिव्य मुस्कान मात्र से रहमत हत्यारे की बजाय एक उदात्त अतिमानव के रूप में प्रतिष्ठापित हो जाता है। तब अफगानिस्तान का वह खूनी पठान सिर्फ अपने देश का न होकर सारे विश्व के आदर्शतम नागरिक का सर्वोच्च दरजा हासिल कर लेता है। स्नेह-प्रवर पिताओं की पाँत में सब से आगे दिखाई पड़ता है। मिनी के प्रतिरूप में उसकी अपनी बिटिया का स्नेह-बिछोह कहानी की पंक्तियों के बीच सर्वत्र उमग उठता है। केवल इतना ही नहीं, जेल के असह्य दुख-कष्टों की तनिक भी परवाह न करके, अफगानिस्तान के किसी दूर-दराज गाँव में बसे परिवार के वियोग को सर्वथा भूलकर मिनी को हँसाने की नीयत से वह हाथ दिखाकर कहता है, 'ससुर को मारता, पर क्या करूँ—हाथ बँधे हैं।'

समूचे अतीत को बिसराकर, परिवार के भविष्य की रञ्चमात्र की चिन्ता न करके केवल वर्तमान के क्षण में—मात्र एक क्षण में पुलक भरा जीवन जीनेवाले से अधिक मुक्त, चिर-स्वतन्त्र और वैभवशाली व्यक्ति और कौन हो सकता है? मिनी हँसते-हँसते पूछती, 'काबुलीवाले! ओ काबुलीवाले! तुम्हारी झोली में क्या है?'

'रहमत अनावश्यक चन्द्रबिन्दु जोड़कर हँसते हुए उत्तर देता, 'हाँति।' '

'अर्थात् उसकी झोली में एक हाथी है, उसकी हँसी का यही गूढ़ रहस्य था।' गुरुदेव की कलम से अङ्कित चन्द्रबिन्दु आकाश के अर्द्धाकार चन्द्रमा से किस रूप में कम है रे शिव! काश! मैं भी एक कहानी ऐसी लिख पाता तो समूचे संसार की दिग्विजय से कम आनन्द का अनुभव नहीं करता। इस छोटी-सी कहानी में इस तरह के मार्मिक स्थल ठौर-ठौर मानिक-मोतियों की नाईं जड़े हैं। पर इस अक्षय-निधि को ग्रहण करने का हौसला बड़ी तपस्या के बाद मिलता है। बार-बार आनन्दाश्रु पोंछकर जस-तस कहानी समाप्त की। मेरा परम सौभाग्य कि मरने से पूर्व इस अमरकथा का एक बार और पारायण कर लिया। जीते-जी निर्वाण की ऐसी मनःस्थिति सहज प्राप्य होते हुए भी कितनी दुर्लभ हो गई। यह सब अमरीका के आसुरी निर्यात की देन नहीं तो और क्या है?

ठण्डे पानी से आँखें छाँटकर ऊपर देखा। सप्तमी के खण्डित चन्द्रमा से और अधिक चाँदनी झरने लगी। स्मित मुस्कान छलकाते तारों ने मेरा अभिनन्दन किया कि उस क्षण-विशेष में मुझ से सौभाग्यशाली व्यक्ति दुनिया में और कोई नहीं है। परिपूर्ण आनन्द में बौराया-सा 'गीताञ्जलि' की एक पंक्ति गुनगुनाने लगा—एकटि नमस्कारे प्रभु, एकटि नमस्कारे। गुरुदेव की गुरुवाणी का यह प्रभु मन्दिरों के गर्भ-गृह में, तीर्थ-स्थलों की आरती-पूजा में और धार्मिक-ग्रन्थों के शब्द-जाल में बन्द नहीं है। वह तो सारे ब्रह्माण्ड में परिव्याप्त है—धरती के कण-कण में, हरियाली के पान-पान में, झाड़ियों के काँटे-काँटे में, पञ्छियों की पाँख-पाँख में, निर्झरों की

कल-कल ध्वनि में, धूप-चाँदनी और अन्धकार के रेशे-रेशे में, बरसते पानी की बूंद-बूंद में, अबोध शिशुओं की किलकारियों में, अमृतमय दूध से रिसते माँ के स्तनों में, रहमत की पारदर्शी मुस्कान में और श्रेष्ठ साहित्य के आखर-आखर में।

फिर उठना न पड़े इसलिए लघु-शङ्का करके सोना ही ठीक समझा। ...ऐन मौके पर जगह कुछ दूसरी लगी तो इधर-उधर झाँका। खिसियानी हँसी के साथ थोड़ा-बहुत खिन्न भी हुआ रे शिव! भूल से रसोई में आ गया था। ना, ऐसी मानसिक अवस्था तो सपने में भी शुभ नहीं है। पर क्या करूँ? मुझ पर अपना नियन्त्रण ही कहाँ रहता है? कठपुतली के सारे धागे मेरे देवताओं की अँगुलियों में थमे हैं। वे नचाएँ उसी तरह नाचना पड़ेगा। थकावट की फरियाद भी नहीं कर सकता। न चेखोव, न रवि बाबू और न शरत् बाबू—कहाँ कुछ भी ध्यान नहीं रखते कि मैं किस तरह आर्थिक-पाटों के बीच पिसा जा रहा हूँ। तुम से कुछ भी छिपा नहीं है। जो किसे भी नहीं बताता, वह निःसङ्कोच तुम्हारे सामने उगल देता हूँ। लेकिन लिखने-पढ़ने के सीगे में वे मेरी पीठ पीछे खड़े रहकर मुझे हरदम सावधान किए रहते हैं कि उनके 'सबदों' की मर्यादा को ठेस लगे, ऐसा काम न करूँ। पर कभी-कभार मजबूरी में आँखें मूँदकर कुछ हलके-फुलके समझौते कर लेता हूँ, जो पहिले कभी नहीं करता था।

बत्ती बुझाकर लेट गया। सूबबूल पर छितरी चाँदनी को निहारते-निहारते कब आँख लगी, पता नहीं चला। सवेरे संयम नहीं रख सका तो रवीन्द्र रचनावली के सत्रहवें खण्ड में प्रकाशित काबुलीवाला को हिन्दी अनुवाद से मिलाकर पढ़ा। सारे दिन अफगानिस्तान के पठान रहमत ने एक आखर भी लिखने नहीं दिया और उधर कान्ति भूमिकाओं के लिए मार तकाजा कर रहा है। इसलिए हिम्मत बटोरकर बैठना ही पड़ा। काबुलीवाले के सद्यःप्रभाव को न दरसाना मेरे लिए असम्भव है। इस मनःस्थिति को दर्ज करने का इससे अच्छा मौका और कब मिलेगा?

सच है कि इस तरह के श्रेष्ठ साहित्य से मैं स्वयं तो बेइन्तहा प्रभावित होता ही हूँ, पर इनके सीधे प्रभाव की हलकी छाँह भी अपनी रचनाओं में नहीं पड़ने देता। बेहद सतर्क रहता हूँ। निःसंशय मैंने अपने गुरुओं से ही कहानी-कला का सारा रहस्य समझा है। तुम्हें बीच-बीच में बताता भी रहा हूँ कि कोई भी श्रेष्ठ रचना पढ़ते समय और पढ़ने के बाद भी मेरी चेष्टा यही रहती है कि मैं उस यात्रा के पदचिह्नों की, उर्वर कल्पना के अदीठ अजस्र स्रोतों की खोज करूँ, जिस राह चलकर वे लेखक उस रचना तक पहुँचे। वह कौन-सी झीनी प्रक्रिया है, जिसके सहारे वे सृजन की यह ऊँचाई प्राप्त कर सके। अपनी रचनाओं में प्रयुक्त घटनाओं को वे इस कदर प्राणवन्त बना सके, वह जादू की छड़ी क्या है, कौन-सी है, किस ज्ञात-अज्ञात पदार्थ से बनी है? उनका उर्वर मस्तिष्क घटनाओं को किस तरह

संयोजित करता है, जिस से उनके गुणात्मक परिष्कार में शनैः-शनैः अनन्त शक्ति का सन्निवेश हो जाता है। लोक-कथाओं के नायक जिस तरह पाषाण पुतलियों और मृत प्राणियों की हड्डियों में प्राणों का सञ्चार करते रहते हैं, उसी तरह श्रेष्ठ साहित्य के निर्माता निर्जीव घटनाओं में प्राण समाहित करने में सक्षम होते हैं। वह कौन-सा कौशल और कैसी कला है जिसके बूते पर मेरे पूजनीय गुरु ऐसा उत्कृष्ट सृजन कर सके। इस 'सकने' की तलाश कर सकना ही बड़ा पेचीदा काम है रे शिव!

मैं बहुधा त्रिदेव अन्तोन चेखोव, रवि बाबू और शरत् बाबू का जिक्र करता हूँ तो मेरे जागरूक पाठक और कुछेक शुभचिन्तक समीक्षक मुझ से शङ्का करते हैं कि उन्हें तो किसी का कोई ज्ञात-अज्ञात प्रभाव नजर नहीं आता। रूबरू बातचीत के दौरान उन्हें बताता हूँ कि शरत् बाबू से मैंने सहज संवाद और घटनाओं के क्रमिक संयोजन की असीम क्षमता का कौशल सीखा है। रवि बाबू से रोजमर्रा के सामान्य दृष्टान्त और उनकी अद्भुत दार्शनिक सूझबूझ के अपरिसीम वैभव को आत्मसात् किया है और चेखोव से दैनन्दिन की अकिञ्चन घटनाओं के अखूट सामर्थ्य को और लीक से हटकर चलने के अदम्य हौसले को यथाशक्ति अपनाने का विनम्र प्रयास करता रहा हूँ। और लोक-कथाओं के अलौकिक चमत्कारों को लौकिक धरातल पर उतारकर उनमें प्राकृतिक रङ्ग भरने की अथक चेष्टा करता रहा हूँ। सामान्य आख्यानों से उन्हें सँवारता रहा हूँ।

यदि संयोग से काबुलीवाले का ऐसा मादक प्रभाव नहीं होता तो तुम्हारे पत्र का जाने क्या रूप बनता?

...अपनी स्मरण-शक्ति पर पूरा भरोसा तो नहीं है, फिर भी मेरा अनुमान है कि वेदव्यास के कान्तिनगर वाले मकान में तुम से पहली बार मुलाकात हुई थी। और उस प्रथम परिचय में ऐसा लगा कि हम बरसों से अभिन्न आत्मीयता में बँधे हैं। जालूपुरा के मकान में तुम अकेले ही रहते थे। हाथ से खाना पकाते थे। मोटी-मोटी रोटियों में कोंच-कोंच कर घी भरते थे। और खाना इस श्रद्धा से खिलाते मानो अपने आराध्य को प्रसाद चढ़ा रहे हो! जब पहली बार तुम्हारे मकान में आया तो तुम स्तब्ध-चकित, अधखुले दरवाजे के बीच खड़े विस्मय से देखते रहे कि क्या मैं सचमुच तुम्हारे सामने खड़ा हूँ। उसी मकान में उर्वशी और दीपक से भी अच्छा-खासा उत्फुल्ल परिचय हुआ। प्रेम-विवाह की वह अलमस्त जोड़ी देखकर अपने दारुण निराश-प्रेम के कारण ईर्ष्या-द्वेष की बजाय कुछ बेशी ही उन से लगाव हुआ। जैसे मेरा ही प्रेम उनके माध्यम से चरितार्थ हुआ हो। उनके मीठे और चटपटे सम्बन्धों को देखकर लगता कि शायद वे एक-दूजे के लिए ही जन्मे हों। दीपक केजरीवाल एकदम सौम्य-गम्भीर, मितभाषी और व्यावहारिक। उर्वशी मैना के उनमान चहकती हुई, झरने-सी चञ्चल और गुलाब-सी खिली हुई। कैसी

भी निरामिष मजाक करने में नहीं चूकती। पर चरित्र में 'महामिलन' की दुल्हन के समान वज्र-सी अटूट। नाम के अनुरूप ही छलकता-छरहरा सौन्दर्य। अपना दिल साफ और ग्रन्थिहीन हो तो किसी से भी कैसा सङ्कोच और कैसी हिचकिचाहट। धारोष्ण दूध-सा निर्मल अन्तस्। ...तुम्हें कितनी आत्मीयता से भाई-साहब, भाई-साहब कहकर पुकारती थी। और तुम सचमुच हो भी वैसे ही वीतराग और निर्विकार। मैं मन-ही-मन अक्सर तुम से मेरे चचेरे भाई स्व. कुबेरदानजी, मेरे अभिन्न मित्र प्रयागराज मेहता, मरुधर मृदुल, डॉक्टर शान्तिस्वरूप रावत, इन्द्रनाथजी चौधुरी और सुशील बछावत के परिपुष्ट सदाचार की तुलना करता हूँ। पर तुम पर तो मेरा इतना अगाध विश्वास है कि कैसी भी सुन्दर युवती के साथ एक सेज पर सोते भी देख लूँ तो किसी तरह का कोई वहम मेरे मन में पैदा नहीं होगा। इसीलिए स्नेह के साथ-साथ तुम्हारे प्रति मुझे श्रद्धा भी है। जब भी दोनों हाथ ऊपर उठाकर तुम नीचे झुकते हो तो ऐसा लगता कि चिनार का कोई जङ्गी पेड़ मुझे नमन कर रहा है। तातश्री का खिलखिलाता सम्बोधन सुनकर मैं भी तुम्हें हाथ बढ़ाकर तातश्री कहता हूँ तो कोई मजाक में नहीं। तुम इसके अधिकारी हो। गुणों की पहिचान उम्र पर निर्भर नहीं करती। और एक बात तो इस से भी अधिक उल्लेखनीय कि अपने देश में सर्वव्यापी भ्रष्टाचार के बावजूद तुम रसद विभाग की कजरारी कोठरी में जहाँ हर घड़ी काजल बरसता है, किस तरह बेदाग बचे हो। निरन्तर अभावों से जूझते हुए एक क्षणभर के लिए भी तुम्हारे पाँव डगमगाए नहीं। उसी दृढ़ता से अपने आदर्श-पथ पर बढ़ते रहे।

बातपोशी के हुनर में तुम्हारा मुकाबला हिन्दी के लाड़ले कवि केदारनाथ सिंहजी से करूँ तो कतई अनुचित नहीं होगा। तुम्हारा लहजा कुछ बेशी ही चटपटा और जायकेदार है। तिस पर बीच-बीच में छतफोड़ ठहाके सुनकर तुम से ईर्ष्या होती है कि मैं इस तरह जोर से हँस क्यों नहीं सकता? केदारनाथ सिंहजी अक्सर अपने गुरु आचार्य हजारीप्रसाद द्विवेदी के संस्मरण सुनाते हुए उनके बेजोड़ अट्टहास की चर्चा मुस्कराते हुए करते हैं, तो यकायक तुम्हारे ठहाकों की अनुगूँज मुझे साफ सुनाई देने लगती है। बातपोशी के अनूठे हुनर से आश्चर्यचकित होकर बार-बार तुम से कहता हूँ कि कहानी विधा पर कलम आजमाओ, तुम आलीशान कथानवीस बन सकते हो। हामी तो हर बार भरते हो पर शुरुआत नहीं करते। आध्यात्मिक ज्ञान की तुलना में साहित्य को गौण समझते हो न! पर तातश्री! कितनी बार समझाऊँ कि तुम्हारा यह सोच गलत है। श्रेष्ठ साहित्य से बढ़कर कोई भी धार्मिक ग्रन्थ आध्यात्मिक प्रभाव उत्पन्न नहीं कर सकता। बासी पड़ने के परिणाम-स्वरूप उन में फफूँद जमने लगती है और साहित्य उगते सूर्य की नाईं हर नए प्रभात में नया आलोक उद्भासित करता है।

विद्यार्थी जीवन में लड़कियों की छेड़खानी को बाद देकर तुम्हारे व्यक्तित्व

को आँकता हूँ तो बहुत सारी आदतें इस कदर मिलती हैं कि तुम मेरे हुबहू प्रतिरूप लगते हो। ठीक मेरी ही तरह नकारात्मक आशङ्काओं से तुम्हारा मन भी आछन्न रहता है। कोई परिजन या मित्र वादा करके समय पर न आए तो मेरी तरह तुम भी किसी-न-किसी दुर्घटना की कल्पना करके त्रस्त हो जाते हो। अस्पताल में किसी से मिलने जाऊँ तो इसी चिन्ता से ग्रस्त हो जाता हूँ कि बस यही बीमारी मुझे होगी। तुम्हें भी ऐसी खामख्वाह चिन्ताएँ सताती हैं। किसी से काम का वादा कर लिया तो पूरा होने तक मेरी तरह तुम्हें भी चैन नहीं मिलता। जल्दबाजी और उतावलेपन में भी मुझ से कम नहीं हो। मेरा प्रतिरूप होने के नाते जितनी कम अवधि में तुम मुझे समझ पाए, उतना पुराने मित्र अब तक समझ नहीं सके। कई अभिन्न मित्रों के सदृश ही तुम्हारे साहचर्य पर भी मुझे गर्व है। वेदव्यास का इसलिए बड़ा आभारी हूँ कि उसके माध्यम से तुम्हारा परिचय हुआ।

जितना सुकून मुझे सी.पी.बना की सङ्गत और बातचीत से मिलता है, उतना ही सकून तुम्हारे साथ रहने पर भी मिलता है। फर्क इतना ही है कि मैं सी.पी. बना की बजाय ज्यादा बोलता हूँ और तुम मुझे बहुत ही कम बोलने देते हो। अपनी-ही-अपनी हाँकते हो। पर बातें बड़ी मजेदार होती हैं। मन भरता ही नहीं। इसलिए जब भी जयपुर आता हूँ तुम्हारी सङ्गत के लिए लालायित रहता हूँ। कई मित्र अक्सर तुम्हें यह उलाहना देते हैं कि मेरे साथ ही तुम प्रकट होते हो, अन्यथा महीनों तक नहीं मिलते। तुम फीकी हँसी हँसकर चुप हो जाते हो, कुछ भी सफाई नहीं देते। जयपुर के कामों की लम्बी फेहरिस्त तुम्हारी मोटर-साइकिल की गति के साथ निपटती रहती है। दुर्घटना की आशङ्का से तुम्हें बार-बार चुप कराना पड़ता है। पर बोले बिना तुम्हें सन्तोष नहीं होता। आदमियों की परख भी तुम्हें मुझ से बेहतर है।

परिशिष्ट में मूल कहानी है—'गुणवन्ती'। 'बातां री फुलवाड़ी' के नौवें भाग में छपी है। आखातीज संवत् 2024 के माङ्गलिक अवसर पर। इकतीस बरस पहिले। मेरे ही गाँव बोरुन्दा के जवानराम भाँबी की बेटी गेंदा ने यह कहानी सुनाई, पर नाम कुछ भी नहीं दिया। उसने अपनी दादी से यह बात सुनी थी। फकत तेरह साल की उम्र में ही मुझे ज्यों-की-त्यों सुना दी। बड़े सलीके से। उन दिनों मैं अक्सर भाँबी जाति की बहू-बेटियों से बातें सुनता था। कभी रूपायन संस्थान में बुलाकर तो कभी उनके घर जाकर। जिन में प्रमुख थीं—सीता, गवरी, गेंदा और मकूड़ी। इनसे गीत (लोकगीत) भी खूब लिखे। गेंदा का रङ्ग काफी साँवला था, जैसे काले-स्याह पत्थर से कोई मूरत उकेरी हो। दाँत दूध की नाईं बुर्राक। जब 'गुणवन्ती' कहानी लिखकर उन महिलाओं को सुनाई तो गेंदा और गवरी ने कहा, 'वाभा, म्हे तो थांनै कांई बात सुणाई अर थें कीं री की ठाय दी। पण ठाई जबर। नांमी बेसवार लगाया। जे म्हांरी बातां यूं सस्वादी बण जावै तौ

चाहीजै ई कांईं! अबै आप सूं बातां अर गीत सुणाई री देनगी नीं लेवां।' राजस्थानी में 'वाभा' शब्द का ठीक पर्यायवाची तो नहीं बताया जा सकता। पर भाई साहब से कुछ मिलता-जुलता सम्बोधन है। (भाई साहब, हमने तो आपको कुछ और ही बात सुनाई और आपने कुछ-की-कुछ बना दी। पर बनाई खूब ही। नामी मसाले लगाए। यदि हमारी बातें ऐसी जायकेदार बन जाएँ तो और क्या चाहिए। अब आप से गीत और बातें सुनाने की मजदूरी नहीं लेंगी।) वह मेरा पहिला पुरस्कार और पहिला अविस्मरणीय सम्मान था रे शिव! कुछेक बरस बाद यह हादसा सुना कि गेंदा के ससुराल में साँप काटने से उसकी मृत्यु हो गई तो सारा दिन बड़ा दुख में बीता। जाने कितने गीत और कितनी बातें उसके सुमधुर कण्ठ से सुनी थीं? क्या अपने बच्चों को कुछ सिखा गई कि नहीं?

जब 'गुणवन्ती' को हिन्दी में लिखने बैठा तो मुझे वाकई यह अनुमान नहीं था शिव, यह कहानी उपन्यास जितनी फैल जाएगी। एक-एक पृष्ठ बढ़ते-बढ़ते एक सौ सत्तर पृष्ठ हो गए। करीब एक पखवाड़े में यह सम्पूर्ण हुई। इसे कहानी का पुनर्सृजित रूप न कहकर, उस कथानक पर आधारित, एक स्वतन्त्र उपन्यास कहना ही ज्यादा उचित होगा। गुणवन्ती कहानी अपनी जगह पर पूर्ण है। और 'महामिलन' अपनी जगह पूर्ण है। जिसे छब्बीस बरस बाद लिखा। मैं वह लेखक ही नहीं रहा तो कहानी भी वही क्योंकर रहती। मेरी चेतना के अजाने ही नई-नई घटनाएँ--इकतीस बरस पहिले की कहानी के उनमान ही गुम्फित होती रहीं। इसे मैंने पाँच महीने के अन्तराल में तीन बार माँजा-सँवारा है।

गुणवन्ती कहानी में मचान की अप्सरा के भीतर विद्यार्थी जीवन की कुछेक छात्राएँ विराजमान हैं तो भोले अनाथ छोकरे का व्यक्तित्व कई परिचित मित्रों के चरित्र का सम्मिश्रण है। यह कहानी लिखते समय बालसिंह राठौड़ और पुष्पराज मृदुल के चेहरे आँखों के सामने टिमटिमाते रहे हैं। पर महामिलन के गौतम में आंशिक रूप से सुशील बछावत, श्री प्रसन्नमल सिंघवी और तुम भी जुड़ गए हो। गौतम की दुलहन का चित्रण करते समय प्रमुख रूप से उर्वशी की सूरत हवा में ठौर-ठौर नजर आती रही है। बीच-बीच में उसकी कल-कल हँसी भी कानों में अमृत घोलती रही है। और भी कुछेक महिलाओं के व्यक्तित्व का आसव भी उस में घुला है। मीठी-माँ मेरी कल्पना की आदर्शतम छवि है, इसलिए यथार्थ से ज्यादा करीब है। उनका बाह्य स्वरूप तो कई परिचित महिलाओं के सौन्दर्य से चित्रित हुआ है, पर आन्तरिक व्यक्तित्व को फकत एक ही साँचे में ढालने की चेष्टा की है, उसे रूबरू मिलने पर ही बताऊँगा। यों तुम्हारा अनुमान भी गलत नहीं होगा। मीठी-माँ मेरे आदर्श के झूले पर झूलती हुईं कितनी ही बार बादलों के सन्निकट पहुँची हैं तो वापस उतनी ही बार वे धरती को छूती हुईं, हाथ सवा-हाथ ही ऊपर रही हैं। उनका चरित्र जितना उजागर हुआ है, उससे कहीं ज्यादा प्रच्छन्न है। पर

उजागर के अवगुण्ठन से उसकी धुँधली-धुँधली झाँई अवश्य नजर आती है।

यह पत्र समाप्त होते-होते फिर काबुलीवाले! ओ काबुलीवाले! की अनुगूँज कानों में झनझना उठी है। उसे कुछ देर सुनना चाहूँगा। अगली बार जयपुर आया तो रामचरितमानस की चौपाइयाँ और कबीर का वह पद—काहै ओढ़ावै चुनरिया, मरती बिरिया, हमेशा की तरह तरन्नुम के साथ सुनूँगा। तो तातश्री! कैलाश की बाई (माँ) सायर कब से तकाजा कर रही है कि अब तो खाना खा लूँ। रात के दस बजने वाले हैं। अल्ल सवेरे लिखने बैठा था। जीजी (माँ) को प्रणाम। बच्चों को आशीर्वाद। तुम सबके स्वास्थ्य की शुभकामना के साथ।

तुम्हारा
बिज्जी

श्री शिवप्रसाद पालीवाल
पाठशाला नम्बर 3 के पास
बापू बाजार, चौमू (जयपुर)

महामिलन

इस अनहोनी दुनिया में कभी-कभार कुछ ऐसी सहज, सामान्य तथा नैसर्गिक घटनाएँ घटित हो जाती हैं, जिन पर आसानी से विश्वास नहीं होता। क्योंकि विश्वास करने वाला मनुष्य स्वयं असामान्य, अस्वाभाविक और छद्म होता जा रहा है। प्रगति के मोहजाल में प्रकृति से निरन्तर उसकी दूरी बढ़ती जा रही है। लौकिक विकास की रौ में अलौकिक जगत् से उसका नाता टूटता जा रहा है।

...तो किसी एक ठाकुर की बगीची के फूलों और उसकी महक से कुछ दूर, एक गाँव बसा हुआ था। तब गाँव के लिए ठाकुर उतना ही जरूरी था, जितना बाँबी के लिए साँप, माँद के लिए शेर। जमीन पर लहलहाती फसल उगाने के लिए ठाकुर के हाथ-पैरों की बजाय किसान के हाथ-पैर ही हमेशा काम आते थे। ठाकुर के हाथों की शोभा तलवार थी और तलवार की शोभा म्यान। किसान के हाथों की शोभा था हल और हल की शोभा थे बैल। तलवार का पेट हमेशा जरूरत से ज्यादा भरा रहता था और हल का पेट हमेशा अधभरा, अधभूखा। आलस्य पूरे ठाट-बाट से ऐश करता था और मेहनत का पसीना कभी सूखता ही नहीं था। आराम सदा सजा-सँवरा व तना रहता था और परिश्रम सदा अधनङ्गा मैला-कुचैला व झुका-झुका-सा।

ऊँची टेकरी पर बना हुआ था ठाकुर का गढ़ और तलहटी पर चिपका हुआ था गाँव—मवाद से भरे फोड़ों की तरह। सात घर बोहरे-बनियों के, तीन घर कलालों के, तेरह घर बामनों के, इक्कीस झोंपड़ियाँ जाटों की, बीस मालियों की, दस सीरवियों की, आठ पटेलों की, तीस टपारे भाँबियों के और दो छान मेहतरों की। पाँच झोंपड़े गड़रियों के, चार घर खवासों के, तीन घर ढोलियों के और दो घर नटों के।

संयोगं का चमत्कार कि एक किसान के झूँपे में इकलौते बेटे के साथ इस कहानी का जन्म हुआ। झोंपड़ी का मालिक ठाकुर के अलावा अफीम का भी गुलाम था। बेचारी मालकिन पति का अफीम छुड़ाने की खातिर हरदम बकझक करती, पर उस किसान के लिए अफीम तम्बाकू से भी ज्यादा जरूरी था। कभी तैश में आकर घरवाली को झिड़कते कहता, 'औरत की राय माने वह आदमी ही क्या। औरत में अकल होती तो सिर पर काले घास की बजाय साफा नहीं बाँधती?'

घरवाली मेहनती थी, समझदार, सुन्दर और मितभाषी थी। पर कभी-कभार

पति से छेड़खानी करने में भी नहीं चूकती। तब पति का गुस्सा भी हँसी के साथ बाहर उछल पड़ता। घरवाली ने तनिक रूखे स्वर में एक बार उत्तर दिया, 'यदि मरदों में अकल होती तो दाढ़ी-मूँछ की बजाय केस उनकी जीभ पर नहीं उगते?'

पति ने अचरज से आँखें फाड़ते हुए कहा, 'जीभ पर केस। ऐसी अनहोनी बात तेरे माथे में उपजी कैसे?'

पर घरवाली की अकल माथे की बजाय उसकी कोख में थी, जो अफीमची पति के भरोसे दूसरी बार फली ही नहीं। तिस पर उनका इकलौता बेटा भी एकदम भोला। ऐसा सीधा और निरीह मानो किसी कबूतर को मनुष्य का वरदान फला हो। अन्तस् उसका बादलों के पालर पानी-सा निर्मल। किसी के लाख धमकाने पर भी वह झूठ तो बोल ही नहीं सकता था। और झूठ बोलने के लिए उसे लोभ तो दिखाता ही कौन? गाय के धारोष्ण दूध से धुला था उसका पारदर्शी उजला मन।

माईत (माँ-बाप) आठों पहर चिन्ता करते कि गुदड़ी का रखवाला एक ही जन्मा, पर निरा गावदी। इस मक्कार दुनिया में उसकी गुजर-बसर कैसे होगी? उनकी जिन्दगी भी कोई सुधरी हुई नहीं थी, फिर भी वे अपने छोरे की जिन्दगी बर्बाद होने की आशङ्का में घुले रहते। फलस्वरूप बाबा के अफीम की मात्रा बढ़ती गई और खेती का धन्धा घटता गया। गवाड़ी शुरू से ही कमजोर थी, फिर तो पैंदे ही बैठ गई।

कई महीनों तक मगजमारी करते-करते एक दिन माईतों ने छोरे की भलाई के लिए जोरदार युक्ति सोची। राम जाने कैसे उनके मन में यह सनक घर कर गई कि उनके गुजरने पर छोरा बिन-ब्याहा ही रह जाएगा। कुल का नामोनिशान उठेगा सो उठेगा ही, उसकी मर्यादा पर भी बट्टा लगेगा। और न मरने के बाद उनकी मुक्ति ही होगी। सो खुद का अगला जन्म सुधारने की मंशा से उन्होंने बेटे का बचपन में ही ब्याह कर दिया। करम फूटे को हीये का फूटा मिल ही जाता है। सात बरस का दूल्हा और छह बरस की दुलहन—गुड्डे-गुड्डियों के खेल की तरह विवाह के बन्धन में जकड़ गए। बहू गड्डे व लुकमींचनी रमने के उछाह में मायके ही ठहर गई और दूल्हा बैलगाड़ी पर सोता-सोता बरात के साथ गाँव लौट आया।

मगर सञ्जोग के खेल ही निराले होते हैं। उसी बरस ऐन दीवाली के दिन बाप और होली के दिन उस अभागे छोकरे की माँ चल बसी। वहाँ भी बाबा की बन्दगी के लिए बुढ़िया की जरूरत थी। किन्तु बेटे के सीगे रोने के अलावा दूसरा कोई चारा नहीं था। छिपकर परपूठ या सामने, भीतर या बाहर बस रोता-ही-रोता। जीने-मरने का मायना भी उसे ठीक तरह कहाँ पता था। किससे पूछता? और बताता भी कौन?

बिरादरी के बूढ़े-बडेरों ने अपनी समझ के अनुसार बार-बार उसे समझाया कि कोरे-मोरे आँसुओं से पार नहीं पड़ेगा, घी-खाँड का खरचा करना होगा। माँ-बाप

केर-खेजड़ी मुँह लुकाते भटक रहे हैं, मौसर किए बिना मुक्ति नहीं होगी। सो बूढ़े-बडेरों की सयानी समझ बची-खुची खुरचन भी चट कर गई। दो खेत, एक बाड़ा, जोड़ी बैल और पाँच गाएँ बोहरा बिना लगावन के ही डकार गया। ठाकुर के मरजीदान कणवारिए ने ठोक-बजाकर छोरे को गिरवी रख लिया। तब तो निःसन्देह उसके जन्मदाताओं की मृत्यु सुधर गई होगी। संस्कारों की आस्था का ऐसा ही चमत्कार होता है।

...कणवारिए के अन्तस् में थोड़ी दया-माया थी। लाड़-दुलार से पुचकार-पुचकार उस अनाथ छोकरे से सारे काम निकलवा लेता। माँ-बाप के मौसर में छोरे के ससुराल वाले भी आए थे। खुलेआम सार्वजनिक चर्चा की बातें भला उनसे क्योंकर छिपी रहतीं। मन-ही-मन गाँठ बाँध ली कि इस गरीब हतभागे छोरे के साथ भेजने की बजाय बेटी को कुएँ में पटकना बेहतर है, धमाका तो होगा। मौसर के उपरान्त अपने गाँव पहुँचकर उन्होंने घरवालों से मशविरा किया। अन्त में सबकी राय से यह निश्चय हुआ कि उम्र होने पर छोरी का 'नाता' करना कबूल, पर इस दरिद्र छोकरे का नाम तक याद नहीं रखना है। पर जिस बाल-दम्पति की सहमति सबसे पहले अनिवार्य थी, उन्हें पूछने की किसी ने कोई जरूरत नहीं समझी। बड़ी उम्र की मनमानी का भी कोई जवाब नहीं।

हँसी-ठिठोली के बहाने नन्ही दुलहन की सहेलियाँ कारण-अकारण उसे चिढ़ातीं तो वह हठ करती कि वह हरगिज नाता नहीं करेगी, घरवाले से ही 'घरवास' करेगी। पर वह बचपन की नादानी थी। पर नित्य-प्रति चिढ़ाने से उसके मन में भी वही बात धीरे-धीरे घर कर गई। और न उस उम्र में किसी भी दृष्टि से उसे पति की कोई गरज ही थी। बाप गाँव का सबसे मोतबर किसान था। ठाकुर की मूँछ का बाल। भरपूर खेती। वित्त-मवेशी। दूध-दही, छाछ और घी की इफरात। जो इच्छा होती वही खाती। जो इच्छा होती वही पहिनती। आँगन-गलियारों में रमती-कूदती। पर दूल्हे के लिए तो रात पर रात पड़ती गई। न्यात-बिरादरी वाले हलवा-पूड़ी खाकर मजे में डकारें लेते हुए अपने-अपने गाँव लौट पड़े और उसके लिए एक जून का खाना तक भारी पड़ गया। वह सर मुँडाए नङ्गे पाँव बुझी भट्टियों की राख टुकुर-टुकुर देखता रहा। उन भट्टियों की लपटें अब उसके भीतर सुलगने लगी थीं। बिरादरी के पञ्च और बोहरे के संवाद उसके कानों में कई दिन तक गूँजते रहे। उसके देखते-देखते यह सब क्या हो गया? इन सब निरमोहियों के हवाले अकेला छोड़कर बिना कुछ कहे-सुने माँ-बाप कहाँ चले गए? अब वह किसकी गोद में सोएगा? बिना 'बात' सुने उसे नींद क्योंकर आएगी! उसके बिना माँ का जी भी कैसे लगेगा? कभी-कभार बाबा अफीम लेने कहीं जाते तो वापस तीसरे दिन ही लौट आते। पर इस बार इतनी दूर कहाँ गए सो लौटने का नाम तक नहीं। क्या गाड़ी भरकर अफीम लाएँगे। माँ ने उन्हें जाने क्यूँ दिया? क्या वह भी उन्हें खोजने गई है?

...खेजड़ी के तने से लिपट वह न जाने किससे सवाल पूछ रहा था कि अकस्मात् किसी सुकोमल हाथ का शीतल परस पाकर उसके समूचे शरीर में एक सिहरन दौड़ गई। वह और मजबूती से लिपट गया। भीगे स्वर में सिर धुनते बोला, 'नहीं नहीं, अब मैं तुम्हारी एक भी बात नहीं सुनूँगा। न दूध पीऊँगा, न बताशे खाऊँगा! कितने दिन बाद आई हो, पता है तुम्हें?'

सहसा परस में थोड़ी कम्पन हुई। गले से बाहर निकलते बोल कुछ भीग-से गए, 'यहाँ जङ्गल में कहाँ दूध और कहाँ बताशे? साँझ का अँधियारा घिरने लगा है और तू खेजड़ी से लिपटा क्या सोच रहा है? अब घर लौट जा मेरे नन्हें गौतम।'

उसने चौंककर पीछे देखा—वही चिर-परिचित मीठी-माँ। बुर्राक लिबास में परी के उनमान सामने खड़ी मुस्करा रही है और आखों से आँसू बाहर छलक पड़ने को हैं। मानो उसकी दारुण पुकार सुनकर उस खेजड़ी ने ही मीठी-माँ का रूप धर लिया हो। और वह दूसरे ही पल उससे लिपटकर झार-झार रोने लगा। वह हतप्रभ चित्र-लिखित-सी अब सिर की बजाय उसकी पीठ सहलाने लगी। सिर धुनते हुए सुबकियों के साथ वह अटकते-अटकते बोला, 'माँ तो रूठकर चली गई, पर तुम्हें तो मेरी सुध लेनी थी, मीठी-माँ।'

बच्चे के सामने आँसू बहाते न जाने क्यों उसे लज्जा महसूस हो रही थी। बड़ी मुश्किल से वह अपने उमड़ते आँसुओं को रोक पाई। इससे अधिक असाध्य तपस्या और कोई नहीं। उसके गाल सहलाते बोली, 'अभी-अभी सब सुनकर आ रही हूँ कि इन सात महीनों में तुझ पर क्या नहीं बीती? ...पर तू इस तरह रोएगा तो दीन-दुखियों के आँसू कौन पोंछेगा? फिर तो मैंने तुझे यों ही नन्हा गौतम कहा? एक बार तू अपनी सूरत बुद्ध भगवान से मिलाकर तो देख—वैसे ही कान, वैसी ही नासिका, वैसे ही पतले अधर, करुणा से छलकती वैसी ही आँखें और वैसे ही घुँघराले बाल! जैसे स्वयं प्रकृति ने अपने हाथों मुकट पहिनाया हो। पर दुष्टों ने तेरा ही मुण्डन कर डाला। छिः-छिः! चल मेरे साथ! देखूँ, कौन तुझे मठ छुड़वाता है? जब सारी दुनिया तेरी शरण में है, तब तुझे गिरवी रखने का अधिकार बाबा को किसने दिया? जो माँगेगा, वही रकम उसे मिल जाएगी। किसी एक ठाकुर या महाजन को कहने भर की देर है। यों मेरा कहना भी वह टालेगा नहीं।'

मीठी-माँ अपनी सुध-बुध बिसार चुकी थी। नीचे झुककर उसने अनाथ छोकरे के दोनों गालों पर दो चुम्मे जड़ दिए। खेजड़ी का पान-पान खिल उठा। उस अनुपम दृश्य के दो ही साखी थे—हरियल खेजड़ी और साँझ का घिरता अँधियारा। नीले आसमान में तारे अभी उगे नहीं थे पर नन्हे गौतम के अन्तस् में अनगिनत झिलमिलाते तारे-ही-तारे जड़ गए, जैसे उसकी माँ ही वापस मिल गई हो। साध्वी के रवाना होते ही वह उसके पीछे चुपचाप चल पड़ा। मठ में पहुँचे तब तक किसी ने बात नहीं की। कुछेक साध्वियाँ मठ के बाहर थीं, कुछेक भीतर। मीठी-माँ पर

नजर पड़ते ही एक आत्मीय सुगबुगाहट मचली। प्रत्येक साध्वी के मन की अविकल प्रतीक्षा सार्थक हुई। तेरस के चन्द्रमा की झीनी चाँदनी भी पुलक उठी। हर साध्वी ने बिना किसी उतावली के मीठी-माँ को प्रणाम किया। प्रणाम के बीच ही उसे मानो कोई बिसरी बात सहसा याद आ गई हो। पुचकारते बोली, 'यह रहा मेरा नन्हा गौतम। खेजड़ी से लिपटा अपनी माँ की याद में रो रहा था।'

दो-एक साध्वियों ने उसे गोद में उठाने की चेष्टा की, पर उठा नहीं सकीं। अनुमान से कहीं अधिक भारी था। मन-ही-मन सकुचाकर हार मान ली। मीठी-माँ उनकी लज्जा का आशय समझकर बोली, 'इसके कन्धों पर समूची धरती का बोझ धरा है, फिर भला कैसे उठा पातीं! चलो, भीतर चलो। इसे थोड़ा ब्यालू करा दूँ। मेरा नन्हा गौतम भूख बिल्कुल बर्दाश्त नहीं कर सकता।'

तत्पश्चात् सिर पर हाथ फेरते-फेरते उसने गोचरी के पात्र से जितने भी कौर दिए, उसने चुपचाप खा लिए। हर कौर के साथ उसकी आँखें सूखती चली गईं। अन्तिम कौर निगलते ही उसने मुस्कराकर कहा, 'अब मैं कभी नहीं रोऊँगा, चाहे मैं ही क्यों न मर जाऊँ!'

यह सुनकर मीठी-माँ भी हँसे बिना नहीं रह सकी। उन दोनों को उस तरह मुस्कराते देखकर मठ का मगसा अँधियारा भी मुस्करा उठा। पास बैठी अन्य साध्वियाँ भी खिलखिला उठीं।

मठ के चानण-चौक में अन्य साध्वियों की तरह मीठी-माँ भी बिना किसी बिछावन के नीचे ही सोई थी। नन्हा गौतम उसकी बाजू में सोया था। एक पलांश के लिए भी दोनों की पलकें नहीं झपीं। भूख की तरह 'ओजगा' भी उससे बर्दाश्त नहीं होता था। पर आज मीठी-माँ के निरन्तर परस से मानो उसने नींद पर विजय प्राप्त कर ली हो, चाहे एक रात भर के लिए ही सही। तेरस की चाँदनी को रात भर वे खुली आँखों से पीते रहे।

उस एक रात का अँधियारा ढलते ही नन्हे गौतम के अन्तस् में हजार-हजार सूर्य का आलोक भर गया था। मठ की अन्तिम सीढ़ी से नीचे उतरने पर मीठी-माँ ने उसके धुँघराले बालों को सहलाते कहा, 'तू मठ-मन्दिरों की दीवारों के बीच नहीं समा सकता, खुली धरती ही तेरी कर्म-भूमि है। नहीं तो मैं तुझे यहीं रुकने के लिए कहती।'

तब नन्हे गौतम ने मुड़कर मीठी-माँ की आँखों में झाँका। मुस्कराकर बोला, 'एक ही रात में तूने मेरी आँखें हमेशा के लिए खोल दीं। तेरी आसीस का परस मैं कभी भूल नहीं सकूँगा। और मेरे गालों पर तूने जो चाँद-सूरज जड़े, वे मुझे हमेशा रोशनी दिखाते रहेंगे। आज तूने मुझे नया जन्म दिया है।'

धरती पर बायाँ कदम रखते ही उसे ऐसा महसूस हुआ, मानो आज पहली बार ही चलना सीखा हो। उसके परस का आनन्द भी मीठी-माँ की आसीस के

परस से कम नहीं था। मीठी-माँ ने उसके सिर को सहलाया तो धरती ने उसके पाँवों को। उसकी पीठ पर दो की बजाय सहस्र आँखें उग आई थीं। पर आँसुओं से भीगी हुईं। उसका रोम-रोम विगलित हो उठा। पीछे मुड़कर देखा—मीठी-माँ की आँखें आँसुओं में तैर रही थीं। आज दूसरी बार उसका लाड़ला उससे बिछुड़ा था। पर जीवित बिछोह भ्रूण हत्या जैसा मर्मान्तक नहीं होता। मिलने की आस बनी रहती है। फिर भी दो लहू की बूँदें उसकी आँखों से बरबस मठ की अन्तिम सीढ़ी पर चू पड़ीं। उससे मठ की प्रतिष्ठा बढ़ी या घटी, कौन जाने? आज कोख की बजाय उसकी आँखों से भ्रूण का रक्त टपका था। वह मरियम की तरह कुँवारी माँ बनी थी। मगर उसका ईसू तो जन्म से पहले ही सूली पर चढ़ा दिया गया। मीठी-माँ ने कसकर पलकें मूँद लीं। दो और रक्तिम आँसू उसकी पलकों से कटकर नीचे गिर पड़े। आज दूसरी बार फिर मूर्च्छित होकर वह साध्वियों की बाँहों पर झूल पड़ी।

...दो बरस पूर्व उसने पहली बार इसी नन्हे गौतम को तालाब की तीर पर निर्वस्त्र नहाते देखा था। कहाँ, उसके भ्रूण की हत्या कहाँ हुई? वह तो उसकी आँखों के सामने प्रत्यक्ष नहा रहा है।

...दो घूरती आँखों की आनन्दमयी झलक मिलते ही वह तालाब के पानी में डुबकी लगा गया। और मीठी-माँ खिलखिल हँसते-हँसते पास खड़ी साध्वियों की बाँहों पर झूल गई।

थोड़ी देर उपरान्त उसकी मूर्छा टूटी तो उसने आँखें फाड़कर चारों तरफ देखा—कहीं नजर नहीं आया तो वह प्रलाप करती जोर से बोली, 'अब तो बाहर निकल आ रे कन्हैया, नहीं तो डूब जाएगा। हम सभी आँखें मूँद लेती हैं, तू झटपट बाहर निकल आ।' यह कहकर उसने सचमुच आँखें मूँद ली थीं। तब एक साध्वी ने बताया कि वह तो लाज के मारे बिना कपड़े पहिने ही गाँव की ओर भाग छूटा।

वह होंठों-ही-होंठों में फुसफुसाई—पगला कहीं का।

वे सभी तालाब पर पानी पीने आई थीं, पर उसके बाद किसे भी पानी पीने की सुधि नहीं रही। मठ में आकर ही सबने पानी पिया। किसी को भी आगे बात चलाने की हिम्मत नहीं हुई। पर मन-ही-मन बतियाने में भला किसका डर था।

दूसरे दिन ही मीठी-माँ को अन्यत्र जाना था। पर वह सवा महीने तक वहीं रुकी रही। प्रतिदिन एक-दूजे से मिले बिना किसे भी चैन नहीं पड़ता था। मीठी-माँ के अपूर्व दुलार में वह अपनी सगी-माँ का बिछोह काफी-कुछ बिसर गया। कभी-कभार याद भी आती तो मीठी...मीठी। आज घर की ओर बढ़ते समय उसे ऐसा महसूस हो रहा था मानो हर कदम पर वह पहाड़ की ऊँचाइयाँ लाँघता जा रहा है। एक पाँव में माँ की प्रेरणा बसी थी और दूसरे पाँव में मीठी-माँ की।

और उधर बाबा उसकी अविकल प्रतीक्षा में आँखें फाड़े न जाने क्या सोच

रहा था? रात भर उसे ठीक तरह नींद ही कहाँ आई? बार-बार झिझककर उठता, बाहर आकर अँधेरे में झाँकता—पर छोकरा कहीं हो तो नजर आए! खाट पर लेटना दूभर हो गया तो वह चौकी पर उकड़ूँ बैठा चिलम-पर-चिलम फूँकने लगा। रात इत्ती लम्बी क्योंकर हो गई? सबको राह दिखाने वाला सूरज कहीं भटक तो नहीं गया! वह रह-रहकर पूरब दिशा की ओर टुकुर-टुकुर देखता। फिर अपनी नादानी पर मन-ही-मन हँसता—भला सूरज को इस तरह देखने की जरूरत! उसके उगते ही सारी दुनिया आलोक से छलक-छलक उठती है। वह छोकरे की बजाय सूरज की प्रतीक्षा करने लगा, मानो वह उसकी किरणों पर झूलते हुए नीचे उतरेगा।

आखिर इन्तजार करते-करते बहुत देर से सूरज हमेशा की तरह प्रकट तो हुआ, पर छोकरा दूर-दूर तक दिखाई नहीं पड़ा। हवा में विलीन होते धुएँ के भीतर उसे अपना विगत जीवन आज धुँधला-धुँधला-सा प्रतीत हुआ। ...यदि सञ्जोग से इस छोकरे के माँ-बाप नहीं मरते और वह बोहरे के साथ मिलकर ठाठ से उनका मौसर नहीं करवाता तो इसे गिरवी रखने का सम्पट ही कहाँ सधता! इस छोटी-सी उम्र में भी यह ऐसा कमगर है, जैसे पिछले जन्म में सारे काम सीखकर आया हो। आफत ही असली गुरु है। जब तक माँ-बाप जिन्दा थे, इसे हाथ-पैर हिलाने में ही जोर पड़ता था। इकलौता बेटा लाड़-दुलार से जितना बिगड़ता है, उतना खराब सङ्गत से नहीं। पर उनके मरते ही इसकी अकल ठिकाने आ गई कि हाथ-पाँव हिलाए बिना पेट नहीं भर सकता। यह भूख भी किसी गुरु से कम नहीं। बेचारे के करम ही फूटे हैं सो अफीमची बाप की गवाड़ी में जनम लिया। वरना डील-डौल तो ऐसा बेजोड़ कि जिसके लिए रानी की कूख भी तरसे। पर भाग्य राजा से भी प्रबल होता है। उस पर किसी का जोर नहीं चलता। यदि उसके भाग्य में ऐसा बेटा बदा होता तो एक पल के लिए भी कन्धे से नीचे नहीं उतारता। कैसे-कैसे अनघड़ पत्थरों को देवता माना, उन्हें क्या-क्या मनौतियाँ नहीं चढ़ाईं। फिर भी एक के बाद एक—पाँच धीवड़ियाँ? जब भगवान को इतना भी नहीं सूझता, तब कैसे दुनिया का भार सँभालेगा? पर उसके लिए तो ठाकुर ही भगवान है, वरना...! सहसा उसके समूचे शरीर में एक सिहरन उठी। हाथ काँपे तो चिलम भी डगमगाई और उससे निकलता धुआँ भी चक्कर खाने लगा। आगे सोचने व याद करने की हिम्मत नहीं हुई। छोकरे की ओर ध्यान बँटाया। अपना बेटा होता तो उससे इतना काम करवाता भला! अच्छा हुआ कि घर के जाए की बजाय यह हाली-मजूर की तरह काम कर रहा है। बुढ़ापे में कितना सहारा मिलेगा। भगवान के दरीखाने में पूरी अंधेर-गरदी तो नहीं है। उसने सुखद आशा की उमङ्ग में आँखें फाड़कर मठ की दिशा में टकटकी लगाकर देखना शुरू किया। हो-न-हो वह खराखरी आज की रात मीठी-माँ के पास ही रुका है। वरना खुद भगवान भी इसे फुसलाकर अपने पास रोक नहीं पाता।...सहसा उसकी नजर सामने आते छोकरे पर पड़ी। उफनते

दूध पर जैसे ठण्डे पानी के छींटे पड़े हों। न चाहते हुए भी बाबा के होंठों पर अचीती मुस्कान थिरक उठी।

पास आते ही अधीर होकर पूछा, 'क्यूँ, रात भर मीठी-माँ के पास ही था न?'

छोकरे ने प्रमुदित स्वर में कहा, 'और कहाँ रहता। आप काम की चिन्ता न करें। दस गुना मेहनत करने का हौसला बढ़ा है।'

छोकरे का चेहरा ऐसा खिला-खिला और आभायुक्त था मानो सूरज को आकाश के अलावा उदय होने के लिए एक और पवित्र जगह मिल गई हो।

कृत्रिम स्नेह दरसाने की खातिर बाबा उसके गालों पर हाथ फेरने लगा तो छोकरा तत्काल चौंककर पीछे सरक गया। सकुचाते-सकुचाते बोला, 'आपके हाथों से तम्बाकू की बास आती है। मुझे उलटी हो जाएगी।' पर बास से भी अधिक उसके लिए बाबा के हाथों का परस असहनीय था। परस-परस में इत्ता भेद होता है क्या? माँ और मीठी-माँ के परस का तो आनन्द ही दूसरा था। और इस परस में तो तम्बाकू की दुर्गन्ध के साथ निपट स्वार्थ की बू भी मिली हुई है। बाबा झेंपते हुए कहने लगा, 'अभी तेरी उम्र मठ-मन्दिरों में जाने लायक नहीं है। हम घर-गिरस्तियों को काम के मारे इत्ता बखत ही कहाँ मिलता है जो रात-रात भर राम का नाम लें।'

'पर मैं तो राम की बजाय काम को बड़ा समझता हूँ।'

बाबा ने मन-ही-मन सोचा—बित्ते भर छोकरे का यह मिजाज?

पर बाबा को उसके असाधारण मिजाज का अनुमान ही कितना था। सगे माँ-बाप भी उसकी पहिचान कहाँ कर सके। वह तो मीठी-माँ की ही नजर थी जो ठेठ भीतर तक उसकी रग-रग में बहते लहू को परख सकी। ऐसी पहिचान बेचारी इन्द्रियों के बूते पर नहीं होती।

बाबा को दूसरी बात नहीं सूझी तो दुलार के स्वर में कहा, 'अब देर न कर जल्दी कलेवा कर ले।'

छोकरे ने मुस्कराते कहा, 'करके आया हूँ। घड़ी रात रहते मीठी-माँ ने अपने हाथों से कौर देकर मेथी के दो लड्डू खिलाए। मेरे लिए ही लाई थी। सच बाबा, ऐसी भूख तो कभी नहीं मिटी। सगी माँ के हाथ से खाने पर भी नहीं। इच्छा तो ऐसी हो रही है कि उम्र भर भूख न लगे तो अच्छा। पर यह कलमुँही भूख मुझे कुछ ज्यादा ही लगती है। मगर कल सवेरे तक तो कुछ भी नहीं खाऊँगा। अब आपको क्या बताऊँ...।'

बाबा ने उसे बीच में टोकते कहा, 'मुझे कुछ भी बताने की जरूरत नहीं। इस गाँव में मीठी-माँ को मैंने ही अच्छी तरह पहिचाना था। उसके पाँव छूकर मैंने ही सबसे पहले इस नाम से पुकारा था। फिर तो चारों दिशाओं में उसका यह नाम हवा के उनमान फैल गया।'

छोकरे को बाबा की ऐसी समझ का सपने में भी अनुमान नहीं था। उसके खयाल से मीठी-माँ को समझने वाला इस दुनिया में अब तक कोई पैदा ही नहीं हुआ। उसे समझने के लिए सात जनम भी थोड़े हैं, केवल इतनी बात ही वह समझ सका है। उसने अचरज व अविश्वास के आशय से पूछा, 'सच?'

'सच नहीं तो क्या।' बाबा ने गुमान से कहा, 'भरोसा न हो तो मीठी-माँ से ही पूछ ले।'

'आज रात को ही पूछ लूँगा। मीठी-माँ सवा महीना यहीं रहेगी। आपकी दवायती हो तो मैं रात की वेला वहीं मठ में रह जाऊँ?'

'जैसी तेरी मरजी। रहना तो मैं भी चाहता था, पर मीठी-माँ ने साफ मना कर दिया कि रात को चाँद या अँधेरे के सिवाय कोई मरद मठ के पास नहीं फटक सकता, इसीलिए तो मठ में सात कुत्तियाँ हरदम पहरा देती हैं। खूँखार ऐसी कि चीते-शेर तक को चीर डालें। मेरे यह कहने पर कि मैं तो एकदम बूढ़ा हो चुका हूँ, तब मीठी-माँ ने भरे गले से कहा कि मरद जब तक मर न जाए उस पर भरोसा नहीं किया जा सकता। मैंने तुम्हारा नाम लेकर पूछा तो मीठी-माँ मोद भरे स्वर में बोली कि तुम पहले गौतम हो फिर पुरुष। तुम्हें पहिचानना हर किसी के बस की बात नहीं है। मीठी-माँ की बात मुझे काफी सही लगी तो मैं चुप हो गया।'

गौतम कुछ भी जवाब दिए बिना वहाँ से खिसक गया। काम तो करने से ही पूरे होंगे और उसे ही सारे काम निबटाने हैं। बाबा ने दिन भर अपनी आँखों से देखा कि दस गुना हौसले की बात केवल कहने भर की नहीं थी। काम तो वह पहले भी डटकर करता था, पर अब तो चार मुटियार भी उसकी बराबरी नहीं कर सकते। बैल, घोड़े तक इतने काम से थक जाएँ पर वह तो थकने या बिसाई खाने का नाम तक नहीं जानता। मानो उसकी तमाम छोटी-बड़ी हड्डियाँ वज्र की बनी हों। तीन बार थुथकी डालकर अतिरेक दुसार के स्वर में कहा, 'बेटा, तुझे कहीं नजर न लग जाए, काम थोड़ा कम किया कर, थोड़ा धीमे कर। मैं भी अपनी उम्र में काम करने के लिए मशहूर था। दस-दस कोस तक मेरी जोड़ का बन्दा नहीं था। किसी कल-मुँहे की ऐसी नजर लगी कि थोड़ा वजन उठाते ही साँस चढ़ने लगती। पर तू तो मुझसे ही भारी निकला। और काम भी कितनी सुथराई से करता है! अभी तेरी उम्र ही क्या है? मुश्किल से आठ बरस। आज पहली बार तेरे सामने हार मानता हूँ, किसी से कहना मत। तू जाने और मैं जानूँ।'

मगर वह भेद की बात आस-पास के गाँवों में किसी से भी छिपी नहीं थी। सवाई, ड्योढ़ी, यहाँ तक की कई लोग बाबा को दुगुनी राशि राजी-खुशी देने को तैयार थे, पर उसने एक बार सिर हिलाया सो किसी के सामने हामी नहीं भरी।

सबको एक ही उत्तर देता, 'अब यह घर मेरा नहीं उसी का है। यदि दूर की रिश्तेदारी नहीं होती तो सबसे छोटी लड़की ब्याह कर इसे घर-जमाई बना लेता।'

'पर बाबा इसका ब्याह तो हो चुका। आप भी बारात में गए थे। शायद वह भी भूला नहीं है।'

'लेकिन यह याद रखे जैसी बात है ही नहीं। उसके ससुराल वाले ऐसे हरामी हैं कि उनका वश चले तो इसी गाँव में बहू का नाता कर दें।'

'उसे पता है?' बिरादरी के एक व्यक्ति ने निःसङ्कोच पूछ ही लिया।

'वह बहरा थोड़े ही है। यह बात तो बहरे भी सुन लें जैसी है। पर इसे तो काम के मारे न बहू की जरूरत है, न राम की।'

'उम्र होने पर राम का मन भी डगमगाये बिना नहीं रहता, फिर यह तो मर्द बच्चा है। रोज शिकायतें न लाए तो कहना।'

'इसे तुम नहीं जानते, मैं जानता हूँ।' बाबा ने मोद-गुमान के साथ कहा, 'मैंने दुनिया देखी है—दुनिया।'

'जैसी आपने देखी, हमने भी देखी है। हम कोई दुनिया से बाहर नहीं रहते। और न हमारी आँखें ही फूटी हुई हैं।'

'पर देखने-समझने की तासीर अलग-अलग होती है।'

'सो तो है ही।' आगे की बात उसके मुँह से निकली नहीं। मगर मन-ही-मन सब जानते थे कि कणवारिया बनने के पीछे क्या भेद है?

वैसे बेजोड़ छोकरे को कौन हाली-मजूर नहीं रखना चाहता। बाबा के आगे दाल नहीं गली तो कुछ लोगों ने उसे ही पटाने का प्रयास किया—'बाबा का ऋण चुकाने के बाद तुझे पाँच-सात बीसी रुपए भी देंगे। वे तो धेला भी नहीं देते। कोरी-मोरी तारीफ से तो नमक की एक डली भी नहीं मिलती। सोच-समझकर परसों-तरसों जवाब दे देना।'

छोकरे ने तनिक मुस्कराकर कहा, 'परसों-तरसों क्यों, अभी हाथों-हाथ जवाब लेते जाइए कि इस तरह हिसाब लगाने की मुझमें वह समझ ही नहीं है और न कभी आएगी। और वैसी समझ की बजाय तो मैं मरना बेहतर समझता हूँ। रही बाबा के ऋण की बात, सो मैं ही चुकाऊँगा।'

'इस जनम में तो कभी चुका नहीं सकेगा।'

'तो न सही। यह सोचने का मसला आज नहीं है, फिर बेकार मगजमारी करने से क्या फायदा?'

'तू अपना फायदा-नुकसान समझता भी है?'

'कभी समझना भी नहीं चाहूँगा।'

तूणीर से आखिरी अचूक बाण छूटा, 'हम तेरा ठाठ से ब्याह रचाएँगे। भरोसा न हो तो लिखत करवा ले।'

'पर मेरा ब्याह तो हो चुका। शायद आप भी बारात में चले हों।'

'लेकिन वह तो अकारथ ही चक्कर पड़ा। उसके घरवाले तेरी बहू का नाता करेंगे, इसमें कोई मीन-मेख नहीं। उसके भरोसे मत रहना।'

छोकरे ने सहज भाव से कहा, 'आपकी नेक सलाह के लिए आभारी हूँ। पर जब तक उसके मुँह से रूबरू मनाही नहीं सुन लूँ, उसी के भरोसे रहूँगा।'

'तो फिर मरते दम तक यही करना। तेरे ब्याह का तो जोग है, पर लुगाई का नहीं। इधर-उधर मुँह मारा तो बेभाव के जूते पड़ेंगे।'

'आप छुड़ाने मत आइएगा।' फिर मन-ही-मन सोचा—इस गाँव के लोग कितने नेक हैं, जो मुझसे भी अधिक मेरी चिन्ता करते हैं।

छोकरे के मुँह से वैसी बेबाक बातें सुनकर लोग-बाग स्तब्ध रह जाते। गरदन खुजलाते हुए कहते, 'अभी तो दूध के दाँत भी नहीं टूटे और बातें कित्ती बड़ी-बड़ी बघारता है, मानो किसी रजवाड़े का राजपण्डित हो।'

'पर मीठी-माँ तो बढ़-बढ़कर कहती है कि बुद्धि कोई उम्र के भरोसे नहीं रहती। आठ साल की उम्र में शङ्कराचार्य ने अपने गुरु के हर प्रश्न का ऐसा सटीक उत्तर दिया कि आज सौ बरस का पण्डित उन प्रश्नों को सुनकर पस्त हो जाए, उत्तर देना तो दूर की बात है।'

'अच्छा बाबा तुम जीते हम हारे।'

'अरे! इन नाकुछ बातों में कैसी हार-जीत। मीठी-माँ की बातें सुनो तो सुनते रह जाओ।'

'जिस दिन घर-गिरस्ती से मन भर जाएगा, तब मीठी-माँ की बातें सुनने के अलावा दूसरा काम भी तो नहीं होगा। पर आज-कल तो मरने की भी फुरसत नहीं।'

'मगर मौत को तो फुरसत-ही-फुरसत है। जब चाहे उसी पल अपना काम निपटा देती है। न राजा का लिहाज और न रङ्क पर दया-मेहर।'

मौत की तरह समय को भी न किसी का लिहाज, न किसी पर मेहर। दुख-सन्ताप की वेला न तेज लुढ़कता है और न सुख-सुविधा की वेला धीमे सरकता है। सदा-सर्वदा एक-सी रफ्तार। तो वह अनाथ छोकरा गौतम अपनी क्षमता से बहुत ज्यादा मेहनत करता। किसी भी तरह की बहानेबाजी से कोसों दूर। ढोर-डङ्गर चराता, हल खड़ता, कूतर (कुट्टी) करता, फसल काटता, अँवेरता। बाड़े की सफाई करता। दुहारी करता। ढेरों गोबर थापता। फिर भी समय बच जाए तो ढेरा कातता। न एक पल बिसाई और न एक क्षण अँगड़ाई। जागने की वेला भरपूर काम, सोने की वेला भरपूर नींद। न किसी नाम की माला और न किसी राम का जाप। कर्म ही उसकी साधना थी और कर्म ही उसका उपास्य। बाबा उसके स्वभाव, चरित्र व काम के सलीके से बेहद खुश था। एक दिन भी उलाहने जैसा काम नहीं किया। गङ्गाजल से भी अधिक निर्मल, तपे हुए सोने से भी अधिक खरा।

उसमें गुण गिनो तो गुण, दोष गिनो तो दोष, केवल एक ही था। काम करने के दौरान साँझ की वेला अपने सर पर किसी अदीठ हाथ का सुहाता परस महसूस होता और दोनों गालों पर चुम्बन के मीठे चटखारे। कानों में अमृत बरसाती गूँज—मेरे नन्हें गौतम। कभी-कभार तो उस अदीठ हाथ के निवालों से ही उसका पेट भर जाता। काम करते-करते ही उसे कई बार मीठी-माँ की धवल छवि स्पष्ट दीख पड़ती। आँखें फाड़कर गौर से देखने की चेष्टा करता तो वह छवि अन्तर्धान हो जाती। उसकी जगह एक दूसरी छवि टलमल-टलमल उसके सामने चित्रित हो जाती—सुरङ्गी ओढ़नी में दुबकी हुई एक बाल-बनड़ी। हाथ भर लम्बा घूँघट, जिसकी सुकोमल हथेली उसके हाथ में थमी हुई।

'मेरे सङ्ग झुरनी खेलने चलेगा?'

'काम के अलावा मैं तो कोई दूसरा खेल जानता ही नहीं। साथियों से उनका नाम भर सुना है—आँख मिचौनी, कबड्डी, झुरनी, गिल्ली-डण्डा, खत्ता-दड़ी, चरभ्मर और सतोलिया।'

'वाह रे अभागे, खेलों के नाम गिनाने से क्या मतलब, उनका आनन्द तो खेलने में ही है।' फिर खिलखिल हँसी की झीनी फुहार।

आँखें बन्द करने पर भी वह छवि ओझल नहीं होती थी।

बाबा के यहाँ इस तरह काम करते-करते, उन दोनों छवियों की झाँकी निहारते-निहारते आठ बरस बीत गए। विभिन्न साथी-सयानों से जब-तब ब्याहता बहू को नाते भेजने का कारण पूछता तो उसे हर बार एक ही उत्तर मिलता—गरीबी! जब अकेले का पेट भरना ही मुश्किल है तो बहू को खिलाएगा क्या? उसका अलग से अपना पेट है, अपनी भूख है। उसके खाने से तो बहू की भूख मिटेगी नहीं। लाख समझना चाहा पर उसके ठोट मगज में यह बात बैठी ही नहीं कि गरीबी कोई अक्षम्य अपराध या कोई मोटा कसूर है! काम में किसी से उसका मुकाबला हो तो बताएँ! कोई क्या बताता! सभी उसकी मेहनत के आगे नतमस्तक थे। ...क्या जङ्गल के पशु-पक्षी या पेड़-पौधों में भी कोई अमीर-गरीब होता है? जब चींटी-मकोड़े तक गरीब नहीं हैं तो वह क्यों गरीब है? क्यों, क्यों? इत्ती मेहनत और पसीने के बाद भी वह गरीब रहे तो यह किसका दोष है? कम-से-कम उसका तो हरगिज नहीं? फिर कौन है इसका दोषी? कई बार सोचने पर भी इसका जवाब उसकी समझ में नहीं आया तो उसने मीठी-माँ से पूछा। दोनों गालों का चुम्मा लेने के बाद उसने मुस्कराते कहा, 'बेटा, इसका कोई एक गढ़ा-गढ़ाया जवाब तो है नहीं कि तुझे झट बता दूँ। और सब सवालों का जवाब मैं जानती भी कहाँ हूँ...।'

उसने बीच में गरदन हिलाते कहा, 'नहीं, यह बात मैं नहीं मानता।'

'तेरे मानने न मानने से क्या फर्क पड़ता है। मैं नहीं जानती सो नहीं जानती। तेरे नहीं मानने से जानने थोड़े ही लग जाऊँगी। जब तू अपने बूते पर

जानेगा, तभी तुझे बोध होगा। मेरी बातें तू कब तक रटता रहेगा? अब तो जानने की बारी तेरी है। तू नई-नई बातें जान और मुझे बता। चारों तरफ बिखरे सत्य को जानने की यही उम्र है।'

'मैं जानूँ और तुझे बताऊँ? क्या इत्ता मूरख समझती है मुझे?'

'क्या मैं अकेली ही तुझे मूरख समझती हूँ...?'

उसने अत्यधिक उतावली के साथ कहा, 'बाकी मैं किसी की परवाह नहीं करता?'

'यही तो तेरी सबसे बड़ी नादानी है कि मैं ही तेरे लिए सारी दुनिया हूँ।'

'सो तो है ही...।'

'नहीं रे नहीं।' मीठी-माँ दाँत भींचते कहने लगी, 'हम दोनों से दुनिया बिल्कुल अलग है। बड़ी है—बहुत बड़ी है। तू और मैं सात जनम तक उसकी परिक्रमा करें, तब भी पूरी न हो। तुझे हर प्राणी की परवाह करनी है। जो व्यक्ति किसी एक इकाई को सम्पूर्ण दुनिया समझता है, उस पर भरोसा नहीं किया जा सकता। आज तू मुझे सारी दुनिया मानता है तो कल बहू के आने पर उसे ही पूरी दुनिया समझने लगेगा?'

मीठी-माँ के मुँह से पहली बार ऐसी अनहोनी बात सुनकर गौतम एकदम स्तब्ध रह गया, जैसे किसी अदीठ पञ्छी ने उसके कलेजे पर झपट्टा मारा हो। उसका चेहरा फक्क से उतर गया। हकलाते बोला, 'क्या तू मुझे इत्ता नीच और कमीना समझती है?'

'फिर वही नासमझी की बात। मेरे समझने-न-समझने से कुछ भी फर्क नहीं पड़ता। तू जो है, सो है।'

उसने पाँव पटकते हुए रोनी-सी आवाज में कहा, 'आखिर मैं क्या हूँ—नासमझ, भोला, बुद्धू, गँवार, उज्जड़, हरदम काम करने वाला गधा, तुम्हारी नजर में नीच, कमीना....क्या हूँ मैं? आज तुम जो भी बताओगी, मैं मान लूँगा। बताओ मैं क्या हूँ?'

'मेरे कहने से ही तू क्यूँ मानने लगा रे...।'

'अब तक यही मानता आ रहा हूँ जो...।'

मीठी-माँ ने एक गहरी आह भरते कहा, 'आज यही तो मैं तुझे समझाना चाहती हूँ कि तू किसी के कहने से कुछ भी मत मान। अपने बारे में अपनी पुख्ता राय तू खुद बना। जब तक तू स्वयं अपने-आपको नहीं पहिचानेगा, तब तक तू ऐसा ही निरीह बना रहेगा। अब तक भूल मेरी ही रही जो तुझे स्वयं को पहिचानने का मौका ही नहीं दिया। मैं तुझे कवच की तरह घेरे रही...।'

'तू मेरी माँ जो है...।'

'सो तो ठीक है रे...। दुनिया की हर अभागी औरत तेरी माँ है और तुझे

दुनिया के बीच रहकर उनका दुख हरना है। मेरा मोह छोड़कर हर प्राणी की पीठ सहला—वह साँप हो चाहे शेर या भेड़िया। अब सही वक्त आ गया है। सबसे पहले अपने ससुराल जा और अपनी ब्याहता बहू को लेकर आ, नहीं तो तू अधूरा है, निपट अधूरा।'

गौतम तनिक सकुचाते बोला, 'बाबा से पूछने के पहले आज यही तो तुझसे पूछने आया था कि बहू को लेने जाऊँ कि नहीं।'

मीठी-माँ ने उसे झिड़कते कहा, 'पगला कहीं का, यह भी किसी से पूछने की बात है? अभी नहीं सँभला तो फिर कब सँभलेगा? असहाय शिशु के लिए माँ की गोद जरूरी है। लेकिन अपना-आपा सँभालने के बाद उस गोद को छोड़ना उतना ही जरूरी है, वरना हमेशा के लिए पङ्गु रह जाएगा।'

'तू कहे तो कल ही उसे लाने के लिए रवाना हो जाऊँ?'

'यह भी मुझे बताना पड़ेगा, क्यूँ? जब मेरे बिना कहे तू साँस लेता है, सोता है, सारे काम करता है, पीता है, खाता है, देखता है, सुनता है। फिर बहू के लिए पूछने की जरूरत क्यूँ समझी? सच बता, बहू की गरज तुझे या मुझे?'

गौतम दाहिने पाँव के अँगूठे से धूल कुचरते बोला, 'तुझे।' क्षण भर के लिए तो मीठी-माँ हतप्रभ-सी रह गई। पर दूसरे ही क्षण उसके अन्तस् में खुशी की कलियाँ चटखने लगीं। बाँहें फैलाकर गौतम को छाती से लगाया। गालों को तत्परता से चूमने के बाद बोली, 'बिल्कुल सही बताया तूने। हाँ, बहू की गरज मुझे ज्यादा है।' मीठी-माँ आगे भी काफी-कुछ कहना चाहती थी, पर यकायक उसकी आँखें भर आईं। गला भर आया। शब्द गले के भीतर ही तैरने लगे। गौतम को कुछ भी आभास हो, उसके पहले ही वह पीठ फेरकर चुपचाप आगे चलने लगी, मानो कोई भूली-बिसरी बात अचानक याद आई हो। और उधर गौतम के भीतर उसकी देह से भी दस गुना बड़ा एक प्रश्न घुमड़ने लगा। पीछे दौड़कर उसने दबे स्वर में पूछा, 'वह आएगी? उसके घरवाले तो...।'

मीठी-माँ विद्युत् के उनमान त्वरित गति से पलटकर बोली, 'उसके घरवाले कुछ भी सोचें, लोग कुछ भी कहें, यदि उसने तुझे योग्य समझा तो वह जरूर आएगी।'

गौतम ने आधे-अधूरे संशय के भाव से पूछा? 'तुम्हें विश्वास है?'

मीठी-माँ ने तनिक झुँझलाहट के तीखे स्वर में कहा, 'उसे मैं नहीं, तू लेने जा रहा है। तब मेरे विश्वास की बजाय तेरा बूता ही उसकी कसौटी पर खरा उतरना चाहिए। यदि तू उसके मन को भा गया तो दुनिया में तुझसे भाग्यशाली पुरुष कोई नहीं होगा।'

उसके पाँवों की ओर हाथ बढ़ाते हुए गौतम ने याचना के भाव से पूछा, 'सच बताओ मीठी-माँ, मेरा ऐसा बूता है?'

'वरना मैं तुझे जाने के लिए कहती भला।'

आशा भरी फड़फड़ाहट के स्वर में उसने पूछा, 'उसे जानती है?'

मीठी-माँ अपनी समूची शक्ति का सहारा लेते बोली, 'भला, हर किसी को मैं क्यूँ जानूँगी, पर मेरा मन यही कहता है।'

गौतम के अजाने ही उसके मुँह से छिटक पड़ा, 'सच कह रही हो?' दूसरे ही क्षण वह ऊपर से नीचे तक ऐसा सहमा जैसे अक्षम्य अपराध हो गया हो। फिर थोड़ा सँभलकर बोला, 'कई दिन से बाबा को पूछना चाहता था। पर हिम्मत नहीं हुई। तुम्हारी राय जानने के बाद अब उनसे भी पूछ लूँगा। घर का सारा काम मेरे जिम्मे है।'

मीठी-माँ मन-ही-मन मुस्कराई। सारे राज्य की जिम्मेवारी सँभाल सकने वाला कितनी छोटी जिम्मेवारी से ही सन्तुष्ट है। अपना अकूत सामर्थ्य यह कब समझेगा? इसीलिए तो बहू का साथ जरूरी है। मीठी-माँ ने अन्त में उसे आश्वस्त करने के भाव से उसके घुँघराले बालों को सहलाया। स्नेह सिक्त स्वर में बोली, 'कल सवा घड़ी रात रहते मैं अन्यत्र चल दूँगी। बाबा से पूछने के उपरान्त तू सीधा ससुराल रवाना हो जाना...।'

गौतम ने अदेर शङ्का की, 'यदि वे नहीं माने तो....।'

मीठी-माँ को फिर तिक्त स्वर में कहना पड़ा, 'तब तू जो उचित समझे वही करना। तू दूध पीता बच्चा तो है नहीं, सो हर छोटी बात भी समझानी पड़े।'

'यह क्या कह रही हो मीठी-माँ। तुम्हारी नजर में यह छोटी बात है। मेरे लिए तो इससे बड़ी बात कोई हो नहीं सकती।'

मीठी-माँ अपने अन्तस् के अन्धड़ को छिपाने के लिए जोर से खिलखिला उठी। हँसते-हँसते ही कहने लगीं, 'यह उम्र ही ऐसी होती है गौतम कि जब माँ की अपेक्षा बहू बड़ी नजर आती है। मैं भी इस उम्र को पार करके यहाँ तक कैसे पहुँची, काफी लम्बी रामायण है। फिर कभी सुनाऊँगी। अब तू जा। साँझ का अँधेरा घिरने वाला है।'

'पर आज की रात तो मठ में रहने के लिए तुमने कहा था।'

'और अब मैं ही कह रही हूँ कि तू जा। इतने बड़े बेटे को छाती से चिपकाकर सुलाना क्या अच्छी बात है?' मीठी-माँ ने किस मुश्किल से ये शब्द कहे, उसे तनिक भी आभास नहीं हुआ।

वह अपनी ही रौ में बहकता चला गया, 'एक ही रात में इत्ता बड़ा हो गया कि कल जो अच्छी बात थी वह आज अच्छी नहीं रही, क्या तुम मुझे यही समझाना चाहती हो, मीठी-माँ?'

मीठी-माँ की चेतना को जैसे लकवा मार जाएगा। बड़ी मुश्किल से दाँत भींचकर बोली, 'क्या मैं ही तुझे उम्र भर समझाती रहूँगी, तू खुद अपने-आप क्यों

नहीं समझता? मैं कह रही हूँ तू जा।'

आज मीठी माँ का यह अचीता व्यवहार गौतम की समझ में रञ्चमात्र भी नहीं आया। आगे बहसबाजी से वह कहीं और नाराज न हो जाए, इस कारण वह चुपचाप घर की ओर रवाना हो गया। चलते-चलते ही पीछे मुड़कर बोला, 'तो अब मैं जाऊँ। जाने-अजाने मुझसे कोई चूक हो गई हो तो माफ करना। तेरी नारागी मैं बर्दाश्त नहीं कर सकता।' इतना कहते ही उसका गला रुँध गया। आँखों से बरबस आँसू चू पड़े। मीठी-माँ दौड़कर उसके पास आई। पल्लू से आँसू पोंछकर अत्यधिक दुलार के स्वर में बोली, 'भला मैं तुझसे नाराज क्यूँ होऊँगी। बल्कि तू मेरी बात का बुरा मान गया। मैं तो बार-बार तुझे यही समझाना चाहती हूँ कि तू पहले जित्ता छोटा बच्चा नहीं रहा, सोलह बरस का कद्दावर जवान हो गया है...।'

'तो क्या हुआ? माँ के सामने तो हमेशा छोटा बच्चा ही रहूँगा, चाहे साठ बरस का बुड्ढा ही क्यों न हो जाऊँ।'

भीतर के हहराते आँसुओं को जब आँखें अपर्याप्त जान पड़ीं तो वे हँसी के बहाने होंठों से फूट पड़े। मीठी-माँ को स्वयं उस अप्रत्याशित हँसी पर बड़ा अचरज हुआ। बोली, 'अब तुझे भोला कहने वाला ही महामूरख है। इतने बरस ऐसी होशियारी तेरे अन्दर कहाँ दबी पड़ी थी?'

'मेरी अपनी बात मुझसे अधिक कहीं तू जानती है, मैं क्या बताऊँ। पर आज की साँझ मेरे लिए हमेशा पहेली बनी रहेगी कि मीठी-माँ ने मुझे इस तरह मना क्यूँ किया?'

इतना कहकर वह धीरे-धीरे पाँव घिसटता घर की ओर रवाना हुआ मानो आज उन्हीं पाँवों के लिए देह का वजन उठाना भारी हो गया हो जो पहले दुगुना-तिगुना बोझ उठाने के लिए सक्षम थे।

वह जब तक ओझल नहीं हुआ, मीठी-माँ उसकी ओर टकटकी बाँधे देखती रही। चाहने पर भी वह उसे पुकार नहीं सकी, मानो गला पूर्णतया अवरुद्ध हो गया हो। अतीत के नागपाश ने आज उसके रोम-रोम को जकड़ लिया था, उससे छुटकारा पाए बिना वह भविष्य को अपनी इच्छानुसार नियन्त्रित नहीं कर सकती। आज अभी इसी मुहूर्त से वर्तमान के प्रत्येक क्षण की भविष्य के यज्ञ में आहुति देनी होगी, नहीं तो उसका सङ्कल्प निपट अधूरा ही रह जाएगा। गौतम के संसर्ग से आज मीठी-माँ का नया जन्म हुआ। यह उसी की चसमस पीड़ा थी जो गौतम को भी पीड़ित कर गई।

मीठी-माँ की आँखों के सामने भविष्य डगमगाने लगा तो उसने दिल में गड़े अतीत के काँटे को अदेर निकालकर बाहर किया। थोड़ी देर चरमराहट रही, फिर सब-कुछ शान्त हो गया। गौतम की उलझन भरी खीज के लिए उसे थोड़ा-बहुत पछतावा भी हुआ। पर यह सोचकर आश्वस्त हो गई कि उसके निर्मल चित्त में

अधिक देर तक मलाल नहीं रहेगा। उसका राजा बेटा वास्तव में तीन साल के शिशु की नाईं भोला है। भला कौन उसकी तरह अपने शैशव को अपने भीतर सुरक्षित रख सका है। स्वार्थ के खूनी पञ्जे से हर कोई उसका गला घोंट देता है। पर यह तो बुढ़ापे तक अपने शैशव को इसी तरह सुरक्षित रख पाएगा।

और उधर घर पहुँचने पर बाबा ने पूछा तो वह झूठ नहीं बोल सका। चुपचाप खाने के लिए बैठ गया। बाबा के मन में संशय घुमड़ता रहा कि आज मीठी-माँ के पास से यह भूखा क्योंकर आया? शायद गोचरी का खाना कम पड़ गया हो। इसे भूख बिल्कुल बर्दाश्त नहीं होती। इसीलिए मठ में सोने की बजाय घर आ गया। बाबा ने उसकी ओर गौर से देखा, पर अँधेरे में उसके उदास, विवर्ण चेहरे की छाया बिल्कुल नजर नहीं आई। चिलम फूँकते-फूँकते वह सोने चला गया।

बाड़े में खाट पर सोते ही गौतम की नजर आकाश में आधे कटे हुए चाँद पर पड़ी। चारों ओर दृष्टि फैलाकर देखा—सर्वत्र स्वर्णिम चाँदनी छलक रही है। कहीं तिल भर भी उदासी व खिन्नता का निशान तक नहीं। मामूली कच्चा नाखून भी कट जाए तो चेहरे की रङ्गत बदल जाती है। और एक यह चाँद है हो जो आधा कटने पर भी उसकी स्मित मुस्कान में रञ्चमात्र भी फर्क नहीं पड़ा। फिर मुझे क्यों उदास रहना चाहिए? मीठी-माँ ने कुछ सोच-समझकर ही ऐसा रूखा व्यवहार किया होगा। मेरा बूता ही क्या जो मीठी-माँ के मन की थाह पा सकूँ। और सचमुच दूसरे ही क्षण उसके मन की खीज चाँदनी के उनमान निथर गई सो तीन घड़ी रात रहते निस्वप्न नींद लेकर उठा। हमेशा की तरह फुर्ती से सारे काम संपन्न किए। और भरपेट कलेवा करके बाबा के पास सिर झुकाकर खड़ा हो गया। होंठ जरा-से खुले, फरफराए और बन्द हो गए। बाबा ने पूछा, 'क्या बात है रे, मुझसे कुछ कहना चाहता है।'

अजाने ही दो बार गर्दन हिलाकर उसने निःशब्द हामी भरी। तब उसने ढाढ़स बँधाते कहा, 'फिर कहता क्यूँ नहीं?'

उसने मन-ही-मन मीठी-माँ का सुमिरन किया। फिर बड़ी मुश्किल से अटकते-अटकते बोला, 'कई दिन से कहना तो चाहता हूँ, पर कह नहीं पाता। क्या करूँ जीभ उथलती ही नहीं।'

तब बाबा ने उसकी पीठ सहलाते कहा, 'तेरे मन में जो भी बात है, निःशङ्क बता। पगले मुझसे क्या दुराव! क्या घर में किसी ने तुझसे कुछ कहा?'

उसने गर्दन हिलाकर झट मना कर दिया।

'खाने-पहनने की कुछ तकलीफ है?'

फिर गर्दन हिलाकर साफ मना कर दिया।

'पेट, पसली या माथे में दर्द रहता है?' उसे जिन बातों की आशङ्का थी—सब

पूछ लिया। पर मनाही के सिवाय कोई जवाब नहीं मिला। तब गहराई से सोच-विचारकर बाबा ने आखिरी बात पूछी, 'काम की मार ज्यादा है?'

फिर वैसी ही मनाही। जैसे जीभ की सारी जिम्मेवारी गर्दन ने सम्भाल रखी हो। बाबा को भी मामूली गुस्सा आ गया। कुछ जोर से पूछा, 'तो फिर साफ-साफ बताता क्यूँ नहीं? मुँह में जीभ तो है न?'

'हाँ' कहते ही वह मुड़कर खड़ा हो गया। सामने मुँह करके यह बात कहने की हिम्मत नहीं हुई। धीमे-से फुसफुसाकर बोला, 'एक बार ससुराल जाना चाहता हूँ।'

बाबा को तनिक भी विश्वास नहीं हुआ। मसखरी करते पूछा, 'किसकी ससुराल, मेरी या तेरी?'

वह फिर चुप हो गया। दुबारा पूछा तो उसने डरते-सहमते बताया कि अपनी ससुराल ही जाना चाहता है।

बाबा ठहाका मारकर हँसा। हँसते-हँसते ही बोला, 'मार खाने की मन में हो तो यहीं गाँव में किसी से खा ले। ससुराल जाने की क्या जरूरत है? मैं तो तुझ पर सपने में भी हाथ उठा सकता नहीं।'

उसका मुँह काला-स्याह पड़ गया। ठीक तरह कुछ कहना भी तो नहीं आता। बेकार ही मुँह खोला। न मीठी-माँ ने ही विस्तार से कुछ बताया। जाना होगा तो किसी दिन चुपचाप ही चला जाएगा। बाबा के कान में बात डाल ही दी है। जाने के बाद अपने-आप समझ जाएँगे।

लेकिन अब चुप रहना बाबा के लिए सम्भव नहीं था। मसखरी करने से शायद बुरा मान गया है। गम्भीर स्वर में कहने लगा, 'आज पता चला कि कई दिन से काम करता-करता तू क्या सोचता रहता है। क्या किसी सयाने साथी ने तुझे कुछ भी नहीं बताया?'

उसके भीतर कहीं-न-कहीं हिम्मत पङ्ख फड़फड़ाने लगी। इस बार आवाज काफी साफ थी, 'मुझे बहुत-कुछ मालूम है।'

'फिर भी तुझे भरोसा है कि वे तेरी सरबरा करेंगे? लाड़-कोड करेंगे?'

'नहीं, बिल्कुल भरोसा नहीं है।'

'तो फिर...?'

उसके अंतस् में उमड़ती घटाएँ तरह-तरह से घुमड़ रही थीं। पर बरसने का रास्ता नहीं मिल रहा था। मुँह से बोलने का काम भी तो नहीं के बराबर लिया। यदि जीभ की बजाय उसके हाथ बोलने लग जाएँ तो फिर रुकें ही नहीं। तुरन्त जवाब देने की बजाय उसके दिल में 'तो फिर, तो फिर...' का सवाल बार-बार दहाड़ने लगा। जो कहना चाहता है, वह होंठों पर आता नहीं। बीसियों बातें बाहर आने के लिए एक साथ मचल रही थीं। बेचारा एक ही मुँह क्या-क्या बताए?

उससे कुछ भी जवाब देते नहीं बना तो बाबा ने धैर्य-पूर्वक पिछली सारी बातें समझाते हुए अन्त में कहा, 'तेरी बहू को उसके घरवाले नाते भेजना चाहते हैं। तुझ अनाथ के साथ भेजने की बजाय वे उसे कुएँ में पटकना ठीक समझते हैं।'

चेतना के परे ही उसके भीतर स्वतः हिम्मत का सञ्चार होने लगा। धीरे, पर दृढ़ता के साथ बोला, 'घरवाले उसे नाते भेजना चाहें तो खुशी से भेजें, कुएँ में पटकना चाहें उनकी मरजी। पर जिन्दा पति को छोड़कर क्या वह भी नाते जाना चाहती है? यदि वह तैयार है तो मुझे कोई उजर नहीं।'

बाबा को जबरन हँसी आ गई। कहने लगा, 'अब पता चला कि तू दो की बजाय दस पागलों की गरज पूरी करता है। मीठी-माँ ने तेरा नाम गौतम ठीक ही रखा। तुझसे पहले इस गाँव में दो गौतम थे और दोनों ही त्रिकाल-पागल। नङ्गे घूमते थे। बच्चे उन्हें चिढ़ाते और उन पर रेत उछालते। यों तेरे घर का नाम घासीराम है। बावलों के सरताज। क्या घरवालों के अलावा उसकी अलग से अपनी मरजी हो सकती है? वे तो बेटी की भलाई के लिए ही यह काम करना चाहते हैं।' बाबा ने तरह-तरह से उस एक ही बात को बार-बार समझाने की चेष्टा की, पर उसके ठस मगज में कोई बात जमी ही नहीं। तब उसने आखिरी दाँव फेंका, 'जब तेरे मन में लुगाई की इतनी हवस है तो कल ही तेरा दूसरा ब्याह कर दूँ। कहो तो दो, तेरी हिम्मत है तो तीन...बोल। मुँह से साफ कहे बिना मुझे क्या पता चले। पहले ही बता देता।'

तब उसने धीमे-से सकुचाते कहा, 'मुझे न तो ब्याह की लालसा है और न लुगाई की भूख ही। यदि वह न माने तो मैं जीते-जी दूसरा ब्याह नहीं करूँगा। मेरे माँ-बाप ने जिसके साथ मेरा 'हथलेवा' जोड़ा, उसी से घर बसाना चाहता हूँ। उन्होंने न जाने क्या सोचकर मेरा ब्याह रचाया था? वे जिन्दा होते तो क्या पता मैं उनकी बात मानता या नहीं, पर अब उनकी बात नहीं रखूँ तो मेरा जीना बेकार है।' अब उसके मुँह से इच्छानुसार बातें अपने-आप निकलने लगी थीं। मानो ठेठ बचपन का तुतलापन आज ही मिटा हो।

उधर बाबा को भी जोश आ गया। तैश में आकर बोला, 'तो इतने दिन गूँगे की तरह चुप क्यों रहा। तेरा हौसला हो तो चल—तेरी बहू को ही क्या, सास और सालियों को भी जबरन ले आते हैं। मेरी ताकत का तुझे अन्दाज नहीं है।'

अपनी डींग और गुमान के ये बोल कानों में पड़ते ही बाबा की ताकत को जैसे साँप सूँघ गया हो। ऐसा ही ताकतवर था तो घर की मान-मर्यादा बचाने के लिए ठाकुर का सामना करता। सब-कुछ जानते हुए भी वह मन-ही-मन अनजान बना हुआ था। जानकर अनजान बनने में ही खैरियत है। पर गौतम के स्वर में व्यंग्य का कोई पुट नहीं था। सहज भाव से बोला, 'मुझे अन्दाज है, पर मैं तो जबरदस्ती बैलों को भी नहीं हाँकता। एक बार उसी के मुँह से हाँ-ना का जवाब

सुने बिना अब मुझे एक पल भी चैन नहीं मिलेगा। वह न माने तो उस दिशा की ओर मुँह भी नहीं करूँगा। कुछ समय तक और ठहर जाता यदि कल मीठी-माँ ने वहाँ जाने के लिए जोर देकर नहीं कहा होता। बस, आप दवायती दें तो अभी खड़ा-खड़ा रवाना हो जाऊँ।'

'यदि मैं दवायती न दूँ तो...?'

'मेरे लिए रुकना सम्भव नहीं है। खुद भगवान रूबरू आकर मना करे तब भी मैं मीठी-माँ का आदेश टाल नहीं सकता।'

'उसके आदेश को टालने का बूता तो मेरा भी नहीं है। पर इस छोटे मुँह से तेरे पागलपन का क्या बखान करूँ? पहले ही यह बात बता देता तो सारी बकवास बच जाती। अब तो सच्चे मन से तुझे राजी-खुशी विदा करना ही होगा। पर एक शर्त पर—गले में तेजाजी का फूल—सोने का, बाकी चाँदी के सारे गहने, नया-अटङ्ग साफा, नई धोती, नई अँगरखी, नया ही गमछा और नई मोचड़ियाँ। मञ्जूर हो तो बोल, वरना ससुराल की दिशा में मुँह तक नहीं करने दूँगा। मैं भी कम अड़ियल नहीं हूँ।'

छोकरा कुछ क्षण मुँह लटकाए बाबा की बात सुनता रहा। फिर धीमे से बोला, 'ऐसा स्वाँग लाने की जरूरत क्या है? फटे कपड़े और बूढ़े माईतों की कैसी शर्म। मेरी हालत तो मैं जानता ही हूँ। फिर दूसरों को अँधेरे में क्यूँ रखूँ? नहीं बाबा, आपकी मेहरबानी है। मैं तो मरकर भी ऐसा दिखावा नहीं कर सकता। आखिर इसका मतलब क्या है?'

'मतलब है रे पगले, इसका बहुत मतलब है।' फिर थोड़ा अधिकार जताते हुए जोर से बोला, 'अरे मूरख। तेरी गरीबी के कारण ही तो वे यह रिश्ता तोड़ना चाहते हैं और तू इन्हीं मैले-फटे कपड़ों से वहाँ जाने की बात सोच रहा है, यह छोटी-सी बात न जाने क्यूँ तेरी समझ में नहीं आती?'

'न आए तब तक ही अच्छा है।' छोकरे को नई-नई बातें सूझने लगी थीं। चुप रहना चाहते हुए भी वह चुप नहीं रह सका। विनम्रता-पूर्वक आगे कहने लगा, 'वे अच्छी तरह जानते हैं कि मेरी हैसियत ऐसी नहीं है। यदि हो तब भी मैं यह स्वाँग नहीं रचूँ। बाबा! मैं हाथ जोड़ता हूँ, मुझे ये सब फालतू बातें समझाना बेकार है...उस एक ही रात में मुझे सात जनम की सीख मिल गई थी।'

'सो तो ठीक है रे, मैं भी मीठी-माँ का तुझसे कम आदर नहीं करता। पर हम गृहस्थ लोगों का उनकी सीख से पार नही पड़ता। मठ-मन्दिर और परिवार के अपने-अपने नियम हैं, जो एक दूजे पर लागू नहीं होते। अपने नियमों के अनुसार चलना ही हमारे लिए बेहतर है। यदि मीठी-माँ सामने होती तो मैं उसे भी मना लेता।'

गौतम ने तनिक उत्तेजना के स्वर गें प्रतिवाद किया, 'नहीं, वह हरगिज नहीं

मानती। जितना मैंने उसे समझा है, उतना उसे कोई नहीं समझ सकता।'

ऐसा भोला और गावदी दिखने वाला छोकरा इतना अड़ियल और जिद्दी होगा, बाबा को सपने में भी ऐसी आस नहीं थी। मीठी-माँ के रङ्ग पर अब कोई दूसरा रङ्ग नहीं चढ़ेगा। हार मानने पर ही शायद जीत हो जाए। अकृत्रिम भाव से बोला, 'बाकी सारी बातें तू मीठी-माँ की ही मान, पर यह एक बात तो मेरी ही रख ले तो तेरी मेहरबानी है। फिर जैसी मरजी हो, उसी तरह ससुराल जा, मैं मना करने वाला कौन होता हूँ। सगा बेटा होता तो उस पर जोर भी चलता।'

आखिर यह दाँव पार पड़ गया। छोकरे की लज्जा का पार नहीं रहा। उसे हाथ जोड़ने में भी तनिक सङ्कोच नहीं हुआ। पछतावे के सुर में कहने लगा, 'आप मेरे लिए सगे बाप से भी बढ़कर हैं। एक गावदी छोकरे की जिद का खयाल न करें। आप जो कहेंगे, वही पहिनकर जाऊँगा।'

'यह हुई न समझदारी की बात।' जब बाबा की आशा के परे छोकरा इत्ता जल्दी मान गया तो उसने अपने हठ की आन रखने के आशय से कहा, 'यदि तू मेरा कहा नहीं मानता तो तुझे सपने में भी ससुराल जाने नहीं देता।'

लजीली मुस्कान के साथ छोरा तनिक झेंपते हुए बोला, 'पर, सपने में तो रोज ही ससुराल जाता हूँ, आप सुनकर नाराज तो नहीं होंगे।'

'तो फिर यह भी बता दे कि जूतों से पिटाई हुई या लाठियों से?'

'पर आपकी बहू ने हर बार छुड़ाने की कोशिश की, यह बात भी सही है।'

'मगर भोलेशङ्कर सपनों की पिटाई से सिर नहीं फटता। जागते हुए सचमुच मार खाएगा तो तेरी खोपड़ी चूर-चूर हो जाएगी। यह तारों से गुँथी लाठी भी ले जा। मुझे तेरी ताकत का पूरा भरोसा है...।'

वह बीच ही में बोल पड़ा, 'लेकिन ऐसी नौबत आएगी क्यूँ? वे चाहे मेरा सिर फोड़ें, चाहे हाथ-पाँव तोड़ें, मेरे मुँह से तो गाली भी नहीं निकलेगी। यदि कुत्तों की तरह लड़-झगड़कर ही जस-तस जीना है तो बेकार ही मानुस जून में जनम लिया, आखिर एक दिन तो मरना है ही, फिर ऐसी घिनौनी जिन्दगी जीकर करना ही क्या है?'

बाबा हतप्रभ-सा उसके चेहरे की ओर देखता रहा। उसकी बातें सुनकर वह हँसे या रोए? या उसे डाँटे-फटकारे? ढोर-डङ्गरों के बीच पला, झाड़-झंखाड़ों की सङ्गत में उसने ये सब बातें कहाँ सीखीं? मीठी-माँ को यह शिष्य तो एकदम अनूठा ही मिला! लेकिन मठ के बाहर तो इस तरह नहीं जिया जा सकता? ठाकुर के गाँव में रहने का मतलब क्या है, बेचारे का काम भी तो नहीं पड़ा। पर मीठी-माँ से तो कुछ भी छिपा नहीं है। फिर उसने क्या सोच-समझकर इस अभागे को ससुराल जाने के लिए इस तरह उकसाया? अभी तो कणवारिए की हैसियत ही उसकी ओट है। अन्नदाता की मेहरबानी है! मगर ठाकुर के गाँव में जवान व

सुन्दर औरत अकेले पति की नहीं होती। यदि इतना भी नहीं जानता तो क्यों अपनी बहू को यहाँ लाने की नादानी कर रहा है? ...लेकिन पीहर में भी तो ठाकुर है। बाप जाने और बेटी जाने। भाई जानें और बहिन जानें। साँप तो जिस बाँबी में होगा, मौका मिलने पर काटेगा ही। बाबा के मन में चिन्ता व्याप्त हो गई। बैठे-ठाले जी को जञ्जाल पैदा हो जाएगा। दूसरे लोगों की तरह निबाहकर चलने में इसे जोर पड़ेगा। इसकी मति कुछ निराली है। लाख निराली हो। एक मेमना भेड़िए से बच नहीं सकता। तब साफ-साफ आगाह कर देना ही उचित है। इधर-उधर झाँककर धीमे से बोला, 'पता नहीं तेरी बहू दिखने में कैसी है? घरवालों को तो अपनी कैसी भी बिटिया सुन्दर लगती है। पर वह सुन्दर न हो तो अच्छा है। बावरे! लाठी के जोर बिना तू किसके भरोसे अपनी बहू की इज्जत बचा सकेगा? गाँव का ठाकुर हर ब्याहता बहू व कुँवारी बेटी का आधा भरतार होता है। भगवान के भरोसे मत रहना, वह भी मेमने की बजाय भेड़िए का ही साथ देता है।'

छोकरे ने लापरवाही से कहा, 'उसकी चिन्ता आप न करें। न मैं किसी भगवान के भरोसे हूँ और न मुझे किसी ठाकुर का ही डर है। ऐसे बीस ठाकुर भी बहू की इच्छा के खिलाफ उसकी ओर आँखें तरेरकर नहीं देख सकते।'

बाबा ने कपाल ठोंककर कहा, 'तुझे ऐसा गावदी तो नहीं समझा था। तीन बरस का बच्चा भी ऐसी बेतुकी बात नहीं करता। तुझे पता ही नहीं कि ठाकुर नाम की यह बला क्या होती है?'

'मगर बाबा, मुझे किसलिए इन बेकार बातों का पता करना है।'

'तब रह लिया ठाकुर के गाँव में!'

'धरती खूब लम्बी चौड़ी है। किसी पहाड़ पर या जङ्गल में चला जाऊँगा।'

'फिर ससुराल जाने की औंधी बात क्यूँ सोच रहा है?'

'आप तो जानते ही हैं कि मेरे बाबा ने सोच-समझकर जिसका हाथ मुझे थमाया, उसे पूछे बिना ही छोड़ दूँ, क्या आपकी यही सीख है?'

बाबा के सामने एक पहेली-सी खड़ी हो गई। यकायक कुछ भी जवाब नहीं सूझा। थोड़ा देर, असमञ्जस में सोचता रहा। फिर बाएँ हाथ से गरदन को पीछे से खुजलाते बोला, 'जिसकी सीख से तुझ पर ऐसा अमिट जादू हुआ है, उसके सामने अब मेरी सीख चलेगी नहीं।...क्या तू अक्सर मीठी-माँ से मिलता है?'

'हाँ बाबा, वह जब भी गाँव आती है तो यहाँ की हवा एक खास तरह की खुशबू से महक उठती है। एकाध बार तो मुझे नींद में भी उसका पता चल गया। फिर उससे मिले बिना नहीं रह सकता।'

'पर तू उससे मिलता कब है?'

'जब सारा गाँव सोया रहता है। दिन को तो एक पल के लिए भी मैं अपना काम छोड़ नहीं सकता।'

बाबा का गला मामूली भर आया। सूने अदृष्ट में कुछ हेरता-सा कहने लगा, 'मीठी-माँ से मिलता तो मैं भी रहा हूँ, पर मुझे तो कभी खुशबू नहीं आई। पर उसके दरसन से कुछ ऐसा सन्तोष होता है, मानो आकाश-गङ्गा में नहाई परी से मिल रहा होऊँ। बचपन में दादी से जो बातें सुनी थीं, ठीक वैसी परी अब कहीं साम्प्रत आँखों के सामने प्रकट हुई।'

छोकरा तनिक सकुचाते बोला, 'मीठी-माँ को पहिचानना हर किसी के बस की बात नहीं है।'

कहाँ तो बाबा उस अबूझ छोकरे को समझाने चला था, पर उल्टे उसकी बातें सुनकर स्वयं अच्छी तरह समझ गया कि यह हस्ती कुछ और है। ऊपर से एकदम भोला दिखने वाला भीतर से बहुत सयाना है। मन-ही-मन अपनी हार कबूल करते बोला, 'तू बिल्कुल ठीक कह रहा है। तुझ जैसा निरमल अन्तस् हुए बिना मीठी-माँ को ठीक तरह पहिचानना तो दूर की बात उसे अच्छी तरह देख भी नहीं सकते। पानी की तरह मन भी गँदला हो तो उसमें कुछ भी साफ-साफ नहीं उघड़ता।' फिर अपने दाहिने हाथ में थमी लाठी उसकी ओर बढ़ाते कहने लगा, 'ले, आज मैं अपनी यह लाठी तुझे सौंपता हूँ, इसकी लाज रखना। मैं नहीं रख पाया। ले सँभाल।'

बाबा, बड़ी मुश्किल से अपने आँसुओं पर काबू पा सका। उसे मन-ही-मन बड़ी झेंप महसूस हुई। छोकरा न जाने क्या समझेगा? उसे भी आज पहली बार समझ में आया कि आँसुओं का कोई एक मायना नहीं, कई मायने होते हैं।

छोकरे ने लाठी की ओर हाथ नहीं बढ़ाया तो वह दबे स्वर में आग्रह करते बोला, 'ले, मैं बहुत खुशी के साथ तुझे यह लाठी सौंप रहा हूँ।'

गौतम तो मानो किसी अदीठ असह्य बोझ से दबता जा रहा हो। बाबा के पाँव छूते हुए अत्यधिक विनम्र भाव से बोला, 'मैंने तो आज दिन तक बैलों को टिचकारी देकर, उनकी इच्छा के खिलाफ नहीं हाँका, फिर यह लाठी मेरे क्या काम आएगी? और वह भी ससुराल में। लाठी की मर्यादा बड़ी है या आदमी की?'

इस बार चौधरी ने खुले कण्ठ से आशङ्का दरसाई, 'यदि ससुराल वाले लाठियाँ लेकर तेरे सामने खड़े हो गए तो...?'

'फिर मुझे बचना ही किससे है? और बचना भी क्यों है? जन्म देने वाले माँ-बाप तो चल बसे, बेटी सौंपने वाले माँ-बाप मारना चाहें तो मुझे मरना ही है।'

बाबा भीतर-ही-भीतर एड़ी से चोटी तक सिहर उठा। मानो किसी के अदीठ हाथ उसके शरीर को छू रहे हों। इस अबूझ छोकरे ने तो सारे किए-कराए पर पानी फेर दिया। सगे भाइयों से लड़-झगड़कर उसने जो मिल्कियत दबाई, ठाकुर की हाजरी बजाकर जिस कीमत के बदले ठिकाने का कणवारिया बना, बोहरे का मन सहलाकर बिना ऋण चुकाए जो खाता साफ करवाया—मानो ये सारी विगत घटनाएँ

उसे एक साथ धिक्कार रही हों। भौतिक जीवन की सफलताओं के गलीच गुर खींसे निपोर कर जैसे उसकी खिल्ली उड़ा रहे हों। अबूझ छोकरे का सामना करना जब उसके लिए असहनीय हो गया तो उसने टूटे स्वर में कहा, 'तू नए कपड़े पहन ले, मैं अभी गहने लेकर आया।'

ससुराल जाने का उत्साह आधा ही रह गया, फिर भी उसने नए कपड़े पहने—लट्ठे की धोती, रङ्गीन पूठियों वाली अँगरखी, कसीदे की सुरङ्गी मोचड़ियाँ, कसूमल गोल साफा।

थोड़ी देर बाद स्वयं को पूरी तरह आश्वस्त करके बाबा गमछे में गहने लेकर आया। उसने मुस्कराने की अकारथ चेष्टा की, पर भीतर की रुलाई मानो उफन कर होंठों से छलक उठी हो। दोनों के बीच निर्वाक्-संवाद चलता रहा। बाबा चुपचाप सहमते हाथों से गले में गहना पहनाता रहा और वह अनाथ छोकरा चुपचाप बर्दाश्त करता रहा। किन्तु जब गले में तेजाजी का स्वर्णिम फूल डालने लगा तो छोरे की आँखें बरबस भर आईं। बाबा की कलाई पर आँसू की एक बूँद टपक पड़ी। चौंककर उसकी आँखों में झाँका। आँसू ढुलक पड़ने को थे। तब बाबा ने मान भरा उलाहना देते कहा, 'धत्त, कैसा जवान है रे? ससुराल जाते समय खुशी की बजाय क्या इस तरह आँसू बहाकर अपशकुन करना अच्छा है? मेरे दिन रूठ गए, वरना जब भी ससुराल जाता हिरण के उनमान चौकड़ियाँ भरता। बस, अब और अपशकुन मत कर।'

जैसे वे आँसू किसी दूसरे की आँखों से छलके हों। वह सहज भाव से कहने लगा, 'बाबा! इन आँसुओं से बड़ा शकुन और क्या हो सकता है? ये रुलाई के आँसू नहीं हैं। मानुस-जीवन की सबसे बड़ी खुशी इनमें घुली है। कई सदियाँ बीत जाने पर किन्हीं विरल आँखों से ये मोती टपकते हैं। मुझे आसीस दीजिए कि मैं इनकी मान-मर्यादा रख सकूँ।'

बाबा को ऐसा महसूस हुआ मानो बीती उम्र के बरस वापस लौट आए हों। मोद भरे स्वर में मना करते बोला, 'ना, तुझे आसीस देने लायक मेरा बूता नहीं है। मैं कई सालों से किसी ऐसे ही गुरु की तलाश में था, वह आज मुझे मिल गया। पर एक बात तो बता—मीठी-माँ के अलावा तुझे कोई और भी गुरु मिला है क्या?'

गौतम ने दाहिना हाथ हिलाते जवाब दिया, 'मैंने तो अब तक जाने-अजाने किसी गुरु की कामना ही नहीं की। मीठी-माँ के अलावा जो कुछ भी सीखा, आपके बैलों से, आपकी गायों और बछड़ों से सीखा। उनके गोबर से सीखा। चींटी, मकौड़े और चींचड़ों से सीखा। पञ्छियों से सीखा। कुछ कमी रही तो बादल, हरियाली, फूल व तितलियों से सीखा। किसी और से सीखने की मुझे कभी जरूरत ही नहीं पड़ी।'

बाबा ने एक गहरा निश्वास भरते कहा, 'मैं भी तो इन सबके बीच पला

हूँ, पर मैंने तो इनसे कुछ भी नहीं सीखा। इन्हें अपनी गुजर-बसर का साधन मानता रहा।'

'वह आप जानें। मैं तो केवल अपनी ही बात कह सकता हूँ।'

छोकरे ने सीस नवाकर विदा ली, तब बाबा की आँखें भर आईं। विगलित स्वर में पूछा, 'तू कहे तो मैं भी तेरे साथ चलूँ?'

'आप बेकार तकलीफ उठाएँगे। मुझे तो केवल आपकी बहू से हाँ या ना के बोल सुनने हैं। आएगी तो पलकों पर बिठा लाऊँगा। मना करेगी तो चुपचाप चला आऊँगा।'

जब छोकरा गवाड़ी से बाहर निकला तो बाबा कसूमल साफे पर आँखें गड़ाए उसे देखता रहा। एक बार इच्छा हुई कि आवाज देकर कहे—यदि ससुराल वालों को सुमत आ जाए और वे मान जाएँ तो महीने-दो महीने मजे में वहाँ रह ले। यहाँ के काम की चिन्ता न करे। बाद में मरजी हो फिर ससुराल हो आए, पर बहू को यहाँ न लाए। मगर पीछे से आवाज देकर रोकना ठीक नहीं। खामखाह बेचारे के शकुन बिगड़ेंगे। कई बरसों के उपरान्त पहली बार दबी स्मृति में विकट आलोड़न हुआ तो उसके भीतर आग-सी सुलग उठी। अँतड़ियों से लिपटी कराह होंठों तक आकर अकस्मात् रुक गई। बाबा को लगा कि उसकी खोपड़ी उछल जाएगी। वह अब तक उन बातों को क्योंकर भुलाए रहा, जैसे कुछ हुआ ही नहीं। जीवन अपनी लीक पर यथावत् चलता रहा। या वह लीक ही जीवन का प्रतिरूप बन गई। किन्तु आज छोकरे की बातों से पिछला सारा कालचक्र उल्टा घूम गया। उसे विदाई के पहले ही सारी बातें खोलकर समझा देनी थीं। क्या बिना आवाज दिए दौड़कर चुपचाप उसके पास पहुँच जाए। उसे समझाना बहुत जरूरी है। पर दूसरे ही क्षण उसके मस्तिष्क में कड़ककर बिजली कौंधी—वहाँ उसके ससुराल में भी तो ठाकुर, कुँवर और छुटभइय्ये हैं। लम्बा-चौड़ा गढ़ है। ऐसे ही कारिन्दे हैं। बड़े ठिकाने के बड़े ही अन्याय-अत्याचार हैं। ठाकुर नामजद लम्पट है। सुना कि अपनी करनी का फल चख चुका है।...अब जो होगा, सो होगा। खटीक की बकरी जितने दिन जिन्दा रहे, गनीमत है। जो इसके भाग्य में बदा है, वह टलेगा थोड़े ही। पर यह बन्दा भाग्य के भरोसे जीने वाला नहीं है, आज की बातों से तो ऐसा ही लगा। लेकिन...सत्ता की ताकत के आगे ये हवाई बातें क्योंकर टिक पाएँगी। भेड़ें चाहे लाख मिमियाएँ, आखिर उन्हें तो भेड़िये की खुराक बनना है। बाबा को और कुछ नहीं सूझा तो उसने फुफकारती स्मृति को जबरदस्ती दबा दिया। टेकरी पर सदियों से आबाद गढ़ की ओर देखा। फिर सूरज की ओर निहारा। उसे पहली बार समझ में आया कि अरे...आकाश तो इस गढ़ से भी ऊँचा है। सूरज भी कितना ऊँचा है। शायद राजा का महल भी इस ऊँचाई को छू नहीं सकता।... वह आज न जाने किस नई उधेड़-बुन में फँस गया? छोकरा तो ससुराल की राह

लगा, अब उसे ही सारे काम सलटाने हैं। उसके भरोसे काम सौंपकर जितना आराम किया, तम्बाकू फूँकी, वही बहुत है। फिर मरने के बाद तो विगत जीवन की कुछ भी याद नहीं रहती। तो जीवन की बजाय मौत सचमुच सुखप्रद है? और उसके जीवन में याद रखने योग्य कुछ है भी तो नहीं। झाड़-झङ्खाड़ों के उनमान जिया और पनपा है। और अन्त में एक दिन सूखकर नष्ट हो जाना है।

उधर छोकरे को काम से फुरसत मिली तो उसके दिमाग में तरह-तरह की हिलोरें मचलने लगीं। पहले काम के साथ-साथ सोचना-विचारना स्वतः चलता रहता था। पर आज तो सोचना-विचारना ही एक-मात्र काम रह गया। धरती पर पैदल चलना कोई काम में काम थोड़े ही है। यह तो ससुराल के असली काम तक पहुँचने का रास्ता है। जो मन से बहुत पीछे चलता है। इससे उल्टे सोचने की गति भी साथ-साथ तेज हो रही है। मन पीछे रह जाए और मञ्जिल पहले आ जाए तो कितना अच्छा रहे। लेकिन मन तो एक है। रास्ते अनगिनत हैं। मञ्जिलें भी अनेक हैं।

गाँव तथा ससुराल वालों के नाम-धाम तो वह जानता ही था, पर मौसर के उपरान्त उसने किसी को देखा ही नहीं। आज देखने जा रहा है। न जाने क्या बीतेगी? वे किस तरह पेश आएँगे। उसकी कल्पना करते कभी तो उसे खुशी होती, कभी गहरी उदासी छा जाती। उसके तीन-चार हमजोलियों का भी वही ससुराल था। वे ससुराल से लौटने पर बताते कि उसकी सास तो रोज बासी-मुँह जमाई को गालियाँ निकालती है कि उसकी बेटी के भाग्य का यह नागडसा अब तक क्यों जिन्दा रह गया? मक्खी खुद भी मरती है, दूसरों को भी मारती है। ससुर, साले और सालियाँ उसे जमकर कोसते हैं। वह सङ्गी-साथियों के मुँह से चुपचाप सुनता रहता। भूलने के लिए ज्यादा-से-ज्यादा काम में खोया रहता। कुछेक ऐसी-वैसी बातें भी सुनीं। ससुराल जाने की चाहना और उत्कट हो गई। वह आगे चलकर कुछ भी बात नहीं पूछता, पर वे मौका मिलते ही अवश्य बताते। धीरे-धीरे उन्हीं से पता चला कि उसके ससुराल वालों की आर्थिक-स्थिति काफी अच्छी है। ससुर की मुट्ठी में सारे ठिकाने की कणवार है। ठाकुर की उस पर खूब मेहर-दया है। खरीफ की खेती से फारिग होकर वह उसकी बहू का नाता कर देगा। दो-तीन बरस पहले ही कर देना चाहते थे, पर ठाकुर के मना करने पर टालते गए। पर अब नहीं टालेंगे। कोई भी भरी-तरी गवाड़ी और समझदार लड़का मिलते ही चटपट काम कर डालेंगे। गौने का सारा दहेज भी सौंप देंगे, बेटी का धन नहीं चाहिए उन्हें।...फिर भी न जाने क्यों उसके अन्तस् के किसी अतल कोने में यह कामना भी कहीं दबी हुई थी कि उसकी बहू सभी घरवालों से अलग है। यदि दुर्भाग्य से उसका भी यही विचार हो तो ससुराल का यत्किञ्चित् मोह भी नष्ट हो जाएगा। बहू के पीछे ही तो ससुराल का मोह है। इस कारण कुछ भी नई बात सुनने की आशङ्का से वह हरदम बचना चाहता था। पर आज ससुराल की राह चलते उन

दमित स्मृतियों व जिज्ञासाओं को स्वतः उभरने का अवसर मिल गया था। ...बरसों पहले की धुँधली-धुँधली याद कुछ-कुछ स्पष्ट होने लगी थी। उस दिन बड़े उछाह से उसने रङ्गीन कपड़े पहने थे—जैसे ब्याह न हुआ, कोई खेल हो। सचमुच खेल ही तो था। उसकी बाईं ओर बैठी बाल-बनड़ी ने मामूली घूँघट हटाकर पूछा था—कल मेरे साथ झुरनी खेलने चलोगे? तब उसने मना करते कहा था कि उसके माँ-बाप झुरनी खेलने से नाराज होते हैं।

'क्यूँ?'

'कपड़े फट जाते हैं, इसलिए। इत्ता भी नहीं समझती?'

'धत् तेरे की। पहले पता होता तो ऐसे डरपोक के साथ ब्याह ही नहीं करती।'

'ब्याह! यह ब्याह क्या बला है?'

'इत्ता भी नहीं जानता तो गाड़ी में चढ़कर क्यूँ आया?'

'मैं तो आ ही नहीं रहा था। झूठ बोलकर लाए। बार-बार यही कहा कि ननिहाल में चूरमा खिलाने ले जा रहे हैं।'

तब वह बाल-बनड़ी खिल-खिल हँसी थी। उसे खिजाते कहा था, 'यहाँ ननिहाल में चूरमा खाने आया है तू? यह ससुराल है। तीन दिन भूखा रहना पड़ेगा।'

'नहीं, नहीं मैं तो एक घड़ी भी भूखा नहीं रह सकता।' यह कहकर वह रोने लगा था। लड़की और जोर से हँस पड़ी। 'अच्छा बींद मिला, लड़कियों की तरह रोता है।'

उसने रोते-रोते कहा, 'कहाँ, तू तो हँस रही है। क्या तू लड़की नहीं है?'

'और क्या हूँ? दिखता नहीं तुझे?'

फिर थोड़ी देर बाद गुड़ की लापसी खाते समय वह मुस्करा उठा था। कैसी मीठी थी! घी में तरबतर। भला ससुराल से अच्छी जगह और क्या हो सकती है! अपने गाँव में तो इत्ता घी कभी नहीं खाया। लापसी का स्वाद तो आज भी मीठा-मीठा लग रहा है। पर लाख चाहने पर भी वह बाल-बनड़ी का रूप-रङ्ग कुछ भी याद नहीं कर सका। काली थी या गोरी? अच्छी तरह देखा भी तो नहीं। सपने की तरह दो दिन में सब धुल-पुँछ गया।

...और आज कई बरसों के बाद उसी ससुराल के रास्ते पैदल चल रहा है। निपट अकेला ही। उस दिन तो दस-बारह गाड़ियाँ थीं। बैलों की घूघरमाल से रास्ता गूँज उठा था। आज तो नई जूतियों की चरमराहट के अलावा दूसरी कोई झङ्कार नहीं है। उसने चौंककर इधर-उधर झाँका। सामने देखा—आसोज की धूप पूरी निखार पर थी। चारों तरफ बाजरियों के सिट्टे झूम रहे थे। उसकी छाया उससे भी आगे चल रही थी, मानो ससुराल पहुँचने की उतावली उसमें कहीं ज्यादा हो।

पर छाया का कौन-सा ससुराल? ससुराल तो मेरा है। यह छाया भी तो मेरी है। पर इतनी काली क्यूँ? उसे बड़ा अचरज हुआ। आँखें फाड़कर देखने लगा। छाया काली थी सो काली ही रही। कसूमल साफे और लाल गमछे की छाया भी काली। सोने के फूल की छाया भी काली। बाजरी के सिट्टों की भी काली छाया। हरे पेड़ों की भी काली छाया। काले कौए और साँवली चील की नाईं हरे सुग्गे की छाया भी काली। रोहीड़े के लाल-पीले फूलों की छाया भी काली। फिर इन विभिन्न रङ्गों का मतलब क्या है? कुदरत का सारा वैविध्य ही छाया में खो जाता है। शायद छाया जैसी समदृष्टि तो ईश्वर की भी नहीं। काम की हड़बड़ी में कभी इसका ध्यान भी तो नहीं आया।

बाबा ने कहा था—मुश्किल से चार घड़ी का रास्ता है। यों छोकरे की चाल काफ़ी तेज थी। पर आज सोचते-विचारते कुछ धीमा ही चला था। तड़के घड़ी भर दिन चढ़े कलेवा करके रवाना हुआ था। उसने पीछे मुड़कर देखा—सूरज काफी ऊपर चढ़ आया था। छाया की लम्बाई भी घटते-घटते कम होने लगी थी। गाँव का सूरज उसके पीछे-पीछे ही चला आ रहा है। क्या इसे भी अपने ससुराल जाना है? कहीं दोनों का ससुराल आस-पास तो नहीं है? रास्ते में कोई मिलता तो पूछताछ भी करता। सभी अपने-अपने काम में लगे हुए हैं। सिवाय उसके और किसे भी ससुराल जाने की वेला नहीं है। ससुराल जाना भी तो एक जरूरी काम है।

उसे मामूली प्यास लगी। गर्दन उठाकर इधर-उधर देखा। पानी का कोई ठीया नजर नहीं आया। वह कुछ तेज चलने लगा। एक कदम आशा का, दूसरा कदम निराशा का। एक कदम खुशी का, दूसरा कदम भय का। न जाने क्या बीतेगी? ...इस तरह दारुण अन्तर्विरोध की दुविधा में बची हुई राह कटने लगी। बड़े अचरज की बात—कभी उसे सूखे बिरछ भी हरे नजर आते और कभी हरे-भरे गाछ उसे ठूँठ की तरह सूखे दिखलाई पड़ते। कभी कौओं की काँव-काँव उसे बड़ी सुहानी लगती तो कभी कोयल की कुहुक भी उसके कानों में काँटों-सी खटकती। कभी लगता कि धूप दूनी तेज हो गई है तो कभी लगता कि जगमगाती धूप पर काला पर्दा छा गया है। उसके मन की ऐसी स्थिति तो कभी नहीं हुई। क्या ससुराल जाने वालों के मन की चाशनी ऐसी ही होती है? क्या उसके बापू भी इसी तरह पैदल ससुराल गए होंगे। जिन्दा होते तो लिहाज-सङ्कोच छोड़कर उन्हें पूछता। मरने के बाद सभी लोग कहाँ चले जाते हैं? वहाँ तो ससुराल का लफड़ा क्या होगा? अचानक उसकी देह में बिजली-सी दौड़ गई। उसकी बहू को तो ससुराल जाने की कभी याद भी नहीं आई होगी? क्या वह अब भी उतनी ही छोटी है या मेरी तरह बड़ी हो गई है? इस बार झुरनी का पूछेगी तो मना नहीं करेगा। क्या पता उससे मिलना होगा कि नहीं? सुना कि सास बहुत गुस्सैल है। हाथ जोड़ने पर तो कुछ नरम पड़ेगी। बीज का एक दाना जिस प्रकार फसल पकने पर सैकड़ों

दानों में फूटता है, उसी प्रकार उसके भीतर कई मन धीरे-धीरे फूटने लगे।

प्यास के मारे उसका गला सूख रहा था। पर उस वेला उसे प्यास की सुध-बुध ही कहाँ थी। उस उधेड़-बुन में कुछ देर के लिए पानी की बात भूल ही गया था। शायद भूलने से प्यास महसूस न हो। एकाध बार तो उसके मन में ऐसी सनक सवार हुई कि वह दूसरा कुछ भी काम न करके सारी उम्र इसी तरह अविराम चलता रहे, बस चलता ही रहे। हवा, धूप और अँधियारे से होड़ करता हुआ। कहीं ससुराल से आगे तो नहीं निकल गया? उसकी चाल स्वतः कुछ धीमी हो गई। रास्ते से हटकर बाईं तरफ एक ऊँचा टीला नजर आया। उस पर चढ़कर उसने इधर-उधर देखा। सामने काफी चढ़ाई थी। उसकी ढलान पर शायद कोई गाँव या ढाणी बसी हो।

ढलान से नीचे उतरने लगा कि सामने ही 'माठ' की सघन खेजड़ी के नीचे एक घड़ा दिखाई दिया। एकदम कोरा। घड़े पर नजर पड़ते ही उसे पता चला कि प्यास कित्ती जोर से लगी है। गले में सहसा अङ्गारे-से दहक उठे। आज तो यह पानी अमृत का काम सारेगा। लेकिन उसके पास पहुँचे तब न? घड़ा तो चलकर सामने आने से रहा! बीच की दूरी ही सबसे बड़ा व्यवधान थी। उसके पाँव मामूली डगमगाए। आँखों के सामने हलका-हलका धुँधलका छाने लगा। यदि पानी नहीं दिखाई देता तो वह काफी दूर चल सकता था। मगर रङ्गीन घड़ा नजर आते ही उसका हौसला ठण्डा पड़ गया। कहीं चक्कर खाकर नीचे गिर नहीं पड़े। उसने जोर से आँखें फाड़ीं। थोड़ी ऊपर नजर उठी तो मचान पर एक औरत अपूठी खड़ी दृष्टिगोचर हुई। उसके डूबते हौसले का जोश बँधा। न जाने क्यों? जरूर कोई अप्सरा या परी होगी। उसकी अचीती मदद के लिए मानो अभी-अभी आकाश से उतरी हो। इसके पहले तो वह नजर ही कहाँ आई! क्षण भर के लिए उसने जोर से पाँव जमाए। फिर सीधा-सतर होकर एक कदम आगे बढ़ाया। फिर दूसरा कदम। नई जूतियाँ चरमरा उठीं। और वह अप्सरा चौंककर तेजी से मुड़ी। कड़कते स्वर में पूछा, 'कौन है? कौन है?' वह बड़ी मुश्किल से इतना ही बोल पाया, 'आदमी...!' गला छिलता-सा महसूस हुआ, जैसे काँटे चुभे हों। वह तीसरा कदम आगे नहीं बढ़ा सका।

'सो तो मुझे भी दिख रहा है। अकेली औरत को शेर-भालू की बजाय आदमी का ही ज्यादा डर है। यहीं से वापस लौट जाओ, वरना हँसिये से गला चाक कर दूँगी।' उसने अदेर कुड़ती के भीतर हाथ डालकर हँसिया बाहर निकाला।

डरने की बजाय उसके हौसले को और तेज धार लगी। आगे बढ़ता हुआ बोला, 'प्यास के मारे मर तो यूँ ही जाऊँगा, फिर मेरी हत्या का पाप क्यूँ अपने मत्थे ओढ़ना चाहती हो।'

तेज धार वाले हँसिये को सामने करते बोली, 'खबरदार, एक कदम भी आगे बढ़ाया तो! मैं सब जानती हूँ। तुझे पानी की नहीं, औरत की प्यास है। यदि

मेरे हाथ से मरने का जोग है तो वह टलेगा थोड़े ही। न पानी का बहाना काम आएगा और न प्यास का।'

मुड़कर लौटने की बजाय वह फिर घड़े की तरफ आगे बढ़ा। एक कदम, दो कदम... कि हवा में सनसनाता हँसिया खटाक से उसके पास गिरा। थोड़ी-सी धूल उछली। जिद या क्रोध कुछ भी कहो, वह अपना आपा बिसर चुकी थी। लेकिन हँसिये का वार तो बिल्कुल खाली गया। और आज न जाने किस ऊहापोह में मचान पर गोफन के पत्थर रखना भूल गई। वे घड़े के पास नीचे पड़े थे। जब नया वेश और गहने ठसाए युवक ने नीचे झुककर हँसिया उठाया तो मचान पर खड़ी परी का माथा ठनका। वह भीतर-ही-भीतर काँप उठी। डर को छिपाने की चेष्टा करते बोली, 'यदि तू ऐसा ही सच्चा है तो हँसिया मचान पर फेंक दे और मजे से पानी पीकर अपनी राह पकड़।' फिर उसे डराने की मंशा से आगे कहने लगी, 'गोफन का वार नहीं करूँगी।' अजाने ही उसका तीखा स्वर अपने-आप धीमा हो गया। वह स्वयं तो जानती ही थी कि गोफन चलाने के लिए उसके पास पत्थर नहीं है। जबरदस्त भूल हो गई। आइन्दा पूरा ध्यान रखेगी। और उधर हाथ में हँसिया थामे, वह कदम आगे बढ़ाते बोला, 'सभी आदमी एक से नहीं होते। तुम्हें हँसिया सौंपने के बाद ही पानी पीऊँगा, विश्वास करो।'

'ना, मैं तो आदमी की छाया पर भी विश्वास नहीं करूँ। तुम वहीं से हँसिया फेंक दो। सभी आदमी एक-से होते हैं।'

फिर उसने कोई विवाद नहीं किया। वहीं खड़े रहकर पूरी सावधानी से हँसिया मचान पर फेंक दिया। 'अब तो विश्वास हुआ?' इतना कहकर वह फिर आगे बढ़ा।

विश्वास तो उसे फिर भी नहीं हुआ। लेकिन उसके अचरज की सीमा नहीं रही। उसकी धारणा गलत कैसे हुई? जितना हट्टा-कट्टा, कद्दावर व खूबसूरत है, शायद उतना डरपोक भी है। उस सजे-सँवरे छोकरे ने एक नजर भरकर उसे निहारा—सचमुच यह तो आकाश की परी ही है। धरती की औरत इतनी सुन्दर नहीं हो सकती। आदमी तो आदमी कोई अपरबली राक्षस भी इसके साथ जबरदस्ती नहीं कर सकता। प्यास भी उसका तेवर देखकर थोड़ा सहमी। घड़े की ओर नीचे झुकते ही वह वापस चेती, जैसे कोई बारूद भभका हो। उकड़ूँ बैठकर उसने करवा एक तरफ रखा और घड़े को ऊपर उठाया। टेढ़ा करके उसने बूक माँडी ही थी कि वह 'अपछरा' धड़ाम से नीचे कूदी तो वह इतने जोर से चौंका कि हाथ से घड़ा छूटते-छूटते बचा। मुड़कर देखना चाहा कि वह पास आकर आदेश करते बोली, 'रुको रुको। प्यास के मारे मरते या नहीं, पर एक साथ ठंडा पानी गटकने का नतीजा बुरा होगा।' यह कहकर उतावली में उससे घड़ा छीन लिया। जैसे प्राणों पर गिद्ध ने पञ्जा मारा हो।

छलकता करवा उसकी ओर बढ़ाते बोली, 'लो, पहले अञ्जलि भरकर आँखें

छाँटो, मुँह धोवो। होंठों को बार-बार भिगोवो।'

'नहीं नहीं, पहले मुझे घड़ा खाली करने दो। तुम्हें पता नहीं, यह प्यास तो पूरे तालाब से भी बुझने वाली नहीं है। मेरे भीतर आग लगी है आग!'

'लगी रहने दो, मैं जो कह रही हूँ, वही करो। वरना घड़ा फोड़ दूँगी।'

'इससे तो अच्छा है गला ही काट दो। प्राण नहीं रहेंगे तो प्यास अपने-आप बुझ जाएगी...।' इतना कहकर उसने दोनों हथेलियाँ जमीन पर टिका दीं। शायद मूर्छित होकर नीचे गिरने वाला ही हो। उसने गर्दन उठाकर प्यासी आँखों से परी की ओर देखा जो हाथ में घड़ा लिए खड़ी थी। आँखें चार होते ही उसका रोम-रोम सिहर उठा। वह अदेर बिना कुछ बोले सहमते हाथ से उसकी आँखों पर पानी छिड़कने लगी। होंठ भिगोने वाली ही थी कि उसकी मूर्छा टूटी। बड़ी मुश्किल से बोल पाया, 'तुम रहने दो, यह सब मैं ही कर लूँगा।' देह की समूची ताकत बटोरकर उसने अञ्जुलि सामने की।

चार-पाँच बार मुँह धोया, होंठ भिगोये तो उसकी चेतना फिर से लौट आई। होंठों पर 'बूक' माँडते ही उसने करवा भरकर पानी पिलाना शुरू किया। पर वह तो जैसे एक ही घूँट में करवे सहित पूरा-का-पूरा पानी निगल जाना चाहता हो। लेकिन आकाश की परी तो जरूरत से ज्यादा होश में थी। मीठे स्वर में बार-बार सतर्क करती, 'धीरे...धीरे।'

दो करवों के किञ्चित् पानी में जैसे सारी गङ्गा ही समा गई हो। मौत की ज्वाला में सुलगते प्राण सकुशल वापस लौट आए। क्षीण स्वर में याचना की, 'एक और...।'

उसने धीरज बँधाते कहा, 'थोड़ा ठहरो। चाहो तो सारा घड़ा ही पी लेना, मना नहीं करूँगी। पर अभी नहीं।'

फिर तो एक आज्ञाकारी बालक की नाईं अप्सरा ने जैसा कहा, वैसा ही किया। पाँच करवे पानी पीने के बाद उसने एक ठण्डा निश्वास भरा। कृतज्ञता दरसाते बोला, 'तुमने बाल-बाल बचा लिया, वरना अब तक ठेठ ससुराल पहुँच ही गया होता। तुम्हारा यह एहसान उम्र भर याद रखूँगा।'

अप्सरा ने रूखे स्वर में कहा, 'पानी पिलाने का भी एहसान होता है, यह अनोखी बात तो आज़ तुम्हारे मुँह से ही सुनी।'

'पानी नहीं, प्राण कहो प्राण...।' कुलबुलाती अंतड़ियों की गहराई से यह शीतल वाणी प्रकट हुई थी। फिर थोड़ी देर बाद सकुचाते बोला, 'इन प्राणों की जरूरत पड़े तो मुझे याद करना...।'

अप्सरा ने बीच में टोकते कहा, 'मैं कोई डायन हूँ, जो तुम्हारे प्राणों की जरूरत पड़ेगी।'

उसने तत्काल सफाई देते कहा, 'मैंने डायन की बात कब कही, तुम तो

मेरे लिए देवी हो देवी।... एक अदने चूहे ने मुसीबत में फँसे शेर के प्राण बचा लिए थे। यदि वैसी ही कोई जरूरत पड़े तो...!' उसकी जीभ हकलाने लगी। आगे बात पूरी करने के लिए उसे उपयुक्त शब्द नहीं मिले। मचान की परी तुरन्त उसके मन की बात समझ गई। परिहास करते बोली, 'तुम्हारा एहसान उतारने के लिए पहले शेर की तरह मुसीबत में फँसूँ, फिर तुम्हें याद करूँ। अच्छी तरकीब सोची।'

वह मामूली खुशी प्रकट करते बोला, 'वाह! तुमने तो पहली मुलाकात में ही पता कर लिया कि मुझे बोलने का शऊर नहीं है। तभी तो गाँव वाले मुझे गावदी कहते हैं। अजाने में कोई चूक हुई तो माफ करना। ...अच्छा तो अब चलता हूँ, काफी देर हो गई।'

'ससुराल जा रहे हो क्या?'

'तुम्हें कैसे पता चला...?'

'तुमने ही तो कहा था कि पानी नहीं मिलता तो सीधे ससुराल पहुँच जाते। फिर यह बनाव-सिङ्गार और ये चमचमाते गहने। कोई अन्धा भी बता दे कि तुम कहाँ जा रहे हो?'

दूल्हे ने हामी भरते कहा, 'सचमुच ससुराल ही जा रहा हूँ।' और कोई बात आगे नहीं सूझी तो बोला, 'कहो तो थोड़ा पानी और पी लूँ।'

'मैं क्यूँ कहूँ, प्यास नहीं बुझी हो तो पी लो। जितना चाहो पिला दूँ।'

'नहीं, अब तुम्हें तकलीफ नहीं दूँगा। मैं खुद ही पी लूँगा।' यह कहकर वह सीधे घड़े से ही पानी पीने लगा। मचान की देवी चुपचाप देखती रही। मन-ही-मन अचरज भी कम नहीं हुआ कि इतना पानी तो वह चार दिन में नहीं पी सकती। नजर न लग जाए, इस कारण उसने होंठों-ही-होंठों में थुथकी डाली।

घड़ा नीचे रखकर उसने गमछे से मुँह पोंछा और बिना कुछ कहे ही मुड़कर चुपचाप चलने लगा। नई जूतियों की चरमराहट जैसे उसके मन की बात प्रकट कर रही हो। मुश्किल से दसेक कदम चला होगा कि पीछे से आवाज सुनाई दी, 'तुमने अपना नाम-पता तो बताया ही नहीं, फिर मुसीबत पड़ने पर कहाँ सन्देश भेजूँगी?'

वह तत्काल वापस लौट आया। झेंप मिटाने के बहाने बोला, 'गाँव वाले मुझे गावदी कहते हैं सो गलत नहीं। तुम नहीं कहती तो मैं यों ही चला जाता।'

कहाँ तो थोड़ी देर पहले उसने हँसिया फेंककर बिजली के उनमान कड़कती वाणी में उसे अविलम्ब लौट जाने की धमकी दी थी और कहाँ अब जाते हुए को रोककर पास बुलाया। मचान की देवी का घनघोर पूर्वाग्रह सर्वथा निर्मूल साबित हुआ। यह बन्दा तो कुछ अलग ही माटी का बना हुआ है। ऐसा अपवाद होना तो नहीं चाहिए। इसे तो खेजड़ी और उसके रूप में कोई भेद ही नजर नहीं आया।

ससुराल जाने को उत्साहित दूल्हा अपना अता-पता बताता रहा और वह चुपचाप सुनती रही जैसे पानी का घड़ा सुन रहा था। पर ससुराल वालों का गाँव

और उनका नाम सुनते ही वह क्षण भर के लिए चौंकी—अरे! यह तो उसका पति दूसरे ही क्षण उसने अपने-आपको पूर्णतया संयत कर लिया। ऐसा तो सपना भी उसके लिए असह्य था और वह साम्प्रत रू-ब-रू पास खड़ा उससे बात-चीत कर रहा है। उसने जान-बूझकर कोई लाज-शरम न करना ही उचित समझा। सपने केवल नींद में ही तो नहीं आते। उसकी हतप्रभ-सी पैनी नजर चाँदी के गहनों को टोहती हुई गले के सुनहरे फूल पर अटकी। कहने लगी, 'सुना कि तुम्हारी गवाड़ी तो बिल्कुल पैंदे बैठी हुई है। रोटी-कपड़ों की एवज में चाकरी करते हो। फिर यह सिङ्गार कहाँ से किया? या तो गहना एकदम खोटा है या माँगा हुआ।'

कानों में वीणा-सी झंकृत हुई। गले की पसम ऐसी पानीदार कि उसके बोल गले से गुजरते हुए दिख रहे हों। अप्सरा की वाणी ज्यादा मीठी है या उसका रूप अधिक सुन्दर है, वह उसका सही कूता नहीं कर सका। अधिक देर चुप रहना ठीक नहीं समझा तो वह सहज भाव से निःसङ्कोच बताने लगा, 'गहना तो खोटा नहीं, एकदम खरा है, पर है चौधरी-बाबा का। मैं तो बार-बार मना करता रहा पर वे माने ही नहीं।' फिर उसने उसी लहजे में नए कपड़ों और गहनों की सारी हुज्जत सुना दी। कुछ भी छिपाने की जाने-अजाने कोई चेष्टा नहीं की, जैसे यह सब कुछ सुनाने के लिए ही वह अपने गाँव से यहाँ तक पैदल आया हो। वह फकत उसके चेहरे की ओर अपलक दृष्टि से देखती रही, सुनती रही। तुरन्त समझ गई कि यह आदमी सोने से भी ज्यादा खरा है। एकदम सच्चा। छल-कपट की पगडण्डी के पास होकर कभी गुजरा तक नहीं। पूछा, 'लोग कहते हैं कि तुम्हारे दाने-पानी का भी जुगाड़ नहीं, फिर इतने बरस किस तरह काटे?'

उसने कुछ भी लाग-लपेट नहीं रखी। माँ-बाप के मौसर से लेकर चाकरी तक की सारी भागवत सुना दी। वह कितना काम करता है, कितनी मेहनत करता है, सब-कुछ सूरज के उजाले की तरह उजागर कर दिया, जैसे यह सब गर्व-गुमान करने लायक बातें हों। वह गोफन से खेत की रखवाली भी कर रही थी और उसकी बातें भी चाव से सुन रही थी, मानो कोई हलकारा भेजकर इसी काम के लिए बुलाया हो। दोनों एक जैसी मनःस्थिति में जी रहे थे। केवल प्रत्यक्ष वर्तमान में। न बीते हुए अतीत का उनके लिए अस्तित्व था और न आने वाले भविष्य का एहसास ही। मानो इस बढ़ी हुई उम्र के साथ ही उनका अभी-अभी जन्म हुआ हो। गोफन में पत्थर रखते हुए उसने कुछ गम्भीर स्वर में पूछा, 'तो अब तुम्हारे पास पुरखों की कोई निशानी नहीं बची?'

'एक छोटा-सा अहाता है, बाकी कुछ भी नहीं। वह काम का होता तो बोहरा उसे कब छोड़ता?'

खेजड़ी की परी ने छोकरे की बातें सुनकर क्या समझा, क्या नहीं समझा सो वही जाने। पर उसने बाहर रञ्च-मात्र भी प्रकट नहीं होने दिया। फिर भी उसे

स्वयं तो यह महसूस हो रहा था कि कपड़ों से ढका उसका अपना शरीर भीतर-ही-भीतर बदलता जा रहा है। उसने ऊपरी मन से तीन-चार बार चिड़ियों के झुण्ड की ओर गोफन से पत्थर फेंके, पर वे आधी दूरी तक भी नहीं पहुँचे। बाजरी खाते झुण्ड को हलकी-सी भनक भी नहीं पड़ी। सारी चिड़ियाँ उसी तरह बाजरी के सिट्टों पर निर्विघ्न बैठी रहीं। तब उस छोकरे ने लड़की के हाथ में लटकती गोफन की ओर इशारा करते कहा, 'लाओ, मुझे दो। मैं उड़ा दूँ। मेरा निशाना अचूक है।'

उसने तत्काल गोफन सौंप दी। जोर से घुमाकर एक बार ही गोफन चलाई कि पत्थर तो ठेठ झुण्ड के बीच जाकर गिरा। हरड़ाट की आवाज करती चिड़ियाँ एक साथ उड़ीं। लड़की के विस्मय की सीमा न रही। उसे लगा कि चिड़ियाँ जैसे उसकी टुकियों से उड़ी हों। उसने तो ऐसा गोफन चलाने वाला देखा न सुना। वह उसकी कामयाबी से बहुत खुश हुई, किन्तु छोकरा तनिक भी खुश नहीं हुआ। गोफन वापस लौटाते बोला, 'ये चिड़ियाँ न तो खेती करती हैं, न चुग्गा खरीदने के लिए हाट-बाजार जाती हैं। मैं तो ठहरा हाली-मजूर, मालिक की आज्ञा माननी पड़ती है, पर तुम्हारे तो घर की खेती है। इनके खाने से बरकत ही होगी।'

मनुष्य के मुँह से ऐसी वाणी तो कभी नहीं सुनी। कानों की राह सारे अन्तस् में दूध-ही-दूध छलक उठा। फिर भी दिखावा करती बोली, 'मुझे भी माँ-बाप का कहा मानना पड़ता है।'

यह जवाब सुनकर वह कुछ भी नहीं बोला। मन-ही-मन न जाने क्या सोचता रहा? अचानक चौंककर पूछा, 'अरे! तुमने तो बातों-बातों में सब-कुछ जान लिया, और मुझे कुछ भी नहीं बताया।'

दुबारा आग्रह करने पर उसने सिर्फ इतना ही कहा कि वह इसी गाँव की है। उसकी बहू की खास साथिन। एक दाँत रोटी टूटती है। दो शरीर, एक मन।

वह अतिरेक आह्लाद से दो-एक कदम आगे बढ़कर चहका, 'अच्छा! तब तो तुम्हीं से सब बातों का सुराग लग जाएगा।'

उसके गुलाबी अधरों पर व्यंग्य की मुस्कान थिरक उठी। गर्दन हिलाकर बोली, 'हाँ, जरूर लग जाएगा। तुम्हारे ससुराल वाले तुम्हें फकत भोला ही समझते हैं, पर तुम इतने बड़े मूरख हो, मिलने पर ही इसका पता चला। लाड़-कोड के मारे तुम दूसरों का गहना माँगकर लाए तो हो, मगर ससुराल वाले जमकर पिटाई न करें तो परमात्मा की बड़ी मेहरबानी समझना। पर वे तुम्हारे गहने-कपड़े कुछ भी नहीं छोड़ेंगे साफ कहे देती हूँ। तुम्हारे गाँव वाले या तो पूरे चण्ट हैं या एकदम मक्कार हैं। किसी ने भी नहीं बताया कि तुम्हारी बहू को वे नाते भेजना चाहते हैं।'

लड़की ने सोचा कि इस धमकी से एकदम डर जाएगा। गहने छिन जाने की आशङ्का से तत्काल वापस लौट जाएगा। बेचारा बहू से मिलने की खुशी में

खाली हाथ चला आया। न लाठी, न लकड़ी।

उसकी सूरत पर भय की शिकन तो एक भी नजर नहीं आई, पर हताशा की साँवली झाँईं तत्काल पुत गई। धीमे से बोला, 'मुझे सब मालूम है। रवाना होते समय बाबा ने ठीक यही बात बार-बार दुहराई थी।'

'फिर किस उम्मीद में यहाँ चले आए? बड़े खूबसूरत बाँके जवान हो न कि बहू देखते ही निछावर हो जाएगी? क्यूँ?'

'ऐसा तो नहीं सोचा था। लेकिन एक बार उसकी मंशा जानना चाहता हूँ। वह राजी-खुशी नाता करे तो मुझे कोई एतराज नहीं।'

जैसा कहा उसने हूबहू वही सुना। पर यह तो विश्वास करने लायक बात नहीं है। क्या किसी मर्द के मुँह से ऐसी बात भी टपक सकती है? अविश्वास के भाव से पूछा, 'क्या कहा, एक बार फिर कहना तो...।'

उसने वही बात फिर दुहराई। उसे तब भी भरोसा नहीं हुआ। इस जिन्दगी की बात तो दूर वह अगले सात जनम में भी ऐसा भरोसा नहीं कर सकती। यह न जाने किस दुनिया का प्राणी है? लगता तो मनुष्य जैसा ही है। पर उसके अपने गाँव और ननिहाल के मनुष्यों से एकदम अलग-थलग! या तो वे मनुष्य नहीं हैं या यह मनुष्य नहीं है। मनुष्य मनुष्य में इतना भेद? शायद और अधिक कुरेदने से इसके भीतर वैसा ही घिनौना रूप दिखलाई दे जाए। यह तो आँखें होते हुए भी निपट अन्धा है। और वे...सबके सब पूरे अन्धे हो जाएँ तो भी उसका रूप-जोबन उनसे छिपा न रहे। यह कब से एक नादान बच्चे की तरह उससे बातें कर रहा है। एक बार तो उसके चेहरे पर नजर पड़ी ही होगी। इस फटते हुए जोबन पर इसकी निगाह मचलनी चाहिए थी। मगर इसकी आँखों में तो किसी तरह का कोई विकार नजर नहीं आया। इसके लिए तो जैसी खेजड़ी, जैसा मचान और जैसा हँसिया वैसा ही उसका रूप-जोबन। फकत कोरे घड़े के पानी से ही इसकी प्यास बुझ गई। और तो और बाप व भाइयों की आँखें भी इस तरह अछूती नहीं रहतीं। सबके लच्छन जानती है। पर जानकर अनजान बनना पड़ता है। घर-परिवार की मान-मर्यादा निबाहना कोई गुड़ियों का खेल नहीं है। भेड़ की यह कैसी मजबूरी है कि वह भेड़ियों के बीच जिन्दा रहे! पुरुष इस सच्चाई को कभी समझ नहीं पाएगा। औरत की विडम्बना फकत औरत ही जानती है और हमेशा के लिए बिसर जाती है कि उसके मुँह में जबान भी है, जिसे स्वाद के अलावा बोलना भी आता है। सभी पुरुष एक ही थैली के चट्टे-बट्टे हैं। कोई उन्नीस तो कोई बीस। किसी का भरम बना रहता है, किसी का उघड़ जाता है। चाचा, मामा, भाई-भतीजों का भरम उघड़ना किसे भी पोसाता नहीं। चमड़ी के नीचे सूई की नोक जितना तो यह भी निर्मल जान पड़ता है, पर इसकी देह के भीतर मल-मूत्र का अभाव नहीं है। इसकी ओजरी में भी वही सड़ाँध है। देवता भी औरत के मोह-जाल से

कब बचे हैं, फिर यह तो गाँव का गँवार ही है। अपनी परम्परागत कमजोरियों के बीच पला और बड़ा हुआ है। ऊपर गहना पहनने वाले ही ज्यादा खोटे होते हैं। कपड़ों के भीतर तो सभी नङ्गे हैं। क्या पुरुष, और क्या औरत? कुछ सियारों का रङ्ग काफी देर से उतरता है।

मचान वाली यह धीव चित्र-लिखित-सी उसे ऊपर से नीचे तक टोहती रही, मानो उसके भीतर कहीं-न-कहीं कीचड़ जरूर खोज निकालेगी। एक हल्की-सी मुस्कान उसके अधरों पर खिंचते ही तुरन्त बिला गई, जैसे आँखों की जोत क्षण भर के लिए होंठों पर कौंध गई हो। कहने लगी, 'गाँव वालों ने तुम्हें ठीक तरह नहीं समझा, पर मैं तो देखते ही पहिचान गई। अरे मूरखों के सरताज! उसकी मंशा घरवालों से अलग थोड़े ही है। बल्कि वह तो उनसे भी दो कदम आगे है। उनकी जोर-जबदस्ती से भी वह तुम्हारा घर नहीं बसाएगी। ठेठ बचपन से ही वह मेरे साथ बड़ी हुई है। अपने मन की बात मेरे अलावा किसे भी नहीं बताती। ऐसी बदसूरत और ऐसी गुमानी लड़की मैंने कहीं नहीं देखी। थोड़ी देर के लिए मान लो, कि वह तुम्हारे साथ चलने को तैयार हो जाए, पर तुम एक बार भी उसकी सूरत देख लो तो उम्र भर उसका नाम न लो। तवे से भी ज्यादा काली। लम्बे दाँत। एक आँख में फूली। पाए जितनी ऊँची। कौए जैसी करकस बोली...।' पति के ललाट पर अचानक उभरी सलवटों को देखते ही वह चुप हो गई। अतीत के अन्धकारमय दुर्ग को छेकते हुए उसने कानों में सुमधुर हँसी झंकृत हो उठी। वह संशय में उलझ गया। कहाँ...उसकी बोली तो शहद से भी अधिक मीठी थी। कुछ कहने के लिए उसके होंठ फरफराए कि पत्नी ने तत्काल उसके मन की दुविधा भाँप ली। अदेर बात को घुमाकर बोली, 'तुम्हारा सोचना सोलह आने सही है। न जाने विवाह का कैसा अशुभ मुहूर्त निकला कि तीन महीने बाद ही निगोड़ी चेचक ने उसका ऐसा हुलिया बदला कि यकायक मुझे भी विश्वास नहीं हुआ। विवाह के पहले सूई गिरने की भनक तक सुन लेती थी, पर अब तो बेचारी कुत्तों का भौंकना तक नहीं सुन पाती। कोयल को भी मात करे जैसी मीठी बोली थी, पर अब तो मैं भी उसकी काँव-काँव अधिक नहीं सह सकती। क्या पता तुम्हारे हथलेवे का ही यह प्रताप हो कि वह तिल जितनी भी लम्बी नहीं बढ़ी। पहले मुझसे भी चार अङ्गुल लम्बी थी—चार अङ्गुल। पर अब तो मेरी कमर तक ही पहुँचती है। तिस पर मजेदार बात कि अपने-आप को इन्द्र की परी से कम नहीं समझती। उलटे मुझे बदसूरत मानती है। सुनकर मैं भी चुप हो जाती हूँ। चेचक के दानों ने उसके दिमाग की नसों तक को बींध डाला। क्यूँ, अब तो ससुराल जाने की उमङ्ग पूरी मिट गई होगी? पुरुष-मात्र को देह के अलावा औरत में और कुछ भी नजर नहीं आता।'

छोकरे की चेतना के परे ही धीरे-धीरे स्वतः उसकी तनी हुई संशयात्मक भौंहें सामान्य हो गईं। पास खड़ी लावण्यमयी ने उसे फिर कुरेदा, 'चुप क्यों हो गए?

क्या यहीं से वापस लौटने का इरादा है? कुछ तो जवाब दो?'

उसने सहज-स्वाभाविक सुर में कहा, 'क्या जवाब देना है? साफ-सीधी बात है कि बेटी बाप के घर नहीं खटती। किसी-न-किसी के साथ फेरे पड़ते ही। बचपन में जिसका हाथ थामा, अब बड़ा होने पर बदसूरती की वजह से हाथ खींच लूँ, यह तो ठीक नहीं। औरत का खास रूप तो है—गुण...गुण।'

'मगर उसमें तो रूप-गुण कुछ भी नहीं है। बेहद चिड़चिड़ी और झगड़ालू है। सहेली हुई तो क्या हुआ, तुम जैसे भोले आदमी को धोखे में कैसे रखूँ?'

वह उसके मुँह की ओर निहारते बोला, 'इसमें धोखे जैसी तो कोई बात ही नहीं। मेरे हिस्से में आई सो मेरी अपनी है। तुम्हारी बातें सुनकर मेरी जिम्मेदारी तो और अधिक बढ़ गई। रही बात रूप और गुण की—कोई सीमा तो इनकी है नहीं। फिर कहीं-न-कहीं आदमी को सन्तोष तो करना ही चाहिए।' वह कुछ क्षण के लिए हठात् ही रुक गया, मानो उपयुक्त शब्दों की तलाश हो। फिर आगे कहने लगा, 'आदमी मरना नहीं चाहता, पर मौत आने पर राजा का भी वंश नहीं चलता। आदमी के चाहने, न चाहने से क्या होता है।'

सौन्दर्य की ऐसी दारुण अवहेलना से आज दिन तक किसी औरत का साक्षात्कार नहीं हुआ होगा। एकबारगी तो वह इस अचीते वज्राघात को झेल नहीं सकी। पर दूसरे ही क्षण उसने अपने-आपको काफी-कुछ संयत कर लिया। अपने नैहर-ननिहाल में तो एक भी बन्दा ऐसा नहीं, जिसके गले में ऐसे बोल बसते हों। और यह फकत गले का ही मसला नहीं है। इसके अन्तस् में सर्वत्र ऐसे बादल हैं, जिनमें पानी की बजाय अमृत भरा है। और इस अमृत का अधिकारी उसका पति है। फिर भी अमृत की यह फुहार पहले तो उसे चिनगारियों-सी महसूस हुई कि इस अन्धे-ठूँठ की नजर में घूरे की ढेरी और रूप-लावण्य से छलकती देह में कोई भेद ही नहीं। जैसा फूल, वैसी ही धूल। जैसा कमल, वैसा ही कीचड़। मगर यह अभेद की नजर ही तो सबसे बड़ी नजर है, जो मनुष्यों की आँखों से लगातार क्षीण होती जा रही है।...रामदुवारे के उस परम पूजनीय महाराज ने पहले उसे ऐसी बातों से ही भरमाया था। जब बाप से भी ज्यादा उस पर भरोसा करने लगी, तब उसका असली पाशविक रूप सामने आया। उस त्रासदी को वह इस जन्म में कभी भूल नहीं सकेगी। नहीं-नहीं साँप पर भरोसा किया जा सकता है, पर पुरुष पर नहीं। यह छलिया तो उस महाराज से भी अधिक पहुँचा हुआ लगता है। निर्जन जङ्गल। आशङ्का के डर से इस महाधूर्त ने तो इधर-उधर झाँककर देखने की भी जरूरत महसूस नहीं की। न करे। आखिर तो इसका भी असली रूप सामने आएगा। आदमी जैसा ढोंगी तो कोई जन्तु होता ही नहीं। बिल्ली से भी ज्यादा छल-कपट जानता है। इस तरह के संशय का द्वन्द्व तो उसके अन्तस् में कभी नहीं मचला। उसका एक पाँव गहरे अतीत में धँसा था और दूसरा आसन्न

वर्तमान में। लेकिन वर्तमान के पाँव में सिहरन थी, विचलन थी। आदमी जितने रङ्ग तो गिरगिट भी नहीं बदल सकता। वह अपने हठ पर उतर आई। परिणाम की तह तक पहुँचने पर ही उसे सन्तोष होगा। फिर तो बेकार ही औरत की जून पाई। अब तक तो कैसा भी ऋषि, महर्षि या देवता फिसलकर चित हो जाता। मगर इस चिकने घड़े पर तो बूँद ही नहीं ठहरती। अभी तो उसके तरकस में कई तीर थे। हँसिये की मूठ को कसकर पकड़ने के बाद गोफन घुमाते कहने लगी, 'इन भोली, निपग्गी और बेहूदी बातों में कुछ नहीं धरा, बेकार इज्जत गँवाओगे। मेरी एक सहेली है...रूपवती और गुणवती। कहो तो कल ही ब्याह रचा दूँ।'

और अधिक तेजी से वह गोफन घुमाती हुई, उसके जवाब की प्रतीक्षा करने लगी। अपनी प्यासी फसल के लिए ऐसी गहनतम प्रतीक्षा तो कोई किसान बादलों की भी नहीं करता। एक-एक पलांश का बोझ उसके लिए असह्य हो रहा था। लड़के को तत्काल कुछ भी जवाब नहीं सूझा।...अब तक तो ससुराल पहुँच गया होता। हाँ ना, का जो भी नतीजा निकलता, उसे जानकर अपने गाँव की राह पकड़ता। खामखाह देर हो रही है। लड़की ने सोचा—शायद यह दाँव बेकार नहीं जाएगा। निशाना ठीक जगह लगा है। गोफन घुमाने के साथ उसे अपने कुचों की हरकत का भी एहसास था। यह जादू भी काम कर जाए। उसने तेजी से गोफन घुमानी शुरू की, फलस्वरूप उसके कुचों का थिरकना भी बढ़ता गया। फिर उत्सुकता से पूछा, 'क्यूँ, मुँह में लार टपक पड़ी ना? पर इसमें सङ्कोच की क्या बात है? मुँह से बोलकर कुछ कहो तो पता चले। यह तो मेरे ही हाथ की बात है।'

लड़का पछतावे के सुर में धीमे से बोला, 'ऐसा पता होता तो पानी पीने के लिए रुकता ही नहीं। ससुराल वाले पानी तो पिलाते ही। वापस जल्दी लौटना है। काम का सारा भार मुझ पर है न! बाबा को बड़ी तकलीफ होगी। तुम्हारी बातें बहुत दिन तक याद रहेंगी।'

वह जाने को आतुर दिखा तो लड़की को यकायक ऐसा महसूस हुआ जैसे उसकी कञ्चन-काया ही उससे जुदा हो रही हो। अपनी सम्पूर्ण चेतना आँखों में भरकर उसके चेहरे को इस तरह ध्यान से देखा, जैसे पहली बार ही देख रही हो। चेहरा कुछ उतरा-उतरा सा लगा। सिर के बाल-बाल में बिजली दौड़ गई। सारे दाँव-पेंच विस्मृत हो गए। अतिरेक आतुर स्वर में पूछा, 'रोटी खाई कि नहीं? भूखे लगते हो?'

इस प्रश्न का जवाब सोचने में उस भोले छोकरे को तनिक भी वक्त नहीं लगा। शर्माते हुए बोला, 'कलेवा करके तो चला था। पर सचमुच भूख जोर से लगी है। तुम्हारे पूछने पर ध्यान आया, वरना मैं तो भूल ही गया था। तुम्हारी बातें तो घी-गुड़ के चूरमे से भी ज्यादा मीठी हैं। बस, मुझमें यही बड़ा ऐब है, भूख बर्दाश्त नहीं होती। वहीं माँगकर खा लूँगा। रोटी के लिए तो दुश्मन भी मना नहीं करता।'

लड़की को बरबस हँसी आ गई। पर वह रोने से भी अधिक मर्मान्तक थी। बड़ी मुश्किल से बोल पाई, 'अब तक का खाया-पीया न निकलवा लें तो मुझे दोष मत देना। तुम यहीं ठहरो। मैं अभी भाता लेकर आई। बाजरी का ध्यान रखना।'

वहाँ एक पल भी और ठहरना उसके लिए असम्भव था। लड़के ने सामने बढ़े हुए हाथ से गोफन लेने में हिचकिचाहट महसूस की तो उसने अदेर गोफन उसके कन्धे पर फेंक दी और मुड़कर गाँव की ओर तेजी से भागी। हँसिये की मूठ उसी तरह हाथ में थमी हुई थी, मानो उसके शरीर का ही अङ्ग हो। हमेशा की तरह गाँव की ओर कदम बढ़ाने के साथ-साथ मूठ पर हाथ की गिरफ्त सख्त नहीं हो रही थी। वह भूल गई कि उसके हाथ में हँसिया भी है।

छोकरे के गले से एक फूटा बोल भी नहीं निकला। माटी की मूरत के उनमान जड़वत् खड़ा उसे तब तक एकटक देखता रहा, जब तक वह टीले से उतरकर ओझल नहीं हो गई। आठ साल के बाद माँ की छवि आँखों के सामने तैर उठी। वह खुद अपनी भूख महसूस करता, उसके पहले माँ को पता चल जाता था। लड़की के ओझल होते ही उसकी आँखों में आँसू छलक आए। वे आँसू दुख के थे या सुख के, हर्ष के थे या विषाद के, उसकी पहिचान कर सकने का माद्दा उसमें नहीं था। तरह-तरह की अजीब बातें उसके भीतर मचलती रहीं, जिनसे पहले कभी साबका नहीं पड़ा था। और न उनका मर्म समझने की भी उसमें क्षमता थी। काम, काम और काम के अलावा अन्य बातों से उसका सरोकार ही नहीं था। घर से क्या सोचकर निकला और किस प्रपञ्च में फँस गया। एक कदम भी इधर-उधर सरकना उसके वश की बात नहीं रही। कन्धे पर फेंकी गोफन उसी तरह टँगी थी। बाजरी की ओर वह अपना मुँह भी नहीं फिरा सका। उसकी समझ में यह भी नहीं आ रहा था कि ससुराल वालों से मिलने की देरी के लिए पछताए या खुशी मनाए। सर्वथा एक नई अनुभूति उसकी रगों में रक्त के साथ-साथ बहने लगी। अपने काल से विलग होकर सार्थक वर्तमान स्थिर भाव से एकटक उसकी ओर निहारने लगा, मानो निश्चल होने का सार्थक वरदान आज पहली बार फला हो। स्तब्ध अविचल खड़े वर्तमान को हवा धीमे-धीमे बयार कर रही थी।

लड़की के आनन्द की सीमा नहीं थी। उसके पाँव भी धरती की बजाय वर्तमान पर टिके हुए थे। वही उसका एकमात्र आधार था। अन्तस् में नित्य-प्रति उभरने वाली खीज, झुँझलाहट, वितृष्णा को पूरी तरह दबाकर वह दौड़ क्या रही थी, तैर रही थी। उसे पहली बार महसूस हुआ कि पानी में तैरने की बजाय वर्तमान के धरातल पर तैरना ज्यादा प्रीतिकर है, आह्लादकारी है। उस अजनबी की भूख मिटाने के लिए वह जीवन-पर्यन्त इसी तरह दौड़ती रहे, बस...दौड़ती रहे! अपनी भूख को कभी याद भी नहीं करेगी। आज अकस्मात् यह काम जो उसके गले आन पड़ा है, भला इससे बड़ा माङ्गलिक कर्म और क्या हो सकता है? खुशियाँ

भी कितनी तरह की होती हैं? वेदना के भीतर भी दुबकी रहती हैं। बीते हुए कैशोर्य की कैसी भी अच्छी-बुरी स्मृति का न उसे कुछ खयाल था और न आने वाले कल का भी उसे कुछ ध्यान था। उसे कुछ ऐसी अनुभूति हुई, जैसे वर्तमान की कोख से अभी इसी वक्त उसका जन्म हुआ है, परिपूर्ण युवती के रूप में। अजनबी की भूख और अपनी अप्रतिहत दौड़ के अलावा किसी तीसरी बात का उसे कोई बोध नहीं था। न जाने किस अचीती दिग्विजय की आस में वह भागी जा रही थी।

माँ दरवाजे पर ही खड़ी मिली। उस पर निगाह पड़ते ही बेटी अदेर अपने होश में आई। कण्ठ के भीतर उसके आनन्द का मान-सरोवर हिलोरें भर रहा था, पर होंठों के बाहर वह बड़बड़ाहट करते कहने लगी, 'इत्ता दिन चढ़ आया, फिर भी भाता नहीं भेजा। कित्ती देर भूखी रहूँ। कल रखवाली के लिए दूसरा इन्तजाम कर लेना। मुझसे नहीं होगी।'

झूठा उलाहना सुनते ही माँ को तैश आ गया। खीज दरसाते बोली, 'हम सबने कित्ता मना किया कि तू अकेली रखवाली के लिए मत जा, पर तू तो अपनी जिद पर अड़ी रही। और अब उलटा मुझे ही दोस दे रही है। गरम-गरम सोगरे का चूरमा करके ला ही रही थी कि तू आ गई।'

माँ के याद दिलाते ही सारी बातें उसकी स्मृति में लपटों की तरह कौंध गईं। हाँ, उसकी जिद के मारे ही किसी की दाल नहीं गली। और वह सबके मना करते-करते खुद अपने ही बूते पर जबरदस्ती गाँव से किनारा करना चाहती थी। जब तक हँसिये की मूठ हाथ में है, उसे किसी का भी डर नहीं। घरवालों के भरोसे गफलत में रही, वही काफी है। पर इस समय वह सब-कुछ भूल जाना चाहती थी कि उसका भी कोई घर है, घर वाले हैं और इत्ते बरस वह इसी घर में पली-पोसी है। रूठने का अभिनय करते माँ को जवाब दिया, 'मेरे हाथ टूटे हुए नहीं हैं।'

फिर वह छान में गई। आज जीवन में पहली बार उसे समय के महत्त्व की अनुभूति हुई। एक-एक क्षण को सहेजकर रखना चाहती थी। दो सोगरों का झरझरता चूरमा बनाया। उसकी इच्छा के साथ ही बत्तीस पकवान बन जाते, सोने का थाल और कटोरियाँ खटाक से हाजिर हो जातीं तो बड़े ठाट से सजाकर ले जाती। पर ऐसा हुआ नहीं। नया साग बनाने में और देर हो जाती। जो मौजूद था उसी से सन्तोष करना पड़ा। समय तो कबूतर की नाईं पङ्ख फड़फड़ाता उड़ रहा है। किसी के रोके नहीं रुकता।...साँगरियों का साग, दही और सोगरे लेकर वह भाता बाँधने लगी तो माँ ने टोका, 'खाऊँ खाऊँ करती आँधी की तरह आई, अब भाता बाँध क्यूँ रही है? यहीं खा ले।'

बेटी रवाना होते-होते बोली, 'खेत में डङ्गर-चिड़ियों का बिगाड़ होने दूँ, क्यूँ?' मुड़कर जवाब देने में एक क्षण भी व्यर्थ गँवाना नहीं चाहती थी।

माँ होंठों-ही-होंठों में फुसफुसाई, 'बेटी क्या है, बिजली है बिजली।'

घर का फालसा लाँघते ही वह फिर उसी तरह दौड़ी। मानो निमिष-मात्र की देरी से प्रलय हो जाएगा। काश! वह हिरण या खरगोश की नाईं तेज दौड़ सकती! या उसके शरीर पर गरुड़-सी पाँखें उग आतीं। हमेशा वाली वही पुरानी धूल, वे ही कँटीले झाड़-झङ्खाड़, वही निर्लज्ज धूप और वही धुएँ-सा नीला आकाश उसे नए-अटंग और अनुपम दिखलाई पड़े। कुदरत की रङ्गत बदली या आँखों की दीठ, वह ठीक तरह इस पहेली को सुलझा नहीं सकी। दौड़ते-दौड़ते उसे अकस्मात् ऐसी आशङ्का हुई कि उसका साथ देने की बजाय धरती किसी पुराने बैर का बदला ले रही है। वह ज्यूँ-ज्यूँ तेज दौड़ने की कोशिश करती, वह आगे सरकने लगती। अब तक तो उसे कभी का पहुँच जाना चाहिए था।...कहीं वह चला तो नहीं गया? चोटी से एड़ी तक उसके समूचे शरीर में झुरझुरी दौड़ गई। नहीं नहीं, वह ऐसा हरगिज नहीं कर सकता। मौत भी आए तो वहीं खड़ा-खड़ा जूझता रहेगा। पर उसकी आशङ्का सर्वथा निर्मूल थी। जिस टीले के पीछे वह ओझल हुई, वह तब से उसी ओर एकटक आँखें फाड़े देखता रहा। मानो ओझल होने के बाद भी वह उसे दिखाई पड़ रही हो। और सचुमच उसे दिखाई दे गई। अपने कन्धों पर उठाए वह टीला उसकी तरफ दौड़ा चला आ रहा था। टीले से नीचे उतरकर वह आगे बढ़ी तो उसका विभ्रम दूर हुआ। टीला तो वहीं अपनी ठौर स्थिर है, वह दौड़ी चली आ रही है। बेतहाशा! आगे-आगे दौड़ती हवा उसकी बलैयाँ ले रही थी। शायद यह भी उसका विभ्रम था। हवा तो काफी पीछे छूट गई थी। बहुत सम्भव है उसकी साँस फूलने लगी हो। चाहने पर भी वह उधर अपने कदम बढ़ा नहीं सका। वहीं अविचल मुद्रा में खड़ा रहा। जैसे धरती ने उसे जकड़ लिया हो। आँखें चार होते ही लड़की के अधरों पर एक ऐसी उजली मुस्कान थिरक उठी, जिसे चुराने का लोभ सूरज भी संवरण नहीं कर सकता। चमकती धूप में थोड़ी और आभा घुल गई। छोकरे के होंठों पर सूरज की दो नन्ही किरणें आकर सिमट गईं।

वह उसके पास आकर खड़ी हुई तो लड़के को ऐसा महसूस हुआ जैसे अप्सरा की एवज में हवा और धूप हाँफ रही हैं। इन्हें क्लान्त होने की ऐसी क्या जरूरत पड़ गई?

उसने अर्ध-निमीलित दृष्टि से उसके कन्धे पर टँगी गोफन की ओर देखा। जैसी फेंककर गई थी, वैसी ही पड़ी है। खेत की दिशा में मुड़कर भी नहीं झाँका होगा। गम्भीर बनने की चेष्टा करते कहा, 'अपने काम की डींग मारते थकते नहीं। वाह! क्या मजेदार जिम्मेदारी निभाई है! सोचा होगा, वापस थोड़े ही आऊँगी, क्यूँ?'

अब कहीं उस मूरत की चेतना लौटी। उसके हाथ में लटके भाते की ओर देखकर बोला, 'जब मेरे खाने की तुम्हें इत्ती चिन्ता है, तो क्या इन चिड़ियों को भूखी रहने दोगी? तुम सोचती हो कि मैं तुमसे ऐसी आशा करता?'

यों आसानी से निरुत्तर होना आज उसके वश की बात नहीं थी। न जाने अब तक उसके दिमाग में ऐसी-ऐसी बातें कहाँ दबी पड़ी थीं? धप्प से नीचे बैठकर भाते का कपड़ा खोलते-खोलते बोली, 'तुम्हारी आशा-दुराशा तुम जानो। ये चिड़ियाँ कोई मुझ अकेली के भरोसे नहीं हैं। पर तुम तो मेरे गाँव के पाहुने हो, फिर भला तुम्हें भूखा कैसे रहने देती?'

न जाने किस रौ में उसके मुँह से छिटक पड़ा, 'फकत मैं ही क्या, दुनिया के सभी प्राणी तुम्हारे ही भरोसे हैं। तुम सबकी माँ हो?'

अप्सरा की खुशी आकाश लाँघ गई। फिर भी कृत्रिम रोष प्रकट करते कहने लगी, 'थूको अपने मुँह से। मेरा तो अभी गौना ही नहीं हुआ और तुम माँ होने की बेजा बात कर रहे हो! बोलने का भी शऊर नहीं।'

उसने तनिक झेंपते हुए कहा, 'अरे! वैसी माँ नहीं। बिना जने ही जो सबकी माँ हो, वैसी माँ।'

लड़की ने चिकने ढक्कन को घुमाते हुए कहा, 'यदि बातों से ही पेट भरता हो तो मैंने बेकार ही तकलीफ उठाई। अबेर हुई सो ही बहुत है, अब जल्दी खा लो।'

पीतल के नक्काशीदार कटोरदान में झरझरता चूरमा देखा तो उसे क्षण भर के लिए ऐसा लगा कि वह खाने के पहले ही तृप्त हो गया। पर दूसरे ही क्षण उसे इतनी जोर से भूख लगी मानो मीठी-माँ के खाने की उस अलौकिक तृप्ति के बाद उसे अन्न का एक दाना भी नसीब नहीं हुआ हो। वह तब से भूखा है, निरन्तर भूखा है। मुँह से टपकती लार को सपाक से गुटकते बोला, 'माँ की मृत्यु के बाद आज पहली बार ऐसा चूरमा खाने को मिलेगा। तुम्हें कैसे पता चला कि मुझे चूरमे का जब्बर शौक है। माँ खुद भूखी रहकर मेरे लिए इकाँतरे-पाँतरे चूरमा बनाती थी। पर इतना नहीं। ऐसा भी नहीं। तुम तो माँ से भी बढ़कर निकलीं!'

इस बार वह वाकई बुरा मान गई। हाथ झटकते बोली, 'यह क्या माँ-माँ की रट लगा रखी है, गाफिल बच्चे की तरह। मैं क्या तुम्हारी माँ हूँ?'

'तो क्या हो? तुम्हीं बताओ। माँ से कोई बड़ा रिश्ता है भी?'

उसने अपनी आत्मा को कण्ठ में भरकर जोर से कहा, 'हाँ, है! पत्नी का रिश्ता माँ से भी बड़ा है।'

लड़के ने अदेर अपनी भूल मञ्जूर करते कहा, 'हाँ, यह बात तुम्हारी गलत नहीं, पर तुम तो बहू की सहेली हो।' इतना कहकर उसने एक गहरा निश्वास छोड़ते कहा, 'काश...!' फिर एकदम चुप हो गया, जैसे कोई अपराध बन पड़ा हो। आगे उपयुक्त शब्द भी होंठों तक आए, पर वह उच्चार नहीं सका, मानो किसी अदीठ पञ्छी ने अपनी चोंच से उसकी जीभ पकड़ ली हो। पर लड़की तो बिना कहे ही उसके मन की बात समझ गई। लेकिन समझने से ही सन्तोष कहाँ होता

है? वह उसी के मुँह से सुनना चाहती थी। अतिरेक उत्कण्ठा दरसाते पूछा, 'काश, काश क्या? कहो न...।'

पर वह आगे कुछ भी नहीं कह सका। पता नहीं यह 'काश' सबद भी उसके मुँह से क्योंकर निकल गया। अनजाने ही उससे ऐसी चूक होनी नहीं चाहिए थी। मीठी-माँ क्षमा करेगी कि नहीं? पर तीर कमान से निकल चुका था। तुरन्त बात बदलकर बोला, 'तुमने बिल्कुल ठीक कहा कि कोरी-मोरी बातों से पेट नहीं भरता। जबरदस्त भूख लगी है। कहो तो खा लूँ?'

उसकी आँखों में विस्मय भरी नजर गड़ाकर कहने लगी, 'फिर इत्ती तेज दौड़कर लाई किसलिए थी? मेरी सीख मानो तो तुम यहीं से वापस लौट जाओ। जो तुम्हारा घर बसाएगी, उसका तो करम ही फूटा समझो। तुम जैसा गावदी तो दो साल का बच्चा भी नहीं होता।'

वह आँखें चुराकर बोला, 'सभी लोग ऐसा ही कहते हैं। माँ-बाप इसी चिन्ता में चल बसे!' यह कहकर उसने खाने के लिए हाथ बढ़ाया ही था कि टिचकारी देते कहने लगा, 'तुम भी तो खाओ। हालाँकि मुझे चूरमा बहुत अच्छा लगता है। पर आज अकेला खाने से गले नहीं उतरेगा।'

'खाकर देखो, गले उतरता है कि नहीं?'

आज उस नादान छोरे की हिम्मत उसके अजाने ही अपनी मर्यादा का अतिक्रमण कर रही थी। थोड़ा पीछे सरककर बोला, 'तुम नहीं खाओगी तो मैं भी नहीं खाऊँगा।'

'मैं क्या तुम्हारी ब्याहता हूँ, जो तुम्हारे साथ बैठकर खाऊँगी?'

उसे तत्काल समाधान सूझ गया। खुश होकर बोला, 'तो अलग निकाल लो। साथ बैठने की जरूरत नहीं।'

'अपनी जरूरत मैं खूब समझती हूँ। तुम जैसी मूरख होती तो सोलह टका घर से बिना खाये ही आती। अब इत्ती जल्दी भूख थोड़े ही जगेगी?'

लड़का वापस भाते के नजदीक सरक आया। कन्धे पर टँगी गोफन हाथ में लेकर उसके सामने करता बोला, 'अब चिड़ियों की भूख भी शान्त हो गई होगी। चाहो तो उन्हें भी उड़ा दो।'

लड़की ने हाथ में गोफन लेकर उसे नीचे पटकते कहा, 'घड़ी-सवा घड़ी की सङ्गत का ऐसा बुरा असर तो नहीं सोचा था। चिड़ियाँ बिगाड़ करें तो करें। मैं भी उन्हें उड़ा नहीं पाँऊगी। पर जो अभागी जीवन भर तुम्हारे साथ रहेगी, उस बेचारी की न जाने क्या दुरगत होगी?'

'उसकी चिन्ता उसे करने दो। तुम्हारा पति तो ऐसा नहीं है? तब मेरी बात तुम क्यों मानने लगीं? फिर भी बहुत अच्छी खुश-खबरी सुनाई तुमने। बोलो, क्या आसीस दूँ?'

'फकत आसीस ही?'

'और मुझ गरीब के पास है ही क्या?'

'पर तुम तो मुझसे छोटे हो, तुम्हारी आसीस मुझे फलेगी नहीं।'

'तुम्हें क्या पता कि मैं तुमसे छोटा हूँ?'

'बड़े होते तो ऐसी भोली बातें नहीं करते? खेत का बिगाड़ देखकर मेरे बाबा कित्ते लड़ेंगे, तुम्हें इसका कुछ अन्दाज भी है? और तुम्हारे लिए यह खुश-खबरी की बात हुई?'

'कहो तो मैं उन्हें समझा दूँगा। वे तुम पर कतई नाराज नहीं होंगे।'

'पहले-अपने आप को तो समझा लो, फिर दूसरों को समझाने का गुमान करना। तुम्हें तो यह भी समझ नहीं कि पहले चूरमा खाना चाहिए कि साग-सोगरा?'

उसे फिर अपनी भूल का एहसास हुआ। सोगरे का कौर मुँह में रखकर बोला, 'ऐसा झरझरता चूरमा आज बाद में खाना चाहता हूँ।'

'नहीं पहले खाओ।' उसने आदेश करते हुए कुछ सख्त सुर में कहा।

और मजे की बात यह कि वह तुरन्त उसके आदेश की पालना करते हुए चूरमा खाने लगा। तीसरा कौर खाते-खाते अत्यधिक प्रशंसा के भाव से कहने लगा, 'माँ के हाथ से ऐसा बढ़िया चूरमा तो कभी नहीं खाया। बेचारी के पास इतना घी-गुड़ ही कहाँ था? मामूली चिकनाहट से मेरा मन बहलाती थी।'

उसे यह शङ्का करते काफी लाज महसूस हुई, पर पूछे बिना रह नहीं सकी। अटकते-अटकते बोली, 'क्या माँ के बाद आज पहली बार यह चूरमा खाया? सच कह रहे हो?' लेकिन यह सवाल बूझते समय उसका गला भर आया। मानो इन शब्दों से कण्ठ छिल गया हो।

मगर लड़के को इसका कुछ भी आभास नहीं हुआ। वह तो चूरमे के मीठे स्वाद में ही खोया था। सहज भाव से उत्तर दिया, 'नहीं तो क्या झूठ बोल रहा हूँ? चूरमा खाता तो क्या मुझे याद नहीं रहता? एक बार खा लूँ तो दस बरस तक नहीं भूलूँ, चाहे और कोई बात याद रहे न रहे।'

'क्यूँ थोथी डींग हाँक रहे हो? बहू के हाथ का खाना खाते ही नौ दिन के बाद सब भूल जाओगे कि यहाँ खेजड़ी के पास उसकी सहेली ने खाना खिलाया था। कुछ भी कहो, तुम्हारी बहू रसोई बहुत बढ़िया बनाती है। शायद पिछले जनम में किसी राजा की रसोई बनाने वाली थी।'

'लेकिन उसे इतना घी-गुड़ कौन लाकर देगा। मेरी हैसियत तो ऐसी नहीं है।'

थोड़ी देर के लिए लड़की की साँस थम-सी गई। नजर झुकाकर बोली, 'स्त्री के चरित्र और पुरुष की किस्मत के बारे में कोई कुछ नहीं कह सकता। कल के सूरज की रोशनी में तुम्हारे लिए क्या छिपा है, बता सकते हो? पर छोड़ो इस गहरी

बात को। तुमसे ऐसी आशा रखना ही बेवकूफी है। फिलहाल एक छोटी-सी बात तो बताओ कि इस चूरमे की तह में घी-गुड़ के अलावा कुछ और भी स्वाद है? क्या फकत घी-गुड़ से ही कोई तेवड़ मीठा होता है?'

उसके उत्साह को जैसे पैनी धार लगी हो। जोश के साथ बोला, 'ओह! इस खाने की बात छोड़ो। इसका स्वाद तो मैं मरने के बाद भी भूल नहीं सकूँगा। ससुराल की काँकड़ में पाँव धरते ही शकुन तो नामी हुए।'

'यह तो ससुराल जाने पर ही पता चलेगा कि शकुन कैसे हुए हैं? मार खाने में तो काफी मजबूत हो न?'

'पर अब तो मुझे मरने की भी परवाह नहीं। तुम विश्वास थोड़े ही करोगी? बड़ी अजीब-अजीब बातें मन में कुलबुला रही हैं। मगर कहना नहीं चाहता।'

'क्यूँ?'

'तुम मानोगी नहीं।'

'पहले सारा खाना खतम कर लो, फिर जो कहोगे, मान लूँगी। अब बीच में बकवास करने की जरूरत नहीं।'

उसने रत्ती भर भी बुरा नहीं माना। अपने मन की साफ बात ही दरसाई, 'तुम्हारी तरह यह कहने का दावा तो नहीं कर सकता कि मेरी अपनी बात मैं खूब समझता हूँ। सचमुच मुझमें अपनी जरूरत पहिचानने का वह बूता ही नहीं है। कोई समय पर सुझाए तो अच्छा है। तुम नहीं चाहती तो मैं कुछ भी नहीं बोलूँगा।'

पर वह तो आज बिना सुने ही सब-कुछ समझ रही थी। बोलने से उसके अनहद आनन्द में थोड़ा व्यवधान पैदा हो रहा था। ऐसी मनःस्थिति में जब खेजड़ी बातें कर रही हो। घड़े का पानी बुदबुदा रहा हो। बाजरी के सिट्टे कान में फुसफुसा रहे हों। हवा और धूप मनचीते मन्त्र सुना रही हो, तब मनुष्य की वाणी के बासी बोल अच्छे नहीं लगते। वह ध्यानमग्न होकर चुपचाप उसके हर निवाले को देखती रही, जैसे अब तक किसी मनुष्य को खाते देखा ही नहीं। और कैसा आश्चर्यजनक व आह्लादकारी था वह दृश्य, मानो खाने वाले की बजाय हर कौर देखने वाली के गले उतर रहा हो। स्वयं खाने की बजाय किसी को खाते देखने की ऐसी आनन्दमयी अनुभूति उसे पहली बार ही हुई। उसका समूचा अन्तस् बाहर की धूप से आलोकित हो उठा। बाहर की हवा उसके भीतर बहने लगी। पर खाने वाला ज्यादा देर चुप नहीं रह सका। वह नीरवता उसे मधुमक्खियों की तरह डङ्क मार रही थी। उसकी स्तब्ध स्वप्निल आँखों में नजर गड़ाकर बोला, 'आज तो सचमुच सपने जैसी बात हुई। कोई परिचय नहीं, पहिचान नहीं, फिर भी तुमने मेरे लिए इतनी तकलीफ उठाई। मन में गङ्गा-जमुना जैसी कई नदियाँ इठला रही हैं, पर एक बूँद भी बाहर निकालकर तुम्हें बता नहीं सकता। आज जैसा आनन्द तो मुझे इस जिन्दगी में

कभी आएगा भी नहीं। किसे भी विश्वास नहीं होगा कि आज मुझे राजा भी बिल्कुल छोटा और गरीब महसूस हो रहा है। तुम्हारा यह एहसान कब किस तरह चुका सकूँगा, बस बार-बार यही चिन्ता खाए जा रही है।'

लड़की ने एकदम चौंककर परिहास करते पूछा, 'तब तो इस चिन्ता के मारे चूरमे का स्वाद बिगड़ गया होगा?'

'बिगड़ेगा क्यूँ? पर तुम कितना ज्यादा ले आईं? मेरी खुराक से डेढ़ा क्या दुगना। न छोड़े बनता है और न खाए सरता है।'

लड़की ने झूठ-मूठ ही उसे उकसाने की मंशा से कहा, 'तब तो मेरी खुराक तुमसे अधिक है। एक कौर भी पीछे छोड़ा तो...।'

'नहीं नहीं, छोड़ूँगा नहीं, चाहो तो इतना और ले आओ।'

'एहसान का बोझ बढ़ नहीं जाएगा?'

'बढ़ने दो। जब उतरना सम्भव ही नहीं तो चाहे जितना बढ़े। कोई राजा-महाराजा भी उसे उतार नहीं सकता।'

'मगर तुम उतार सकते हो। यदि सच्चे मन से उतारना चाहो तो एकदम आसान उपाय है और न उतारना चाहो तो तुम जानो।'

हाथ का कौर हाथ ही में रह गया। सफाई देते कहने लगा, 'मैं भोला जरूर हूँ, पर नुगरा नहीं हूँ। मेरे मरने से भी एहसान चुकता हो तो मना नहीं करूँगा। सच...मुझे तो मानो मानुस जून आज ही मिली है...अब क्या बताऊँ तुम्हें...!'

लड़की के अन्तस् में एक साथ हजार कमल खिल उठे। अनहद आनन्द की असंख्य कलियाँ चटखने लगीं। हँसी को रोकते बोली, 'कहते सङ्कोच होता है, पर तुम जैसा भोला प्राणी बिना कहे तो दूर की बात, कहने पर भी शायद ही समझे। तुम्हारे मतलब की बात है, ध्यान से सुनना। क्यूँ, सुनोगे कि नहीं?'

'वाह! सुनूँगा क्यों नहीं? नुकसान की बात होगी तो भी सुनूँगा। मानूँगा। मीठी-माँ की सङ्गत के अलावा मुझे साम्प्रत भगवान की सङ्गत से भी ऐसा आनन्द नहीं मिलता, जैसा आज तुम्हारी सङ्गत से मिला है।'

इस अजीब तुलना से निमिष भर के लिए उसका रोम-रोम सिहर उठा। पर अभी वह अपने भीतर की सच्चाई को लेशमात्र भी प्रकट करना नहीं चाहती थी। इस विचित्र व्यक्ति की असलियत पहिचानना साँस के समान अनिवार्य था। उसने अकलुषित आश्चर्य का अभिनय करते पूछा, 'मीठी-माँ। यह मीठी-माँ कौन है? तुम्हारी जबान पर हरदम माँ-ही-माँ बसी रहती है। मुझे ऐसे पाखण्डी बिल्कुल नहीं सुहाते, जो औरत को माँ समझने का उपदेश बघारते हैं। इनकी बजाय तो साँप पर भरोसा करना बेहतर है। तुम्हारी माँ तो चल बसी, फिर यह मीठी-माँ किस आकाश से टपक पड़ी?'

'सो मैं कुछ भी नहीं जानता। मीठी-माँ तो बस मीठी-माँ ही है। शायद किसी

नए आकाश से ही उतरी हो। तुम तो उसकी छाया देखकर ही पहचान लोगी।'

'पर मुझे तो तुम रू-ब-रू देखकर भी नहीं पहचान सके?'

'लेकिन मुझमें वैसी समझ ही कहाँ है?'

'फिर मीठी-माँ को कैसे पहचाना?'

'उसकी तो सूरत ही ऐसी है। शेर भी पाँवों में लोटने लग जाए।'

ये बोल सुनते ही उसकी आँखों के सामने बिजली-सी कौंधी! विस्फारित नयनों से लड़के की आँखों में झाँककर पूछा, 'पूनम के चाँद-सी सुहानी वह साध्वी तो कहीं तुम्हारी मीठी-माँ नहीं है?'

होंठों से सटा चूरमे का कौर दूर खिसकाते वह उतावली से बोला, 'हाँ वही, वही...!'

वह बीच में न जाने क्या सोचकर बोली, 'जिसके नाखून की भी मैं होड़ नहीं कर सकती।'

छोकरे ने गर्दन हिलाते कहा, 'ऐसी बात तो नहीं है। तुम भी उससे कम सुन्दर नहीं हो।' सहमा उसकी जीभ ऐंठ गई। चूरमे का निवाला लेकर बात बदलते कहने लगा, 'तो तुम भी उससे मिल चुकी हो?'

छलकती खुशी के मारे उसके मुँह से स्वतः हामी छिटक पड़ना चाहती थी पर उसने अदेर अपनी गहरी अँतड़ियों के बीच उसे वापस निगल लिया। फुफकारती असहनीय स्मृतियों को गहरे-ही-गहरे दफन करके संयत भाव से बोली, 'मिली तो नहीं, पर उसके बारे में हर किसी से इतना सुन चुकी हूँ कि बिना मिले ही उससे मिलन हो गया समझो।' कुछ क्षण रुकने के पश्चात् आगे बोली, 'अपनी दुनियादारी के काम से माँ के रिश्ते को दूर ही रखें तो अच्छा है।...उस काली-कलूटी परी के पीछे धूल फेंको। मैं तुम्हारे साथ चलने को तैयार हूँ। कहो तो अभी खड़ी-खड़ी चल दूँ। उलटा तुम्हारा एहसान मानूँगी कि एक बावरे पति से मुझे छुटकारा दिलवाया।'

उस अचीते सुझाव से उसका दमकता चेहरा साँवला पड़ गया, जैसे दीया बुझा हो। बड़ी मुश्किल से बोल पाया, 'मना करने पर तुम मेरे मन की बात समझोगी नहीं। सच, इसकी बजाय मुझे संखिया लाकर देती तो खुशी से निगल जाता।' मगर उस समय तो छोकरे से चूरमे का निवाला भी निगला नहीं गया। आँखें भी मामूली भर आईं। बाहर के अभिनय को छेककर लड़की के आन्तरिक आनन्द का वह रञ्चमात्र भी आभास नहीं पा सका। इसलिए उसे खुश करने की नीयत से कहने लगा, 'थोड़ी देर के लिए बुरा मत मानना। समझ लो मैंने तुम्हारी बात मान ली। पर कभी तुमसे भी ज्यादा खूबसूरत अप्सरा मुझे झरझराता हलुवा खिलाकर, यही बात पूछे तो उसे क्या जवाब दूँ, तुम्हीं बताओ? उसकी बात मानूँ तो नुगरापन होगा या नहीं मानूँ तो नुगरापन होगा?'

बात समाप्त होने से पहले ही वह अपनी सामान्य स्थिति का अतिक्रमण

करके हाल के भावलोक में पहुँच गई। जिस प्रकार तिनके की ओट में पहाड़ ओझल हो जाता है, उसी प्रकार वर्तमान के आसन्न क्षण की ओट में उसके विगत जीवन की तमाम कसैली स्मृतियाँ लुप्त हो गईं। प्रत्यक्ष पल के अतिरिक्त उसके लिए फिलहाल न अतीत का कोई अस्तित्व था और न निकट भविष्य का। वह अबोध बच्ची के उनमान वर्तमान से अठखेलियाँ करने लगी। वर्तमान का क्षणिक जीवन ही तो सुखद या दुखद होता है। उसे स्वप्न में भी यह कल्पना नहीं थी कि अपने घिनौने जीवन को मरने से पहले इस तरह भुला सकेगी। वर्तमान की झिलमिल चाँदनी से उसके मानसरोवर की लहर-लहर प्रतिबिम्बित होकर जगमगाने लगी। खुशी और गुमान के मारे उसके डाबर-नयनों में अमृत, नहीं नहीं, आँसू छलक आए। बेचारे अमृत की क्या औकात जो इन आँसुओं की होड़ कर सके। औरत की जिन्दगी में क्या ऐसी खुशी सम्भव है? रूप और यौवन की ऐसी बेमिसाल उपेक्षा भला किस औरत के भाग्य में बदी है? उसे स्वयं अपने ही भाग्य से ईर्ष्या होने लगी। आज दिन तक किसी भी नारी ने पुरुष की ऐसी अग्नि-परीक्षा नहीं ली होगी! और उस परीक्षा का दौर निःशेष हुआ ही कहाँ? इसकी लपलपाती लपटों में जब तक पुरुष का छद्म-रूप, क्षार-क्षार नहीं होगा, तब तक उसकी दाझ नहीं बुझेगी। कहीं-न-कहीं तो कौवे जरूर सफेद मिल जाएँगे, पर किसी भी देश या किसी भी काल में पुरुष उजला नहीं हो सकता।

बरबस छलकते आँसुओं पर उसकी नजर न पड़े, वह जल्दी से उठी और मुड़कर अपूठी खड़ी हो गई। फिर गोफन घुमाती हुई थोड़ी आगे बढ़ी। तब वह भी हड़बड़ाकर उठ बैठा। दो-एक कदम उसका पीछा किया और न जाने क्या सोचकर अकस्मात् रुक गया जैसे और पीछा करने की उसमें क्षमता ही न हो। सफाई देने की गरज से कहने लगा, 'मैं जानता था कि तुम बुरा मानोगी। मुझे ठीक तरह बोलना भी तो नहीं आता। पर तुम तो मेरी तरह मूरख और भोली नहीं हो। मैं न भी समझा सकूँ तो क्या, मेरे मन की सही बात तुम तो समझ सकती हो। और मैं अपने मन का हाल समझता भी तो नहीं। मेरी बातों पर जरा भी ध्यान मत दो। खामखाह तुम्हें नाराज कर दिया। ऐसा पता होता तो मैं इस मचान की ओर आता ही नहीं। प्यास बहुत तेज लगी थी। पानी का घड़ा देखा तो मेरे पाँव अपने-आप उधर ही मुड़ गए।'

उसे और खिजाने के आशय से बोली, 'तुम अकेले को दोष देना बिरथा है। मरदों की जात ही ऐसी होती है। प्यास लगने पर किसी भी घड़े की ओर उनके पाँव अपने-आप मुड़ जाते हैं। छूत-अछूत का भेद भी नहीं मानते।'

उसका पेट तो भर चुका था, पर मन वैसा ही रीता बना रहा। अब चाहे जितनी मनुहार करे, एक कौर भी नहीं खाएगा। उसके स्वाभिमान को काफी ठेस लगी। मीठी-माँ के अलावा उसे कोई पहिचान नहीं सकता। स्वयं परमेश्वर भी

नहीं। कैसा मूरख हूँ जो मीठी-माँ के साथ इसकी बराबरी करने लगा। थोड़ा आगे खिसककर बोला, 'एक तरफ तो खुद दौड़ी-दौड़ी ढेर सारा चूरमा और दही लाकर मुझे खिलाया, तुमने एक कौर भी नहीं तोड़ा। दूसरी तरफ प्यास लगने पर घड़े का पानी पीने में भी मुझे कसूरवार ठहराती हो, कुछ समझ नहीं पड़ता।'

उसने उफनती हँसी का ज्वार बड़ी मुश्किल से दबाते कहा, 'तभी तो गाँव वाले तुम्हें उज्जड़ और गावदी कहते हैं।' वह फिरकी के उनमान वापस मुड़ी। बचे हुए भाते पर नजर पड़ते ही तेजी से चलकर उसका हाथ पकड़ा। हुक्म देते बोली, 'भूखे ही उठ गए? एक कौर भी पीछे छोड़ा तो मुझे मारकर खाओगे।'

वह पसोपेश में पड़ गया। कैसी विचित्र औरत है? अपराधी के स्वर में धीमे-से बोला, 'ऐसी सौगन्ध न भी दिलातीं तो तुम्हारा कहा नहीं टालता।'

कृत्रिम खीज दरसाते बोली, 'मेरा कहा कैसा मानते हो, सब पता चल गया। मूरख के आगे बिरथा मन की गाँठ खोली।'

मूरख के अन्तस् का निःशेष आलोक बुझाने के लिए यह एक ही फूँक पर्याप्त थी। विवर्ण चेहरे के रक्त की मानो आखिरी बूँद तक चुक गई। मर्मान्तक भाव से कहने लगा,· 'इस बात को छोड़कर मुझे सूली पर चढ़ने के लिए कहो तो भी आनाकानी नहीं करूँगा। जब चाहो, आजमा लेना।'

जीवन के इन अप्रत्याशित अमूल्य क्षणों को सँजोकर वह चिता के साथ रखना चाहेगी ताकि धू-धू सुलगती आग उसे जला नहीं सके। आज पहली बार उसे मालूम हुआ कि लोगों की मोतबरी, समझदारी, होशियारी, अमीरी और उनकी जायदाद कितनी घिनौनी और तुच्छ है। तमाम दुनिया की सम्पत्ति मिलकर भी इस अकेले व्यक्ति के आन्तरिक वैभव का मुकाबला नहीं कर सकती। फिर भी उसे यह कहने के लिए बाध्य होना पड़ा, शायद अन्त-लोभी की तरह उस अलौकिक आनन्द का प्रत्येक कण तक बटोर लेना चाहती हो। वर्तमान के ये अनुपम क्षण क्या चिरजीवी नहीं हो सकते? उसका प्रयास तो भरसक यही रहेगा—यह खेत, यह खेजड़ी, यह मचान, यह घड़ा, यह करवा, यह पानी और यह बटोही—युग-युगान्तर तक इसी तरह परस्पर कहा-सुनी होती रहे तो मानव-जीवन चिर-सार्थक हो जाए। वह औरत की अभिशप्त जिन्दगी से किस तरह उकता गई थी, पर उस मुरझाई बेल में फिर से इस प्रकार भाँति-भाँति के फूल खिलेंगे, सौरभ महकेगी, स्वयं भगवान रू-ब-रू उपस्थित होकर कहता तब भी उस पर भरोसा नहीं करती। यदि यह सपना भी है तो आँख मुँदने तक इसी तरह चलता रहे। इस पर लाख-लाख जीवन भी निछावर हों फिर भी कम हैं। मुँह मस्कोरकर बोली, 'गाड़ी धान की मुट्ठी बानगी। एक ही बार में सब आजमा लिया। खाना खाकर सीधे ससुराल चलते बनो। अजानी औरत से निर्जन एकान्त में इतनी देर बतियाना ठीक नहीं। मेरी फालतू बदनामी होगी। आदमी का जब भी मन करे, उसे बाड़ में मूतने की पूरी

छूट है। पर तुम इस मुग़ालते में मत रहना। घर आए मँगते को भी रोटी के लिए मना नहीं किया जाता, इसमें एहसान माने जैसी कोई बात नहीं। भूलकर भी इस भरम में मत रहना कि मैं तुम्हारे रूप पर रीझ गई हूँ। गाँव के जमाई से चुहुलबाजी करने का चलन है, सो तुम्हें नमूना बता दिया ताकि ससुराल की याद बनी रहे। तुम अपने मन में इससे अधिक जोड़-बाकी मत करना।'

सौगन्ध की मर्यादा निबाहते हुए उसने जस-तस खाना समाप्त किया ही था। कुरला करते समय उसे ऐसा लगा मानो गले में आकड़े का दूध घुल गया हो। अब तक उसे वह चूरमा घी-गुड़ से भी अधिक मीठा लगा था, अब वही पेट में जाकर जहर हो गया। निगोड़ी प्यास ने जाने किस जनम का बदला लिया। पर अकल्पनीय अचरज की बात कि लड़की पर क्रोध करने की बजाय, उसे स्वयं पर ही गुस्सा आ रहा था। इससे तो प्यास के मारे मरना बेहतर था। कुछ देर पहले तो राजा भी उसे छोटा महसूस हो रहा था, अब स्वयं को छछून्दर से भी तुच्छ अनुभव करने लगा। सचमुच विधाता की बजाय हर आदमी औरत के हाथ की कठपुतली है। जैसा चाहेगी, नचाएगी। अभी कुछ देर पहले तो हथेली पर हिमालय उठाए जैसा बुलन्द हौसला था और अब उसके शरीर का अपना बोझ भी पाँवों के लिए भारी पड़ने लगा।

सहसा लड़की के कानों में दाँत पीसने की अस्पष्ट आवाज सुनाई पड़ी। एक बार हँसिये को इधर-उधर पलटकर देखा। फिर न जाने किस इरादे से उसके पाँवों के पास फेंककर कहने लगी, 'अब तो मैं निहत्थी हूँ। लो, यह गोफन भी तुम सँभालो और आजमा लो अपने पौरुष की पूरी ताकत। दूर-दूर तक मेरी चीख सुनने वाला कोई नहीं है। सिवाय इस खेजड़ी के, इस मचान के। इस घड़े, इस बाजरी और इन पञ्छियों के। उठा लो हँसिया और मुझ पर टूट पड़ो। मुझ जैसी रूपवती औरत के साथ बलात्कार करने का ऐसा शानदार मौका तुम्हें इस जिन्दगी में कभी नहीं मिलेगा। क्या सोच रहे हो? जरा मैं भी तो सुनूँ। एक भी गाली नहीं दाग सकते? कैसे पुरुष हो?'

क्रोध की बजाय उसके होंठों पर सहज मुस्कान थिरक उठी। हँसिये को लाँघते बोला, 'तुमने मीठी-माँ के बारे में फकत सुना-ही-सुना है। यदि एक बार भी उसके दर्शन हो जाते तो तुम्हारे मुँह से नासमझी के ये बोल हरगिज नहीं निकलते। कोई साँप भी मुझे डसने आए तो अपने बचाव की कोशिश तो जरूर करूँगा। पर भूलकर भी उस पर हँसिये का वार नहीं करूँगा। तुम चाहे जितना गुस्सा दिलाओ, माँ की सीख मैं क्षण भर के लिए भी भूल नहीं सकता। वह मेरी नस-नस में खून के साथ घुली है।'

वह भी दो कदम आगे बढ़कर बोली, 'तब तो तुमसे किसी प्रकार की आशा रखना ही बेकार है। मान लो, अचानक पाँच-सात डाकुओं का कोई गिरोह मेरे साथ

जबरदस्ती करना चाहे तो मीठी-माँ की सीख के मुताबिक तुम खड़े-खड़े देखते रहोगे या अपने बचाव की खातिर...।'

उसने बीच में टोकते अधीर स्वर में कहा, 'भाग खड़ा होऊँगा, यही न। तब तो तुम मुझे भी बिल्कुल नहीं समझी, फिर मीठी-माँ को क्या समझोगी? चाहे उम्र भर उसके साथ रह लो। भला, किसी की ऐसी सीख मैं क्यूँ मानूँगा? और माँ भी ऐसी-वैसी सीख किसी को क्यूँ देगी? फिर वह माँ ही क्या हुई? तुम जिसे जानती नहीं; उसके बारे में कुछ भी राय देना तुम्हें शोभा नहीं देता। मुझे चाहे जित्ता गावदी या गँवार समझो, मैंने कुछ सोच-समझकर ही मीठी-माँ के साथ तुम्हारी बराबरी की थी। मैं सत्यवादी हरिश्चन्द्र नहीं हूँ, पर सपने में भी ऐसा झूठ मेरे मुँह से निकल नहीं सकता।...मेरी कोई बात तुम्हें चुभ गई हो तो बुरा मत मानना। मुझे बोलने का शऊर नहीं है। अच्छा, तो अब चलता हूँ।'

इतना कहकर उससे आँखें मिलाए बगैर ही वह चुपचाप रवाना हो गया। लड़की के पदचिह्नों की पड़ताल करता हुआ, उसी राह गाँव की ओर बढ़ने लगा। जाने और आने के पदचिह्न एकदम साफ थे। कोई भी खोजी उन्हें देखकर तुरन्त बता सकता है कि वह बहुत तेज दौड़कर गई थी और वापस उतनी ही तेजी से दौड़ती हुई लौटी थी। जाने किस खुशी में एक अजनबी के लिए भाता लेने। मुँह से कुछ भी क्यों न कहे, उसका दौड़ना तो घी-गुड़ से कम मीठा नहीं था। बोलने में चूक हो सकती है, मगर उसके दौड़ने में कोई चूक नहीं थी।

लड़की को एकाएक विश्वास नहीं हुआ। उसने समझा कि वह भूल से उधर जा रहा है। अधीर होकर जोर से पूछा, 'इधर कहाँ जा रहे हो?'

'अपने ससुराल।' उसने मुड़कर उतने ही जोर से जवाब दिया। वह निरुत्तर होकर हतप्रभ-सी आँखें फाड़े उसकी ओर ताकती रही। कैसा अजीब मानुस है।

वहीं खड़े-खड़े आगे कहने लगा, 'बहू की इत्ती बुराई सुनकर तुमने सोचा होगा कि मैं बीच राह से ही लौट जाऊँगा। चूरमे के अच्छे शकुन तो मनाने ही होंगे। यदि वह मान गई तो तुम्हारी सारी बातें उसे बताऊँगा। और न मानी तो तुम बता देना। पर मैं मरते दम तक तुम्हारी एक भी बात भूलूँगा नहीं। तुम याद रख सको वैसी बात न तो मैंने कोई की और न कही। सो तुम्हें तो देर-सबेर मुझे भूलना ही है।'

'वह मेरी अपनी बात है, जिसे तुम कभी जान नहीं सकोगे। पुरुष हो न?'

'सो तो हूँ ही! और हो भी क्या सकता हूँ?'

वह मुड़ा तो उसकी पीठ पर नजर के कोड़े फटकारते बोली, 'अरे! सुनो तो! वह हरगिज नहीं मानेगी।'

'न माने तो न सही। अब तो उसी के मुँह से हाँ-ना का जवाब सुने बगैर मुझे चैन नहीं पड़ेगा। तुम भी साथ चलो न? बस, एक बार उससे मिला दो, फिर

तो मनाकर ही साथ लाऊँगा, तुम देखती रहना।'

'मैं तो साफ-साफ देख ही रही हूँ कि ससुर-सालों के हाथ की मार खाए बिना तुम नहीं मानोगे। शायद तभी चूरमा अच्छी तरह पचेगा। अब और टोककर तुम्हारे शकुन बिगाड़ूँगी नहीं। शौक से जाओ। मैं दिन ढलने पर आऊँगी।'

'जैसी तुम्हारी मरजी...।'

ससुराल की ओर एक-एक कदम बढ़ाते समय जमाई को ऐसा विभ्रम हो रहा था कि वह आगे की बजाय पीछे की ओर चल रहा है। किसी की चञ्चल आँखें उसकी पीठ को निरन्तर सहला रही हैं। अपनी ओर बरबस खींच भी रही हैं। हतप्रभ-सा होकर पाँवों की तरफ देखता तो जरूर ऐसा विश्वास होता कि किसी अनजान लड़की के ताजे पदचिह्नों को टोहता हुआ वह आगे बढ़ रहा है। फिर यकायक सामने देखता तो उसे ऐसा महसूस होता कि वह अपनी इच्छा के विरुद्ध पीछे खिसक रहा है। लेकिन वह कुछ भी क्यों न सोचे सच्चाई उसके सोचने पर निर्भर नहीं थी। वह सचमुच अपने ससुराल के मारग ही आगे बढ़ रहा था। और उसकी चाल चींटी की अपेक्षा काफी तेज थी। फिर भी अपनी छाया को लाँघ सकना उसके लिए सम्भव नहीं था।

उधर पत्नी निर्जीव पाषाण पुतली की तरह अविचल खड़ी गाँव की ओर बढ़ते अजनबी-पति की पीठ को एकटक घूर रही थी। अब मुँह से पुकारने की हिम्मत सर्वथा पस्त हो गई थी। क्या अपनी तीखी नजर से लपेटकर उसे वापस अपने पास खींच नहीं सकती? ससुराल वाले उसके साथ कैसा दुर्व्यवहार करेंगे, पाहुने को कुछ भी अन्दाज नहीं है। पर वह तो सब-कुछ जानती है कि उन सबकी नजर में वह ढोर से भी गया-गुजरा है। अब तक वह स्वयं भी यही मान रही थी। तभी तो वह बार-बार मना करती रही कि इस भौंदू पति के साथ वह मरकर भी घरवास नहीं करेगी। और घरवाले तो यही चाहते थे। अपने स्वार्थ के अलावा उन्हें न तो बेटी के रूप की चिन्ता थी और न उसके यौवन की। अपनी कमाई के अतिरिक्त उन्हें कहीं कुछ भी नजर नहीं आता—न घर की मर्यादा, न घर की इज्जत। पैसा है तो सब-कुछ है।

आज के इस अचिन्तनीय सुखद वर्तमान की पिटारी में उसके जघन्य भूतकाल का नाग पूरी तरह बन्द था। पिटारी से बाहर निकलना तो उसके वश की बात नहीं थी, पर उसकी फुफकारें तो बीच-बीच में सुनाई पड़ती रहीं। अब इसी पति से, केवल इसी पति से घरवास की बात उनके सामने कैसे चलाए? उन्हें क्योंकर मनाए? अपने ही निर्णय के तीर से वह बुरी तरह बिंध गई। घायल हिरणी के उनमान वह भीतर-ही-भीतर छटपटाने लगी।

टीले से नीचे उतरते ही पति तो ओझल हुआ सो हुआ ही, वह स्वयं भी अपने-आप से ओझल हो गई। फुर्ती से मुड़कर घड़े की ओर देखा—घड़ा एकदम

सूना पड़ा था, उदास। मचान की ओर देखा—वहाँ भी कोई नजर नहीं आया। न जाने वह किसे हेर रही थी—स्वयं अपने-आपको या अपने अजनबी पति को। या दोनों को एक साथ ही। शायद इसी कामना से अनुप्रेरित उसने तीन-चार बार खेजड़ी व घड़े की परिक्रमा दी। प्यास न होने पर भी घड़े से दो करवा पानी पिया। उसका चिर-परिचित स्वाद भी उसे नितान्त अपरिचित-सा लगा। तत्पश्चात् जाने क्या सोचकर वह अर्ध-विक्षिप्त-सी मचान पर चढ़ी। टीले की तरफ देखा—उसे दूर-दूर तक कहीं दो जन एक साथ नजर नहीं आए। उसका आधा शरीर अकस्मात् कहाँ लुप्त हो गया? बेसुध-सी मचान से नीचे उतरी। खेत के चारों ओर चक्कर काटे। बार-बार आँखें फाड़कर बाजरी के बीच निहारा, पर सब निरर्थक। वह अकेली खुद तो दिखनी चाहिए थी। कहीं उस अजनबी पति के साथ तो नहीं चली गई? नहीं नहीं, वह तो अपने खेत पर ही खड़ी है। अनगिन चिड़ियाँ बाजरी के सिट्टों पर बैठी दाना चुग रही हैं। पति की गैर-मौजूदगी में भी वह गोफन से चिड़ियों को उड़ा नहीं सकी। उड़ाने की इच्छा ही मर गई। तभी तो हाथ की बजाय गोफन जमीन पर पड़ी रही। अब तक शरीर का अङ्ग बना हँसिया जमीन पर पड़ा धूल चाटता रहा।

पौ फटने से पहले फकत तसली भर दूध पीकर आई थी। वह तो दौड़ने के पहले ही पच गया था। फिर भी कुछ ऐसा महसूस हुआ कि इस जीवन में अब उसे कभी भूख लगेगी ही नहीं। मचान से नीचे उतरी। घड़े पर नजर अटकी। यहीं, हाँ यहीं बैठकर तो उसने पानी पिया था। भला आँखों देखी बात सपना क्योंकर हो सकती है? फिर घड़े के पास बैठकर उसने करवा भरा। कुछ देर तक हाथ पर हाथ धरे करवे की ओर देखती रही। पीने की रञ्च-मात्र भी इच्छा नहीं हुई तो वापस करवे का पानी घड़े में उँड़ेल दिया। पानी की आवाज से वह एकदम चौंकी। ओह! अब तक तो वह घर पहुँच गया होगा। जरूर पहुँच गया होगा। माँ के जहरीले बैन सुनकर पत्थर भी विचलित हो जाए, फिर वह तो मनुष्य है। न जाने उस पर क्या बीत रही होगी? फिर तो एक क्षण भी वहाँ रुकना उसके लिए असम्भव हो गया। नस-नस में कँपकँपी भर गई। और वह तेज कदमों से अपने घर की ओर रवाना क्या हुई मानो बाघ-भेड़ियों की बस्ती में जा रही हो।

उसे क्योंकर इतना सही आभास हुआ सो वही जाने, पर सचमुच ऐन उसी वक्त वह अबूझ छोकरा अपने ससुराल की गवाड़ी के गलियारे में मुड़ा तो सञ्जोग-वश दो छोटी सालियों से उसकी मुलाकात हो गई। न सालियाँ बहनोई को पहिचानती थीं और न बहनोई सालियों को। जिन लोगों से पूछताछ की वे तमाशा देखने की नीयत से साथ चलकर आए थे। उन्होंने आपस में पहिचान कराई तो दोनों बहनें माँ को बधाई देने दौड़ीं, पर लोगों के पाँव वहीं थम गए। गवाड़ी की मालकिन का झगड़ालू स्वभाव किसी से छिपा नहीं था। बेकार गालियाँ व भर्त्सना सुनने को मिलेंगी।

अचीती बधाई की गाज सुनकर माँ क्षण भर के लिए सकते में आ गई। फिर गुड़-बताशों के बदले कसकर दो-दो झापड़ रसीद किए। पर भय के मारे बेटियाँ रोकर चिल्ला भी नहीं सकीं। और अधिक मार पड़ने की आशङ्का से गालों को सहलाती हुईं वे चुपचाप दूर खिसक गईं।

जमाई के उस अनहोने पागलपन की उसे स्वप्न में भी कल्पना नहीं थी। उसका खून खौल उठा। सास की लाज-मर्यादा ठुकराकर वह क्रुद्ध नागिन-सी फुफकारती उसके पास आई। हाथ मटकाती हुई बोली, 'यहाँ क्या बाप का धन गड़ा है, जो लेने आए हो?'

जमाई तो इस आवभगत के बारे में सोचकर ही चला था। फिर भी उसे बुरा अवश्य लगा, पर अप्रत्याशित नहीं। जो कुछ भी सुनाना हो, उसे सुनाए, दिवङ्गत बाप को बीच में घसीटने की क्या जरूरत है? उसने सहज भाव से जवाब दिया, 'बाप का गड़ा धन होता तो आज मुझे आसीस के बदले ये बोल नहीं सुनने पड़ते। हथलेवे की बहू को लेने पति नहीं आएगा तो और कौन आएगा? इसमें बुरा लगने जैसी तो कोई बात नहीं।'

मेमने की गुर्राहट से सास अपना आपा ही बिसर गई। तड़ककर बोली, 'फटे कपड़े के कारी लग सकती है, फूटे करम के नहीं लगती। गाँव में कोई कुआँ नहीं है सो बेटी को तेरे पीछे करूँ! पेट तो भरा नहीं जाता और नागडसे को बहू चाहिए। कभी सोचा कि तेरी माँ को खिलाएगा क्या? घर आये कुत्ते को भी टुकड़ा डालना मेरी गिरस्ती का नेम है। कल खाना गिटकर चुपचाप चल देना, नहीं तो हाथोंहाथ नेग मिल जाएगा।'

बाबा और बहू की सहेली ने तो पहले ही चेतावनी दे दी थी। उसे सुनी-अनसुनी करने के अलावा दूसरा चारा ही क्या था? और न उसका स्वभाव ही झगड़ालू था। ठेठ बचपन में एक बार गली के कुत्ते ने उसकी पिण्डली पर दाँत गड़ा दिए थे। तब भी उसने रञ्चमात्र भी गुस्सा नहीं किया। कुत्ते की आदत है काटने की, काटेगा ही। किन्तु मनुष्य होकर जो कुत्ते की तरह भौंकते हैं, काटते हैं, यह अलबत्ता विचार करे जैसी बात है। तब माँ-बाप जीवित थे। छोटे बच्चे के मुँह से वह बड़ी बात सुनकर उन्हें अचरज के साथ थोड़ा दुख भी हुआ था। किस पागल गुरु ने उसे ऐसी पाटी पढ़ाई? मीठी-माँ के अलावा कहीं उठता-बैठता भी तो नहीं। सयानों की तरह अभी से गम्भीर बना रहता है।

छोटी उम्र के बच्चे भले ही अपने माँ-बाप को पहिचान लें, लेकिन बुजुर्ग माँ-बाप अपने बच्चों को पहिचानने में अक्सर भूल कर जाते हैं। वे बच्चों को अपने हिसाब से परखते हैं। और यहीं उनका हिसाब गड़बड़ा जाता है।

गुस्से की बजाय उसने सास की कड़वी बातों का मुस्कराकर जवाब दिया, 'ससुराल की इस आवभगत और लाड़-कोड का मुझे अच्छी तरह पता था। आप

सभी मिलकर जूते भी लगाओ तो मेरे मुँह से गाली तक नहीं निकलेगी। पर सात फेरे खाकर जिसका मैंने हाथ पकड़ा, एक बार उसके मुँह से दो बोल सुनना चाहता हूँ।'

जमाई इस सीमा तक बावला होगा, ऐसी आशा नहीं थी। न चाहने पर भी उसे बरबस हँसी आ गई। हँसते-हँसते ही कहने लगी, 'पागलों के तो पागल ही पैदा होते हैं। अकल-हीन ठूँठ, बेटी की राय हमसे अलग होगी क्या? मैंने कहा सो लोहे की लीक ही समझ।'

तत्पश्चात् प्रतिवाद की गुञ्जाइश ही क्या रह गई थी। अब क्या करे, क्या कहे, कुछ समझ में नहीं आया। मगर बहू के मुँह से ना सुने बगैर वापस लौटे भी तो कैसे? उसका आधा विश्वास डगमगा गया। अब तो बहू की सहेली का ही एकमात्र सहारा बचा है। लेकिन वह तो उसका नाम भी नहीं जानता। किससे क्या पूछे? और यहाँ सीधे मुँह बात करने वाला भी तो कोई नहीं। मचान वाली परी का अब एक तृण-मात्र भी एहसान उठाना उसके बूते की बात नहीं। शुरुआत में ही बाबा का कहा मान जाता तो ठीक था।...फिर मचान वाली परी से क्योंकर मुलाकात होती? चलो, कुल मिलाकर अच्छा ही हुआ।

जमाई की चुप्पी को अपनी विजय समझकर वह भीतर गई। छोटी साली के साथ ज्वार की घाट और खट्टी छाछ का करबा बनाकर भेजा। वह तोते की नाईं रटी-रटाई-सी बोली, 'खाना खाकर एवाड़े में चले जाना। वहीं एक खटिया और राली पड़ी है। जब नींद आए, सो जाना।'

बहनोई क्या जवाब देता? धीमे-से कहा, 'खाना भी वहीं खा लूँगा।'

उसकी चेतना के परे ही उसके मुँह से स्वतः यह झूठी बात निकल गई। जिसका उसे न तो रञ्चमात्र भी अचरज हुआ और न दुख ही। उल्टे एक अजानी खुशी की लहर उसके अन्तस् में मचल गई। सच बोलने से शायद बहू की सहेली बुरा मान जाती।

खाना तो उसने मचान के नीचे डटकर खिला ही दिया था। कल तक भी भूख क्या लगेगी?...ऐसे विकट दुख की वेला पाँवों ने उसका साथ खूब निभाया। उसे घसीटते हुए बाड़े तक ले आए। इससे पहले मचान से ससुराल तक ले आए थे। मगर हाथों ने वैसा साथ नहीं दिया। बाजरी से भरी बोरी को ऐसे उठाता जैसे पाँच सेर की पोटली उठाई हो। पर अभी हाथ में थमी कुल्हड़ी का बोझ भी उसे भारी लग रहा था। कुत्तों की लेहणी में करबा उँडेलकर, खाट पर फटी-पुरानी राली पटकी और चुपचाप लेट गया। सम्भवतया खड़े रहकर सोचने की उसमें वह शक्ति ही न हो। सूनी-सूनी आँखों से ऊपर देखा—साँवले आसमान में झबाझब तारे टिमटिमा रहे थे। कितने ही तारों से उसकी गाढ़ी पहचान है, पर आज सङ्कट की वेला एक ने भी उसे ढाढस नहीं बँधाया; उलटा उसका मखौल उड़ा रहे हैं। सुहागिन

नींद ने भी उसका साथ छोड़ दिया। अथक मेहनत के बाद बाईं करवट लेटते ही अदीठ नींद न जाने कहाँ से उतरकर उसकी पलकों में दुबक जाती सो अल्ल सवेरे तीन घड़ी रात रहते वापस रुनझुन-रुनझुन करते तारों के बीच खो जाती। माँ जिन्दा होती तो लोरी की टेर से नींद को बुला लेती, चाहे वह आकाश-गङ्गा के बीच ही कहीं तैर रही हो! मरने के बाद कम-से-कम माँ को तो हर बार बेटे के चितारते ही वापस लौट आना चाहिए। माँ की गोद के अलावा इतनी लम्बी-चौड़ी दुनिया में बेटे के लिए कहीं भी वैसी निरापद ठौर नहीं है। माँ तो एक की बजाय दस-बीस या पचास होनी चाहिए। एक माँ से बेटे का काम नहीं सरता। उसका परम-सौभाग्य कि उसे एक और माँ मिली। न जाने किस कँटीली राह कहाँ विहार कर रही होगी? उसके कलेजे में धुआँ-सा घुटने लगा।

सहसा उस घुटन के बीच मचान वाली लड़की के मीठे और झरझरते स्वभाव की याद लहराने लगी। वह जरूर अपनी सहेली से पुख्ता बात करके उसे बताएगी। एक बार कहकर पीछे हटने वाली वह लड़की नहीं है।...पर उसकी बात नहीं मानने से कहीं उलटा-सीधा नहीं भिड़ा दे। नहीं नहीं, ऐसी बात वह सोच ही नहीं सकती। ओछे स्वभाव की होती तो क्या किसी अजनबी को हाथ पकड़कर बचा हुआ चूरमा खिलाती? मीठी-माँ की तो यही धारणा है कि औरत माँ की जात होती है, उससे चूक हो ही नहीं सकती और बाप पुरुष जात का होता है, सो वह हमेशा चूक ही करता रहेगा। औरत तो समाज के ताने-बाने में गुँथी रहती है। स्वतन्त्र हुए बगैर उसके असली स्वभाव का पता ही नहीं चल सकता। ...तो अपने वश रहते वह कोई खामी नहीं रखेगी। चतुर या चालाक की बजाय, भोलेपन की परख ज्यादा सही होती है। खेत की रखवाली करके अब तो लौट आई होगी। उसके समझाने पर वह जरूर समझ जाएगी। किसी को भी समझाने की तरकीब वह खूब जानती है। मीठी-माँ के अलावा इतनी अकल उसने किसी औरत में नहीं देखी। पर उसके सास-ससुर, सालों का सामना करे जैसी दबङ्ग तो वह क्या होगी? बस, एक बार बहू से मिलना हो जाए तो उसका दृढ़ विश्वास है कि उसे मनाकर ही रहेगा। दुनिया में धन ही सब-कुछ नहीं होता। आदमी का मन उससे बहुत बड़ा होता है।...उफ्फ! यदि वह रात को भी खेत की रखवाली के लिए वहीं रुक गई तो...! उसे डर तो मौत का भी नहीं लगता। मगर समझाने का वादा किया है तो वह उसे जरूर समझाएगी। कितना अच्छा रहे यदि उसे फुसलाकर वहीं मचान वाले खेत पर ले आए। तब तो उसे समझाने की खूब छूट रहेगी। सास, ससुर या कोई साल बीच में पंचायती तो नहीं करेगी।

...पर आज की यह अँधियारी रात हमेशा की तरह ढलेगी या नहीं? इसके अँधेरे और इसकी चाँदनी को उसने जी-जान से प्यार किया है। यह तो पाँवों के समान ही उसका साथ निबाहेगी। यदि दो-चार घड़ी पहले खिसक जाए तो मचान

वाली लड़की का पता करके उसके घर हो आता। बहू का जैसा-तैसा भी जवाब मिल जाए तो वह अपनी राह लगे। काम के बिना उसके हाथ-पाँव ही क्या, सारा शरीर टूटने लगता है। आराम से बढ़कर पीड़ा-दायक और कोई कष्ट नहीं। मेहनत तो उसके लिए साँस से भी ज्यादा जरूरी है। आठ साल से एक पल के लिए भी उसने काम से नाता नहीं तोड़ा। सोते समय नींद में भी वह घास काटता, बाजरी के सिट्टे तोड़ता, बीज बोता, डङ्गर चराता, कण्डे बीनता। काम के सपने नहीं आते तो उसकी नींद उचट जाती। काम ही उसकी आराधना थी, चाहे किसी की बेगार ही क्यों न करे! खूब मगज लड़ाया तो भी उसकी समझ में नहीं आया कि ठाकुर के घरवाले निठल्ले बैठे कैसे दिन धकियाते हैं? समझ में नहीं आया तो उसने सोचना ही छोड़ दिया। बिना काम के आज का दिन पखवाड़े जित्ता लम्बा हो गया। लोग भले ही अमीरों के आराम से डाह करें, पर उसकी नजर में तो इनसे दुखी खुजली वाला मरियल कुत्ता भी नहीं है। कभी तो इनमें सुमत आएगी और वे हाथ-पाँव हिलाएँगे। वह रात भर साँवले अँधियारे के उजले आखर बाँचता रहा। एक बार आधी ढलने पर उसकी प्रबल इच्छा हुई कि इसी क्षण अपने गाँव लौट चले। फिर खयाल आया कि उसके नहीं रहने पर मचान वाली लड़की 'हाँ-ना' का जवाब किसे देगी? मचान वाली लड़की को चितारते ही उसके विचार ने अकस्मात् करवट बदली। अरे! आज उसने भी तीन-चार घड़ी मचान वाले खेत में कोरी बातें ही तो की थीं। और बदले में झरझरता चूरमा खाने को मिला। बाबा के यहाँ रात-दिन काम करने के बावजूद सूखी रोटियाँ मिलती हैं। कभी साग और कभी छाछ में मिरचें घुली हुईं। आज तो दही मिला था। कैसा चिकना और स्वादिष्ट। तो क्या कुछ बातें काम से ज्यादा महत्त्वपूर्ण होती हैं।

खेत की रखवाली करके जब बेटी घर आई तो माँ ने पूछा, 'बिटिया, आज देर बहुत कर दी। कहाँ रह गई थी? तुझ जैसी धींगरी लड़की को अँधेरा घिरने से पहले घर आ जाना चाहिए।'

बेटी ने रूखे स्वर में कहा, 'कोई बाघ-भेड़िया मुझे खा डाले तो मेरी आफत मिटे और घर में शान्ति हो।'

माँ ने अँगुलियों के कटके निकालते कहा, 'तेरी जिद के मारे तो इस घर में कभी शान्ति हो नहीं सकती।'

बेटी दो कदम माँ की तरफ तेजी से बढ़कर सहसा रुक गई। आँखें तरेरकर बोली, 'मेरी जिद या तुम लोगों का अन्धा स्वार्थ! खैर छोड़ो, मैं लाख कोशिश करूँ, तुम्हें कभी समझा नहीं सकूँगी।'

'मैं सब समझी हुई हूँ, तेरा माथा खराब करने वाली वह चुड़ैल अब कभी...।'

आगे के बैन उसके मुँह से निकलें, उसके पहले ही माँ ने सहमकर दाँतों के बीच अपनी जीभ जोर से भींच ली। मीठी-माँ को बुरा-भला कहने का नतीजा वह पहले भुगत चुकी है। बेटी का वह रौद्र-रूप इस जनम में तो क्या अगले जनम में भी भूल नहीं सकती। बस, तीखी धार वाले हँसिये से उसका गला ही नहीं काटा। चार दिन तक भूखी रही। अन्त में मीठी-माँ के समझाने पर ही रोटी खाई। आज भी एक बार तो बेटी की आँखों में धप्प से दो अङ्गारे सुलगे और दूसरे ही क्षण वापस बुझ गए। माँ को हिकारत की निगाह से देखकर जाने लगी तो उसने सुर बदलकर कहा, 'अरी सुन तो, बड़ी मजेदार बात है।'

माँ की मजेदार बात का आशय बेटी अदेर समझ गई। वह कहीं भी जाए, बिना सुनाए उसका पीछा छोड़ने वाली नहीं। आज की रात बेटी अपने-आपसे भी छिपी रहना चाहती थी। पर अभी इस वक्त माँ को छोड़कर दूर जाना उसे बहुत ही घिनौना लगा। वह निर्जीव-सी आँगन के बीच खड़ी रही और माँ अपने सगे जमाई के बारे में चटखारे ले-लेकर अपने पेट का अफारा झाड़ती रही। उसकी आधी बातें बेटी के कानों में पड़ीं और आधी बाहर ही बिखर गईं। फिर भी उसे रह-रहकर महसूस हो रहा था जैसे माँ के गले में दुबकी कोई नागिन जहर उगल रही है, 'कब से सोच रही हूँ कि सब-कुछ जानते-बूझते यह गावदी यहाँ आया ही क्यूँ? मैंने लाड-कोड तो ऐसे किए कि आसानी से भूलेगा नहीं। ससुराल की दिशा में भूल-चूक से मुँह भी क्या कर ले? खूब आड़े हाथों लिया। खूब खरी-खोटी सुनाई। फिर भी माँ का खसम कहता है कि एक बार तेरे मुँह के दो बोल सुनकर ही मानेगा। हम तो अब तक इसे ढोर ही समझ रहे थे, पर यह तो गधे से भी गया-गुजरा है।'

आज बेटी की राय सर्वथा बदल चुकी थी, फिर भी उसका प्रतिरोध करते उसे बड़ी लज्जा महसूस हुई। उसके मन की देहरी पर एक ही प्रश्न बार-बार पछाड़ें खा रहा था—कि मनुष्य-समाज में औरत के जीवन की कुछ सार्थकता है भी? उसका अपना कोई स्वतन्त्र व्यक्तित्व है भी? या पुरुष की चिरदासी बनी रहना ही उसके जीवन की चरमसिद्धि है? आज और भी दुर्दान्त गहराई से माँ-बाप का घर उसे नितान्त बेगाना महसूस हुआ—खूँखार भेड़िए की गुफा-सा।

बेटी की मनःस्थिति का आभास पाते ही माँ थोड़ी सहमी। अचानक बात बदलकर बोली, 'हाय राम! बातों-बातों में तेरे खाने की बात ही बिसर गई। इतनी अबेर तो कभी नहीं हुई। चल, ब्यालू कर ले। हरामी भी कहाँ से आ टपका? बिजली पड़े नागडसे पर।'

माँ ने सोचा इस शाप से बेटी खुश होगी। नौ महीने कोख में धारण करने वाली माँ के अलावा बेटी की खुशी का ध्यान भला और कौन रख सकता है? पर कृतघ्न बेटी ने रञ्चमात्र भी अपनी खुशी का इजहार नहीं किया तो माँ का माथा ठनका। पत्थर की मूरत के समान सामने खड़ी बेटी को दो-तीन बार जोर से

झकझोरा। किसी गहरी नींद से चौंककर बस इतना ही बोली, 'हें...!'

माँ ने अत्यधिक लाड-दुलार से फिर खाने का आग्रह किया तो अपनी इच्छा के विरुद्ध तिरस्कृत भाव से इतना ही बोली, 'मुझे भूख नहीं है।'

बेटी का ऐसा तेवर देखकर माँ चुप हो गई। सभी घरवाले मन-ही-मन उससे डरने लगे थे। पर आज उसके गुस्से की तासीर बिल्कुल दूसरी ही थी। आगे कुछ भी पूछने की हिम्मत नहीं जुटा पाई। उसके देखते-देखते बेटी धमधम करती मेड़ी की सीढ़ियाँ चढ़ गई और माँ चुपचाप छान में घुसकर बरतन-बासन धोने में रुँध गई।

छत पर पाँव धरते ही उसने कठपुतली की नाईं गरदन उठाकर ऊपर देखा। तारों की बजाय क्षत-विक्षत अँधियारे की विराट् काया पर बेशुमार फफोले-ही-फफोले दिखलाई पड़े। अपनी भीगी पलकों से उन्हें धीरे-धीरे पोंछने लगी। सब में मवाद रिस रहा था। घायल चाँद की देह से झरती पीप का तो कोई पार ही नहीं था! भूतकाल के अजगर ने उसके वर्तमान को पूर्णतया ग्रस लिया था। ऐसा तो सपना भी किसी बैरी-दुश्मन को न आए। कहाँ जाए? किससे कहे? क्या करे, क्या न करे? कैसे विकट जाल में फँस गई। पहाड़ को लाँघना आसान, पर घर की देहरी फाँदना दूभर है! लोहे की कैसी भी मजबूत शृङ्खला एक झटके में तोड़ सकती है, पर संस्कारों के कच्चे धागों को तोड़ना मुश्किल है। काश! इस अथाह अँधियारे की परतें चीरकर उसकी मीठी-माँ निर्धूम ज्योति के उनमान प्रकट हो जाती तो वह जरूर कोई-न-कोई उपयुक्त समाधान अवश्य बता देती। पता चलने पर तो वह किसी के रोके नहीं रुकेगी। लेकिन उसे पता चले भी तो क्योंकर? यदि ईश्वर की बजाय वह कण-कण में व्याप्त होती तो अभी इसी वक्त उसका सिर सहलाने लग जाती। वीर-बहूटियों की नाईं अपनी सुकोमल अँगुलियों से अदेर उसके आँसू पोंछ लेती। डाल से बिछुड़े पत्ते की तरह सिहरते हुए वह हौले-से छत पर लेट गई। मानो खड़े-खड़े सोचने की शक्ति सर्वथा निःशेष हो गई हो।

रात के छद्म अँधियारे में समय भी कहीं दुबककर बैठ गया था। पल बीते, घड़ियाँ बीतीं, पहर बीते, बरस बीते या जुग बीते उसे कुछ भी सुध-बुध नहीं थी।

पीप छलकाते फफोलों को सहलाते-सहलाते वह वापस खड़ी हुई। शायद लेटे-लेटे सोचने की शक्ति चुक हुई हो! कुछ देर तक उसी तरह अविचल खड़ी रही। फिर इधर-उधर कठपुतली की तरह चलने लगी। शायद चलने से किसी अदीठ शक्ति का सञ्चार हो। पर कहीं कुछ भी नहीं हुआ। दूसरा कोई विकल्प नहीं सूझा तो वह मचान, खेजड़ी और खेत का आश्रय पाने की अभिलाषा से उधर ही रवाना हो गई।

वही जानी-पहचानी राह थी। वे ही पाँव थे। वही देह थी। वही रूप-जोबन था। पर सब-कुछ उलट-पुलट गया। मात्र किसी की छाया के रूप में वह निःशेष

रह गई। भाता लाने के लिए वह दौड़ती-दौड़ती आई थी और दौड़ती-दौड़ती वापस लौटी थी। पर इस समय तो किसी के अभिशाप ने उसे पङ्गु बना दिया था। कल सारे दिन भूखी रही। पर वैसी तृप्ति तो उसे कभी नहीं हुई।

मनुष्य की जिन्दगी में कुछ घटनाएँ ऐसी होती हैं कि बरस बीत जाने पर यों लगता है जैसे कल ही घटित हुई हों। और कुछ घटनाएँ ऐसी होती हैं कि दूसरे दिन ही ऐसा आभास होता है मानो उन्हें घटित हुए बरस बीते हों। मचान के पास पहुँचते ही उसे ऐसी अनुभूति हुई जैसे बरसों पहले उसने यहाँ कोई सुहाना सपना देखा था!

किंकर्त्तव्यविमूढ़-सी होकर वह मचान पर चढ़ी। शायद ऊपर चढ़ने से कोई नई बात सूझे। पर कुछ भी नहीं सूझा। उलटा यह महसूस हुआ जैसे गहरे-ही-गहरे दलदल में आकण्ठ धँस गई हो। बेटी होने की एक-मात्र विडम्बना यही है कि उसका ज्ञात-अज्ञात अस्तित्व घर की कच्ची-पक्की दीवारों में चुना हुआ है। घर के आँगन में लीपा हुआ है। बाड़ के नुकीले काँटों से बिंधा हुआ है। न वह अपने बूते पर जी सकती है और न अपनी इच्छा से मर सकती है। गावदी और मूरख समझे जाने वाले पति ने दुनिया की तमाम समझदारी पर पानी फेर दिया। यदि सारे मनुष्य ऐसे हो जाएँ तो इस गलीज दुनिया का माहौल ही बदल जाए। पर ऐसा हो नहीं सकता। दुनिया तो दुनिया है। यहाँ भेड़ें भी होंगी, भेड़िए भी होंगे। मेंढक भी होंगे, साँप भी होंगे, नेवले भी होंगे। कबूतर भी होंगे, बाज भी होंगे। हिरण भी होंगे, शेर भी होंगे। पर अनुपात का तालमेल भी तो कुछ उपयुक्त हो। कबूतर और हिरण तो गिनती के हैं—एक, दो या तीन। ज्यादा ही हुआ तो चार। पर बाज, शेर, साँप और भेड़ियों की तो कोई गिनती ही नहीं। घर के भीतर भी हैं। बाहर भी हैं। रामदुआरों में भी भरे पड़े हैं। ननिहाल में भी बेशुमार हैं। औरत के लिए इनसे बचने की कहीं कोई गुञ्जाइश नहीं है। न घर के भीतर बचाव है और न घर के बाहर!

मचान पर चढ़ी उस सजीव मूरत ने पूरब दिशा की ओर मुँह करके देखा तो वह असमञ्जस में फँस गई—शायद यह सूरज ही उग रहा है! सवेरे की वेला चाँद तो क्या होगा? हाँ, है तो सूरज ही!...क्या आज भी सूरज उगेगा? पर यह तो सचमुच हमेशा की तरह ही उग रहा है! क्या कुदरत का कोई सघन अँधियारा इसे कभी निगल सकेगा? अरे! यह सूरज भी तो अँधेरे को पूरी तरह कहाँ निगल पाता है? साँझ हुई नहीं कि विलुप्त अँधियारा सारे आकाश में छा जाता है। न अँधियारा कभी हारेगा और न सूरज कभी परास्त होगा।

चारों दिशाओं में उजाला-ही-उजाला व्याप्त हो गया। सूरज धरती की गोद छोड़कर पल-पल ऊँचा चढ़ने लगा। उजास के समन्दर में सर्वत्र हिलोरें मचल उठीं। पर उसके अन्तस् का अँधियारा तो वैसा ही कायम है। यह सूरज तो शायद

बाहर-ही-बाहर आलोक फैलाता है। भीतर कहीं भी उसकी गति नहीं। पर बाहर तो सचमुच उसी का अखण्ड साम्राज्य है। चाहे कोई चक्रवर्ती राजा भी अपनी आँखें बन्द कर ले, सूरज तो इसी तरह दमकता रहेगा, फकत बन्द आँखों के भीतर ही अँधेरा घुल जाएगा।

...सहसा उसकी नजर कल वाले अजनबी पर पड़ी। पर आज वह अपरिचित कहाँ लगा? उससे तो मानो जनम-जनम का परिचय हो! उगते सूरज की ओर टुकुर-टुकुर देखने के बहाने शायद वह इसी को निहार रही थी। उसका समूचा अन्तस् दिव्य आलोक से जगमगा उठा। जहाँ सूरज की पहुँच नहीं, वहाँ इस बन्दे की पहुँच है। फिर भी पराभव से सर झुकाए धीरे-धीरे पाँव घसीटते हुए अपनी राह चला आ रहा है। क्या ऐसी भयङ्कर रात भी कट जाती है? ऐसा विकट अँधेरा भी मिट जाता है?

सञ्जोग का विचित्र करिश्मा कि ससुराल से लौटता हुआ वह भी उस समय सूरज के बारे में ही सोच रहा था। कभी समाप्त न होने वाले अँधेरे के बारे में सोच रहा था। मचान वाली खेजड़ी के पास से गुजरा तो उसने बड़ी मुश्किल से गरदन घुमाकर उस तरफ देखा। कल वाली लड़की मचान पर खड़ी है। सूरज का उजाला तलवार की धार के समान उसके कलेजे को चीर गया—क्या वह गाँव गई ही नहीं? ...यदि यह भी अपने कौल-वचन को निभा नहीं सकी तो फिर सूरज भी अपने प्रकाश का निर्वाह नहीं कर सकेगा। उसे न जाने क्यूँ उस पर सूरज जैसा ही एतबार था। वह उगेगा तो निश्चित उजाला होगा। फिर तो शायद एक दिन ऐसा भी आएगा, जब सूरज के उदय होने पर भी उजाला न हो। एक-एक पल को धकियाते हुए उसने किस मुश्किल से रात का अँधियारा समाप्त किया था। पर उसके भीतर का अन्धकार तो वैसा ही कायम है। उसकी आशा का सूरज तो तवे जैसा ही काला निकला। फिर भी एक बार यहाँ रुकने की तनिक इच्छा तो हुई, पर इस बार पाँवों ने उसका कहा नहीं माना। आप-ही-आप राह के सहारे आगे बढ़ते रहे। लड़की उसी क्षण उसके मन की दुविधा भाँप गई। आवाज नहीं दी तो कुछ ही देर में काफी आगे निकल जाएगा। वह हाथ का इशारा करते जोर से बोली, 'यूँ टले-टले कैसे जा रहे हो? ...एक बार इधर तो आओ।' काफी पास आने पर सामान्य सुर में बोली, 'कल तो मेरे इशारे पर सूली चढ़ने को तैयार थे, आज पुकारने पर भी आना नहीं चाहते।'

फिर तो उसकी चाल और भी धीमी हो गई। गरदन झुकाए चुपचाप मचान के नीचे आकर खड़ा हो गया। थोड़ी देर तक दोनों ही खामोश रहे। लड़की पहले आई थी। उसे जो सोचना था, सोच लिया। अब तो लड़के की क्लान्त सूरत निहारने के अलावा कुछ सोच ही क्या सकती थी? पर लड़के का अपना सोच था। उसे अपनी स्मृति पर भरोसा ही नहीं हो रहा था कि कल का दिन उसकी जिन्दगी

में आया भी था कि नहीं? क्या परसों के बाद सीधा 'आज' ही उछल पड़ा? इस घाटे की पूर्ति बीसियों जीवन निछावर करने पर भी हो नहीं सकती। काश! कल की तिथि आज के लिए और बढ़ जाए। ना, यह तो असम्भव है। यदि इतना ही खयाल रखती तो सहेली से पूछकर 'हाँ-ना' का जवाब लाती। शायद उसने साफ मना कर दिया हो, इसलिए बताने की हिम्मत नहीं कर पा रही है। उस सास की बेटी भला किसी की बात क्यों मानने लगी? यह भी हो सकता है कि घरवालों ने उसे सात तालों के भीतर बन्द कर दिया हो। कुछ भी हो, कामकाजी जिन्दगी में सपने देखने का कोई अर्थ नहीं है। पर सपने के आनन्द से इनकार नहीं किया जा सकता। बस, वैसा ही एक सपना और आ जाए, फिर चाहे कल ही मौत क्यों न आ धमके, उसका जीवन सार्थक हो जाएगा। उसकी मृत्यु सार्थक हो जाएगी। पर सपनों पर भला किसका वश चला है?

गरदन उठाकर न जाने क्यों लड़की के सामने देखने का साहस नहीं हुआ। नीची निगाह किए ही बोला, 'काफी दूर जाना है। सारे काम बिखरे पड़े होंगे। बाबा की तकलीफ का खयाल आता है। और कल तुम्हें भी क्या कम तकलीफ दी? प्यास नहीं लगती तो मैं सीधा ही निकल जाता।'

'आज तो प्यास नहीं है?'

'नहीं!' वह अपनी रौ में आगे कहने लगा, 'एक बार इधर आने की इच्छा तो हुई, पर बिना काम पाँव इधर मुड़े नहीं।'

क्या सूरज के उनमान इसके अन्तस् का आलोक भी अनन्त है? इसकी पड़ताल तो पूर्णतया करनी ही होगी। चाहे जो परिणाम हो। सूरज भी साँझ की वेला पच्छिम में अस्त होता है! फिर क्या इसका छेह नहीं आएगा? ताना कसते हुए बोली, 'बस, गरज मिटी और गूजरी नटी। ससुराल के पक्वान्न जीमकर आए हो, उम्र भर भूख थोड़े ही लगेगी? फिर मेरे रूखे-सूखे टुकड़ों की क्यूँ परवाह करने लगे? तुम्हें ऐसा मतलबी तो नहीं जाना था?'

क्या सुनने की उम्मीद मन में सँजोई थी और क्या सुनने को मिला? सास के जहरीले बोल भी उसके कलेजे में इस कदर नहीं चुभे। एकाएक विश्वास नहीं हुआ तो ऊपर देखा। मचान पर खड़ी लड़की मन्द-मन्द मुस्करा रही थी। आँखों पर तो विश्वास करना ही होगा। और उस विश्वास के साथ ही उसकी आँखों में आँसू उमड़ आए। आगे कुछ विचार करे जितना वक्त ही कहाँ था! लड़की तुरन्त मचान से नीचे कूदी। उसकी डबडबाई आँखों में नजर डुबाकर बोली, 'वाह रे भोले शङ्कर! तुम तो मजाक में भी नहीं समझते? सचमुच, तुम्हारी कसम, मैंने तो ठिठोली की थी और तुम बुरा मान गए? ससुराल में पक्वान्न तो बनते ही हैं। इसमें अनहोनी बात क्या है? छोटी-मोटी बातों में बुरा मान जाते हो। बहू की सहेली के नाते क्या मुझे इतना भी अधिकार नहीं?'

वह भर्राये स्वर में बोला, 'यदि मेरे मन के भूचाल का तुम्हें थोड़ा भी अन्दाज होता तो ऐसी ठिठोली नहीं करतीं।' उसकी आँखों से दो आँसू टपककर जमीन पर गिर पड़े। लड़की और जमीन दोनों का सुहाग अमर हो गया।

आकांक्षित मञ्जिल के आखिरी छोर को छुए बिना उसे शायद ही सन्तोष हो। वह तो फिर कुरेद-कुरेदकर ससुराल के बारे में पूछने लगी, जैसे वह कुछ जानती ही न हो। और भोले शङ्कर ने बिना किसी लाग-लपेट के सब कुछ बता दिया। इस बार वह तैश में आकर बोली, 'पति की हिम्मत न हो तो ऐसा ही होता है, इसमें कुछ भी नई या अनहोनी बात नहीं। सारी गलती तो तुम्हारी है। फिर दूसरों में दोष क्यों निकालते हो?'

उसने नितान्त निर्मल भाव से पूछा, 'इसमें मेरी क्या गलती?'

खाली गोफन को खामखाह हिलाते हुए कहने लगी, 'नहीं तो क्या मेरी गलती है? सात फेरों की परणी को कायर की तरह छोड़कर जा रहे हो, शर्म नहीं आती? थोड़ा बहुत भी हौसला होता तो यूँ खाली हाथ नहीं लौटते।'

डेढ़ दिन की परिचित सुन्दरी के मुँह से जोश के तीखे बोल सुनकर उस पर तनिक भी सान नहीं चढ़ी। उसी तरह ठण्डे लहजे में जवाब दिया, 'तुम्हारा कहना गलत नहीं है। यदि उसकी जरा भी इच्छा होती तो मैं हरगिज खाली हाथ नहीं लौटता, चाहे सारा गाँव मुझ पर टूट पड़ता। मैंने बहुत चिरौरी की, पर उन्होंने तो मानो उसे पाताल के भीतर पहुँचा दिया हो। मेरे आने की भनक तक नहीं पड़ने दी।'

होंठों तक उछली मुस्कान दबाए नहीं दबी तो वह तुरन्त मुड़कर अपूठी खड़ी हो गई। उसी जोश के सुर में बोली, 'उसकी इच्छा हो, न हो, तुम्हारी तो इच्छा है? चुट्टा पकड़कर ले आते। कायर पति की औरत यूँ ही नाते जाती है, अफसोस करे जैसी कोई बात नहीं। यही परम्परा है। घड़े के पानी से मुँह धो लो, आँखें पोंछ लो और चुपचाप रवाना हो जाओ। यदि मैं तुम्हारी जगह होती तो बहू का नाक काटकर ही रोटी का कौर तोड़ती, समझे?'

उसने टिचकारी देते कहा, 'ना ना, ऐसी ज्यादती तो सरासर अन्याय है। तुम्हारी तरह बाबा ने भी यह सलाह दी थी। पर मैं तो बैलों की इच्छा का भी आदर करता हूँ। उनकी इच्छा न हो तो उन्हें भी हल या गाड़ी में नहीं जोड़ता। फिर वह तो मेरी बहू है। उसकी इच्छा न हो तो उस पर मेरा कोई अधिकार नहीं। यह सब मीठी-माँ की सीख का प्रताप है। यदि उसकी आसीस मुझे नहीं मिलती तो मैं भी यही घिनौनी जिन्दगी बसर करता। मेरे मन की असली बात जानना चाहो तो हम मनुष्यों की अपेक्षा ढोर-डङ्गर बहुत बेहतर हैं।' क्षण भर रुकने के बाद तनिक सङ्कोच के साथ पूछा, 'तुम्हारी तो सहेली है। तुम्हें तो जरूर अपने मन की बात बताई होगी?'

'उसका मन नहीं है, तभी तो घरवाले उसकी हिमायत करते हैं।'

तब उसने गहरा निश्वास भरकर कहा, 'बस, यही जानने आया था। उसका मन नहीं है तो फिर कोई झञ्झट नहीं।'

'अरे! झञ्झट तो बहुतेरे हैं। तुम्हें क्या-क्या बताऊँ? मैं अपने से भी ज्यादा इस सहेली को प्यार करती हूँ। उस पर दया भी बहुत आती है। गुस्सा भी कम नहीं आता। माफ करना, कई बातें ऐसी हैं, तुम्हें बता नहीं सकती।'

'मैं सुनना भी नहीं चाहता। इससे अधिक जानने की मुझे जरूरत भी नहीं है। तुम नहीं मिलतीं तो वाकई मैं बड़े भारी धर्म-सङ्कट में फँस जाता। मुझ पर तुम्हारा यह एहसान भी कम नहीं है।'

वह उसी तरह अपूठी खड़ी रही। होंठ चबाते-चबाते पूछा, 'अब तो मुझे साथ ले जाने का साहस है? ससुराल और बहू का गुबार तो निकल गया?'

अपनी बात समाप्त करते ही उसके शरीर का रोम-रोम कान बनकर जवाब सुनने की खातिर व्यग्र हो उठा। इस अपूर्व नाद के लिए तो हजार कान भी थोड़े हैं। एक-एक पल का प्रतीक्षारत बोझ उसे असह्य-सा जान पड़ा। वह फिर वर्तमान के सुखद झूले पर आनन्दित होकर झूलने लगी। भूत और भविष्य दोनों काल भी झूले से बँधे अलमस्ती के साथ झूल रहे थे। विगत जीवन की अत्यन्त वेदनामयी स्मृतियाँ इस तरह विलीन हो गई थीं, जिस तरह सूर्योदय होने पर अन्धकार विलीन हो जाता है।

लड़के को तत्काल कुछ भी उत्तर नहीं सूझा तो वह उसके सामने आकर खड़ा हो गया। कुछ देर तक उसकी मोहिनी सूरत पर आँखें गड़ाये निर्निमेष दृष्टि से निहारता रहा। आँखों से दिखने का आनन्द ऐसा भी होता है क्या? यदि वह अन्धा होता तो आज उसके दुर्भाग्य की सीमा नहीं थी। फिर अपने-आप ही उसके होंठ हिलने लगे, 'तुम्हारी सुन्दरता और तुम्हारे सद्गुणों का पार नहीं है। राह का पत्थर भी तुम्हारे पाँव का परस पाकर निहाल हो जाए...।'

उस अनुपम बाला की अनहद अनुभूतियाँ आज विवेक की सीमाएँ लाँघ रही थीं। उसे कुछ ऐसा महसूस होने लगा कि पाँखों के सहारे आकाश में उड़ने के बजाय, धरती पर खड़े रहकर उड़ने के आनन्द की तो बात ही न्यारी है। यह उड़ना कुछ और ही है। वह अधीर स्वर में धीमे-से बोली, 'पहले बात तो पूरी करो, बीच में रुक क्यों गए?'

लड़के ने लाचारी दरसाते कहा, 'अब तुम्हें कैसे समझाऊँ? अच्छी तरह समझाना भी तो नहीं जानता। मुझे डर है कि तुम फिर कहीं नाराज न हो जाओ। अपने शरीर की एक-एक नस कटना बर्दाश्त कर सकता हूँ, पर तुम्हारी नाराजी बर्दाश्त नहीं कर सकता।'

'नाराजी की बात पर नाराज तो होना ही चाहिए। कहो न, जो कहना चाहते

थे, वरना मैं सचमुच नाराज हो जाऊँगी।' खुशी के मानसरोवर में डुबकियाँ लगाते उसने कहा।

यह तो नाराजी की बात बिल्कुल नहीं है। आश्वस्त होकर कहने लगा, 'यदि तुम्हारी तरह मुझे ठीक बोलना आ जाए तो सारी उम्र मेरे अन्तस् की गाथा पूरी न हो। ये दो आधे-अधूरे दिन मेरे लिए दो हजार साल से भी बढ़कर हैं।'

'वाह! तुमने तो दो ही दिन में हजार बरसों का हिसाब कर लिया? पर उसे अभी रहने दो। मैं तो अभी इस क्षण का हिसाब चाहती हूँ, जो कहना है, जल्दी कहो, वरना भूल जाओगे।'

आनन्द के अतिरेक आह्लाद में वह सचमुच ही भूल गया था। थोड़ी देर ठहरकर याद करने के बाद अकृत्रिम भाव से कहने लगा, 'तुम्हें ब्याहकर ले जाना तो राजा के लिए भी सौभाग्य की बात होगी। पर जैसा तुम बता रही हो—उस काली बदसूरत अभागी को सिवाय अन्धे के और कौन ले जाना चाहेगा? इतनी समझदार होकर भी यदि तुम मेरी जिम्मेदारी को नहीं समझोगी तो और कौन समझेगा? तुम्हारी अमोलक सङ्गत की मर्यादा मुझे रखनी चाहिए कि नहीं, तुम्हीं बताओ?'

वह क्या बताती? और उसे बताना भी क्या था? उसके तमाम शरीर में भीतर और बाहर तारे-ही-तारे जड़ गए। बड़ी मुश्किल से अन्तस् की कजरारी घटा को बरसने से रोक पाई। अपनी जिम्मेदारी से पूर्णतया मुक्त होने की गरज से बोली, 'कहो तो एक बार मिला दूँ?'

अत्यधिक भावावेश के प्रवाह में वह और भी पास सरक आया पर वह अपनी जगह से तिल भर भी पीछे नहीं हटी। वह और...और...आगे बढ़कर समूचा ही उसके अन्तस् में समा जाए तो औरत की जिन्दगी सार्थक हो।

वह खुशी में बौराया-सा कहने लगा, 'तुम्हारी बात पर अभरोसा भी तो कैसे करूँ, लेकिन मजाक करने की आदत है न, इसलिए कहने का साहस कर रहा हूँ। राम जाने क्यूँ मुझे पुख्ता विश्वास है कि एक बार मुझसे मिल ले तो जरूर उसका मन बदल जाएगा। सच्चे मन के सबद कभी बेकार नहीं जाते। यूँ भी तुम्हारा एहसान कम नहीं है, पर यह काम कर दो तो चिता में जलते समय भी तुम्हारी याद बनी रहेगी।'

वह बड़ी मुश्किल से हँसी का ज्वार थामते बोली, 'कोरा-मोरा एहसान मानने से क्या होता है? चिता में जलने के बाद तो किसी से कुछ भी आस नहीं रखी जाती।'

'तो फिर...।' उसने अतिरेक उत्साह में हामी भरते कहा, 'जो कहो सो मानने के लिए तैयार हूँ।'

उस लाजवाब प्रसङ्ग के बीच न जाने क्या सोचकर वह काफी पीछे हट गई।

गोफन को हार की तरह गले में डालकर बोली, 'यह तो बिना कहे समझने की बात है, पर तुम ठहरे गँवार...कहने पर भी नहीं समझोगे। फिर कहने में सार ही क्या? बेकार मन ललचाना ठीक नहीं। पानी मथने से कब मक्खन निकला है? आज शाम को ही मिलाकर नक्की कर दूँ। फिर मेरी बला से...। एक झमेला तो मिटे।'

वह तो खुशी के मारे बोलना ही बिसर गया। पर अप्सरा की पैनी आँखों ने उस अपार खुशी के बीच भी भूख की छाया खोज ली। पास आकर बोली, 'ससुराल वालों ने तुम्हें भूखा ही दुत्कार दिया तो क्या, सारे गाँव का तो अभी पानी नहीं मरा। खेत की रखवाली का फन्द तो तुमने काट दिया, पर कल की तरह यहीं मौजूद रहना, तुम्हें अपनी बहू की सौगन्ध है, मैं अभी भाता लेकर वापस आई। कल से भी जल्दी।'

वह मना करता रहा और वह गाँव की राह तेजी से दौड़ पड़ी। पर इस बार उसे ऐसा लगा, जैसे गाँव की बजाय वह मचान की ओर दौड़ रही है। उसके साथ-साथ दौड़ते हुए रास्ते के हर पेड़ ने झुक-झुककर उसका अभिनन्दन किया। सबसे पहले तीखी शूलों वाले बबूल ने अगणित पीले फूलों के बहाने मुस्कराते कहा, 'बधाई हो, बधाई हो। इस तरह की दौड़ न तो दुनिया की किसी औरत के भाग्य में लिखी है और न किसी पुरुष के। रुको, रुको जरा मैं तुम्हें अपने कन्धे पर चढ़ाकर जहाँ कहो, ले जाऊँगा। शूलों से लदा मेरा जीवन सार्थक हो जाएगा। रुको बिटिया, तुम्हारी थकान हमें सहन नहीं होती।'

उसने मन-ही-मन बबूल का आभार मानते हुए जवाब दिया, 'कहो तो उम्र भर इसी तरह दौड़ती रहूँ। भला ऐसी दौड़ से कोई थकता है?'

फिर तो खेजड़ी, नीम, पीपल इत्यादि सभी पेड़ों ने उसके निहोरे किए, पर वह रुकी नहीं और भी तेजी से दौड़ती रही। लेकिन गाँव के बाहर घूरे पर झूमते धतूरे के पौधे ने अपने धवल फूलों से स्मित मुस्कान छितराकर वही आत्मीय मनुहार की तो उसका हीया भर आया। कुछ क्षण तक उसकी शीतल मुस्कान को सहलाकर फिर उसी गति से दौड़ पड़ी।

मचान पर चढ़कर वह उसे तब तक देखता रहा, जब तक उसके अन्तस् में समाकर अन्तर्धान नहीं हो गई। दो-तीन गहरे निश्वास भरकर उसने आँखें बन्द कर लीं। और वह फिर से दौड़ती नजर आई। बन्द आँखों की ज्योति का ऐसा ही जादू होता है!

भूतकाल को सर्वथा अनदेखा करके वर्तमान और भविष्यत् काल से गुँथी हुई माँ बाजरी के सोगरे बना रही थी कि खेत की रखवालिन हतशून्य-सी वातचक्र के उनमान छान में घुसी। रूठने का अभिनय करते हाँफती-हाँफती कहने लगी, 'भूखे मर-मरकर मुझसे रखवाली नहीं होती। पशुओं के पीछे भागते-भागते पाँवों में

पानी पड़ गया। पेट की नसें फूल गईं। भाते की बाट निहारते-निहारते आँखें पथरा गईं—अभी आए, अभी आए। आखिर मुझे ही आना पड़ा।'

धरती के सत्य से दस चाँद जितना ऊपर, ऐसा चरम झूठ औरत के अतिरिक्त स्वयं ईश्वर भी अपने मुँह से उच्चरित नहीं कर सकता। केवल औरत ही इसकी एकमात्र दावेदार है। पहली और अन्तिम!

माँ केलड़ी पर अधसिके सोगरे को पलटकर बोली, 'तेरे पेट में जम तो नहीं घुस गए, भाते की वेला ही कहाँ हुई?...पर आज तो तू अँधे रहते-रहते ही चली गई थी, कलेवा भी नहीं किया। तब तो भूख लगेगी ही।'

कल की तरह बेटी ने खुद चूरमा बनाया। उतावली में घी कुछ ज्यादा गिर पड़ा। माँ का ध्यान अङ्गारों पर सिकते सोगरे पर था, अन्यथा जमकर उलाहना देती। कुल्हड़ी में दही की मात्रा भी कुछ बेशी हो गई। चुपड़े सोगरों के बीच ग्वार-फली का साग धरकर जब गरणा बाँधने लगी तो माँ ने फिर टोका, 'यहीं खा ले, ऐसी भी क्या जल्दी है?'

'तुम घर में बैठी क्या जानो? मेरी जल्दी का मुझे पता है।' इतना कहकर वह हवा से होड़ करती बाहर निकल गई। और माँ खुले दरवाजे के पार सूनी-सूनी आँखों से न जाने क्या तलाश करती रही, सो वही जाने।

...पर बेटी को जो तलाश करनी थी, वह कर चुकी। माँ बाप और भाइयों को भी अपना भवितव्य मनवाकर रहेगी। बबूल के उसी विहँसते पेड़ के पास से गुजरी तो अकस्मात् उसके कलेजे में एक साथ सहस्र शूलें कसक उठीं। ननिहाल से उस दिन भी घड़ी रात रहते वह इतनी ही तेजी से हतशून्य-सी भागी थी। पर वह भागना कहाँ और यह भागना कहाँ? आकाश-पाताल से भी बड़ा अन्तर! अतीत के काले विषधर ने प्रबल जहरीली फूत्कार भरी ही थी कि उसने वर्तमान की सण्डासी से उसी क्षण उसका फन जोर से दबा दिया। वर्तमान की अकलुषित मुक्त हवा के सङ्ग फिर से दौड़ने लगी। कल की अपेक्षा आज तेज दौड़ने पर भी उसे मचान की दूरी ज्यादा महसूस हुई।

दो-तीन बार गाढ़ी मनुहार करने पर भी वह खाने के लिए न जाने क्यूँ राजी नहीं हुई। पहले बहाना बनाया कि घर से खाकर आई है। तब लड़के ने दावे के साथ पुरजोर शब्दों में कहा, 'यह हो ही नहीं सकता। घर पर खाने का वक्त ही कहाँ मिला? आज तो कल से भी जल्दी आई?'

'तुम्हें क्या पता? मन-ही-मन गिनती की थी क्या?'

'गिनती ही समझो।'

'क्यूँ, भूख इत्ती जोर से लगी है?'

उसने टिचकारी देते कहा, 'नहीं नहीं, भूख तो बिल्कुल ही नहीं लगी। कल के खाने की ऐसी अनोखी तृप्ति हुई कि दस दिन तक भूख की याद ही नहीं

आए।' उसने खाने के लिए बार-बार हठ किया तो कहने लगी, 'आदमी के खाने पर लुगाई का पेट आप ही भर जाता है। फिर तुम तो हमारे गाँव के जमाई हो।'

'सो तो ठीक है। पर कल की तरह आज मैं भूल करने वाला नहीं हूँ। तुम नहीं खाओगी तो मैं भी नहीं खाऊँगा।'

'मत खाओ, मुझे क्या गरज पड़ी है? अपनी बहू पर ऐसी धौंस जमाओगे तब मानूँगी। सच्ची, मैं तो खाकर आई हूँ।'

'खाओ मेरी कसम!'

'पेट में कसम खाने की जगह होती तो तुम्हारा कहा मान लेती।'

'तो अब जगह होने पर ही खाएँगे।' आज पहली बार उसे अपनी बुद्धि पर थोड़ा गुमान हुआ। उसी प्रवाह में आगे कहने लगा, 'चाहूँ तो तीन दिन तक मजे से भूखा रह सकता हूँ, तुम रह सकोगी?'

उसने मुँह बनाकर जवाब दिया, 'मैं क्यों रहूँ? मुझे तो खूब खाने को मिलता है।'

'हाँ, यह बात तो सही है। पर मैं कोई अपनी मर्जी से भूखा नहीं रहता।' यह वाक्य पूरा होते ही उसने आँखें नीची कर लीं, मानो अनजाने में कोई जबरदस्त भूल कर बैठा हो।

उसकी आँखें भी भर आईं। भीगे स्वर में पूछा, 'फिर बहू को लेने क्यों आए? उसे क्या खिलाओगे?'

सचमुच, आज उसके बदले में कोई दूसरा ही सोच-विचार कर जवाब दे रहा था। दृढ़ आत्म-विश्वास के साथ बोला, 'यह तो उसके आने पर ही पता चलेगा। पर मेरी ऐसी किस्मत ही कहाँ? मेरी ओर से तुम उसे पुख्ता भरोसा दिला देना कि खुद भूखा रह जाऊँगा, पर उसे भूखी नहीं रहने दूँगा। वरना मैं उसे लेने आता ही नहीं। मुझे अपने पर पूरा भरोसा है।'

वह कुछ उत्तेजित स्वर में बोली, 'कोरे-मोरे भरोसे पर न हाथ-पाँव चलते हैं और न घर चलता है।'

उसने सहज भाव से अपनी सफाई दी, 'वैसा मौका मिलता तो तुम्हें बुलाकर तुम्हारी आँखों के सामने हाथ-पाँव और घर तो क्या, पहाड़ तक चला कर बताता। लेकिन यह सम्पट बैठने वाला नहीं है। भले ही और सब मान जाएँ, सास नहीं मानेगी।'

'और तुम कब आसानी से मानने वाले हो। खाने की ओर वापस झाँका तक नहीं। मैं बेकार ही दौड़कर गई।'

उसने सीधी दो टूक बात कही, 'भाता देखते ही बैरन भूख तो वाकई चेतन हो गई, पर तुम्हारे बगैर एक कौर भी नहीं तोड़ूँगा।'

'फिर इतनी दूर गाँव कैसे जाओगे?'

उसने जोश-खरोश के साथ कहा, 'वह तरकीब मैं खूब जानता हूँ! कसकर इस गमछे से पेट बाँध लूँगा।' कन्धे पर धरे गमछे को बालक की नाईं हाथ में लेकर बोला, 'लोग जित्ता गावदी समझते हैं, उत्ता हूँ नहीं। सच पूछो तो उत्ता गरीब भी नहीं हूँ। मन की गरीबी से ही कोई गरीब होता है। अगली बार मौका मिलते ही मीठी-माँ से कहूँगा कि तुम्हें ये सारी बातें समझाए। मैं तो अभी जानता ही क्या हूँ?'

मीठी-माँ के प्रसङ्ग ने उसे ठेठ भीतर तक उद्वेलित कर दिया, पर अभी उसे बहुत संयम रखने की आवश्यकता थी। उसका कोई भी दाँव पार नहीं पड़ा। हर दाँव की हार के साथ लड़के का व्यक्तित्व उभरता गया। अब तो उसके तरकश में कुछ ही तीर बचे हैं। किन्तु बड़े आश्चर्य की बात कि हर दाँव हारते हुए भी उसके अवचेलन मानस में विजय का उन्माद भी कम नहीं था। और उधर उस अबोध लड़के को न अपनी जीत का कुछ एहसास था और न अपनी हार का। पर उसके जीवन में ऐसी अतुलनीय खुशी के क्षण कभी नहीं आए थे।

उस छोटी-सी उम्र में पहली बार लड़की को भी सही माने में आत्मबोध हुआ कि इस दुर्दान्त अभाव-कसाले के बीच भी यह बन्दा कितना समृद्ध है! जिसकी तुलना में राजा भी एक दीन-हीन भिखारी से अधिक और कुछ नहीं। धन या माया जुड़ने से ही कोई धनी नहीं हो जाता। उसका मस्तक आकाश को छूने लगा। वह तुरन्त नीचे बैठकर गरणा खोलते बोली, 'तुम जीते और मैं हारी। आज तो साथ बैठकर ही खाएँगे।'

लड़के की ओर से फिर भी कोई उत्साह प्रकट नहीं हुआ। तब लड़की ने हाथ खींचकर उसे नीचे बिठाने की चेष्टा की। पर निपट अकारथ। खुशी की बजाय उसके मुँह पर विवर्ण उदासीनता छा गई। तब लड़की ने मुस्कराते पूछा, 'क्यूँ, अपनी बहू के अलावा मेरे साथ भी बैठकर नहीं खाओगे?'

वह खड़ा-खड़ा ही अपराधी की तरह बोला, 'क्या बताऊँ? हर बार मना करते अच्छा भी नहीं लगता। बस, यह छोटी-सी मेहरबानी और कर दो।'

तत्पश्चात् उस लड़की ने फिर कोई जिद नहीं की। आधा खाना अलग निकालकर उससे पहले ही खाना शुरू कर दिया।

चूरमे के पाँच-सात कौर लेकर वह एक शिशु की नाईं खुशी छलकाते बोला, 'आज तो चूरमा कल से भी अधिक स्वादिष्ट बना है। यदि खुद के साथ यह सञ्जोग नहीं जुड़ता तो किसी के लाख समझाने पर भी नहीं मानता कि घी-गुड़ की बजाय आदमी का मन ज्यादा मीठा होता है।'

'वह तुम जानो। मुझे तो अब तक ऐसा आदमी मिला नहीं, जिसका मन घी-गुड़ से ज्यादा मीठा हो। मेरे लिए तो तुम्हारा मन भी अफीम से ज्यादा कड़वा है।'

इस बार भी पहले की तरह हाथ का कौर हाथ में ही रह गया। दुख और अचरज के स्वर में पूछा, 'क्या तुम भी दूसरों की तरह मुझे गलत समझोगी...? जब मैं खुद ही अपने-आपको ठीक तरह नहीं समझ सकता तो दूसरों को क्या दोष दूँ?'

'किसी को दोष देने की जरूरत ही कहाँ है? तुममें समझने के लिए है ही क्या? भेड़ की तरह सरल और सीधे हो। अरे हाँ, बातों-बातों में तुमसे कहना भूल ही गई कि रात को ही तुम्हारे ससुराल गई थी। सहेली को बड़ी मुश्किल से मना पाई। एक बार तुमसे मिलाने को सभी घरवाले राजी हो गए।'

'क्या बात कह रही हो?' उसने अत्यधिक आनन्द और विस्मय के स्वर में पूछा, 'सच्च...!'

'इतना खुश होने की जरूरत नहीं।' वह परिहास के लहजे में कहने लगी, 'सारी दुनिया ही शादी करती है। अकेले तुम्हारे ही तो फेरे नहीं पड़े। तुम्हारी लाडो-परी उड़कर इन्द्रलोक नहीं जाएगी। पर मुझे साफ दिख रहा है, तुम दोनों में हरगिज नहीं पटेगी। फिर मुझे उलाहना मत देना।'

उसने चुनौती कबूल करते हुए कहा, 'उलाहने की जरूरत ही नहीं पड़ेगी। चाहो तो शर्त लगा सकता हूँ।'

'यदि हार गए तो...?'

उसने भोलेपन में सीना ठोंककर कहा, 'हार ही नहीं सकता, इस बाबत तुम निश्चिन्त रहो। इतना तो अपने-आपको समझ ही गया हूँ।'

'बहुत देर बाद समझे!'

'पर सच बात तो यह है कि यदि तुमसे मुलाकात नहीं होती तो शायद जिन्दगी भर ही नहीं समझ पाता।'

जिस तरह समुद्र में, चाहे जितनी नदियों का पानी समाकर एकमेक हो जाता है, उसी प्रकार उस लड़की के अन्तस् में आज अनाप-शनाप खुशियाँ समा रही थीं। आधी खुशियाँ उसे बाँटने के इरादे से कहा, 'तुम्हारे भाग्य ने साथ दिया तो सहेली को साथ भेजकर ही दम लूँगी।'

'मेरे भाग्य का ही तो रोना है...।'

उसे बीच में टोकते बोली, 'पुरुष का भाग्य कभी एक-सा नहीं रहता। शायद अब हँसने के दिन आ गए हैं।'

बेइन्तहा खुशी का इजहार करते उसने कहा, 'तुम्हारी जीभ को घी-गुड़।'

'केवल घी-गुड़ से सन्तोष करने वाली मैं नहीं हूँ। कल की तरह निराश मत करना।'

'तुम्हें किस बात की कमी है?'

'वह तुम नहीं जानते...। सहेली के पहले मुझे खुश नहीं किया तो सच

कहती हूँ, उसे तुम्हारे साथ विदा ही नहीं होने दूँगी।'

'पर उसकी नौबत आए तब न? मैं दावे के साथ कह सकता हूँ कि तुम अपनी सहेली के साथ धोखा कर ही नहीं सकतीं। अपनी पहचान भले ही न कर सकूँ, पर तुम्हारी पहचान में मुझसे कभी चूक नहीं होगी।'

दही की मलाई पर से एक तुस हटाते वह बोली, 'कुछ घड़ियों की बातचीत के आधार पर इत्ता बड़ा दावा मत करो। अभी तो बहुत-कुछ जानना शेष है। मेरा पति तो मुझे ले जाने को भी तैयार नहीं है।'

'तब तो वह मुझसे भी अधिक अभागा और हजार गुना ज्यादा मूरख है।' सहसा न जाने क्या सोचकर चलते प्रसङ्ग को बदलकर उसने सङ्कोच करते कहा, 'कल से ही मेरे मन में एक बात कुलबुला रही है, बुरा न मानो तो पूछूँ?'

'फकत एक ही क्यूँ, दस पूछो तो कौन मना करता है?'

'नहीं, मेरी इत्ती औकात कहाँ।...कल बहुत देर तक सास की दुत्कार सुनता रहा। आखिर धीरज चुक जाने के बाद मुझे कहना ही पड़ा कि उनकी काली, कानी और बावनी बेटी को मेरे सिवाय कोई अन्धा आदमी ले जाए तो ले जाए। तब वे तैश में आकर बोलीं–चिराग जैसे करम होते तो रातिन्दा क्यूँ होता? अपनी सूरत देखी है काँच में? उसकी पगतली में मुँह दिख जाए, मुँह। यह पहेली मेरी समझ में नहीं आई।'

कौर के साथ अपनी मुस्कान को निगलते बोली, 'यह तुम्हारी समझ का कसूर है, मैं क्या कह सकती हूँ। आँखों से देखने पर आप ही परख हो जाएगी। भला दुनिया में ऐसी भी कोई माँ है, जिसे अपनी बेटी बदसूरत लगे। हर माँ की नजर में अपनी बेटी परी से भी अधिक सुन्दर होती है।'

खाने के बाद वह उतावली दरसाते बोली, 'तुम्हारे ससुराल वालों को समझाने के लिए मैं पहले जाना चाहती हूँ। तुम यहीं ठहरना। दिन ढलने पर अपने-आप बुला भेजूँगी।' इतना कहकर वह क्षण भर के लिए भी नहीं रुकी और न पीछे मुड़कर ही देखा। आज सामने की बजाय उसे पीछे की तरफ ज्यादा साफ दिख रहा था।

सचमुच, बड़े आश्चर्य की बात कि वह तो अपनी सामान्य चाल से ही चल रही थी, पर राह स्वयं तीव्र गति से दौड़ती हुई उसके सामने आ रही थी। क्या यह भविष्य की राह तो नहीं है, जो उसका अभिनन्दन करने के लिए इतनी आतुर है।

माँ-बाप और भाइयों को समझाते समय सबने उसके पति को मूर्ख, गँवार, दरिद्र और न जाने क्या-क्या कहा तो उसने जमकर प्रतिरोध किया, 'उनसे मिलकर मैं दो ही दिन में समझ गई कि कौन क्या है? तुम सभी, मेरे कितने अपने हो, यह भी समझ में आ गया! रही बात उनकी–यदि कोई बरसों हेरकर दूसरा सूरज

बता दे तो उनकी जोड़ का कोई दूसरा आदमी मिले। सिर्फ धन-दौलत से क्या होता है? काले नाग की मणि अमूल्य होती है, पर उसे घर में कोई जल्लाद भी पालना नहीं चाहेगा। जिसके साथ मेरा ब्याह हुआ है, केवल वही मेरा अपना है और मैं उसकी हूँ। मानते हो तो यह घड़ी है, वरना अब मैं इस घर का पानी भी नहीं पीना चाहती। हाँडी को ढँकी रहने दो, इसमें ही तुम सबकी भलाई है। मेरा भला करने की चिन्ता छोड़ो। मेरा भला-बुरा अब मैं ही सोचूँगी।'

उसकी जिद, उसके स्वभाव और अपनी कमजोरियों को सभी घरवाले अच्छी तरह जानते थे। किसी के मुँह से एक फूटा आखर भी नहीं निकला। कुछ देर तक सब खामोश रहे। अन्त में दो-चार हिदायतें बताकर उसने बड़े भाई की ओर देखकर कहा, 'अब तुम नई वाली गाड़ी सजाकर खेत पर जाओ। उन्हें बस इतना की कहना कि बहू मान गई है। गाड़ी पर चढ़ने के लिए आनाकानी करें तो मेरी ओर से कहना कि आज पैदल की बजाय गाड़ी पर ही आएँ।'

भाई ने डरते-डरते शङ्का की, 'यदि नहीं माने तो...?'

'तब मैं ऐसी हिदायत देती ही नहीं। माँ ने कितना अच्छा किया कि जमाई को घर के भीतर ही घुसने नहीं दिया, वरना कहीं और इन्तजाम करना पड़ता। अब सीधे यहीं लाना।'

माँ ने घूरकर बेटी की ओर देखा। वह ठीक तरह समझ नहीं पाई कि बेटी ने तारीफ की है या ताना कसा है? पूछकर खुलासा करने की हिम्मत नहीं हुई। अब कहीं उसकी समझ में आया कि वह दो बार झरझरता चूरमा अपने हाथ से बनाकर किसके लिए ले गई थी?

बड़े भाई ने मचान के पास गाड़ी रोकी। पर गाड़ी के साथ घूघर माल की झङ्कार नहीं रुकी। बैलों ने गरदन हिलाई तो उनके घुँघरुओं की क्वणन ध्वनि से सारा परिवेश झंकृत हो उठा। गाड़ी का सागड़ी शुभ समञ्चार सुनाए, उसके पहले ही मचान के नीचे खड़े छोकरे ने उतावली से पूछा, 'बहू मान गई?'

सागड़ी ने मुस्कराकर जवाब दिया, 'हाँ मान गई?'

तो गाड़ी और बैलों की सजावट देखकर उसने जो अनुमान लगाया वह गलत नहीं था। पर अगले ही क्षण उससे कहे बिना रहा नहीं गया, 'तुम गाड़ी बेकार ही लाए, मैं तो पैदल ही चलूँगा।'

'बहिन ने जोर देकर कहा है कि आप गाड़ी पर ही आएँ, पैदल नहीं।'

'अच्छा, तो वह तुम्हारी बहिन है? जब उसने कहा है तो कुछ सोच-समझकर ही कहा होगा।...तो फिर चलें।'

बाप की मृत्यु के बाद वह पहली बार गाड़ी पर चढ़ा। पर ऐसी सजी-सँवरी गाड़ी का तो सपना भी सम्भव नहीं था। साँझ की ढलती धूप देखकर उसे कुछ ऐसा महसूस हुआ जैसे बधाई के आशय से वह मुस्करा रही हो। उसने पीछे मुड़कर

देखा—मचान की दिशा में अस्त होता हुआ सूरज कल और आज फकत उसी की खातिर उदय हुआ था। माँ कई बार सोने का सूरज उगने की बात कहा करती थी, उसका मायना आज ठीक तरह समझ में आया। पहली बार उसके मन में यह लोभ जागा—यदि उसके माँ-बाप इस लड़की के साथ उसका ब्याह कर देते तो कितना अच्छा रहता। अपने-अपने भाग्य की बात है। चलो, जो हुआ सो अच्छा ही हुआ। बहू के मानने से उसकी बात तो रह गई। लगता है सहेली ने जमकर उसकी प्रशंसा की है। घरवाली भले कोई भी हो, पर दो दिन की ऐसी अचीती सङ्गत का सञ्जोग भी किसके भाग्य में बदा है।

बैलों के गलों में बँधी घूघरमाल की झङ्कार उसकी खुशियों के साथ निरन्तर ताल दे रही थी। सींगों पर चाँदी के कलसिये। सुरङ्गी नाथें। सुरङ्गे भलेवड़े। पीठ से लटकती हुई लाल झूल। सफेद फूल। पूँछों के बाल सुथराई से सँवरे हुए। गाड़ी पर लालरेजी का घासिया। गाड़ी की पूठियों में झाँझों की रणकार। लड़के ने आँखें फाड़कर पड़ताल करने की बजाय आँखें मींच लीं। मन-ही-मन सोचा—सपना भी हो तो क्या कम सुख की बात है? फिर तो उसने आँखें खोली ही नहीं। वही सपना बन्द आँखों से भी दिखने लगा, जो खुली आँखों से दिख रहा था।

घर के सामने गाड़ी रुकी तब भी उसने आँखें नहीं खोलीं। साले का संशय पक्का हो गया कि पागलपन में कुछ भी कसर बाकी नहीं है। पर बहन की जो मरजी। कन्धे झञ्झोड़ने पर उसने आँखें खोलीं। और खोलते ही तेजी से पूछा, 'बहू की सहेली कहाँ है? उसे जल्दी बुलाओ। उसके अलावा मुझे किसी पर भी एतबार नहीं है।' साले को जो हिदायत थी, उसे बता दी, 'दो दिन से नहाई नहीं है। नहाने के बाद अपने-आप आ जाएगी। उसे भी आपसे कम उतावली नहीं है।'

'सो तो मैं जानता ही था।' दूल्हे ने काफी आश्वस्त होकर कहा।

सारा आँगन छोटी-बड़ी लड़कियों से खचाखच भरा था। मेड़ी में चढ़ने से पहले दूल्हे की छोटी सालियाँ और सास दिखलाई दे पड़ीं। सालियाँ बहनोई को देखते ही मुस्करा दीं। शायद सास भी आधे घूँघट के भीतर मुस्कराई होगी। बहू के साथ-साथ सबको भी राजी कर लिया है! उसकी जबान में ही जादू है। वरना किसी के लाख समझाने पर भी वह गाड़ी पर नहीं बैठता। सो उसके दो बोल सुनकर झट मान गया। मीठी-माँ से माफी माँगनी होगी।

मेड़ी में घी के सात दीये जल रहे थे। बाहर आँगन में ढोल और थाली की अलग-अलग लयबद्ध आवाजें सुनाई दे रही थीं। ढोलिये पर सुरङ्गा खाट-पछेवड़ा बिछा था। ओसीसे की खोली भी सुरङ्गी थी। दरवाजे पर रङ्ग-बिरङ्गी बाँदरवाल झूल रही थी। दूल्हे ने घूमकर देखा—चारों दीवारों पर ताजे माँडने उकेरे हुए थे।

छोटी सालियों की आवाज सुनकर वह चौंका। आज दोनों ही सच्चे मन से खुश थीं। उनकी हँसी दाँतों के बीच समा नहीं रही थी। एक साली ने ढोलिये

की ओर इशारा करते कहा, 'ऊपर बिराजें। माँ अभी पीछे-की-पीछे आ रही है।' कमर से बँधी सुरङ्गी नोली खोलकर उसने दोनों के हाथ में चाँदी का एक-एक रुपया दिया। दुलारते पूछा, 'क्यों, आज तो मेरी वजह से पिटाई नहीं हुई न?'

उन्होंने मनाही के आशय से मुस्कराकर एक साथ गरदनें हिलाईं। बहू की सहेली से मिले बिना एक-एक क्षण भारी हो रहा था। उसने पुचकारकर दोनों को पास बुलाया। एक-एक रुपया और देते कहा, 'अपनी बहन की सहेली को जल्दी बुलाकर लाओ।'

इसका जवाब पहले ही सुझा दिया गया था। चट से बोलीं, 'बहन के साथ ही आएगी, उसके पहले नहीं।'

'नहीं, एक बार उसे पहले बुलाओ...।'

माँ के आने की भनक लगी तो वे अदेर मुट्ठियाँ बन्द करके एक तरफ खिसक गईं। सास काँसे की थाली में गुड़, कुङ्कुम, चावल लेकर आई थी। जमाई के ललाट पर तिलक करने के लिए ज्यों ही हाथ आगे बढ़ाया तो वह गरदन हिलाते बोला, 'आपकी बेटी की सहेली से मिलना जरूरी है, पहले उसे बुलाएँ।'

माँ को भी बेटी ने अच्छी तरह समझा दिया था। मुस्कराकर बोली, 'खेत की बात अलग थी। यहाँ अकेली नहीं मिल सकती। बिटिया को लेकर अभी आ रही है।' फिर उसने कोई जिद नहीं की। तिलक करने के बाद सास ने गुड़ दिया तो चुपचाप होंठों के बीच रख लिया। फिर बिना होंठ हिलाए धीरे-धीरे चूसने लगा। सास मन-ही-मन अफसोस करने लगी कि बेटी ने क्या सोचकर ऐसे गावदी पति को इतना पसन्द किया। शायद इसकी खूबसूरती के जाल में फँस गई। नजर न लगने की आशङ्का से दो बार थुथकी डाली। ऊपरी मन से भोलावन देते कहने लगी, 'आज से मेरी बिटिया आपके भरोसे है। रूप-रङ्ग में तो आपके पाँव की भी होड़ नहीं कर सकती। पर सोगरे पोने, गोबर थेपने और फूस-बुहारा करने में बहुत होशियार है। हाथ जोड़कर हम सबकी यही अरदास है कि उसे तकलीफ मत देना। नहीं तो मेरा बुढ़ापा बिगड़ जाएगा।' बेटी के कहे मुताबिक माँ ने अच्छा-खासा अभिनय कर डाला। जमाई झट उठ खड़ा हुआ। हाथ जोड़कर बोला, 'मुझे सब मालूम है, फिर भी आप विश्वास रखें, आपकी बेटी को अपने प्राणों से भी ज्यादा प्यार करूँगा। गरीबी कोई अपराध नहीं है। खुद भूखा रह जाऊँगा, पर आपकी बेटी को भूखी नहीं रखूँगा।'

सास जमाई के भोलेपन पर मुस्कराती बाहर निकली तो सयानी सहेलियों का हुजूम भीतर आ धमका। सुरङ्गी जाजम पर बैठकर 'गालियाँ' गाईं। बाबा की सीख के अनुसार उसने सबका नेग चुकाया। ऐसा दातार जमाई तो कभी इस गाँव में आया ही नहीं।

बड़ी साली भोजन का थाल लेकर आई तो सभी सहेलियाँ एक-एक करके

झम्मर-झम्मर मेड़ी की सीढ़ियाँ उतर गई। बड़ी साली ने मुस्कराते हुए चुपचाप बाजोट पर थाल धरा और वापस चल दी। जाते समय मेड़ी का किवाड़ न जाने क्यूँ बन्द कर गई?

दूल्हा मेड़ी में अकेला रह गया। घी के दीयों की खुशबू से मेड़ी महक रही थी। अचानक उसे क्या सनक सूझी कि वह एक-एक दीये की लौ का परस्पर मिलान करने लगा। पर उसके मगज में आसानी से यह बात बैठ ही नहीं रही थी कि मचान वाली लड़की के होंठों की हँसी किस लौ के समान है। सही निर्णय न कर पाने के फलस्वरूप वह थोड़ा पसोपेश में पड़ गया। कभी लगता कि इस लम्बी लौ के समान है, कभी लगता कि उस लौ के समान है।

कि अकस्मात् बन्द दरवाजे के बाहर फुसफुसाहट सुनाई पड़ी। पाँच-सातेक ही क्या दस-बारह सहेलियों से कम मण्डली नहीं होगी। भले ही हो। चाहे जितनी देर गालियाँ गाएँ, बाबा की नौली के रुपए नहीं खूटेंगे। उसके बार-बार मना करने पर वे मान जाते तो कितना भद्दा लगता। बाबा सचमुच पूरे अनुभवी हैं। बहू के लिए तो अलग से मोहर दी उन्होंने। बहू के आने का उन्हें रत्ती भर भी भरोसा नहीं था, फिर भी पुरजोर आग्रह करके नौली थमाए बगैर नहीं माने।

थोड़ी देर बाद बाहर कूँटे की खड़खड़ाहट सुनाई दी। किवाड़ आधा खुला। कई हाथों ने मिलकर दुलहन को भीतर धकेला। पर यह तो पूरी लम्बी है। सलमा-सितारों से जड़ा कसूमल वेश झलामल चमक रहा था। पर बहू अकेली क्यूँ आई? सहेली कहाँ है?

बाहर कूँटा जड़ने की खनक सुनाई दी तो वह हड़बड़ाकर उठ बैठा। सहमते कदमों से पास आकर बोला, 'तुम्हारे साथ तो सारी उम्र गुजारनी है, पर आज सबसे पहले तुम्हारी सहेली से मिलना चाहता हूँ। उसके समझाने पर ही तुम मानी हो। दोनों के साथ आने की बात थी न? फिर अकेली क्यूँ आईं। जाओ, उसे एक बार अपने साथ बुलाकर लाओ।'

वीणा-सी झंकृत हँसी के साथ सुनाई पड़ा, 'साथ ही लेकर आई हूँ...।' फिर दुलहन ने दोनों हाथों से धीरे-धीरे अपना घूँघट ऊपर उठाया—अरे! यह तो मचान वाली अप्सरा...! बहू क्या बाद में आएगी?

वह अवाक् आँखें फाड़े अपलक दृष्टि से पूनम का चाँद निरखता रहा। यह तो स्वप्न और वास्तविकता से परे कोई तीसरा ही अजूबा था।

उमगती हँसी का प्रवाह जारी था। बेचारा चाँद लाख जतन करे वह इस तरह खिलखिलाकर हँस नहीं सकता। हँसते-हँसते ही कोयल के मीठे स्वर में बोली, 'मेरे भोले शङ्कर, अब भी तुम्हारा अचरज नहीं मिटा? मैं तो पहली नजर में ही पहचान गई थी।'

उस अप्रितम महामिलन का समूचा मर्म उस एक ही ऋचा से स्पष्ट हो

गया। किसी भी तरह की झेंप महसूस करने की बजाय उसके अनहद आनन्द की बाढ़ फकत झीनी मुस्कराहट के रूप में ही चित्रित हो सकी। कहने लगा, 'ठेठ बचपन से ही अपने बारे में मूरख-मूरख की दुत्कार सुनते-सुनते मैं भी सच्चे मन से विश्वास करने लगा कि जब सभी ऐसा कहते हैं तो मैं मूरख के अलावा और क्या हो सकता हूँ? पर वाकई मैं इतना बड़ा मूरख हूँ, इसका तो मुझे आज ही पता चला। और तुम कितनी समझदार हो कि मुझ जैसे लाख मूरख सात जनम में भी उसका कूता नहीं कर सकते।'

'पर मैं तो तुम्हारी इसी मूरखता पर निछावर हुई हूँ। यदि मेरे दुर्भाग्य से तुम भी और लोगों की तरह समझदार होते तो अपनी छाया को भी तुम्हारे पास फटकने नहीं देती। वैसी समझदारी को ठोकर मारकर मैं अपनी जूती तक गन्दी नहीं करना चाहूँगी।' फिर वह निःसङ्कोच भाव से आगे बढ़ी, मानो जनम-जनम की असीम आत्मीयता हो। नीचे झुककर थाल का सुरङ्गा ओछाड़ हटाते बोली, 'अब तो साथ बैठकर खाने में एतराज नहीं है? कहो तो तुम्हारी बावनी-बहू को बुला लाऊँ?'

'बुला सकती हो तो जरूर बुला लो।'

'मेरे लिए कुछ भी असम्भव नहीं है, अच्छी तरह सोच लो।'

'अब मुझे कुछ सोचना ही नहीं है। जो सोचना है, सब तुम्हें ही सोचना है।' चूरमें का निवाला भरने के लिए उसने कटोरे में हाथ डाला ही था कि बहू ने टोकते कहा, 'नहीं नहीं, पहले माङ्गलिक लापसी, यही दस्तूर है।'

'पर मेरे लिए तो चूरमे से अधिक माङ्गलिक कोई है तो वह तुम हो। प्रसाद का पहला निवाला खुद न खाकर तुम्हें ही दूँगा।'

यह कहकर उसने चूरमे का निवाला बहू के मुँह की ओर बढ़ाया। और उसने भी बड़े सहज भाव से अपने गुलाबी अधर उस ओर बढ़ाए। फिर बहू ने भी चूरमे का एक निवाला पति को खिलाया। परस्पर एक-दूसरे को कौर देते-देते उन्होंने अपनी सुहागरात का महाप्रसाद सम्पन्न किया।

हाथ धोकर बहू ढोलिए पर बैठी तो वह भी थोड़ा हटकर उसके पास बैठ गया। फिर न जाने क्या सोचकर उसने अँगरखी के खूँजिए से मोहर निकाली। दाहिनी हथेली उसकी ओर बढ़ाते बोला, 'लो।'

बहू ने आश्चर्य से पूछा, 'सोने की मोहर। यह किसलिए?'

पति ने शर्माते हुए कहा, 'यह भी तो एक दस्तूर है। रवाना होते समय बाबा ने कुछ ऐसी ही बात बताई थी, मैं अच्छी तरह समझ नहीं सका। जब तुम्हें मोहर देनी है तो देरी न करके जल्दी देना ही अच्छा है।'

पति के मुँह से यह भोली बात सुनकर बहू के कान और गालों पर लज्जा की झीनी लालिमा छा गई। उसने चुटकी लेते हुए पूछा, 'हमने खाने के बाद कुल्ला

किया था या पहले?'

उसने अपनी समझदारी प्रकट करने की मंशा से अविलम्ब जवाब दिया, 'कुल्ला तो खाने के बाद ही किया जाता है।'

'तो यह मोहर भी बाद में दी जाती है, समझे? अब तुम्हें क्या-क्या समझाऊँ?'

'जो भी जरूरी समझो, सब समझा दो।'

'हर किसी बात को मैं ही जरूरी समझूँगी, तुम नहीं समझोगे, क्यूँ?'

'पर मुझ में वैसी समझ कहाँ है?'

फिर कोई विवाद न करके वह उसके गले से लटूम गई। उसके गालों का चुम्मा लेने के बाद उसने अपना बायाँ गाल उसके होंठों की ओर करते कहा, 'अब तुम मेरा चुम्मा लो। फिर आगे और समझाऊँगी। तुम्हारी निगाह में बड़ी समझदार हूँ न?'

पर वह उलटा दूर खिसककर बोला, 'अभी नहीं, पहले एक-दूसरे को अच्छी तरह समझ लें। फिर पति-पत्नी का यह धर्म तो निभाना ही है।'

बहू पर मानो हजार घड़े पानी गिर पड़ा—जो आग की ज्वाला से भी ज्यादा उत्तप्त था। उसकी रग-रग में चिनगारियाँ दहकने लगीं। तुनककर बोली, 'अब समझी! तुम मुझसे घृणा करते हो?'

उसने आश्चर्य-चकित होकर कहा, 'तुमसे और घृणा? सात जनम में भी नहीं।'

बहू एक झटके में उठ बैठी। रूठी हुई-सी बोली, 'सच कह रहे हो?'

'और नहीं तो क्या? तुम्हारे सामने झूठ बोलने की हिम्मत है मेरी?'

'तो फिर किसी और की प्रीत में डूबे हो? मैं दावे के साथ कह सकती हूँ।'

वह निर्लिप्त भाव से कहने लगा, 'तुम्हारा दावा पूरा गलत भी नहीं है। बाबा की दोनों बेटियों ने गौने से पहले मुझे कई बार फाँसने की हरकतें कीं तो मैंने बाबा को साफ बता दिया। बाबा ने पूरी बात सुनने के बाद मुझ पर विश्वास किया। मेरी पीठ थपथपाई। लड़कियों को मेरे सामने ही ऐसा फटकारा कि बाद में तो किसी ने मेरी ओर आँख उठाकर देखने की भी गुस्ताखी नहीं की। तब से घर में सोने की बजाय मैंने बाड़े में ही छान बना ली। बाबा ने जल्दी ही मुकलावा करके उन्हें ससुराल भेज दिया।'

'और उसी डर से मुझे ससुराल ले जाना चाहते हो? जरूर तुमने मेरे बारे में ऐसी-वैसी बातें सुनी होंगी?'

'कैसी बातें?'

'अब ज्यादा बनो मत। औरत के बारे में कैसी बातें उड़ती हैं, यह भी नहीं जानते? मेरे गाँव वालों ने ही तुम्हें जरूर कुछ-न-कुछ बताया है। उसी वजह से तुम मुझे अपनी प्रीत के काबिल नहीं समझते।'

पति के कलेजे पर मानो किसी क्रूर दैत्य का पञ्जा पड़ा हो। आहत स्वर में बोला, 'यह क्या कह रही हो? शायद तुम अपना होश खो बैठी हो?'

विगत घटनाओं के राहु ने बहू की चाँदनी को काफी-कुछ निगल लिया था। हकलाते बोली, 'मुझ जैसी मनःस्थिति में कोई भी औरत अपना होश खोए बिना रह सकती है?'

'पर तुम्हारे गाँव में मुझे किसी से मिलने का वक्त ही कहाँ मिला?'

'तो अपने गाँव में किसी से सुना होगा? अफवाहें तो हवा के पहले फैलती हैं।'

'नहीं, मैंने किसी से तुम्हारे बारे में इसके अलावा कुछ भी नहीं सुना कि घरवालों के कहने से तुम नाते जाना चाहती हो।'

'यदि और कुछ नहीं सुना तो मुझे अचानक लेने क्यूँ आए? कुछ-न-कुछ वहम हुआ तभी तो?'

'कैसा वहम? मीठी-माँ आग्रह नहीं करती तो इत्ता जल्दी तुम्हें लेने आता ही नहीं।'

बहू की रग-रग में एक साथ हजारों काँटे चुभ गए। मीठी-माँ से तो उसकी एक भी बात छिपी नहीं है। फिर उसने ऐसा आग्रह क्यूँ किया। उसकी ऊँचाई तक हम सपने में भी पहुँच नहीं सकते। पर मीठी-माँ के सूत्र को वह फिलहाल अप्रकट ही रहने देना चाहती थी। शायद रहस्य का अँधियारा समय से पहले न छँटे तो अच्छा है। रात के अँधेरे की अपनी गोपनीयता है। दिन के उजाले का अपना खुलापन है। बड़ी मुश्किल से वह अपने-आप पर काबू पा सकी।

और पति तब तक मीठी-माँ की बातों का मायना समझने में ही खोया रहा। मस्तिष्क में सहसा एक बिजली-सी कौंधी। उसकी चौंध से छुटकारा पाते ही वह सुगम्भीर स्वर में कहने लगा, 'अब मीठी-माँ की चुनौती कुछ-कुछ समझ में आने लगी है।'

'कैसी चुनौती?'

'कि तुम्हारे बिना मैं अधूरा हूँ। यदि तुमने मुझे अपने योग्य समझा तो जरूर मेरे साथ आओगी। यदि मैं तुम्हारे मन को भा गया तो दुनिया में मुझ-सा भाग्यशाली पुरुष कोई नहीं होगा। और तो और तुम्हारे आने से ही मीठी-माँ का सपना साकार होगा। फिर भी तुम्हारा मानना है कि मैं तुम पर वहम करूँगा। मीठी-माँ ने कुछ भी क्यों न कहा हो, पर मैं उसकी आशा के अनुरूप किञ्चित् भी सक्षम नहीं हूँ। इस तरह बार-बार मेरी कठिन परीक्षा मत लो। तुम पर वहम करने के बाद मेरा जिन्दा रहना ही दुश्वार है। आज की रात तो इन नाकुछ बातों को छोड़ो। चुम्मा न लेने से मुझ पर नाराज हो गई हो तो जैसा कहो वही करने को तैयार हूँ।'

इतना कहकर चुम्मा लेने के लिए उसने बहू के गले में बाँहें डाली ही थीं कि वह तुरन्त हाथ झटककर परे हट गया। अपराधी की क्षमा-याचना के भाव से बोला, 'अरे हाँ, अब याद आया, एक साथी ने कुछ दिन पहले कोई भद्दा-सा इशारा करके ऐसी-वैसी बात कही थी...।'

बहू ने उसे बीच में टोककर अधीरतापूर्वक पूछा, 'साफ-साफ बताओ, उसने क्या कहा था?'

'सच, मुझे अब कुछ भी याद नहीं है। विश्वास करो, इस तरह की सूगली बातें अक्सर भूल जाता हूँ।'

न जाने कौन किसकी परीक्षा ले रहा था--बहू पति की या पति बहू की। कभी-कभार घनघोर कजरारी घटाएँ तुमुल गर्जना करके, लम्बी-लम्बी बिजलियाँ चमकाकर बिना एक भी बूँद बरसाए दूर-दूर चली जाती हैं। और सूखी-प्यासी धरती भाँय-भाँय करती हुई अकाल की विभीषिका सहने को विवश हो जाती है। और यह भी एक अजीब विडम्बना है कि आदमी प्रचण्ड हाथी को नियन्त्रित कर सकता है, पर अपने मन पर अङ्कुश रखने के लिए वह सर्वथा अक्षम है। बहू के मुँह से अनायास ही निकल पड़ा, 'मैं तुम्हारी तरह भोली नहीं हूँ जो इस पर विश्वास करूँ कि कोई पति अपनी औरत के बारे में ऐसी-वैसी बातें सुनकर उन्हें भूल जाए। अब पता चला कि एक बार बहला-फुसलाकर मुझे अपने गाँव ले जाना चाहते हो। जान से मारने का तुम्हारा हौसला नहीं है, पर मेरे नाक-कान काटकर जरूर घर से निकालोगे, मुझे अब इसमें कोई सन्देह नहीं रहा। इसलिए घुन्ने की तरह अविचलित हो। यदि मैं गलत होती तो जरूर बीच में टोककर प्रतिवाद करते। क्या-क्या नई आशाएँ सँजोई थीं, पर तुम भी अन्य पुरुषों की तरह अव्वल-दरजे के ढोंगी निकले। मन-ही-मन खूब पछता रहे होगे कि मैंने इतनी जल्दी तुम्हारे मन की बात भाँप ली। क्यूँ है न यही बात?'

वह फिर भी संज्ञाहीन-सा खामोश रहा। क्या जवाब देता? ऐसी भाषा का एक अक्षर भी उसे ज्ञात नहीं था। भयावह दुस्वप्न की तरह एक ही पल में सब-कुछ उलट गया। धीमे से बोला, 'तुम्हें जो कहना है, सब कह डालो। मुझे तो फकत सुनना है, सो सुनता रहूँगा।'

'और मैं पागलपन की झोंक में बकती रहूँ, क्यूँ?'

'ऐसा मैंने कब कहा?'

'कुछ कहना चाहते ही कहाँ हो? यही तो तुम्हारा सबसे बड़ा ऐब है और उसी पर मेरा गुस्सा है।'

'तो पहले उसे उगलकर खतम कर लो, फिर मुझे टूटा-फूटा जो भी कहना है, कह दूँगा, वरना गुस्से की हालत में तुम कुछ समझोगी नहीं।'

वह पलङ्ग से उठकर बोली, 'अब मुझे तुमसे कुछ समझना ही नहीं है।

अच्छा हुआ सो एक ही दिन में भरम टूट गया।'

अपनी ही बहक में वह इस तरह बोल रही थी, मानो नींद में प्रलाप कर रही हो। अतीत का मगरमच्छ खूँखार जबड़ा फैलाए उसे अपनी खूनी आँखों से एकटक घूर रहा था। और वह अपनी सुध-बुध पूर्णतया बिसरकर हतप्रभ-सी खड़ी थी। विगत जीवन की दबी हुई आग का धुआँ उसके मन-मस्तिष्क में सर्वत्र घुटने लगा। मचान वाले आनन्द का अपरिमित आलोक मेड़ी की दीवारों के बीच एकदम तिरोहित हो गया। समय की बलिहारी। उसे किसी का भी नियन्त्रण मान्य नहीं।

कुछ देर तक दोनों ही नितान्त चुप रहे। मानो सदैव के लिए उनकी वाणी विस्मृत हो गई हो या वे बोलना सीखने के पहले की बाल्य-स्थिति में पहुँच गए हों। दूल्हा विकट असमञ्जस की निगाह से दुलहन के हुलिए की इस तरह पड़ताल करने लगा कि मचान वाली लड़की और सुहागरात की पत्नी में कहीं कुछ समानता है कि नहीं; कितना विचित्र है इस औरत के स्वभाव का वैविध्य। क्या उसके अन्तस् का वास्तविक स्वरूप इन दोनों से परे है? एक ही देह के भीतर औरत कितनी बार जन्म लेती है, मरती है, फिर जन्म लेती है। पर इन जातक-कथाओं का अब तक कोई साक्षी नहीं हुआ और न होगा।

पत्नी के लिए उस मौन की नीरव व्यथा जब नितान्त असहनीय होने लगी तो उसने गम्भीर स्वर में कहा, 'आज की रात तुम्हें सब बताकर रहूँगी। फिर तुम्हें जो भी फैसला करना है, करो।'

'मुझे जो फैसला करना था वह कर चुका और मरते दम तक उसी पर कायम रहूँगा। तुम जैसी भी हो मेरी अपनी हो। तुम्हारे रसीले अधर और पैने नाखून मुझे दोनों ही समान रूप से प्रिय हैं। मैं चाहता था कि साल भर साथ रहकर हम एक-दूसरे को अच्छी तरह समझें, फिर आगे कदम बढ़ाएँ। यदि तुम ऐसा नहीं चाहतीं तो मैं अपना सङ्कल्प बदल लूँगा, क्योंकि तुम मीठी-माँ की तरह कभी गलत नहीं कहोगी।'

इस वेद-वाणी के बाद वह सहज शान्त भाव से उसका चुम्बन लेने की मंशा से फिर आगे बढ़ा तो वह अचानक सुबक-सुबककर रोने लगी, 'सच बात तो यह है कि मैं तुम्हारे योग्य नहीं हूँ। तुम जैसे निर्मल, निरीह व्यक्ति से मैं अब कुछ भी छिपाना नहीं चाहती, वरना मैं पागल हो जाऊँगी।'

'पर तुम तो अपने बारे में स्याह-सफेद सब-कुछ जानती हो न?'

'हाँ, मैं तो जानती ही हूँ।'

'फिर मुझे बताकर क्या होगा? तुम जानती हो तो समझ लो मैं भी जानता हूँ।'

इस कलमुँही बातचीत का तो कोई अन्त ही नहीं है। द्रौपदी के चीर की तरह बढ़ती ही जा रही है। पर बातचीत का मसला तो बातचीत से ही समाप्त

होगा। क्या ही अच्छा होता यदि आदमी जानवरों से अधिक बोलना सीखता ही नहीं। पञ्छी-जानवरों को तो कभी कुछ पश्चात्ताप नहीं होता, क्योंकि उन्होंने वाणी के झमेले की शुरुआत ही नहीं की। ललाट को थोड़ा सङ्कुचित करके बहू को बोलने के लिए मजबूर होना ही पड़ा, 'तुम्हारे मन में कहीं-न-कहीं डर है कि सारी बातें सुनने के बाद तुम्हारा रुख बदल जाएगा। यदि अपने पर विश्वास न हो तो मत सुनो।'

'पर मुझे तुम पर विश्वास है, तब सुनकर क्या होगा?'

'फिर सुनने से कतराना क्यूँ चाहते हो?'

'इसलिए कि उसकी जरूरत नहीं है। पर तुम जरूरी समझती हो तो जरूर सुनूँगा। लेकिन आज के इस अनुपम अँधियारे को इन सब बेकार बातों से कलुषित मत करो। मैं तो सवेरे ही तुम्हारे साथ विदा होना चाहता था। पर अब तुम्हारी बातों से लगता है कि कल जाना नहीं होगा। उस मचान व खेजड़ी से बढ़कर मेरे लिए संसार में और कोई भी पवित्र जगह नहीं है। तुम जो कुछ भी कहना चाहती हो, वहीं कहना। मैं सब चुपचाप सुनूँगा। उससे पहले आज की रात मेरा एक और सङ्कल्प रहा कि इस जीवन में तुम्हारा कहा कभी नहीं टालूँगा।'

'तब मैं भी आज की रात यही सङ्कल्प करती हूँ कि इस जीवन में तुम्हारा कहा कभी नहीं टालूँगी।'

'फिर तो हमारे सङ्कल्प का कोई अर्थ ही नहीं है।'

'है, बहुत बड़ा अर्थ है, पर आज तुम उसे समझ नहीं पाओगे।'

'पर तुम खुद तो अच्छी तरह समझ चुकी हो?'

'हाँ, मैं समझी हूँ, तभी तो ऐसा कह रही हूँ।'

'फिर तो मैं भी समझ गया।'

'नहीं, तुम कुछ भी नहीं समझे।'

'तब तुम जिसे अच्छी तरह समझ लो, मुझे बता देना। मैं भी उसे उसी रूप में समझ लूँगा। कल मैं एक पल के लिए भी सो नहीं पाया। और तुम्हारी पलकें भी निश्चित रूप से झपी नहीं होंगी। मेरी आँखें भारी हो रही हैं। भूख की तरह मैं ओजगा भी बर्दाश्त नहीं कर सकता। तुम भी सोओ। तुम्हारी इच्छा हो तो मैं भी सोऊँ।'

बड़े से बड़ा विद्वान् या प्रबल योद्धा भी अबोध शिशु से जीत नहीं सकता, क्योंकि उसे हार-जीत की चेतना ही नहीं होती। बहू अपनी यन्त्रणा का स्वयं शिकार होती जा रही थी। विस्मय और विषाद के स्वर में पूछा, 'आज की रात भी सोओगे?'

'नहीं, सपने देखूँगा...।'

'पर आज की रात जगना दुनिया के तमाम सुखद सपनों से बढ़कर है, इसे

फिर कब जानोगे?'

'जब तुम सच्चे मन से बताना चाहोगी।'

'तब मैं भी आज सपने देखूँगी। सवेरे तय करेंगे कि किसका सपना बेहतर है।'

'सपने सभी बेहतर होते हैं।'

बहू फिर वर्तमान के इन्द्रधनुषी झूले पर झूलने लगी। सुहागरात के झिलमिल आलोक के गहन तल में अतीत का अँधियारा ओझल हो गया। दोनों की पलकें एक साथ खुलने-झपकने लगीं।

सवेरे हड़बड़ाकर दोनों एक साथ उठे। दूल्हे ने पत्नी का मुँह देखा और दुलहन ने पति का। दूल्हे ने आह्लाद के सुर में कहा, 'तुम्हारा मुँह देखा है। ऐसी क्या नई बात होगी? जरूर आकाश में दो सूरज उगेंगे।' बहू ने पति का अनुकरण करते कहा, 'मैंने तुम्हारा मुँह देखा है। आकाश में तीन चाँद उगेंगे।'

पति ने बाल्य-सुलभ जिज्ञासा प्रकट करते पूछा, 'तीन क्यूँ? हम तो दो ही हैं।'

बहू ने शर्माते कहा, 'मैं तुम्हारी तरह भूल करने वाली नहीं हूँ। दो का महामिलन होने पर क्या दो ही रहेंगे? बढ़ेंगे नहीं। दो से तीन होंगे। चार होंगे। पाँच होंगे। यही सृष्टि का नियम है।'

'मैं तो चाहता था कि यह महामिलन अगले बरस इसी महीने को तेरस को...।'

बहू बीच में ही अधीर होकर बोली, 'वहीं मचान पर?'

'तुम्हें कैसे पता चला?'

'तुम्हारे मन की बात का मुझे पता नहीं चलेगा तो क्या ईश्वर को चलेगा?'

'बेचारे ईश्वर की औकात ही क्या, जो तुम्हारी बराबरी करे। पर तुम्हारी बातें सुनने पर मेरा विचार बदल गया। आज साँझ को ही वहाँ चलेंगे। वह मचान ही हमारा राजमहल होगा।'

बहू ने अपनी आतुरता छिपाने की किञ्चित् भी चेष्टा नहीं की, 'साँझ न जाने कब आएगी! अब एक पल का इन्तजार भी मेरे लिए असह्य है। धरती के भीतर दबे भूचाल जैसी कई बातें तुम्हें सुनानी हैं। तुम्हारे अलावा किसी और का हाथ थामती तो उसे मरकर भी नहीं बताती। पर तुम्हें बताए बिना मुझे शान्ति नहीं मिलेगी।'

'और यदि सुनकर मेरी शान्ति छिन गई तो...?'

'नहीं, तुम उस जात के नहीं हो। मैं ही पहली बार तुम्हारी सही पहचान कर सकी हूँ।'

'नहीं, दूसरी बार। पहली बार तो मीठी-माँ ने पहिचाना था।'

'और मुझे भी...।'

पति की खुशी भीतर नहीं समाई तो वह बाहर छलक पड़ी, 'सच्च! तो पहले वही बताओ। उसकी ठुड्डी के बीच काला तिल है न?'

'तिल नहीं, ध्रुव तारा। उसी की दिव्य-ज्योति से मैं जिन्दा रही सकी, वरना आत्महत्या के पाप में डूब जाती।'

'तब मेरी क्या दुर्दशा होती?'

'मर्द की क्या दुर्दशा होनी है? मजे से दूसरा ब्याह करके मौज मनाते।'

'यह तुम कह रही हो?'

'नहीं, मेरे भीतर की ईर्ष्या कह रही है। यदि मेरे दुर्भाग्य से तुम प्यास बुझाने की खातिर मचान की ओर नहीं मुड़ते तो मीठी-माँ की वह भयङ्कर भूल होती।'

'हरगिज नहीं, ईश्वर से भूल हो सकती है, पर मीठी-माँ से नहीं। हम जैसा कोई भी दुखियारा उसकी नजर से बच जाए तो वह माँ ही क्या हुई? अब तो मुझ पर पूरा भरोसा है न?'

'जब तुमने मेरा इत्ता भरोसा किया तो मैं क्यों नहीं करूँगी?'

'तब तो मैं आकाश के चाँद-सूरज धरती पर उतार लाऊँगा।'

'ना, आकाश के चाँद-सूरज को आकाश पर ही रहने दो। हम धरती पर नए चाँद-सूरज रचेंगे। लाखों वर्ष पुराने चाँद-सूरज से संसार का अँधियारा नहीं मिट सकता, और भी ज्यादा घना होता जा रहा है।...अरे! मैं तो भूल ही गई। उठते ही पूछना था। बताओ, तुमने क्या सपना देखा?'

'ना, सपने बताने नहीं चाहिए। माँ कहती थी कि उन्हें आखिरी साँस तक मन में सहेजकर रखना चाहिए। तभी अच्छे सपने फलीभूत होते हैं और बुरे सपने स्वतः नष्ट हो जाते हैं। पर मुझे तो बहुत बुरा सपना आया। बताऊँगा तो वह नष्ट नहीं होगा। इसलिए बताना नहीं चाहता।'

'नहीं, मैं सुनकर रहूँगी। फिर सङ्कल्प क्यूँ किया था कि तुम मेरा कहा कभी टालोगे नहीं।'

'फिर तुम्हारे सङ्कल्प का क्या होगा? मुझे क्या पता था कि तुम मेरा सपना जानने के लिए हठ करोगी? यह कोई हठ करने लायक बात है?'

बहू की आँखें थोड़ी भर आईं। बोली, 'यदि तुम्हारे सामने ही हठ नहीं करूँगी तो किसके सामने करूँगी? तुम्हारे सिवाय मेरा हठ और कौन निभाएगा?'

'जब तुमने ठान ली है तो फिर मानोगी नहीं। तो सुनो—मैंने देखा—तुम हीरे-मोतियों से जड़े सिंहासन पर बैठी हो। किसी एक बूढ़े राजा ने तुम्हारे माथे पर मुकुट धरा। फिर ललाट पर कुमङ्कुम का तिलक किया। भय के मारे मेरा शरीर पीपल के पत्ते-सा काँपने लगा।'

बहू ने आधी खुशी और आधे डर की सम्मिश्रित आशङ्का से पूछा, 'क्यूँ, भय

क्यूँ? तुम्हें तो बेहद खुशी होनी चाहिए थी कि मैं रानी बनी।'

'नहीं, मनुष्य को सदा मनुष्य ही रहना चाहिए। राजा, रानी, ठाकुर, सेठ या पण्डित बनने के बाद वह मनुष्य नहीं रहता। और न वे अपने वश चलते किसी को मनुष्य रहने देना चाहते हैं। कभी सुनना चाहोगी तो अपने मन का 'दरद' तुम्हें. सुनाऊँगा।'

रानी, मुकुट और सिंहासन के बीच कल्पना में भी बहू किसी तरह की बाधा स्वीकार नहीं करना चाहती थी। सहमते स्वर में बोली, 'पर अभी उसकी चरचा ही मत करो। आज तो फकत सपने सुनेंगे। हाँ, तो फिर आगे क्या हुआ? कहीं तुमने मेरा मुकुट उतारकर फेंक तो नहीं दिया?'

पति ने हताशा के स्वर में कहा, 'तुम उतारने देतीं भला? मैं सोचने लगा कि मुझे ऐसा सपना क्यूँ आया? जरूर मैंने कुछ-न-कुछ पाप किया है। जोर से आँखें मलकर पूरी पड़ताल करनी चाही। यदि सपना है तो नींद उचटने के साथ ही मिट-मिटा जाएगा। मैंने आँखें फाड़कर देखा, पर वह तो मिटा ही नहीं। मुकुट और बड़ा होता गया। उसमें बेशुमार हीरे-मोती जड़ते ही चले गए। मैंने चीखकर आँखें बन्द कर लीं। तब कहीं मेरी नींद उचटी। हड़बड़ाकर उठा। देखा—तुम सो रही थीं। मुस्कराते-मुस्कराते अचानक रुकीं और चौंककर उठ बैठीं।'

बहू के होंठों पर वैसी ही मुस्कान खिल उठी। कहने लगी, 'अब तो मैं दावे के साथ कह सकती हूँ कि तुमने जागकर मेरा सपना देखा है। सच, मुझे भी हूबहू यही सपना आया। बूढ़े राजा ने अपने हाथों से मेरे माथे पर मुकुट धरा। कुंकुम का तिलक किया तो मैंने मुस्कराकर तुम्हारी ओर देखा। तुम्हारे मुख पर दुख की छाया नजर आई तो मेरी मुस्कराहट उसी क्षण बुझ गई।'

पति ने आश्चर्य से पूछा, 'सच कह रही हो? क्या तुमने भी यही सपना देखा?'

बहू ने पति का हाथ अपने हाथ में लेकर कहा, 'अब तक चाहे जितना झूठ बोली होऊँ, पर अब तुम्हारे सामने कभी झूठ नहीं बोलूँगी। तुम्हारे साथ दुराव रखकर मैं जी नहीं सकती। फिर जीकर करना ही क्या है? तुमने मिलन के बाद मैं वह औरत ही नहीं रही, जो पहले थी। वरना दुनिया की कोई पत्नी अपने पति से वे बातें कह सकती है, जो मैं तुम्हें कहना चाहती हूँ। चलो, अब वहीं उस घड़े के पास बैठकर बातें करेंगे।'

आज उस अनाथ छोकरे के पास भी गौरव करने लायक पर्याप्त आधार जुट गया। गुमान के साथ बोला, 'जिसका मैंने अमृत पिया है। उसके बाद जो कुछ भी घटित हुआ, क्या मैं भी वही आदमी रहा हूँ, जो पहले था। यही निर्वाण है। मगर उन्होंने तो संसार की पीड़ा पहिचानकर राज्य को ठुकरा दिया था और तुम रानी बनने का सपना देख रही हो?'

शब्दों की चोट भी हथौड़े से कम नहीं होती। बहू तिलमिलाकर बोली, 'क्योंकि भगवान बुद्ध भी तुम्हारी तरह पुरुष थे। उन्होंने चाहे चारों लोक की पीड़ा पहिचानी हो, पर वे यशोधरा की पीड़ा नहीं पहिचान पाए। वरना उसे नींद में छोड़कर यों चले जाते? बौद्ध-भिक्षु उनकी चाहे जितनी आराधना करें, उनका प्रचार करें, पर मेरी आस्था तो यशोधरा में है। मैं औरत हूँ, मुझे औरत की पीड़ा ही समझ में आती है।'

घी के दीयों की रोशनी पति के मस्तिष्क को आलोकित कर रही थी। अदेर प्रश्न किया, 'फिर मेरी सास ने तुम्हारी पीड़ा क्यों नहीं समझी?' बहू की आँखों में आँखें गड़ाकर आगे कहने लगा, 'औरत के साथ-साथ वह तुम्हारी माँ भी है। औरत या पुरुष अपने-आप में कुछ भी माने नहीं रखते। सबसे बड़ी बात है—आत्म-बोध की। वह न हो तो न भाई बहिन की पीड़ा समझ सकता है और न माँ बेटी की। क्या मीठी-माँ ने तुम्हें यह बात नहीं बताई?'

बहू के गुलाबी मुँह पर भावी आशङ्का की एक हल्की-सी छाया मँडरा गई। भीतर के समस्त आन्तरिक स्वरूप को आँखों में भरकर पति की ओर देखा। फिर तनिक संशय के स्वर में कहने लगी, 'यशोधरा की तरह क्या मुझे भी छोड़कर जाने की मंशा है? पर याद रखो, मैं यशोधरा नहीं हूँ। जहाँ भी जाओगे, हाथ पकड़कर अपने साथ खींच लाऊँगी।'

पति के ललाट पर गहरे चिन्तन की वक्र सलवटें खिंच आईं। किसी गहरे ध्यान में डूबता-सा बोला, 'क्या मेरी तरह अब तुम्हें भी यह महसूस नहीं होता कि मीठी-माँ से दोनों को लगभग एक ही दीक्षा मिली है?'

'यह तो है ही। मैं भी तुमसे यही पूछने वाली थी कि तुम मुझसे ही पहले उछल पड़े। अब तो तुम्हारे माथे में समझ की बाढ़ उफन रही है। दोनों को ही सावधानी बरतनी होगी।'

'कैसी सावधानी?'

'वह समय पर ही बताऊँगी, आज नहीं। पर सुनने की अपेक्षा खुद समझने की कोशिश करो। मीठी-माँ तो बोलकर मुझे ज्यादा नहीं समझाती। उसने ही बताया कि बुद्ध भगवान ने चालीस बरस तक मौन रहकर ही उपदेश दिए थे और उसी के प्रभाव से उनका धर्म हवा के साथ बहुत सारे देशों में फैल गया। मेरे सिर पर हाथ फेरती, मेरी आँखों में आँखें गड़ाकर अक्सर चुपचाप रहती है और मुझे हर बार ऐसा लगता रहा कि मैं उसकी मौन वाणी सुन रही हूँ। मेरी आँतों के अन्धकार में धीरे-धीरे उजास भरता जा रहा है। एक बार तो मेरे मन में ऐसा वैराग उठा, जब...नहीं नहीं, वहीं चलकर बताऊँगी। यदि उस समय वह मना नहीं करती तो मैं उसके साथ ही चली गई होती। न मैं तुम्हें मचान पर मिलती और न मैं तुम्हारे मोह-जाल में फँसती। चलो उठो। क्या इसी तरह मेरा कहा मानोगे? अब

कोई एक फूटा आखर भी नहीं बोलेगा।'

'तुमने ठान ली है तो बिना बताए मानोगी नहीं। पर नहाकर, कलेवा करने के बाद ही चलेंगे।'

'नहीं, वहीं तालाब पर नहाएँगे और वहीं मचान वाली खेजड़ी की छाया में बैठकर कलेवा करेंगे। अब समझी रात की बजाय तुम्हें दिन को ज्यादा भूख-प्यास लगती है।'

'क्यूँ, रात को तुम्हारे साथ बैठकर खाया नहीं था?'

'पर पानी साथ-साथ कहाँ पिया?' फिर उसके पति के गाल पर चुटकी भरते कहा, 'मेरे भोले शङ्कर पेट के अलावा और भी कई तरह की भूख-प्यास होती है?'

'जैसे ज्ञान की भूख, मोक्ष की प्यास...मीठी-माँ ने ही मुझे बताया था, भूला थोड़े ही हूँ।'

'पर एक भूख के बारे में केवल पत्नी ही बता सकती है, माँ नहीं।'

इस मन्त्र के साथ ही मेड़ी का दरवाजा खुला छोड़कर वह धम-धम सीढ़ियाँ उतरने लगी। सूरज का उजास दरवाजे के बाहर ही डोल रहा था। पूछे बिना भीतर प्रवेश करने की शायद हिम्मत नहीं जुटा पाया। आज्ञा देने वाली मालकिन तो उसके देखते-देखते नीचे उतर गई। और उसका भोला-शङ्कर अँधेरे और उजाले का रहस्य भला क्या जाने?

दोनों ने केवल एक ही रात साथ-साथ बिताई थी, पर न जाने कितने युग-युगान्तर का अँधियारा किधर बह गया, उन्हें भी सही जानकारी नहीं थी।

गले के फूल पर नजर पड़ते ही दूल्हे ने सबसे पहले सारा गहना उतारकर एक ताक में रखा। बुगची के कपड़े सुथराई से जमाए। ऐसी बहू मिलने पर सोने का पहाड़ भी हाथ लगे तो क्या काम का? घूरे से भी बदतर।

छोटी साली बुलाने आई तभी वह ढोलिए पर से उठा। मन-ही-मन न जाने किस उधेड़-बुन में उलझ गया। हालाँकि सुहाग-सेज तो अलूणी ही रह गई थी, फिर भी उस एक ही फीकी रात में उसे मेड़ी से अत्यधिक आसक्ति हो गई थी, मानो जन्म से ही वह यहीं पला और बड़ा हुआ हो। मीठी-माँ की सङ्गत के दिन निकाल दिए जाएँ तो इस एक रात का पलड़ा, जीवन के बाकी सब बरसों से भारी था।

किवाड़ के बाहर कदम रखने से पहले उसने मुड़कर देखा, जैसे अपनी ही देह का कुछ हिस्सा पीछे छूट गया हो। ढोलिया अपनी जगह वैसा ही बिछा पड़ा था। खाट-पछेवड़े में लहरें मचल रही थीं। इसी पर वे पास-पास सोए थे। नींद ली थी। एक ही सपना देखा था। ऐसी सुहागिन रात क्या बीतने के लिए होती है? आखिर यह सब किसकी समझ से हुआ? वह तो सचमुच निपट भोला है ही। यह नवलख तारों जड़ी रात फकत गुणवन्ती बहू के प्रताप से ही प्रकट हुई है। औरत होकर कैसा छकाया उसने? हजार बुद्धिमान् पुरुषों की अकल भी जहाँ कुछ

काम न आए। मेड़ी में आकर जब तक उसने अपना घूँघट ऊपर नहीं उठाया, उसे तनिक भी सन्देह कहाँ हुआ। पहले से सब जानकारी होती, सब तयशुदा होता तो उसमें क्या नई बात थी। रहस्य के आनन्द का तो कोई ओर-छोर ही नहीं! इसीलिए वह इतना आकर्षित करता है। ऐसा मुकलावा (गौना) तो 'बिड़द-विनायक' ने किसी का नहीं देखा होगा। उसने खूँटी में टँगे साफे को वहीं रहने दिया। दुबारा बाँधने की इच्छा ही नहीं हुई।

पति के दाहिने हाथ में कपड़ों की बुगची थी। बहू के हाथ में घड़ा था और सिर पर चीढ़ों जड़ी ईंढूनी पर बड़ा कूँडा। जिसमें उसका सुरङ्गा वेश, चन्दन की काँघसी और तीखी धार वाला हँसिया धरा था।

बेटी जमाई के पीछे रवाना हुई तो माँ ने गोफन फेंकते कहा, 'आज-आज तो खेत की रखवाली कर ले।'

पति ने पीछे मुड़कर कुछ कहना चाहा तो बहू ने आँखों-ही-आँखों में बरज दिया। फिर नीचे झुककर गोफन उठा ली। रास्ते में बच्चों को दुलारते हुए, पुचकारते हुए जब गलियारे से बाहर आया तो उसने बहू की तरफ देखकर कहा, 'जब रखवाली करनी ही नहीं है तो लिहाज-लिहाज में यह गोफन क्यूँ ली?'

बहू ने मुस्कराकर जवाब दिया, 'रखवाली कोई एक तरह की नहीं होती। कल की बात और थी। आज खेत में अकेली देखकर तुम्हारा मन वश में न रहे तो अपने बचाव के लिए गोफन जरूरी है। वक्त पर काम आएगी। मरदों पर से मेरा भरोसा एकदम उठ गया है।'

दो ही दिन में वह काफी होशियार हो गया था। हाथोंहाथ माकूल जवाब दिया, 'तुम्हारी तरह अपने बचाव का अधिकार मुझे भी है। फिर मैंने तो गोफन नहीं ली।'

'यही तो औरत के साथ तुम मरदों की ज्यादती है। जो कुछ भी बिगड़ेगा, वह औरत का ही बिगड़ेगा। मरद का कहीं कुछ भी नहीं बिगड़ता। खरबूजे पर चाकू गिरे या चाकू पर खरबूजा—बिगाड़ तो खरबूजे का ही होना है।'

पति ने सुखद-विस्मय से कहा, 'इत्ती बातें तो काशी के पण्डित भी नहीं जानते, तुमने घर बैठे ही कैसे सीख लीं?'

बहू ने एक गहरी मर्मान्तक आह भरते कहा, 'औरत के लिए उसका घर-परिवार ही काशी है, कहीं बाहर जाने की जरूरत नहीं। बेचारे पण्डित तो काशी जाकर ठोठ-के-ठोठ ही रह जाते हैं।'

तालाब की पाज के नीचे एक घने बरगद की छाँह तले नहाने व कपड़े धोने के लिए पत्थर की बड़ी-बड़ी शिलाएँ रखी थीं। तालाब के भीतर नहाने की मनाही थी। घुटने-घुटने पानी में नीचे झुककर बहू घड़ा भरने लगी तो डब-डब की लय के साथ सारा परिवेश नाच उठा। बहू को तत्काल ही ऐसी अनुभूति हुई जैसे यह ध्वनि उसके नाभि-कमल से निसृत हो रही हो। आधा स्नान तो उस अपूर्व-ध्वनि

से ही सम्पन्न हो गया। बहू ने गर्दन उठाकर विशाल सरोवर की ओर देखा। अगणित उर्मियाँ मचल-मचलकर उसे भीतर नहाने का निमन्त्रण दे रही थीं। मन तो बेहद ललचाया, पर सार्वजनिक वर्जना को तोड़ने की इच्छा नहीं हुई। घड़ा पूरा भरते ही डब-डब की आवाज एकदम बन्द हो गई। पानी वापस उँड़ेला। कल-कल की ध्वनि से वातावरण फिर मुखरित हो उठा। तालाब में एकाकार होने के बाद घड़े के पानी का अलग से कोई अस्तित्व नहीं रहा। बादलों से बरसी एक-एक बूँद परस्पर मिलकर सरोवर के विशाल रूप में परिवर्तित हो गई। सरोवर के तल की विषमता ऊपर से पूर्णतया समतल हो जाती है। यदि दो विभिन्न इकाइयाँ इस तरह मिलकर एकाकार न हों तो मिलन की सार्थकता ही क्या? दुबारा घड़ा भरने लगी तो फिर वही डब-डब की ध्वनि। इस बार आनन्द की बजाय उसके अन्तस् में विषाद की अनुभूति हुई। दोनों हाथों से घड़ा उठाकर खाली कूँडे में उँड़ेला। तसला भर-भरकर नहाई। शीतल पालर पानी से समूचे शरीर में सिहरन व्याप्त हो गई। ठेठ भीतर की रग-रग पुलकित हो उठी। एक घड़ा और भरकर लाई। मेट से बाल धोये। क्या ही अच्छा रहता यदि शरीर पर पानी कुछ देर ठहरे—जैसे इस तालाब में ठहरा है।

नहाने का आनन्दमय अनुष्ठान सम्पूर्ण होते ही उसने गमछे से रगड़-रगड़कर बालों का पानी सुखाया। घुटनों तक लहराती श्यामल घटा मानो अब बरसी, तब बरसी। गाय के ताजे घी से बालों को कई बार चुपड़ा। उनकी आभा और निखर उठी। कपड़े बदलने से पहले उसने माथा झटककर पति की ओर देखा। उसकी ओर पीठ किए वह पाज पर सीधा-सतर खड़ा था। हँसे या रोए—एकाएक कुछ भी निर्णय करने के लिए वह सर्वथा असमर्थ थी। सञ्जोग से उस समय उधर कोई भी राहगीर नहीं आया। फिर पति नहाने लगा तो बहू वहीं पास खड़ी रही। बार-बार आग्रह करने पर भी वह दूर नहीं गई। उलटा प्रतिवाद करते कहा, 'तुम तो औरतों से भी ज्यादा लाज-शरम करते हो। यदि तुम मेरे पास खड़े रहते, तब भी मैं तुम्हें मना नहीं करती। मैं भी कपड़े पहिनकर नहाई थी, तुम भी कपड़े पहिनकर नहा रहे हो। यदि ऐसे ही लजीले हो तो किसी भी रात कपड़े मत हटाना!'

'तुम मान जाओ तो नहीं हटाऊँगा। तुमसे फिर अरदास कर रहा हूँ कि पहले एक-दूसरे को अच्छी तरह पहिचान लें तो उचित रहेगा।'

'फकत बाहर से ही? अन्तरङ्ग पहिचान भी तो होनी चाहिए। बस, गरज है तो मुझे ही, तुम्हें कोई गरज नहीं?'

'मैं तो दोनों की गरज को एक ही मानता हूँ। तुम्हारी गरज सो मेरी गरज और मेरी गरज सो तुम्हारी गरज।'

'मेरी रामायण सुनने के बाद तुम्हारे दिल में दरार न पड़े तो समझूँगी कि वाकई हम दोनों एक हैं—इस तालाब के पानी की तरह। फिर तो तुम जैसे तुम्हीं हो।'

'मेरी तो अब भी यही प्रार्थना है कि तुम्हें न अपनी रामायण सुनाने की जरूरत है न अपना महाभारत।'

'पर मेरे भीतर आग जो धधक रही है।'

'तो दस-बीस घड़े और पानी उँड़ेल लो।' पति ने गमछे से बाल पोंछते कहा।

'अब चाहे जितना मजाक करो, बुरा नहीं मानूँगी। तुम खुद जानते हो कि यह आग पानी से बुझने वाली नहीं है।'

'मुझ पर बेकार दोष मँढ़ने में कोई सार नहीं। मेरे खयाल से तो यह आग है ही नहीं।'

'फकत तुम मरदों के लिए नहीं है।' बहू के स्वर में व्यंग्य का मामूली पुट था। पति की आँखों में आँखें पिरोकर कहने लगी, 'एहसान मानो अपने ऋषि-मुनियों का, जिन्होंने तुम्हारे बचाव के लिए तरह-तरह के रास्ते खोज निकाले हैं। पर औरत के बचाव की खातिर कहीं कोई गुन्जाइश नहीं रखी। भेड़ियों के बीच रहकर हम भेड़ की जिन्दगी कैसे बसर करती हैं, सो हम भी अच्छी तरह नहीं जानतीं या जानना ही नहीं चाहतीं।' फिर उसने नीचे झुककर कूँडे के पास पड़ा वही धार वाला हँसिया उठाया। उसे पति के सामने करते बोली, 'ननिहाल से लौटने पर दूसरे दिन मीठी-माँ ने मुझे स्वयं अपने हाथ से यह हँसिया सौंपा था। न जाने किससे माँगकर वह मठ में यह वर्जित हथियार लाई थी। पूछने पर भी मुझे बताया नहीं। वह स्वयं तो अपनी रेखाओं के सिवाय हाथ में कुछ रखती ही नहीं। फिर मेरे लिए ऐसा उपहार क्यूँ लाई? मुझे हाथ में थमाते समय भर्राए गले से बस इतना ही बोली, 'आवेश की बजाय विवेक से काम लेना, वह अहिंसा ही होगी।' फिर वह कुछ समय तक मेरे सिर पर हाथ फेरती रही। पर आज उस विवेक का मायना समझ में आया तो अदेर पता चला कि मुझमें वह माद्दा नहीं है। माँ के निर्देश की पालना मैं नहीं कर सकती। आज इसे तालाब में फेंककर रहूँगी। मीठी-माँ पूछे तो इसकी साक्षी देना। खुद तो अँधियारी रातों में खाली हाथ विचरण करती है और हँसिया सौंपकर मेरे विवेक की थाह पाना चाहती है? भला हाथ में हथियार रहते कोई अपना विवेक कैसे कायम रख सकता है? यदि मेरा पिछला जीवन सामान्य होता तो अब तक इसी हँसिए से तीन बार तुम्हारा गला कट चुका होता।'

पति ने सहज भाव से मुस्कराते कहा, 'मेरा गला तो पहले झटके में ही कट जाता, फिर दूसरी तीसरी बार उसे काटने की जरूरत ही कहाँ रहती? पर मैंने जाने-अजाने ऐसा क्या अपराध किया, पहले वह तो बताओ। यदि मुझसे सचमुच अपराध हुआ है तो तुम्हें कष्ट देने के बजाय स्वयं अपने हाथ से गला काट लूँगा। मीठी-माँ के उपहार की सार्थकता अपने-आप सिद्ध हो जाएगी।'

बहू ने उसके सामने हँसिया बढ़ाते कहा, 'तो फिर काट ही लो, तुम्हारा

अपराध अक्षम्य है। दुनिया की कोई भी औरत अपने बलात्कारी को माफ कर सकती है, पर तुम्हारी तरह ठण्डी उपेक्षा करने वाले को वह कभी माफ नहीं कर सकती। बलात्कारी के मन में औरत के प्रति कुछ तो आकर्षण रहता ही है, पर तुम्हारी नजर में एक सूखे ठूँठ और मेरी सुन्दर देह में कोई अन्तर नहीं। मैं कितनी देर नहाती रही और तुमने ताक-झाँक करके मेरी ओर देखना तो दूर, मुँह मोड़कर खड़े हो गए! बताओ तुमने मेरी ऐसी जघन्य उपेक्षा क्यों की, इसीलिए कि मेरा पिछला जीवन कालिख से लिथड़ा हुआ है। इससे तो अच्छा था कि तुम मेरा गला घोंटकर मार देते।'

इतना कहकर कटे वृक्ष की तरह वह पछाड़ खाकर जमीन पर गिर पड़ी। घायल हिरणी की तरह छटपटाते प्रलाप करती रही, 'बताओ क्यों...क्यों? क्या सचमुच मैं ऐसी अछूत हूँ...?...बोलते क्यों नहीं...?'

तड़पती बहू के कन्धे पकड़कर पति ने रुँधे गले से कहा, 'अब क्या बोलने को रह गया है? यदि तुम अछूत हो तो दुनिया में किसी भी माँ का दूध पवित्र नहीं है। अब एक क्षण भी बेकार मत गँवाओ। तुम्हें जो बताना है, यहीं इस तालाब के किनारे बैठकर मुझे सब बता दो, तभी तुम्हें चैन मिलेगा। मेरे साथ-साथ तालाब की प्रत्येक लहर भी तुम्हारी आपबीती सुन लेगी...।'

वह तुरन्त उठ बैठी, जैसे कोई भयावह सपना देखती बीच में जगी हो। क्षण भर पहले की यातना भूलकर पूछा, 'तुम सुनोगे मेरी आपबीती...?'

'अब कितनी बार कहने से तुम्हें विश्वास होगा, उतनी बार एक साथ ही कह दूँ...।'

'तो फिर चलो, उस खेत के हर सिट्टे को साक्षी बनाकर तुम्हें सब-कुछ बताऊँगी।'

पति ने हाथ पकड़कर उसे उठाया। उसके कपड़ों पर चिपकी धूल गमछे से झाड़ने लगा तो बहू ने मुस्कराने की अकारथ चेष्टा करते कहा, 'बाहर की धूल तो झाड़ दोगे, पर भीतर की कालिख तुमसे नहीं झड़ेगी...दूर भाग जाओगे।' थोड़ा रुककर पूछा, 'कहो तो एक बार फिर नहा लूँ।'

'पर इस बार मैं खुद घड़े भरकर तुम पर पानी उड़ेलूँगा। जिस प्रकार बादल धरती को भिगोते हैं, उसी प्रकार तुम्हें भिगोऊँगा!'

'जी भरकर भिगावो, यही तो मैं चाहती हूँ।...तुम अब तक समझे क्यों नहीं?'

फिर बहू ने उसके सामने ही वापस गीले कपड़े पहिने। पालथी मारकर पार्वती के उनमान शिला पर बैठ गई। और भोला शङ्कर गङ्गा को घड़े में समेटकर उस पर उड़ेलता रहा।

सहसा पार्वती उठ खड़ी हुई। भोले शङ्कर की ओर हाथ बढ़ाते बोली, 'अब बस करो। दुनिया के लिए गङ्गा का कुछ पानी तो शेष रहने दो, नहीं तो उसका

जीवन दूभर हो जाएगा।'

'होने दो...यदि तुम जी गईं तो दुनिया के सारे मुर्दों को फिर से जीवन-दान मिल जाएगा।'

बहू कुछ जवाब दे उसके पहले ही पति की निगाह उसके गालों पर चमकते मोतियों में अटक गई। फिर उसके कजरारे बालों में उलझे मोती-ही-मोती सर्वत्र बिखरे पड़े थे। गीले कपड़े चिपककर उसकी तराशी हुई मरमरी देह का हिस्सा बन गए थे!

पति की दृष्टि से निःसृत होकर अब गङ्गा बहू के भीतर बहने लगी थी। फुसफुसाते बोली, 'इस तरह प्यासी निगाहों से क्या देख रहे हो?'

स्वप्न देखते हुए पति के होंठ हिले, 'तुम्हें देखने के बाद किसी की आँखें प्यासी रह जाएँ तो उनका फूटना ही बेहतर है। यदि इसी रूप में तुम चाँद के पास खड़ी हो जाओ तो दुनिया चाँद की ओर से आँखें मूँदकर केवल तुम्हारी ओर ही एकटक देखती रहेगी।'

'पहले तुम तो जी भरकर देख लो...।'

'इतनी देर में तो सारे ब्रह्माण्ड का जी भर गया होगा।'

'तो अब तालाब की पाज पर उसी तरह पीठ फेरकर खड़े हो जाओ, मैं कपड़े बदल लूँ।'

'और यह जो बरगद सहस्र पत्तों से तुम्हें एकटक देख रहा है, यह जो तालाब अपनी अगणित लहरों से तुम्हें निरख रहा है। धरती का कण-कण जो तुम्हें चारों ओर से निहार रहा है, पहले इन्हें तो पीठ फेरने के लिए कहो। क्या तुम सोचती हो कि मुझे अपना गला कटने का रञ्चमात्र भी भय नहीं है?'

'अच्छा तो आँखें फाड़-फाड़कर देखते रहो...।'

'भला इस रूप को देखने के लिए आँखें फाड़ने की क्या जरूरत, यह तो बन्द आँखों से भी दिखता है। चाहे पाज पर पीठ फेरकर खड़ा रहूँ, चाहे तालाब के गहरे पानी में डुबकी लगा जाऊँ।'

इतना कहकर वह चुपचाप पाज की चढ़ाई चढ़ने लगा।

कुछ देर बाद बहू के पुकारने पर फिर उसके पास आया। कूँडे में भीगे कपड़े पड़े थे। पास ही पानी से भरा हुआ घड़ा मामूली टेढ़ा मुँह किए पड़ा था। हँसिये की धार को गुलाबी अँगुलियों से सहलाते बहू दुविधा के भाव से बोली, 'अब इस हँसिये का क्या करूँ? न तालाब में फेंकने को जी करता है और न पास रखने की इच्छा होती है।'

तब पति ने थोड़ा आगे बढ़कर कहा, 'लाओ, मुझे दो। आज से तुम्हारी रक्षा का भार मुझ पर रहा। मीठी-माँ के उपहार की मर्यादा निभाने का बूता है मुझमें। एक प्रतीक के रूप में इसकी पूजा करूँगा।'

'वह तुम जानो। पर अपनी रक्षा का जिम्मा तुम्हें नहीं सौंपूँगी। पुरुष के इसी अहङ्कार ने रक्षा की बजाय औरत का भक्षण ही अधिक किया है। हम दोनों मिलकर एक-दूसरे की रक्षा करेंगे। मेरे जुड़ने से तुम पूर्ण हुए हो और तुम्हारे जुड़ने से मैं पूर्ण हुई हूँ।

बहू ने बिना कुछ प्रतिवाद किए मीठी-माँ का उपहार पति के हवाले कर दिया। तत्पश्चात् बहू घड़ा उठाने के लिए नीचे झुकी तो पति ने हार्दिक इच्छा प्रकट करते हुए कहा, 'यह घड़ा भी मैं लेकर चलूँगा। वरना तुम्हारा यह दुहरा एहसान तो मेरी कमर ही तोड़ डालेगा।'

बहू को बरबस हँसी आ गई। हँसते-हँसते की कहने लगी, 'बस, ऐसी ही मजबूत है तुम्हारी कमर? तुम्हारा लाया पानी पी लूँगी तो मेरा एहसान चुक जाएगा, क्यूँ? दो दिन की सङ्गत से फकत यही सीख पाए?'

बहू के जवाब से वह एकदम निरुत्तर हो गया। हाथ मलते हुए सोचने की चेष्टा की पर कोई बात सूझी नहीं। तब बहू ने नजदीक आकर कहा, 'यह लो, एक घड़े पानी के लिए क्या मना करूँ! तुम्हारा भ्रम तो बना रहेगा कि तुम्हारे पानी से मैंने भी अपनी प्यास बुझाई। पर घड़ा तो मेरा ही है।'

पति के कन्धे पर घड़ा धरते समय बहू ने उसके गाल पर चुम्बन जड़ दिया। फिर खिल-खिल हँसते कहने लगी, 'आज के सुनहरे दिन तुमसे मजाक नहीं करूँगी तो किससे करूँगी!'

क्षण भर के लिए ही सही, पति को लगा कि धूप का निखार अब पूर्ण हुआ है।

खेजड़ी की छाँह तले बैठते ही पति ने आग्रह करते कहा, 'अब सुनाओ। दो की बजाय हजार कानों से तुम्हारी हर बात सुनूँगा।'

'पर हजार कान तुम्हारे पास हैं कहाँ? किसी से उधार लोगे?'

'उधार क्यूँ? इस खेजड़ी के पत्ते-पत्ते में, मचान के तृण-तृण में, घड़े के पोर-पोर में और बाजरी के दाने-दाने में सर्वत्र मेरे कान छिपे हुए हैं। गिनती कर सकती हो तो कर लो।'

बहू को ऐसे ही जवाब की आशा थी। उसका रोम-रोम खिल उठा। हंसिनी की तरह गरदन हिलाते कहा, 'नहीं, पहले खाना खा लो, फिर तुम्हारे कानों की सही गिनती करूँगी। तुम्हारी भूख का मुझे पता लग गया है। ऐसी गलती अब कभी नहीं होगी। यदि हो तो मेरे कान उमेठने का अधिकार है तुम्हें। पर मेरे तो फकत दो ही कान हैं और एक मुँह। यदि कान की तरह तुम्हारे मुँह भी हजार हुए तो मैं किस-किस मुँह में निवाला दूँगी, यह भी बता दो।'

'नहीं, मैं अब कुछ भी नहीं बताऊँगा। तुम्हीं अपने विवेक से तय करो।'

तब बहू ने पति के मुँह की ओर हाथ नहीं बढ़ाकर चूरमे का पहला कौर

अपने ही मुँह में रखा। वह अबोध शिशु की नाईं किलकारी करते बोला, 'मैंने कहा नहीं था कि तुमसे चूक हो ही नहीं सकती। मेरा असली मुँह यही है। सारा चूरमा खा लो, मेरा पेट भर जाएगा।'

'और मैं जो भूखी रह जाऊँगी, मेरे मुँह में निवाला नहीं दोगे?'

पति ने दोनों कान पकड़ते कहा, 'ओह! यह तो भूल ही गया। मुझसे हमेशा चूक हो जाती है।' इतना कहकर वह अपने मुँह में एक के बाद एक कौर लेता गया। कैसा अद्भुत और अनुपम था वह खेल। कृष्ण-कन्हाई की लीला के उनमान! खुशी के मारे बहू की आँखों में आँसू छलक आए। अन्तस् की हहराती मुस्कान जब अधरों के द्वारा व्यक्त होने में नितान्त अक्षम हो जाती है तो वह आँखों की राह छलक पड़ती है। हँसी का ज्वार बढ़ने लगा तो वह अपनी चेतना के अजाने ही सुबकने लगी। और वह भूल से समझ बैठा कि बहू रो रही है। अपनी अँगुलियों से उन आँसुओं को पोंछने का साहस तो नहीं कर सका, पर सुकोमल बालों को सहलाते भीगे स्वर में बोला, जैसे उसके आँसू आँखों की बजाय गले में उमड़ पड़े हों, 'इन आँसुओं से तो सूरज की कालिख भी धुल सकती है, फिर तुम किसलिए पछता रही हो?'

'तुम्हारे खयाल से क्या सूरज भी कालिख से अछूता नहीं है?'

'नहीं...।' उसने दृढ़ता के साथ कहा, 'साँझ के बाद धीरे-धीरे उसकी कालिख ही तो प्रकट होती है।'

'फिर...मेरी कालिख कैसे प्रकट होगी?' उसने आशङ्का के भय से फुसफुसाते पूछा।

'सवेरे सूरज का रूप धरकर!'

'सोच-समझकर कह रहे हो?'

'ना, इसमें सोचने की कुछ जरूरत ही नहीं।'

'तो अब तुम्हें खुले मन से अपनी रामायण सुनाऊँगी। मेरी तमाम झिझक मिट गई। पर पहले खाना तो भरपेट खा लो। भूख के मारे तुम ध्यान लगाकर सुन भी नहीं सकोगे?'

'भला इस प्रसाद से कभी किसी का पेट भरा भी है? कहो तो उम्र भर इसी तरह खाता रहूँ...।'

परम आत्मीयजनों को खिझाने का आनन्द भी स्वतः छलक पड़ता है। न चाहने पर भी बहू के मुँह से छिटक ही पड़ा, 'पर इतने घी-गुड़ का जुगाड़ मैं कैसे कर पाऊँगी?'

लेकिन पति ने खीज की बजाय उत्साह से अपना उद्‌गार प्रकट किया, 'तुम्हारे लिए कुछ भी असम्भव नहीं है। तुम चाहो तो हजार हाथियों को ऐसा ही चूरमा खिला सकती हो।' फिर वह चटखारे लेकर बोला, 'आज तो घी की खुशबू

कुछ और ही है?'

जो सही बात थी, बहू ने बता दी, 'आज के ही बिलौने का ताजा घी है। माँ ने तुम्हारे लिए अलग से रखा था।...पर तुम्हें क्या चूरमे के अलावा कोई और स्वाद मीठा ही नहीं लगता?'

'जब चखूँगा, तब बताऊँगा। पर चूरमे से पहले सास ने गालियाँ भी कम नहीं सुनाई थीं।' पति ने मुस्कराकर कहा।

कुछ देर पश्चात् वह चिन्तन की मुद्रा में बोला, 'हम साथ बैठकर चूरमा खा रहे हैं, दही खा रहे हैं, साग खा रहे हैं, सोगरे खा रहे हैं। यह बात तो समझ में आती है, पर सवेरे से ही अपना जैसा-तैसा मगज लड़ा रहा हूँ, मगर अब तक यह नहीं समझ पाया कि हमने साथ-साथ एक ही सपना कैसे देखा? ऐसा तो दुनिया में कभी नहीं होता कि दो व्यक्ति एक ही समय में हूबहू वही सपना देखें?'

'यह तो साफ-सीधी बात है।' बहू ने मुँह मस्कोरते कहा, 'कि हम दो अलग-अलग व्यक्ति नहीं, एक ही हैं। तभी तो दोनों ने एक साथ एक ही सपना देखा।'

पति ने आसानी से उसकी बात नहीं मानी। प्रमाण सहित तर्क देते कहने लगा, 'फिर अलग-अलग खाने की जरूरत ही क्या है? तुम्हारे खाने से मेरा पेट भर जाना चाहिए। पर ऐसा तो कभी होता नहीं।'

अभी-अभी दोनों ने ठीक इसके विपरीत बात हँसते-मुस्कराते मञ्जूर की थी। मगर भावना का सत्य तो पानी पर खिंची लकीर के समान पीछे की ओर मिटता रहता है और आगे की तरफ मँडता रहता है। और यही भावना के सत्य की स्वयं-सिद्ध प्रामाणिकता है। बहू ने उसे यह बात समझाने की बजाय अपना तथ्य प्रस्तुत किया, 'मर्द के पेट की यही तासीर होती है। उसका पेट कभी भरता ही नहीं। लेकिन औरत का पेट तो पति के खाने से आप ही भर जाता है।'

उसकी समस्या का उचित समाधान हुआ या नहीं, वही जाने। पर उसने आगे कोई प्रतिवाद नहीं किया।

कुल्ला करते-करते ही बहू ने पूछा, 'चलते-फिरते कहूँ या खेजड़ी की छाया में बैठे-बैठे।'

'जैसा तुम चाहो।'

'तुम्हें क्या ठीक लगता है, वही बताओ न?'

'जिस रास्ते चलकर मैं तुम्हारे पास आया, उसी पर चलते-चलते सुनना ठीक रहेगा।'

'हाँ, यह तुमने बढ़िया बात सुझाई।' घड़े के पास गोफन पड़ी थी, उसे अपने कन्धे पर धरकर कहने लगी, 'गोफन कन्धे पर हो तो मेरा हौसला बढ़ता है।...तो परसों जब तुम पानी पीने आए, मैं मचान पर खड़ी थी न?'

'हाँ।'

'फिर तो मचान पर बैठकर ही सुनाना ठीक रहेगा। तुम नीचे खड़े रहकर सुनना, क्यूँ?'

'जैसा तुम ठीक समझो।'

'बस, हरदम एक ही जवाब, जैसा मैं ठीक समझूँ। तुम कुछ भी ठीक नहीं समझोगे? सुनना तुम्हें है या मुझे? तुम्हारी भी तो कुछ अपनी राय होनी चाहिए। मैं गलत कहूँ तो मुझे टोकते क्यूँ नहीं?'

'जब तुम कुछ गलत कहती नहीं, फिर क्यों टोकूँ?'

'यह मचान वाली बात बेतुकी ही तो थी, फिर टोका क्यूँ नहीं? तुम्हारी बात ज्यादा सही है। यदि तुम इस रास्ते की बजाय किसी दूसरे रास्ते से ससुराल पहुँचते तो यहाँ इस खेत पर अपनी मुलाकात ही नहीं होती। कितना अच्छा रहता...। ...तुम क्यों आए इस रास्ते चलकर? सब गुड़-गोबर कर दिया, वरना हम गाँव वाले जिस ढर्रे पर चल रहे थे, चलते रहते। नए रास्ते पर चलने का वैसा हौसला भी तो चाहिए। बताओ चाहिए कि नहीं?'

'लेकिन तुम तो स्वयं अपना रास्ता बना सकती हो, चाहे वह पहाड़ों से होकर जाए, चाहे समन्दर से होकर, चाहे पाताल से गुजर कर। तुम किसी रुकावट को नहीं मानोगी।'

'पर पुरानी लीक छोड़ना आसान भी तो नहीं है। तुम्हारे भरोसे ही तो मेरा सपना साकार होगा। अब तुम्हें कैसे बताऊँ, क्या बताऊँ? जबान से मन का दरद दरसाया ही नहीं जा सकता। कई बार ऐसा महसूस होता है मानो कोई आरी से मेरी नस-नस काट रहा है। कलेजे पर कोई रन्दा चला रहा है। कम-से-कम कहूँगी, तुम ज्यादा-से-ज्यादा समझना। वाणी से परे समझने की कोशिश करना। तुम ध्यान लगाकर सुनते क्यों नहीं?'

'फिर किस तरह सुनूँ?'

'जिससे मुझे सन्तोष हो। बताओ जङ्गल में माँद के भीतर कौन बसता है?'

'शेर, चीता या भेड़िया।'

'बाँबी के भीतर कौन रहता है?'

'साँप।'

'और गढ़ के भीतर?'

'ठाकुर।'

'शेर का मारा और साँप का काटा बच सकता है, पर ठाकुर का काटा नहीं बच सकता। वही हाल मेरा भी हुआ। गाँव की कोई भी लड़की जब ककड़ी के उनमान पकने लगती है, तब वह सबसे पहले ठाकुर की भेंट चढ़ती है।

'एक दिन मैं खाली गोफन घुमाती-घुमाती मन-ही-मन सोच रही थी कि

पत्थर की बजाय एक बार चाँद को और एक बार सूरज को उसमें डालकर जोर से फेंकूँ तो वे कितनी दूर पड़ेंगे? शायद आकाश तक उन्हें वापस फेंक सकती हूँ। तब मैं उम्र की ऐसी ही दहलीज लाँघकर आई थी। कई बार सोते-सोते ऐसा लगता कि आकाश के तारे मेरी देह में जड़ गए हैं। हरियाली पर ठौर-ठौर उगे सारे फूल मेरे अन्तस् से निकलकर ही बाहर खिलने के लिए आए हैं। जिस तालाब पर आज हम नहाए थे, उसी के पास मुझे ठाकुर घोड़े पर बैठा नजर आया। नजदीक आकर उसने रौब से पूछा कि मैं किसकी बेटी हूँ? मैंने घबराकर हकलाते अपने बाप का नाम बताया। तब उसने कहा कि कल साँझ आरती की वेला मैं बाप के साथ गढ़ में आऊँ। मैं बिल्कुल नहीं समझ पाई कि भला मुझसे ठाकुर को क्या काम हो सकता है? फिर बाप के साथ जाने में डर ही क्या है? मैं वहीं से वापस लौट पड़ी। जैसा ठाकुर ने कहा मैंने बापू को बता दिया। बापू ने माँ से न जाने क्या कहा कि उसने रगड़-रगड़कर मुझे काफी देर तक स्नान करवाया। सारे शरीर पर 'पीठी' मली। सिर के बालों को मेट और आँवलों से धोया। दूसरे दिन भी उसी तरह मुझे दो बार नहलाया। आँखों में काजल डाला। बालों में गाय का घी चुपड़ा। हथेलियों पर मेहँदी उकेरी। पाँवों पर भी। नया वेश पहिनाया। सावन की तीज पर माँ नया वेश तो जरूर पहिनाती थी, पर वैसा सिङ्गार कभी नहीं कराया। आरसी में मुँह देखा तो खुद को ही पहचान नहीं सकी। काँच में बैठी कोई परी मेरी ओर निहार रही थी। हर नई साँझ दयालु ठाकुर मुझे इस तरह बुलाया करे तो कितना अच्छा हो। उससे पहले मैंने साँझ की वैसी बाट कभी नहीं जोही। पर उस दिन की उडीक सचमुच भारी हो रही थी। आखिर अपने बापू के साथ खुशी में झूमती-सी गढ़ की ओर चली। मैं चाहती तो उस समय कोयल की तरह कुहूकती हुई आकाश में उड़ जाती। पर मुझे तो गढ़ में जाना था। न जाने कैसी-कैसी उमङ्गें मेरे भीतर मचल रही थीं। पर सब गढ़ की लपलपाती आग में झुलस गईं। बापू तो गढ़ की पोल के बाहर ही रुक गए। चार डावड़ियाँ मुझे भीतर ले जाने को खड़ी थीं। मैंने मुड़कर बापू की ओर डबडबाई आँखों से देखा। तब उन्होंने पुचकारकर कहा, 'जाओ, इनके साथ अन्दर जाओ बिटिया। पीढ़ियों से हमारे जीने का यही चलन है।' डावड़ियाँ मुझे फुसलाकर ठाकुर के महल में ले गईं। वे उस समय चाँदी के प्याले में जो कुछ पी भी रहे थे, बाद में पता चला कि उसे दारू कहते हैं। डावड़ियाँ तो मुझे पलङ्ग पर बिठाकर चली गईं। थोड़ी देर बाद ठाकुर ने मुझसे पूछा, 'खाना खाओगी?' मैंने गरदन हिलाकर हामी भरी। ठाकुर ने खुश होकर मेरे गालों का चुम्मा लिया। मेरे होंठ चूमे। सुन रहे हो?'

पाषाण मूरत के होंठ खुले, 'कानों से निपट बहरा होता तब भी सुन लेता। ये आखर तो मेरी नस-नस में बहता लहू भी सुन रहा है। तुम कहे जाओ, बीच में रुको मत।'

'लहू में कुछ उफान आया?'

'वह तो खुद लहू ही बताएगा, मुँह से क्या कहूँ?'

वह आगे धीर-गम्भीर स्वर में कहने लगी, 'ठाकुर के मुँह की बदबू से मेरा जी मितला गया। मैंने मुँह फेरकर कहा, 'बदबू आती है।' तब वह ठहाका लगाकर बोला, 'कुछ दिन बाद यही बदबू तुम्हें खुशबू जैसी लगेगी। पहली बार ऐसा ही होता है।'

एक डावड़ी थाली में खीर और हलुवा लेकर आई। मैंने बड़े चाव से हलुवा खाया, खीर खाई। फिर कहा, 'एक सोगरा और साँगरियों का साग खाऊँगी। तब ठाकुर ने मुस्कराकर कहा, 'वह घर जाकर खा लेना। यहाँ तो तुम्हें हमेशा हलुवा और खीर ही मिलेगी।' फिर आरती की झङ्कार सुनते ही थोड़ा चौंका और वह मुझ पर भूखे भेड़िये की तरह टूट पड़ा। मैं इतने जोर से चीखी, जिसे सुनकर मेरा कलेजा भी दहल उठा। फिर मुझे कुछ होश ही नहीं रहा।

'जब आँख खुली तो इधर-उधर डरते-सहमते देखा—घर की मेड़ी में खाट पर सो रही हूँ। गालों पर जलन महसूस हुई तो हलके-हलके हाथ फेरा तो और ज्यादा तकलीफ हुई। खुली छातियों पर नाखून गड़े थे। अचानक पेड़ू में टीस उठी तो मैंने वहाँ अँगुलियाँ फेरीं।...वे खून से लिथड़ गई थीं। और नजदीक लाकर देखा—वह तो वाकई लाल-लाल खून था। मेरा अपना ही। मैं फिर जोर से चिल्लाई, मानो सारी मेड़ी खून से भर गई हो, और मैं उसमें डूब रही हूँ। माँ हड़बड़ाकर मेड़ी में आई। मेरे गालों को सहलाते समय उसकी आँखें भी बरबस भर आईं। मुझे लगा कि वह रोना नहीं चाहती थी। पर निर्मोही आँखों पर उसका कुछ भी जोर नहीं चला। भरे गले से बोली, 'डर मत बेटी, सात-आठ दिन में बिल्कुल आराम हो जाएगा। अन्दाता ने खुश होकर पाँच मोहरें इनायत की हैं। जो अब तक किसी को भी नहीं मिलीं। खेती के लिए बैलों की जोड़ी दी है।' माँ ने हँसने की भरपूर चेष्टा की तो उसके होंठों पर हल्की-सी मुस्कान मचल उठी। माँ को खुश देखकर मैं भी आश्वस्त हो गई। आरसी में मुँह देखा—गालों पर ठौर-ठौर दाँत गड़े थे। ऊपर का होंठ भी मामूली सा कट गया था। मैंने रोकर माँ से पूछा, 'यह क्या हुआ माँ? मुझे कोई भेड़िया तो नहीं नोच गया? बापू तो मुझे गढ़ में ले गए थे।' तब माँ ने इधर-उधर झाँककर धीमे से कहा, 'वहाँ सभी भेड़िये ही तो बसते हैं।' मैंने भोलेपन से पूछा, 'फिर मुझे बापू वहाँ क्यों ले गए?' माँ ने कहा, 'अभी तू बच्ची है, समझेगी नहीं। बड़ी होने पर अपने-आप समझ जाएगी—जिस तरह मैं समझी हूँ, तेरी बड़ी बहिन समझी है, तेरे बापू समझे हैं। मुझे तो इक्कीस रुपये ही मिले थे और तेरी बड़ी बहन को इक्कावन। गाँव में दूसरी लड़कियों को तो पाँच या ग्यारह रुपयों से अधिक एक धेला भी नहीं मिलता। और तुझे मिली हैं सोने की पाँच मोहरें। रो मत बिटिया, हमारी काया का मोल ही क्या है? जो बाँबी में रहेगा,

उसे साँप से डरना ही होगा।'

दोनों ही राह चलते-चलते कब रुक गए, उन्हें पता नहीं चला। बहू ने पति की आँखों में झाँका—वे अङ्गारों-सी दहक रही थीं। उस प्रतिहिंसा की लपट से एक बार तो वह भी सहम गई। पर दूजे ही क्षण उसने स्वयं को संयत कर लिया। बोली, 'बस, अभी से तिलमिला गए? यह तो फकत शुरुआत है। सारी रामायण तो आगे पड़ी है। बढ़-बढ़कर डींग हाँक रहे थे कि मुझसे घृणा नहीं करोगे। मेरा गला ही घोंटना चाहते हो तो बाद में जब इच्छा हो घोंट देना, पहले धीरज से सारी बातें तो सुन लो।'

'सब सुनूँगा, पर धीरज रख पाना मेरे हाथ की बात नहीं है। लेकिन इसमें तुम्हारा क्या कुसूर? तुम्हारा गला क्यों घोंटूँगा?'

'क्यों, इसमें मेरा कोई कसूर ही नहीं? मरदों की बही में तो सारा कसूर औरत के मत्थे ही मढ़ा जाता है। मेरा शील भङ्ग होने के बाद भी क्या तुम मेरा गला घोंटना नहीं चाहोगे? औरत का इससे बड़ा कसूर और क्या हो सकता है? मैं तो अब तक यही सुनती आ रही थी। पहली बार तुम्हारे मुँह से यह उलटी बात सुन रही हूँ, पर विश्वास नहीं होता।'

'होना भी नहीं चाहिए। बार-बार समझाने पर भी मैं कितनी मुश्किल से मीठी-माँ की यह सीख समझ पाया, तब तुम एक बार में ही क्योंकर समझोगी कि संस्कारों का दावा कितना खूँखार और खतरनाक है। भेड़िये का जो दावा भेड़ पर है, शेर का जो दावा हिरण पर है और बाज का जो दावा कबूतर पर है, ठीक वैसा ही दावा मनुष्य के लिए संस्कारों का है। उसके खूनी पञ्जों से वह बच नहीं सकता। मैं धीरज रखूँ या खोऊँ, उसका कोई अर्थ नहीं है। जिनका गला घोंटना है, मुझे अब तक घोंट देना चाहिए था। पर मीठी-माँ के हिसाब से उसके धड़ पर एक की बजाय हजारों गले हैं। हजारों हाथ हैं। हर हाथ में तलवार है, भाला है। एक भेड़िये के शिकार से जङ्गल सुरक्षित नहीं होगा। सभी भेड़ियों का शिकार करना आसान नहीं है। शिकारी को भी उतना खूनी, खूँखार, क्रूर और ताकतवर होना होगा। पर इस खूनी ताकत की आपसी होड़ का अन्त कहाँ है? उसी को ध्यान में रखकर मीठी-माँ कभी-न-कभी रास्ता सुझाएगी।'

'पर मेरे मन में कहीं-न-कहीं सन्देह है कि वह ऐसा रास्ता सुझा सकेगी? यदि भगवान पर से मेरा भरोसा उठ नहीं गया होता तो उसी के नाम पर तुम्हें कहती कि मुझे और बहलाने की चेष्टा मत करना, मुझमें उतनी शक्ति नहीं है।'

थोड़ी देर सोचने के बाद वह कहने लगा, 'मेरी तरह तुम भी अपनी शक्ति को कम आँकने की भूल मत करना। मैं क्या सोचकर चला था और क्या सोचते हुए लौटूँगा। न जाने किस उत्कट आशा के भरोसे ससुराल की राह चल पड़ा। सोचा, मान जाओगी तो साथ ले आऊँगा। नहीं मानोगी तो खाली हाथ लौट

आऊँगा। सारी उम्र बाबा की चाकरी करके एक दिन दम तोड़ दूँगा। काँधिये कन्धा देकर औरों की तरह मसान में फूँक देंगे। नौ दिन तक बाबा के घरवाले याद करेंगे कि मैं कितना काम करता था। फिर भूल जाएँगे। मेरा नामलेवा भी पीछे नहीं रहेगा। पर मीठी-माँ के आदेश और तुम्हारी सङ्गत से सारी बात ही बदल गई। तुम्हारे जुड़ने से मीठी-माँ की कामना के अनुरूप जरूर कुछ-न-कुछ ऐसा काम होगा कि मरने के बाद भी बरसों तक लोग हमें याद करें। हमारा नाम लेकर रोएँ, अभिमान करें कि हम मनुष्य की तरह जिए और मनुष्य की तरह मरे।'

'हाँ, इसी आशा से मैं भी जिन्दा रही। वही बताती हूँ। अब मुझे भी अपने जीने का, अपनी आशा का भेद समझ में आने लगा है।'

तत्पश्चात् कुछ देर ठहरने के बाद वह निर्वैयक्तिक भाव से अपनी आपबीती इस तरह सुनाने लगी जैसे किसी और का आख्यान सुना रही हो, 'बारह दिन बाद मैं चलने-फिरने लगी, मानो चिता में जलने के बाद नई जून मिली हो। गढ़ वाले सारे घाव तो सिल गए थे, पर मन का घाव नहीं भरा। कभी भरेगा भी कि नहीं? चतुर नाइन ने शरीर के घावों का तो इलाज कर दिया, पर मन के रिसते घाव का उसके पास कोई उपचार नहीं था। वह हरदम टीसता रहता।

'माँ ने एक दिन फिर उसी तरह सजाया। और बापू मुझे फिर गढ़ में ले जाने को तैयार थे। घरवालों का भाग्य कि ठाकुर को मेरे अलावा कोई और लड़की पसन्द ही नहीं आ रही थी। माँ ने खूब समझाया पर मैं समझना ही नहीं चाहती थी। घर-परिवार से मेरा मोह भङ्ग हो गया था। बापू ने धमकाया तो मैंने चण्डी का रूप धरकर कहा, 'अब मेरे साथ वैसी मनमानी हुई तो ठाकुर को खस्सी कर डालूँगी या कुएँ में कूदकर जान दे दूँगी। तब उन्होंने लोभ का पासा फेंका। लेकिन मुझ पर उसका भी कुछ असर नहीं हुआ। ठाकुर को न मालूम क्या झाँसा देकर उन्होंने मुझे चाचा के साथ ननिहाल रवाना कर दिया।

'अमावस की काली-अँधेरी रात थी। चाचा गाड़ी हाँक रहा था। उसने मुझसे बार-बार सोने का आग्रह किया, मगर नींद तो मेरी आँखों से दूर-ही-दूर उड़ गई थी। न मैं खुद सोई और न तारों को ही सोने दिया। अचानक सीधा मारग छोड़कर चाचा थोड़ा ऊजड़ टल गया। शायद ननिहाल का वही सबसे नजदीक रास्ता हो। सहसा गाड़ी रुकी। चाचा ने बैलों को खोल दिया। और मुझसे कुछ भी पूछताछ किए बिना ठाकुर की नाईं मुझ पर भूखे बघेरे की तरह टूट पड़ा। मैंने बचाव की खातिर खूब हाथ-पाँव मारे। जोर-जोर से चिल्लाई। कौन सुनता? मेरी चिल्लाहट ही वापस मेरे कानों से टकराती! उसने अपने सिर की इज्जत उतारकर मेरा मुँह बाँध दिया। मेरे हाथ बाँध दिए। पुरुष का साफा औरत की ओढ़नी से लम्बा होता है न। जब खेत ही फसल को खाने लगे तो उसकी रखवाली कौन करे?

'मुझे आज भी अचरज होता है कि मैं अमावस की रात उस सूने जङ्गल

में गढ़ की तरह बेहोश क्यों नहीं हुई? अगणित तारों के झिलमिल प्रकाश ने क्या मुझे ढाढस बँधाया था? जब चाचा अपनी हवस मिटाकर नीचे उतरा तो उसने मेरे हाथ खोले। मुँह खोला। मेरी जबान तालू से चिपक गई थी। उसने तीखी धार वाला फरसा हाथ में लेकर धमकाया, 'यदि भूल-चूक से भी किसी के आगे चरचा की तो टुकड़े-टुकड़े करके जमीन में गाड़ दूँगा...' और मैं सचमुच मरने से डर गई। न जाने किस अदीठ आशा के भरोसे मैं क्यों जीना चाहती थी? उस दिन मुझे कुछ भी खयाल नहीं था। आज कुछ-कुछ समझ में आ रहा है कि मैंने उस रात किसके भरोसे जीने की चाह की थी?

'जब मेरी साफ मनाही से चाचा पूरा आश्वस्त हो गया तो फरसा अपनी जगह टाँगकर वह मेरे शरीर को सहलाने लगा। मैं किसके आगे क्या हुज्जत करती। निर्जीव लोथ-सी चुपचाप पड़ी रही। सुना कि भगवान बावन अवतार ने फकत ढाई कदम भरकर तीनों लोक नाप लिए थे, पर चाचा मेरी तीन हाथ की देह तीन बार चेष्टा करने पर भी नाप नहीं सका। अन्त में गाड़ी जोतते समय उसने फिर मुझे धमकाया तो मैंने आँसू पोंछते कहा, 'नहीं किसी से भी नहीं कहूँगी।' 'माँ से भी नहीं?' मैंने गरदन हिलाकर कहा, 'नहीं।' उस अँधेरी रात में मेरी मनाही सुनकर मौत को भी पगडण्डी नहीं मिली होगी। शायद वह आकाश की राह चुपचाप मुझ तक पहुँच जाए। मैंने याचना-भरी निगाह से ऊपर आकाश की ओर देखा। उसे अब तक नीचे गिर पड़ना चाहिए था। पर गिरा नहीं, निरलज्ज की नाईं मुझ पर हँस रहा था। आकाश तो एक ही है, पर घर-परिवार तो असंख्य हैं। हर परिवार की यही रामायण है। कितनी बार गिरे? सच कहती हूँ, उस रात मुझे ठाकुर के पलङ्ग से भी ज्यादा पीड़ा पहुँची थी। जिन घरवालों के भरोसे लड़की जवान होती है, यदि वे ही उसे नोंचने लगें तो औरत कहाँ जाए? गाँव का कुआँ, तालाब और चूल्हे की आग के अलावा चौथी ठौर ही कहाँ है? पर न जाने क्यों मेरे मन में उस घुप्प अँधेरे के बीच किसी अदीठ चौथी ठौर के लिए ही मन छटपटाया था—नहीं, मैं किसी हालत में आत्महत्या नहीं करूँगी। आज उस अनजानी चाह का मायना समझ में आ रहा है। मैं कोई तुम्हारे रूप-जोबन पर रीझकर दो बार चूरमा लेने नहीं गई थी। उन दौड़ते कदमों की कामना ही दूसरी थी, जिसे तब मैं अच्छी तरह समझ नहीं पाई। अब भी पूरी तरह समझ नहीं पा रही हूँ। फिर भी कोई अदीठ आशा है, जो मुझे जीने को मजबूर कर रही है। रह-रहकर मेरे मन में यह विश्वास फूल की तरह चटखने लगा कि मैं गङ्गा से भी अधिक पवित्र हूँ, धारोष्ण दूध से भी ज्यादा उज्ज्वल हूँ। भला इस पर कौन पुरुष भरोसा क़रना चाहेगा? इसलिए शुरुआत में मैंने तुम्हें भी सन्देह की नजर से देखा। यह मत समझना कि तुम्हें रिझाने के लिए या मेरी हवस मिटाने के लिए तुम पर डोरे डाले थे—जैसा कि पुरुष अक्सर कहते हैं कि औरत की माया का किसी ने पार

नहीं पाया। उलटे मैं तुम्हारी कसकर परख करना चाहती थी कि तुम्हारी चमड़ी को और कुरेदने पर वही खूनी भेड़िया कहीं दुबका हुआ दिखलाई दे जाए। आखिर कितनी मुश्किल से तुम पर भरोसा कर सकी। तुम किस लोक से इस घिनौनी दुनिया में टपक पड़े?'

कुछ कहने के लिए पति के होंठ फरफराए तो उसने अतिशय व्याकुलता के स्वर में कहा, 'मेहरबानी करके अभी कुछ मत बोलो। बादलों की बौछार हथेली से नहीं रोक सकोगे! पहले मेरा घुमड़ना तो बन्द हो। अपनी रामायण तो पूरी कर लूँ, ताकि राम की तरह मेरी अग्नि-परीक्षा लेने की कोई गुञ्जाइश ही नहीं बचे। मैंने ये दो बरस किस तरह बिताए हैं, क्या लाख ईश्वर भी उसे कभी जान सकेंगे? आखिर वह भी तो एक पुरुष है।'

वह कुछ देर तक रुकी मानो किसी विकट रणक्षेत्र पर जाने की तैयारी कर रही हो। फिर उसके होंठ स्वतः खुल पड़े, 'चाचा ने ननिहाल पहुँचाने में दो दिन और दो रातें ज्यादा लगाईं। तब तक उसके मन में दिन के उजाले का लिहाज भी मिट गया था। ननिहाल में मामा को देखकर मरने के डर से भी मैं अपनी रुलाई पर काबू नहीं पा सकी। फिर चाचा तो जरूरी काम का बहाना बनाकर ब्यालू किए बिना ही वापस लौट गया। मामा ने बार-बार मेरे आँसू पोंछते हुए गालों को सहलाया। परस का विभेद कुछ-कुछ समझ में आने लगा था। मामा तो सोते हुए भी माला हाथ में रखते हैं। लेकिन दूध का जला छाछ से भी डरने लगता है। मामा ने बार-बार दुलार करके रोने का कारण जानना चाहा, पर मैं बिना कुछ बोले चुपचाप रोती रही। मामा-मामी ने समझा कि माँ-बाप की याद आ रही है। पूछा तो मैंने झट हामी भर ली। उससे अच्छा बहाना और क्या करती? अपने घर से ननिहाल की यात्रा में मुझ पर जो बीती उसे सुनाने में मुझे खुद को भारी लज्जा महसूस हो रही थी।

'मामी ने जबरदस्ती खिलाकर मुझे सुला दिया। रोते-रोते न जाने कब नींद ने मुझे दबोच लिया। मैं तो समझती थी कि अब मुझे कभी नींद आएगी भी नहीं। पर नींद की ममता माँ के मोह से ज्यादा गहरी होती है। पता नहीं कितनी देर सोई? अचानक शरीर पर किसी के हाथों की हरकत से नींद उचट गई। चौंककर उठने की मुझमें वह शक्ति ही नहीं बची थी, जो प्रतिकार करती। मैंने धीरे-से पूछा, 'कौन चाचा?' कोई जरूरी बहाना बनाकर वापस लौट आया हो। पर वह मेरी भूल थी। अचानक हाथों की हरकत रुक गई। मुझसे भी अधिक धीमे स्वर में फुसफुसाहट सुनाई दी, 'नहीं, मैं हूँ।' आवाज़ को पहिचानने में अँधेरा कभी बाधक नहीं बनता। वह मामा की आवाज थी। मुझे नींद आई या अब भी रो रही हूँ, यह जानने के लिए आया था। खाट पर बैठने के बाद सहानुभूति जतलाते हुए पूछा, 'देखूँ, तेरी आँखें गीली तो नहीं हैं।' फिर उसने मेरे शरीर को टटोलते हुए, आँखों की तरफ

हाथ बढ़ाए। अँधेरे में चूक हो ही जाती है। आँखों से पहले उसके हाथ मेरी छाती पर रुके। फिर काँपते हुए मेरी आँखों तक पहुँचे। आँखें सूखी हुई थीं। फिर उसने मेरे गालों को सहलाते हुए होंठों का चुम्मा लिया। पूछा, 'तू उस वक्त रो क्यूँ रही थी।' मामा-मामी ने ही माकूल बहाना सुझाया था। उसी को दोहराते हुए मैंने कहा, 'माँ की याद आ रही थी।' वह अदेर आश्वस्त होकर बोला, 'तब कोई बात नहीं। तेरी मामी तुझे माँ से भी ज्यादा प्यार करेगी।' मैंने पूछा, 'और तुम?' उसने गाल पर चुटकी भरते कहा, 'मैं तुझे मामी और चाचा से भी ज्यादा प्यार करूँगा।' मेरी मुरदा देह एड़ी से चोटी तक सिहर उठी। उसने तुरन्त मेरी कमजोरी भाँप ली। फिर उसके हाथ मेरी छाती पर आकर ठहर गए। मैंने न तो उसके हाथ हटाने की कोशिश की और न करवट ही बदली। मामा को मेरी काफी चिन्ता थी। उसने कहा, 'उस समय तुझे सुबकते देखकर मुझे लगा कि तेरे पेट में तकलीफ है।' यह कहकर उसने पेट की पड़ताल करनी चाही। अँधेरे में फिर चूक हो गई। मामा का हाथ मेरी नाभि के नीचे फिरने लगा। तब तो उसे जरूर पता लग जाना चाहिए कि यह पेट नहीं है। फिर भी उसका हाथ वहीं फिरता रहा। तुम भरोसा करो-न-करो, भयङ्कर ग्लानि के मारे मुझे प्रतिरोध करने की भी सुध-बुध नहीं रही। ग्लानि भी पात्र-कुपात्र देखकर की जाती है। मेरे भीतर का सब-कुछ संज्ञाहीन हो गया था या उसमें नया बोध जागा था, आज दावे के साथ कुछ भी नहीं कह सकती। मेधावी आचार्य इसका जो भी अर्थ लगाएँ, उनकी मरजी, मैं प्रतिवाद की धृष्टता भी नहीं करूँगी। क्योंकि मेरा मन मुझसे अधिक और कोई नहीं जानता।

'पूरी तरह आश्वस्त होने के लिए मामा को और किसी आधार की जरूरत नहीं थी। उसने तीन बार मेरी जिन्दा लोथ के साथ अपना रिश्ता निभाया। इतनी गिनती तो मैं अजाने अपने-आप ही सीख गई थी। अब मामी का माँ से अधिक प्यार आजमाने की मुझमें वह शक्ति ही नहीं थी। रात का अँधियारा बीतने के पहले ही चुपचाप दबे पाँव ननिहाल से रवाना हो गई। किसी भी औरत के लिए इससे बड़ी तीर्थ-यात्रा और क्या होगी? मामा पुण्य अर्जित करने के लिए चौथी बार आया भी हो तो उसे खाट बिल्कुल सूनी मिली होगी। मामी को जगाकर उसने क्या कहा, क्या नहीं, मैंने उसे जानने की कभी चेष्टा नहीं की। फिर ननिहाल से फैली अफवाहें मेरे घर तक भी पहुँचीं। मैंने न खण्डन किया और न कोई सफाई दी।

'ननिहाल की बस्ती से भागते-भागते बाहर आई तो मैंने मन-ही-मन अँधेरे को प्रणाम किया। उसके सघन साँवलेपन का महत्त्व पहली बार समझ में आया। सूरज के क्रूर उजाले के बीच क्या मैं उस तरह भाग सकती थी? बेतहाशा दौड़ते-दौड़ते मैं बड़ी अजीब व अनहोनी बातें सोचने लगी कि मैं इस तरह सदैव भागती रहूँ तो कैसा रहे? इस अँधियारे को लाँघती हुई, आकाश के तारों को पीछे छोड़ती हुई, सूरज के निरमोही उजाले को पार करती हुई, चाँदनी से पीछा छुड़ाती हुई, धरती

का छोर न आए तब तक इसी तरह भागती रहूँ, तभी एक दिन अपने मन-चीते ठिकाने पहुँच जाऊँगी। भागते-भागते ननिहाल कितना पीछे छूट गया और पीहर कितना पास आ गया, मुझे इसका भी कुछ एहसास नहीं था कि उस बीच धवल वेश पहने मुझे सामने आती एक औरत दिखाई पड़ी। क्या वह भी अपने ननिहाल या पीहर से भागकर कहीं अन्यत्र जा रही है? शायद भागते-भागते दम फूल गया तो बेचारी सामान्य चाल से अभी-अभी चलने लगी हो। पास पहुँची तो उसने बाँहें फैलाकर मुझे रोकने का प्रयास किया। वह भाँप गई कि उसके रोकने से मैं रुकने वाली नहीं हूँ। मैं तो बस अपनी ही धुन में रास्ते से टलकर और तेजी से भागने लगी। पीछे से मीठी झङ्कार सुनाई दी—'रुको, रुको बिटिया।' बस, उस अलौकिक झङ्कार के साथ ही जैसे मैं वहीं-की-वहीं गड़ गई...।'

'तब तो वह जरूर मेरी मीठी-माँ होगी?'

'वह कोई तुम अकेले की मीठी-माँ नहीं है, मेरी भी है। सबकी है। पुचकारकर बोली, 'इस तरह भागकर कहाँ जाओगी? औरत के लिए कहीं बचाव की ठौर नहीं है।' फिर वह मेरे सिर पर दाहिना हाथ फेरने लगी। बाएँ हाथ में भोजन का पात्र लटका हुआ था। उसके हाथ का सुकोमल परस पाते ही मेरे आँसुओं का बाँध ढह पड़ा। और मैं कटी डाल की तरह उसकी छाती पर हुलस पड़ी। झार-झार रोने लगी। तब उसके दोनों हाथ मेरी पीठ सहलाने लगे। जब मेरे भीतर की धधकती आग आँसुओं के रूप में उफनकर पूरी शान्त हुई तो मैंने मुँह उठाकर उसका चेहरा देखा। मानो काँच में अपनी ही सूरत निहार रही हूँ। बड़ा अचरज हुआ। भला मैं साध्वी कब से हुई? और मेरे सामने ननिहाल से भागी यह दुखियारी कौन है? दो-तीन बार आँखें टमकारकर उसके चेहरे पर नजर गड़ाई तो एक दूसरी ही अनुभव छवि उजागर हुई, जिसका इस दुनिया में कोई सानी नहीं है। उसके नङ्गे पाँवों पर धूल तो अवश्य जमी थी, फिर भी उसके भीतर ममोलियों-सी कसमूल झाँई साफ झलक रही थी। अकस्मात् मेरे होठों से एक ऐसा सवाल उछल पड़ा, जो इस दुनिया में और किसे भी पूछ नहीं सकती थी। उसकी अखण्ड ममतामयी आँखों में टुकुर-टुकुर निहारते मैंने पूछा, 'अब मैं कहाँ जाऊँ माँ?'

'केवल अपने ही पास! इसके अलावा औरत के लिए कोई दूसरी ठौर नहीं है। तुम्हें हर बार अपने ही पास लौटकर आना होगा।'

'नहीं, अब तो छाया की तरह मैं हरदम तुम्हारे साथ रहूँगी।'

'मेरा कोई ठिकाना है भला? मैं तो खुद सूरज की छाया हूँ। दीन-दुखियारों की सुधि लेती हुई हर घड़ी हवा की तरह भटकती रहती हूँ। कुछ दिन मेरे साथ रहकर तू स्वयं अपने-आप समझ जाएगी। तेरे गाँव के मठ से ही आ रही हूँ। चल मेरे साथ, वापस वहीं चल।'

'नहीं माँ, कहीं और चलो किसी, चाहे मसान में ही सही, जहाँ नर नाम

का कोई पञ्छी तक न हो।'

'तब तो उनकी मनमानी इसी तरह चलती रहेगी। उनके बीच रहकर ही उन्हें परास्त करना है। मैं भी तो कई बरसों तक इसी भरम में जीती रही। आखिर भटकते-भटकते औरतों के आँसुओं में ही मुझे ज्ञान के सारे मोती मिल गए। इसके अलावा दुनिया में ज्ञान का एक तुस भी नहीं है।'

'फिर मैं माँ के साथ गाँव के मठ में तीन दिन तक रही। पर वहाँ उसने मुँह से बोलकर मुझे कुछ भी नहीं बताया। फकत सिर पर हाथ फेरती और मेरे अन्तस् में ज्ञान के नए-नए स्रोत फूटते रहते। तीसरे दिन विदाई के समय उसने मुझे तीखी धार वाला यह हँसिया सौंपते कहा, 'आवेश की बजाय अपने विवेक से वक्त पर इसे काम लेना, वह अहिंसा ही होगी। अपने देश की औरतों को इसी अहिंसा की सबसे ज्यादा जरूरत है। जब भी तू चितारेगी, तेरे पास मौजूद रहूँगी। मानो तेरे अन्तस् में ही बसी होऊँ।'

'मीठी-माँ का वैसा प्रोत्साहन पाकर तो एक चींटी भी हाथी से जा भिड़े, फिर मैं तो तीन हाथ की औरत थी। घाघरे की चीण में हँसिया खोंसकर मैंने उसके पाँव छुए और बेधड़क अपने घर चली आई। कोई चारेक दिन मुश्किल से बीते होंगे। चाचा को तो चाट लगी हुई थी। उसने बाड़े में पचावे के पीछे फिर वैसी कुचेष्टा करनी चाही तो मैंने उसी वक्त धारदार हँसिया निकालकर उसे दिखाया। दाँत पीसकर कहा, 'खबरदार, अब सपने में भी ऐसी हरकत की तो एक ही झटके में गला चाक कर दूँगी।' वह खाली हाथ था। फिर भी मैंने उसे इतना कायर नहीं समझा था। मुँह में तिनका लेकर मेरे पाँवों पर गिर पड़ा। रिरियाते बोला, 'तेरे पाँव पड़ता हूँ किसी से कहना मत। धूड़-खानी हो गई। आज से तू मेरी सगी बेटी के समान है।' मैंने गुस्से में थूककर कहा, 'सगी बेटी...! वह ससुराल नहीं होती तो उससे पूछकर पता करती कि उसके साथ तुमने मैला खाया है कि नहीं।' '

इस बार पति के उतावले होंठ देखकर बहू ने टोकने की बजाय पूछा, 'कुछ कहना चाहते हो?'

'हाँ, अङ्गारों की नाईं दहकते इन आखरों को सुनकर मेरी जबान पर भी कुछ-कुछ सान चढ़ने लगी है। तुमसे मिलने के पहले मैं चींटी को भी बचाकर चलता था। खैर, छोड़ो भी! अपनी बात बाद में बताऊँगा। बोलो, फिर क्या हुआ?'

'जो होना था, वही हुआ। दूसरा कुछ हो भी क्या सकता था? मुझसे आँखें मिलाने की बात तो दूर, चाचा मेरे सामने तक आने की हिम्मत नहीं कर सका। धीरे-धीरे मेरा हौसला भी छीजने लगा। मीठी-माँ की सङ्गत से मेरी अन्दरूनी शक्तियों में उफान आ जाता था। वे कई गुना बढ़ जाती थीं पर उसके बिना वे शक्तियाँ सङ्कुचित होने लगतीं। उसके हाथ से जिस शुभ घड़ी में हँसिये की मूठ थामी थी, वह मुझे हजार दुधारी तलवारों से ज्यादा भारी लगा। पर धीरे-धीरे उसकी धार मेरे

मन में भोथरी पड़ने लगी। मैं फिर अपने-आपको असहाय महसूस करने लगती। तब मीठी-माँ के सुमिरन से मेरे मन में आत्म-विश्वास दहाड़ने लगता। कई बार अकारण ही स्वयं को सर्व-शक्तिमान् समझने लगती तो कई बार एकदम निरीह। मन की चाशनी के तार बदलते रहते। साँझ, आरती और रात के अँधियारे की ऐसी दहशत मन में पैठी कि उनकी याद आते ही मैं काँप-काँप उठती। मन-ही-मन सोचती कि दुनिया में साँझ और रात होती ही क्यों है? कुछ दिन तो डरते-घबराते किसी तरह बीते मानो आधी उम्र उलट गई हो। हरदम किसी अज्ञात भय से चौंक-चौंक उठती। यहाँ तक कि पेड़-पौधों पर भी भरोसा न रहा—कहीं मेरे साथ वे बलात्कार न कर बैठें। उनसे बचकर चलती। टहनी-टहनी से डर लगता।

'एक दिन बापू ने जस-तस हिम्मत जुटाकर कहा, 'अन्दाता ने याद फरमाया है।' मैंने सहमकर उनकी ओर देखा। उन आँखों पर विश्वास करना ही बेकार था। अब तो अपना विश्वास ही काम आएगा। दूसरे ही पल मेरा भय न जाने कहाँ चला गया। सिर झुकाकर बोली, 'जब आप कह रहे हैं तो जरूर चलूँगी।' सुनकर बापू को खुशी तो क्या हुई होगी? उनकी मजबूरी धीरे-धीरे समझने लगी थी। उस दिन भी बड़ी देर बाद साँझ हुई। माँ ने पहले की तरह मुझे सजाया। डावड़ियाँ ठाकुर के रङ्ग-महल में मुझे ले गईं तब तक वह दारू का दौर खतम कर चुका था। मेरी प्रतीक्षा में शायद उसका भी एक-एक पल बड़ी मुश्किल से कटा होगा। मैं पलङ्ग पर बैठ भी नहीं पाई थी कि वह लड़खड़ाता हुआ मेरी ओर बढ़ा। उसकी गलमूँछों का मुझे बिल्कुल डर नहीं लगा। घी की पीली जोत का उजास फकत रङ्ग-महल में ही नहीं, मेरे अन्तस् में भी उतरने लगा। घाघरे को ऊँचा करके वह मेरे होंठ चूमने के लिए झुका ही था कि उसके मुँह से एक भयानक चीख निकली। मैं हड़बड़ाकर उठ बैठी। ठाकुर पलङ्ग पर लुढ़क गया। हँसिये के एक ही झटके में उसकी सारी मर्दानगी छूमन्तर हो गई।

'किवाड़ खोलकर बाहर निकली तो सामने ठकुरानी के साथ कुछ डावड़ियाँ सहमी-सहमी नजर आईं। मैंने घृणा से मुँह मस्कोरकर ठकुरानी के माथे पर ठाकुर की मर्दानगी फेंकते कहा, 'यह सँभालो अपने पति की धरोहर।' मैंने खून सने हँसिये को ऊपर उठाकर देखा—ठकुरानी की माँग लहू से भर गई थी। उसका ललाट खून से लिथड़ गया था। ठाकुर की चीत्कारें दीयों के उजास को चीर रही थीं। मुड़कर बाहर जाने लगी तो ठकुरानी ने पीछे से पुकारकर कहा, 'जरा ठहरो, तुम्हें इस तरह जाने नहीं दूँगी।' मैंने हँसिये को और ऊपर उठाते कहा, 'देखूँ, मुझे कौन रोकता है? जिसे अपनी मर्दानगी का जोम हो, वह आगे आए।' कोई अपनी जगह से नहीं हिला। पर ठकुरानी सहज भाव से चलकर मेरे पास आई। पुचकारकर बोली, 'बिटिया, तेरे एक हँसिये से पार नहीं पड़ेगा। मैं ठकुरानी होते हुए भी तीन साल से दुहाग भुगत रही हूँ। तुझे रथ में अपने पास बिठाकर महारानी के पास

ले जाऊँगी। इस ठिकाने की छोटी ताकत फकत उसी से दबेगी। और मुझे यों भी महारानी से मिलना था। भीतर-ही-भीतर कब तक सुलगती रहूँ।'

'फिर उन्होंने हाजरियों को आदेश दिया कि फौरन रथ तैयार करें। वे अभी इसी वक्त रवाना होंगी। ठाकुर की मुँहलगी डावड़ी ने धीमे-से कहा, 'अन्दाता को इस हालत में छोड़कर आप राज-दरबार जाएँगी?' वे घृणा से मुँह बिगाड़कर बोलीं, 'भुगतें अपनी करनी। आखिर एक लड़की ने अपने सत् का चमत्कार बता ही दिया। आज भी धरती निर्बीज नहीं हुई है। गढ़ के कारिन्दे इसे यहाँ जिन्दा रहने देंगे?'

' 'मेरी चिन्ता आप न करें, मुझे अब मरने का डर नहीं है।' मेरी चेतना के परे ही मेरे मुँह से ये बोल छिटक पड़े।

'उन्होंने दुलार से कहा, 'तू चुप कर बिटिया! तुझे जो करना था, कर दिखाया। अब मुझे भी तो कुछ करने दे। आज से मेरी आसीस हमेशा तेरे साथ रहेगी।' फिर ठिकाने के कारिन्दों की ओर देखकर उन्होंने सख्ती के साथ कहा, 'जिसने भी इस पर हाथ उठाया, उसकी खैर नहीं है। पहले अपने अन्दाता को सँभालो। अभी जिन्दा हैं। शायद मौत भी अपने बलात्कार के डर से इनके पास नहीं फटकेगी। चलो बिटिया।' अचानक उन्हें एक बात और याद आई। पीछे मुड़कर उसी सख्त लहजे में बोलीं, 'यदि किसी ने भी इसके घर की ओर मुँह किया, चमड़ी उधड़वा दूँगी, समझ लेना।'

'उनके साथ रथ में बैठते ही मुझे ऐसा लगा कि जैसे मेरे भीतर कोई झरना बाहर निकलने के लिए पछाड़ें खा रहा हो। फिर रुलाई रोकना मेरे बस की बात नहीं रही। उनकी छाती में मुँह छिपाकर झार-झार रोने लगी। ननिहाल की तीर्थ-यात्रा के बाद जब माँ से मिली तो मेरी गीली आँखें स्वतः सूख गई थीं। ठकुरानी ने न तो मुझे कुछ दिलासा ही दिया और न मुँह से कुछ बोलीं। वे हलके-हलके हाथों से मेरी पीठ सहलाने लगीं। मैंने चौंककर ऊपर देखा। रथ में इस तरह अचानक मीठी-माँ कहाँ से आ गई। धुँधलाई आँखें पल्लू से पोंछकर फिर गौर से देखा—कभी ठकुरानी की सूरत नजर आती, कभी मीठी-माँ की। कभी-कभार आँखों की जोत इस तरह भ्रम में डाल देती है। आँखों से अधिक मुझे अपने आँसुओं पर एतबार था। फिर उनकी छाती पर मत्था टेककर रोने लगी। उनके हाथों का परस और भी धीमा होता रहा, जैसे उनके भीतर की शक्ति क्षीण होती जा रही हो। कुछ देर बाद निपट सूखे गले से बोलीं, 'पति से हथलेवा जोड़कर जब से इस गढ़ में आई रात-दिन रोते-रोते मेरे आँसू ही खूट गए। इस तरह तो समन्दर का छेह भी आ जाए।' मैं सोचती थी कि ठकुरानी के सुख का क्या पार? पर विधाता ने औरत को न जाने किस सनक में सिरजा कि वह न तो झोंपड़ी में सुख से रह सकती है और न गढ़ में। उनकी आपबीती सुनकर मेरे आँसू अपने-आप थम गए। उलटा मुझे उन पर तरस आने लगा। लम्पट पति को उन्होंने समझाने का कसूर किया

तो वह बिगड़ैल घोड़े की तरह बिदक गया। नशे की खुमारी में उन्हें धमकी दी कि उपदेश बघारना बन्द नहीं किया तो उनकी आँखों के सामने रङ्गरलियाँ मनाएगा। अपने वचन से पीछे हट जाए तो वह पुरुष ही क्या? फिर वह कोई मामूली पुरुष नहीं था। बारह गाँव का ठाकुर था। ऐसी कजरारी गलमूँछें जिन्हें देखकर एक बार तो रीछ भी सहम जाए। बार-बार धमकाने पर भी जब ठकुरानी अपनी नसीहतों से बाज नहीं आई तो वह उन्हें कोड़े मारने लगा। कोई वेश्या भी दूसरी औरत के साथ अपने यार की रङ्गरलियाँ नहीं देख सकती। तब वे तो उसकी विवाहित ठकुरानी थीं। चुट्टा पकड़कर घसीटने से वे रङ्ग-महल में आ तो गईं, पर जान से मारने की धमकी सुनकर भी जब उन्होंने आँखें नहीं खोलीं तो पति का पौरुष तिलमिला उठा। तलवार की मूठ थामने वाले हाथों से खुद ठाकुर ने पत्नी के अङ्ग में मिरचों की लुगदी दाबी। डावड़ियों ने कहा नहीं माना तो उनकी कोड़ों से धुनाई की। हाथ-पाँव बँधी ठकुरानी तीन दिन तक ताले में बन्द छटपटाती रही। आखिर ठाकुर ने ही हारकर एक डावड़ी के सिर पर चाबी दे मारी। उसके बाद ठाकुर ने मुँहजोर पत्नी की सूरत नहीं देखी। माँ-बाप किस आशा से बेटी को ससुराल भेजते हैं और उस पर क्या बीतती है? कुछ भी बीते पतिव्रता पत्नी को आह तक भरने का अधिकार नहीं है। पर पति के साथ चिता में जलकर उसे सती होने की पूरी छूट है।

'राज-दरबार में पहुँचने पर महारानी ने ही बताया कि ठकुरानी उनकी भतीजी है। बड़ी धूमधाम से उनका ब्याह रचाया था। सारी बातें ध्यान से सुनने के बाद वे ठकुरानी पर चिढ़ती हुई बोलीं, 'तुम्हें कुछ दिन ठहरकर आना चाहिए था। यदि वह मर गया तो उसे सजा देने की मन में रह जाएगी। अब बिना ढील किए अपने साथ राज-हकीम को ले जाओ। इस तरह का इलाज करने में पूरा उस्ताद है। यदि इसके पहुँचने तक नहीं मरा तो मैं उसे अच्छी तरह समझ लूँगी। तुम भले ही उसकी सूरत मत देखना, पर इलाज में किसी तरह की कोई खामी न रहे, यह तुम्हारी जिम्मेवारी है। हरामी ने ऐसे दयालु राजा की मर्यादा का भी ध्यान नहीं रखा। खाना खाकर झटपट रवाना हो जाओ।' फिर उन्होंने मेरी पीठ थपथपाकर मेरा लाड़ किया। कहा, 'मेरी बहादुर बिटिया, जब भी यहाँ आने की इच्छा हो, सीधी चली आना। सभी पहरेदारों को हिदायत करवा दूँगी।' 'खाने की इच्छा ही मर गई थी। फिर भी महारानी की मनुहार माननी पड़ी। उन्होंने अपने पास बिठाकर मुझे चाँदी के थाल में खाना खिलाया।'

'गढ़ में वापस लौटते ही सबसे पहले नाई ने खुशखबरी सुनाई कि अन्दाता जिन्दा हैं। उसी ने रात-दिन तीमारदारी की। मैंने मन-ही-मन सोचा कि अब चाहे जितने बरस खुशी से जिन्दा रहें, किसी भी लड़की को याद फरमाने की जरूरत नहीं पड़ेगी। फिर उस नाई ने झेंपते हुए बताया कि अन्दाता ने लाज के मारे मूँछें मुँडवा लीं। जब मूँछें ऐंठने की बात ही बीत गई तो मूँछें किस काम की? इलाज

करने वाले राज-हकीम पर झुंझलाहट दरसाते हुए बार-बार कहते, 'अब जिन्दा रहने में सार ही क्या है रे, तूने मुझे मरने क्यों नहीं दिया?' उसकी बातें सुनने के लिए किसी ओर से दिलचस्पी नजर नहीं आई तो वह अपने-आप चुप हो गया, वरना काफी बकझक करता। ठकुरानी ने मेरी ओर देखकर कहा, 'अब तू निश्चिन्त होकर अपने घर जा, मुझे तो इसी नरक में जीना-मरना है। राजघराने में जन्म लेकर जो काम मैं नहीं कर सकी, वह तूने कर दिखाया। इसके लिए तेरा एहसान मानूँगी। कोई भी काम हो तो मुझे निःसङ्कोच बताना। मीठी-माँ ने मुझे तेरी काफी भोळावन दी है। मुझे भी उसने हँसिया देना चाहा था, पर ले न सकी। मुझमें तुझ जैसे विवेक की पूरी कमी है।' '

पति ने आश्चर्य से पूछा, 'क्या मीठी-माँ की यहाँ भी पहुँच है?'

'उसकी पहुँच कहाँ नहीं है?' बहू गुमान के साथ कहने लगी, 'वह सबकी माँ है—क्या गरीब की, क्या अमीर की, क्या बच्चे की, क्या बूढ़े की! और तो और खुद महारानी भी बड़े आदर के साथ उसकी सीख मानती हैं। जङ्गल के हिंसक जानवर तक उसके पैरों में लोटते हैं, मैंने खुद अपनी आँखों से देखा है।'

'कब? तुमने मुझे बताया ही नहीं?'

'अब एक ही मुँह से क्या-क्या बताऊँ?'

'पर यह बात तो मुझे सबसे पहले बतानी चाहिए थी। वह मुझे जितना प्यार करती है, उतना किसी को नहीं करती।'

'सबको ऐसा ही भरम है। मैं सोचती हूँ कि वह मुझे सबसे ज्यादा स्नेह करती है। शायद शेर, साँप या चीतों का भी यही मानना है।...हाँ तो मैं क्या कह रही थी, बीच में टोककर सब भुला दिया। थोड़ी देर चुप नहीं रह सकते? मीठी-माँ का प्रसङ्ग छिड़ा नहीं कि अबूझ बच्चे की तरह बहक जाते हो। अब तुम्हीं बताओ मैं क्या कह रही थी?'

'वाह! तुम्हारे मन की बात मैं कैसे बताऊँ?'

'जैसे मेरा सपना बताया था।'

'मैंने बताया कहाँ, वह तो आया था सो याद रह गया।'

'बस, मुझे भी याद आ गया।...बार-बार मना करने पर भी ठकुरानी ने मुझे अपने घर रथ में पहुँचाया। तब एक घड़ी दिन मुश्किल से चढ़ा था। बापू बैलों की नीरनी के लिए जा रहे थे। मुझे देखते ही इस तरह चौंके, मानो कोई डायन मिल गई हो। चीपटे का भारा नीचे गिर पड़ा। हकलाते हुए पूछा, 'तूने यह क्या किया, बड़भागिन?' चुप रहने की बजाय उस वक्त जवाब देना जरूरी था। मैंने हँसिया आगे करते कहा, 'मैंने कुछ नहीं किया, जो किया इस हँसिये ने किया। मैं करती तो पहली बार क्यूँ चूकती भला? आप ही तो हमेशा कहते हैं कि होनी होकर रहती है। जब भी अन्दाता याद फरमाएँ, मुझे बता देना।' कोई सुन न ले

इस कारण उन्होंने डरते-डरते धीमे से कहा, 'क्या याद फरमाएँ, किसे याद फरमाएँ यह बूता ही नहीं रहा। अब तो अगले जनम में ही याद फरमाएँ तो फरमाएँ।'

'क्या अगले जनम में भी आप उनकी हाजरी बजाएँगे?' उन्हें बैलों की चिन्ता मुझसे अधिक थी। कुछ भी जवाब न देकर वे चुपचाप गट्ठर उठाकर बाड़े की तरफ चल दिए।'

बहू बोलते-बोलते हठात् चुप हो गई। पति की सूरत में कुछ बदलाव नजर आया तो उसने पूछा, 'अचानक क्या सोचने लग गए? ध्यान से सुन रहे हो कि नहीं?'

'खूब ध्यान से सुन रहा हूँ।' पति ने गम्भीरता-पूर्वक जवाब दिया, 'तुम्हारा एक-एक आखर मुझे भीतर से मथ रहा है, हूबहू मीठी-माँ की अमृत-वाणी के समान। कई बार संन्यास लेने की इच्छा हुई, पर बच गया। शायद इसीलिए कि तुम्हारी बातें सुनने की अजानी लालसा ज्यादा बलवती थी, वरना कब का संन्यासी हो जाता।'

बहू ने परिहास के भाव से कहा, 'संन्यासी होने में क्या कसर बाकी है। तुम तो बुद्ध या महावीर भगवान से फकत सात सीढ़ियाँ ही नीचे हो। मुझे डर है कि कहीं और ऊपर न चढ़ जाओ।'

'इस मचान से भी ऊपर? कोई जिन्दा स्वर्ग भी ले जाए तो हामी नहीं भरूँ। पर अभी-अभी जो बात ध्यान में आई, तुम नाराज न हो तो बताऊँ।'

'क्यूँ, चूरमा खाने का मन हो रहा है? मैं नाराज होती हूँ, तभी चूरमा खिलाती हूँ। मेरे क्रोध की रङ्गत अभी तुमने देखी नहीं है? ठाकुर से भेंट हो तब पूछना। तुमसे नाराज हुई तभी तो दौड़ते-दौड़ते भाता लेने गई और दौड़ते-दौड़ते ही वापस लौटी। दौड़ी तो ननिहाल से भी थी। पर दौड़ने-दौड़ने में क्या अन्तर है, जिस दिन अच्छी तरह समझ लोगे, फिर कुछ भी समझना शेष नहीं रहेगा।'

वह आगे भी कुछ कहने जा रही थी कि पति उतावली दरसाते बीच में बोला, 'अपनी समझदारी की बात अचानक ध्यान में आई, वही तो तुम्हें बताने जा रहा था। लोग चाहे मुझे ढोर कहें या निपट गँवार, पर आज पहली बार अपनी समझ का मुझे गुमान हुआ। तुम्हारे हाथ से तभी तो बचा हूँ, वरना ठाकुर की तरह गावदी होता तो मेरी भी वही गत बिगड़ती। मुझे बेवकूफ बनाने की तुमने क्या कम कोशिश की है?'

बहू ने खिल-खिल हँसते कहा, 'लेकिन अब बेवकूफ नहीं बने तो मैं सचमुच नाराज हो जाऊँगी। नतीजा तुम सोच लो। अब मेरे सामने ज्यादा समझदारी मत छौंकना, समझे?'

पति ने हँसते हुए कहा, 'जितना समझना था, कल रात मेड़ी में ही सब समझ गया। अब और कुछ भी समझने की जरूरत नहीं है।'

'पर मुझे तुम्हारी समझदारी की बजाय मूरखता की ज्यादा जरूरत है, यह तुम समझते क्यों नहीं? मूरखता में जितनी ताकत होती है, उतनी समझदारी में नहीं। गाँव के सभी समझदारों की तरह मेरे बापू भी तो पूरी समझदारी से चलते हैं। समझदारी न करें तो सबका जीना दूभर हो जाय।'

'ऐसी समझदारी भगवान मेरे दुश्मन को भी न बख्शे।'

'तुम्हारा कोई दुश्मन है भी?'

'अब तक तो कोई नहीं था पर अब चारों ओर दुश्मन ही दुश्मन होंगे।'

'क्यूँ ऐसी क्या बात हुई?' बहू ने जानते-बूझते शङ्का की।

'बात तो हुई जैसी ही हुई है। यह मत समझना कि मैं चुपचाप सुन रहा हूँ। तुम्हारा एक-एक बोल मेरे भीतर तूफान मचा रहा है। पर पहले तुम्हारी रामायण पूरी हो जाए तो अपनी कहूँ। तुम्हारी तरह कह तो नहीं पाऊँगा, पर अण्ट-शण्ट जो भी कहूँ, तुम ठीक तरह समझ लेना।'

'मेरी तरह बीते तो अपने-आप कहना हो जाता है। किसी से सीखने की जरूरत नहीं पड़ती।'

'मीठी-माँ से भी नहीं?'

'मुझ पर ऐसी बीती तभी तो मीठी-माँ से मिलना हुआ। मीठी-माँ यों आसानी से थोड़े ही मिलती है? वह बेचारे भगवान जैसी नहीं है कि भक्त के चितारते ही उसे उबारने दौड़ पड़े।'

'जहाँ गाँव है, ठाकुर है, वहाँ सभी में ऐसी बीतती है, पर तुम्हारी तरह उससे सीखता कौन है? जीने का मोह, परिवार का मोह आदमी के पतन का सबसे बड़ा कारण है और वह कभी मिटेगा नहीं।'

'फिर यहाँ परिवार बढ़ाने क्यों आए?'

'केवल तुम्हारे भरोसे कि तुम मुझे इस पतन से बचा लोगी।'

'नहीं, इस धोखे में हरगिज मत रहना। मेरी कामना, मेरे सपने तुमसे बिल्कुल अलग हैं। पहले मेरी बात तो पूरी कर लूँ।...तो राज-हकीम के उपचार से ठाकुर तीन महीने में घोड़े पर चढ़ने के काबिल हो गया। पर गढ़ के बाहर निकलने में उसे सङ्कोच होने लगा। गाँव के सभी समझदार मोतबरों ने वापस मूँछें रखने के लिए अरदास की, पर उसने किसी की नहीं मानी। ऐसा अड़ियल ठाकुर बीस-बीस कोस में नहीं है। ठकुरानी और महारानी के डर से मेरे किसी घरवाले को सताने में उसकी हिम्मत नहीं हुई। बड़ों की बहादुरी सिर्फ कमजोर पर दहाड़ती है। मेरे बापू ने माँ को बताया कि जिस तरह कोई बच्चा खिलौना खो जाने पर रोता है, उसी तरह ठाकुर उनके सामने रोया था। रोते-रोते ही उसने बापू को उलाहना दिया कि अपनी बेटी का ऐसा स्वभाव था तो उसे गढ़ में लाने की भूल क्यों की? असली कसूरवार उसने बापू को ही ठहराया। लेकिन कर कुछ भी नहीं सका, मन-की-मन

में रह गई। शायद महारानी के आतङ्क से दिल में गालियाँ भी नहीं दी होंगी। समझदारी के तो रङ्ग-ढंग ही निराले हैं। और दुनिया का सारा प्रपञ्च समझदार होने के लिए ही है। गाँव के सभी लोग अपनी-अपनी समझदारी में डुबकियाँ लगा रहे थे कि एक दिन अचानक महारानी की पालकी गढ़ के सामने उतरी। आठ कहार बारी-बारी से अपने कन्धों पर पालकी ढोते हुए राज-दरबार से यहाँ आए थे। चार दिन लगे। महारानी को पुष्कर जाना था। कहारों की जिम्मेदारी यहीं तक थी। आगे ठाकुर और कुँवरों की जिम्मेदारी थी। आठ की जगह सोलह रिश्तेदार होने पर ही काम चलता। क्योंकि कहारों की तरह उन्हें चलने का अभ्यास नहीं है।

'सारे गाँव में सन्नाटा छा गया, जैसे साँस लेने के लिए हवा ही समाप्त हो गई हो। एक-दूसरे से आँखें मिलाने की हिम्मत नहीं रही। क्या बादलों के बिना भी इस तरह बिजली गिर सकती है? महारानी ने कोड़ा फटकारते हुए ठाकुर को समझाया कि जिस किसी के डगमगाने से उन्हें धक्का लगा तो उसकी पीठ पर कोड़े बरसेंगे। पर ठाकुर की समझ में थोड़ी खामी रह गई। कहारों के उनमान वह खुद अपने कुँवरों के साथ पालकी में जुते, भला ऐसी अनहोनी बात पर कैसे विश्वास किया जाए? उसने हाथ जोड़कर अरज की, 'आपका आदेश हो तो सोलह की बजाय हजार हाजरिये खड़े कर दूँ।'

'तब महारानी ने साफ शब्दों में कहा, 'और किसी भी हाजरिये को तकलीफ देने की जरूरत नहीं, तुम्हें ही अपने कुँवरों के साथ चलना है।' उसने फिर अविश्वास के भाव से पूछा, 'क्या मैं कहारों की तरह पालकी उठाऊँ और ठेठ पुष्कर तक चलूँ?'

'महारानी ने कड़ककर कहा, 'पहले सेज के आनन्द में कमी रखते तो आज यह आफत नहीं आती। ठिकाना कायम रखना है तो जल्दी तैयार हो जाओ। तुम्हारी बकवास सुनूँ जितना मेरे पास समय नहीं है। जूते बेकार ही घिसेंगे, इसलिए तुम्हें नङ्गे पाँव ही चलना है।' ठाकुर की घिग्घी बँध गई। ठिकाना बचाने की खातिर तो वह ठेठ हरिद्वार तक पालकी ढो सकता है। बहुत सस्ते में छूटा।

'गढ़ के बाहर काफी भीड़ इकट्ठी हो गई थी। ऐसी अचीती खुश-खबरी सुनकर मैं तो सबसे पहले दौड़कर पहुँची थी। महारानी ने एक ही नजर में मुझे तुरन्त पहिचान लिया। उन्होंने हाथ के इशारे से मुझे अपने पास बुलाया। जब मैं पालकी के पास पहुँची तो उन्होंने अत्यन्त स्नेह के साथ पुचकारकर पूछा, 'क्यूँ बिटिया, मेरे आदेश की ठीक पालना तो हुई? तुझे किसी ने डराया-धमकाया तो नहीं?' मैंने सिर हिलाकर मना किया। फिर उन्होंने ठाकुर की पीठ पर कोड़ा फटकारते कहा, 'सुनते नहीं हो, उठाओ पालकी।' कोड़े की भाषा तत्काल समझ में आ गई। नीचे झुककर पालकी उठाई। तीनों कुँवर तो पहले ही मुस्तैद थे। जेठ

की लू जमीन को सेंक रही थी। पालकी कोई सौ सवा-सौ कदम मुश्किल से चली होगी कि ठाकुर बेहोश होकर नीचे गिर पड़ा। तीनों कुँवर सँभले तब तक पालकी भी लुढ़क पड़ी। महारानी को चोट तो नहीं आई, पर गुस्सा भभक उठा। ठाकुर की पीठ पर दनादन कोड़े फटकारने लगी। ठाकुर तिलमिलाकर उठा। पालकी फिर आगे चलने लगी। मैंने सोचा कि ठाकुर बेहोश होकर गिर पड़ेगा। पर बड़े अचरज की बात न ठाकुर नीचे गिरा और न कोई कुँवर ही। बत्तीस रिश्तेदार साथ थे। कुछ देर बाद सोलह सशस्त्र घुड़-सवार हाजिर हुए। मैं एकटक ठाकुर के नङ्गे पाँवों की तरफ देख रही थी। मुझे उसके अलावा कुछ भी और ध्यान नहीं था। मेरे पाँवों में जूते थे और बारह गाँव का ठाकुर नङ्गे पाँव। बेसुध-सी पालकी से सटकर चल रही थी। रानी ने पालकी रुकवाकर कहा, 'अब तुम वापस लौट जाओ, बिटिया। बाकी सारी भीड़ छँट गई, फकत तुम अकेली रह गई हो।' मैंने चारों तरफ देखा—पालकी के आगे-पीछे सोलह घुड़-सवारों के अलावा कोई नहीं था। मैंने हठ करते कहा, 'नहीं, मैं ठेठ पुष्कर तक चलूँगी।'

'तब रानी ने स्नेह-पूर्वक मुस्कराते कहा, 'तुझे आशङ्का है कि मैं इस कंस को बीच में छोड़ दूँगी? तुम्हारा शील तो मैं वापस लौटा नहीं सकती, पर इस दोगले को सजा देने में कसर नहीं रखूँगी।' फिर न जाने क्या सोचकर उन्होंने पालकी नीचे रखने के लिए कहा। मेरा हाथ खींचते बोली, 'आओ, तुम भी अन्दर बैठ जाओ। अगले गाँव उतार दूँगी।' मैं उनके मन की बात अदेर समझ गई। चुपचाप पालकी में बैठ गई। पालकी रवाना होते ही मेरे कान से मुँह सटाकर बोलीं, 'तुम्हारी तरह वह मेरी भी मीठी-माँ है। उसका आदेश मैं टाल नहीं सकती।' यहाँ महारानी की पालकी में भी मीठी-माँ? शायद यह तो भगवान की भी मीठी-माँ होगी! मेरी आँखें भर आईं। मैं बार-बार सोच रही थी कि ठाकुर अब बेहोश होकर गिरा, अब बेहोश होकर गिरा। मेरी वजह से केवल बोझ ही नहीं बढ़ा उसकी आन्तरिक ग्लानि, गुस्सा, शर्म और छटपटाहट भी तो बढ़ी होगी। पर महारानी के आगे उसका कुछ भी जोर नहीं चला। बारह गाँव की जब्ती का डर ही सबसे बड़ा था। पशु के मुकाबले यहीं तो आदमी हजार गुना ज्यादा समझदार है। उसके हिसाब का गोरखधन्धा वही जाने।...अगले गाँव महारानी के कहते ही मैं पालकी से नीचे उतर गई। मुझे दिलासा देते बोलीं, 'तुम किसी तरह का वहम मत रखना। पुष्कर की मानता बोली है। बीच में नहीं उतरूँगी। मीठी-माँ मिले तो कह देना उसके आदेश की पालना हो गई।' रोना चाहने पर भी मेरी आँखों में आँसू नहीं आए। जब तक पालकी और ठाकुर के पाँव ओझल नहीं हुए, उधर ही एकटक देखती रही। पालकी अदीठ होते ही मेरे मुँह से अनायास ही छिटक पड़ा—'महारानी बनूँगी!...महारानी बनूँगी।'

'महारानी बनने का नशा ऐसा चढ़ा कि मैं गाँव लौटते समय रास्ते भर नाचती-गुनगुनाती रही—महारानी बनूँगी।

'अचानक मेरे कानों में किसी पुरुष की आवाज सुनाई पड़ी, 'तू जरूर महारानी बनेगी। तेरे सर पर मुझे मोतियों से जड़ा मुकुट नजर आ रहा है।' चौंककर देखा—मेरे ही गाँव के रामदुवारे का सुण्ड-मुस्तण्ड महन्त। मैंने अदेर घाघर की चीण से धारदार हँसिया बाहर निकाला। पर उस महन्त के भीमकाय शरीर पर भय की छाया तक नहीं। उलटे मुस्कराकर बोला, 'ना, महारानी के हाथ में हँसिया शोभा नहीं देता। सोने के म्यान की तलवार होनी चाहिए। मेरी भविष्यवाणी कभी गलत नहीं होती।'

'मैं हतप्रभ-सी उसके चेहरे की ओर देखती रही। हो न हो, यह जरूर कोई चमत्कारी महन्त है। गाँव में उसे रोज देखती थी, पर मैंने न उसके वेश की कभी परवाह की और न उसके कमण्डल की। क्षण भर के लिए भूल गई कि वह भी तो एक पुरुष है। महारानी बनने की आकांक्षा से मैं बौरा गई थी। मेरी आँखों में आँखें गड़ाकर बोला, 'अब तो महारानी के सिंहासन पर बैठोगी, तभी राजतिलक करने आऊँगा।' इतना कहकर वह अपनी राह चल पड़ा। उसके गुलाबी वेश पर मेरी आँखें गड़ी थीं। अजाने ही मेरे मुँह से निकल पड़ा, 'ठहरिए।' उनके पास जाकर पूछा, 'मेरे मुँह से पागलपन की गुनगुनाहट सुनकर आप मुझे बहला तो नहीं रहे हैं? सच बताइए।'

'तब उस महन्त ने हँसकर कहा, 'महन्त हुआ तो क्या, मरने का डर मुझे भी लगता है। झूठ बोलकर महारानी के कोप से कब तक बचता रहूँगा।'

'मतवाले शराबी की तरह मैं अपना होश-हवास बुरी तरह खो चुकी थी। उसके साथ रामदुवारे में गई। उसकी आत्मीय मनुहार मानकर मैंने वहीं खाना खाया। कोरी मटकी से ठण्डा पानी पिया। घर जाने लगी तो बोला, 'महारानी बनने के बाद तुम्हारे हाथ से किसी पर भी अन्याय न हो, इसलिए जब भी चाहो यहाँ निशङ्क आती रहना। मैं तुम्हें आत्मा, परमात्मा व धर्म का ज्ञान दूँगा ताकि राजगुरु बनाते समय तुम मुझे याद रख सको। महन्त होते हुए भी मैं यह लालसा छोड़ नहीं सकूँगा।' उसके वे बोल सुनकर मैं तो उन्मत्त हो गई। मीठी-माँ का सुमिरन तक बिसर गई। दिन भर रामदुवारे में रहने लगी। साँझ होते ही वह मुझे घर जाने के लिए कहता और मैं उसका आदेश मानती हुई चुपचाप रवाना हो जाती। वह पहले महन्त है और फिर पुरुष। मैं बार-बार दूध से जली छाछ से भी डरने लगी थी। पर महन्त तो सचमुच ब्रह्मज्ञानी थे। उनके आखर-आखर से अमृत की बूँदें झरती थीं। ब्रह्मज्ञान के झीने उपदेश सुनकर महारानी बनने की आकांक्षा घटने की बजाय बढ़ने लगी। ऐसा राजगुरु मिल जाए तो वह सिंहासन से भी बड़ी बात होगी। आँखों की तासीर ऐसी बदली कि वह रामदुवारा मुझे राज-दरबार जैसा भव्य दिखने लगा।

'एक दिन गुरुदेव ने मुझसे देवता की तरह मुस्कराकर कहा, 'बिटिया, यह राम का द्वार है, ठाकुर का गढ़ नहीं। इससे राम की मर्यादा घटती है यहाँ निर्भय मन से आया कर। फिर भी तेरा मन नहीं माने तो हँसिया दरवाजे के बाहर चबूतरे

पर रख दे। मेरे मन में शङ्का उपजी तो तुझे कह दिया। माने-न-माने तेरी मरजी। राजमहल की शोभा शस्त्रों से है, रामदुआरे की शोभा शास्त्रों से है।'

'महात्मा के कहते ही मुझे अपनी भूल का ध्यान आया। और दूसरे दिन हँसिया छान में छिपाकर निःशङ्क रामदुवारे में आई। तत्पश्चात् मुझे तो हँसिये के बिना ही पूरी शान्ति मिलती रही, पर पाँच-सात रोज बाद मुझे महात्मा की शान्ति भङ्ग होती नजर आई। शायद राजगुरु के प्रलोभन ने उन्हें विचलित कर दिया हो। मैं तो स्वयं वैसी ही मनःस्थिति से गुजर रही थी। आँखें मूँदकर ध्यान लगाते ही महारानी की जय-जयकार सुनाई देने लगती। सोने का सिंहासन और मोतियों से जड़ा मुकुट ओझल ही नहीं होता था।

'एक दिन साँझ की आरती से पहले आँखें मूँदकर सोने के सिंहासन की झाँकी ले रही थी कि मुझे सपने की तरह महात्मा के सबद सुनाई पड़े, 'काफी दिन हो गए, आज तुझे महारानी बनाकर ही रहूँगा।' मैं खुशी के मारे आँखें खोलना ही चाहती थी कि उसकी गिरफ्त में पूरी तरह जकड़ गई। कितनी गिड़गिड़ाई, छटपटाई, पर महात्मा के सिर पर तो रावण की बजाय 'राम' ही सवार हो गया था। मैंने बहुत हाथ-पाँव पटके, पर उस मुस्तण्ड के आगे मेरा कुछ भी जोर नहीं चला। दो बार अपनी हवस पूरी करने के बाद उसे शान्ति मिली। व्यंग्य की विद्रूप हँसी हँसते बोला, 'तू महारानी बनी कि नहीं, वह तू जाने, पर मैं तो आज सचमुच महाराजा बन गया।' तीसरी बार उसकी शान्ति भङ्ग न हो, उसने चुट्टा पकड़कर रामदुवारे के बाहर खदेड़ दिया और भरकम किवाड़ बन्द करके आगल जड़ दी। मैंने बाहर से ही चिल्लाकर कहा, 'राम का असली भक्त है तो यहीं रामदुवारे में रहना। अब तो तेरे राम भी मेरे हाथ से तुझे बचा नहीं सकते।'

'घर जाने-आने में मुझे उतनी देर तो अवश्य लगी, पर वह तो उसके पहले ही भाग छूटा। मेरी दौड़ एकदम बेकार गई। मैं हर रोज सुबह-शाम हँसिया लेकर रामदुवारे का चक्कर काटती। पर वह वापस लौटकर ही नहीं आया, वरना एक ही झटके में उसे इन्द्रलोक का राजगुरु बना देती। मैंने घर पर किसी से भी शिकायत नहीं की। लेकिन मीठी-माँ के मिलने पर उसे बताए बिना नहीं रह सकी। इस बार मेरी आँखों में आँसू की एक बूँद भी नहीं उमड़ी। रामदुवारे में जो बीती सहज भाव से बता दी। अन्त में इतना भर कहकर चुप हो गई, तुझे भूलने की यह सजा तो मिलनी ही थी।'

'मीठी-माँ ने मुँह से बोलकर कुछ भी नहीं दरसाया, पहले की तरह मेरे सिर पर हाथ फेरती रही और मेरे मन की गङ्गा हिलोरें भरती रही। मेरे लिए ही वह गाँव में चार दिन ठहरी। उससे बिछुड़ते ही मुझे ऐसा लगा कि मैं अपने-आप से ही बिछुड़ गई हूँ। फिर तो गाँव से मेरा मन ही उचट गया। तब से अपना जीवन गँवाकर खेत की रखवाली कर रही हूँ। अब तो मुझे आत्मा, परमात्मा और धर्म

के नाम से उबकाई आने लगती है। बस, यही हैं मेरी रामायण के छुटपुट छन्द। कहीं मन-ही-मन मुकलावे आने का पछतावा तो नहीं कर रहे हो? पर रामदुवारे के महन्त की तरह भागने नहीं दूँगी। आगे की रामायण तुम्हारे साथ पूरी होगी। उसके पहले तुम अपनी रामायण मुझे भी सुना दो।'

'क्या तुम पर जो बीती, वह मेरी रामायण नहीं है?'

'फिर तुम पर जो गुजरी, वह मेरी रामायण भी तो है, उसे नहीं सुनाओगे?'

'क्या सुनाऊँ?' उसने एक गहरी आह भरते कहा, 'तुमने तो अपनी रामायण सुनाकर मेरी आँखों के सामने पहाड़ खड़ा कर दिया, पर मैं तो एक ढेला भी खड़ा नहीं कर सकूँगा। फिर भी तुम्हारा आग्रह है तो जरूर सुनाऊँगा।...हमारी शादी के कुछ महीने बाद ही मेरे माँ-बाप चल बसे, तुमने भी सुना होगा। न शादी की हमारी उम्र थी और न माँ-बाप की मौत का सदमा झेलने का मेरा बूता था। शादी तो रोकी जा सकती थी, पर मौत तो राजा के रोकने से भी रुकती नहीं। विवाह के बाद पूरा बरस भी नहीं बीता कि होली और दीवाली दोनों ही त्योहार मेरे लिए मौत का रूप धरकर आए। तब मैं जीवन और मौत के बारे में जानता ही क्या था। लोग मरने पर क्यों रोते हैं, मुझे यह भी समझ नहीं थी। पर उनके वापस नहीं लौटने का दुख अवश्य था। माँ के बिना कौन मेरे खाने की परवाह करता। मुझे तो प्यास लगने पर पानी माँगने की भी समझ नहीं थी। प्यास को भूख समझ लेता और भूख को प्यास। बचपन से ही माँ के साथ सोने की आदत बन गई थी। कई दिन तक अकेले नींद ही नहीं आई।'

'पर अब तो अकेले खूब सो लेते हो?'

बहू के ताने का मर्म वह अच्छी तरह समझ नहीं पाया। हामी भरते बोला, 'हाँ, फिर तो पूरी समझ आ गई कि अकेले ही मरना है, अकेले ही सोना है। अब न तो भूख बर्दाश्त होती है न ओजगा। पर शुरुआत में बड़ी तकलीफ हुई। आप ही रोना आ जाता। मुँडे हुए माथे पर हाथ फेरते हुए सोचता—क्या माँ-बाप अब कभी मेरी सुधि नहीं लेंगे? जात-बिरादरी वालों को तो फकत माँ-बाप के मौसर की चिन्ता थी। जो भी थोड़ी बहुत जायदाद थी, उसे बोहरे को बेचकर जैसा पञ्चों ने चाहा, मौसर करवा दिया। इतनी मिठाइयाँ और खाना बनवाया कि मुझ अकेले के लिए चार बरस चल जाता। किसी के यहाँ चाकरी करने की जरूरत ही क्या थी। पर मौसर के बाद तो एक जून खाने का भी ठिकाना नहीं रहा। बाबा ने रोटी-कपड़ों के बदले मुझे गिरवी रख लिया। कुछ ही दिन बाद मुझे खेल की तरह काम में आनन्द आने लगा। माँ-बाप कभी जीवित भी थे, काम के मारे कई बार यह भी भूल जाता। सब-कुछ खोकर मैंने दुख के गुरु से केवल एक ही बात सीखी कि जीवन में कुछ ऐसा जोड़ना ही नहीं चाहिए कि जिसे खोने का डर बना रहे। पशु-पक्षी तो कुछ भी नहीं जोड़ते। फिर भी उन्हें कभी किसी अभाव के बारे में

रोते-कलपते नहीं देखा। पर मनुष्य तो आठों पहर बत्तीस घड़ी इसी खटपट में उलझा रहता है कि हाय घोड़ा, दिन थोड़ा। पर वह चाहे जितना प्रपञ्च करे, चोरी करे, व्यापार करे, लूट-खसोट करे, लड़ाई लड़े, खेती करे—सारी दुनिया की धन-सम्पत्ति, जमीन-जायदाद कोई भी हथिया नहीं सकता और न कोई इकट्ठी कर सकता है। मरने पर एक कानी कौड़ी साथ ले जा नहीं सकता। मैं ही अपना गुरु था। मैं ही अपना शिष्य था। मन के भीतर ये धारणाएँ स्वतः पुष्ट होने लगीं कि सम्पत्ति चोरी है। सञ्चय अपराध है, जायदाद जुर्म है। हरदम काम करने के अलावा मुझे किसी और खुशी की चाह नहीं थी। बाकी सारे गाँव वाले कुछ-न-कुछ जोड़ने व कमाने के लिए ही काम करते हैं। दूसरे का धन हड़पने के लिए लोग चोरी करते हैं, हत्याएँ करते हैं। गाँव वाले सभी जानते हैं कि ठाकुर चोरियों में हिस्सा रखकर बावरियों से चोरी करवाते हैं। उनका पेशा ही चोरी करना है। सोनार अपनी माँ-बहन के लिए गहने गढ़ेगा तो उसमें मिलावट किए बिना नहीं रहता। बनिया कम तोलता है, झूठे खाते लिखता है। मन्दिर के पुजारियों को भी चढ़ावा चाहिए। ईश्वर, देवता और धर्म के नाम पर धोखाधड़ी का अन्त नहीं है। उम्र तो मेरी छोटी ही थी, पर मन-ही-मन सोचता कि बाहर के इस तामझाम से भीतर का खोखलापन क्या कभी मिट सकेगा? मैं झुँझलाकर ज्यादा काम करने लगता।

'मेरा परम सौभाग्य कि उस बीच मीठी-माँ के दरसन का सञ्जोग जुड़ गया। बरसात का परस पाकर जिस तरह जमीन में गड़े बीज अङ्कुरित होकर लहलहाने लगते हैं, मेरे अन्तस् में सोई स्मृतियाँ मीठी-माँ के मौन से चटखने लगीं। मेरा तो कायाकल्प ही हो गया। मीठी-माँ की सङ्गत से मेरे भीतर रोज एक नए मनुष्य का जन्म होता। मेरे सयाने साथी न जाने क्यों मुझसे डाह करने लगे। कतराने लगे। फिर भी एक दिन मुझे किसी ने बताया कि मुझे इसी तरह वैरागी का जीवन बिताना है तो ब्याह नहीं करना चाहिए था। यहाँ लाकर बहू को भले ही मीठी-माँ के हवाले कर दूँ, पर एक बार ससुराल के रूँख तो उसे बता दूँ। बेचारी ससुराल का नाम ही भूल गई होगी। मेरे सूने-सूने दिल में एक हूक उठी। एक दिन मीठी-माँ से पूछा तो उसने मुस्कराकर कहा, 'बावले। यह भी कोई पूछने की बात है? कल तो तू अपनी छाया से भी किनारा करना चाहेगा। कर सकता है? सात जनम की तपस्या से भी जो तेरे हाथ नहीं आती, वह फकत ब्याह के बहाने तुझे मिल गई, इसलिए उसे भुलाए बैठा है। अब देर न कर।' '

'अब समझी!' बहू ने चटखारे लेते कहा, 'यदि मीठी-माँ नहीं कहती तो तुम मुझे लेने आते ही नहीं?'

'पर वह कहती क्यों नहीं? उसे तो कहना ही था और मुझे आना ही था। अब जैसा भी हूँ तुम्हारे सामने हूँ। और तुम जैसी भी हो मेरी अपनी हो। पर दोनों के पन्थ न्यारे-न्यारे हैं। तुम पूरब की ओर बढ़ना चाहती हो तो मैं पच्छिम की

तरफ। पूरब की ओर सूरज उगता है। सारे संसार को आलोक से भर देता है। पच्छिम में सूरज डूबता है। सारी दुनिया पर अँधेरा छा जाता है। सच है कि भोर के आकाश पर एक भी तारा नजर नहीं आता। अगणित सितारों की आभा सूरज के प्रकाश में विलीन हो जाती है। और रात के साँवले आकाश में प्रत्येक सितारा फिर जगमगाने लगता है। तुम महारानी बनना चाहती हो और मैं एक जून के आगे परवाह ही नहीं करना चाहता। पर यह दो दिन पहले की बात है, तुम्हारी सङ्गत से सब उलट-पुलट गया। आज से मैं अपने लिए नहीं तुम्हारे लिए जीऊँगा और वही सारी दुनिया के लिए जीना होगा। क्योंकि तुम मेरे लिए तमाम कुदरत और समूची दुनिया का ही प्रतिरूप हो।'

'तभी तो हम दोनों मिलकर पूरे होंगे। रात के बगैर दिन अधूरा है और दिन के बिना रात अधूरी है। बीज के बिना फल अधूरा है और फल के बिना बीज अधूरा है। बादल के बिना हरियाली अधूरी है और हरियाली के बिना बादल अधूरे हैं। बिरछ के बिना छाया अधूरी है और छाया के बिना बिरछ अधूरे हैं। धरती के बिना आकाश अधूरा है और आकाश के बिना धरती अधूरी है। तुम्हारे बिना मैं अधूरी हूँ और मेरे बिना तुम अधूरे हो। फिर भी आखिरी बार पूछना चाहूँगी कि राम की तरह मेरी अग्नि-परीक्षा तो नहीं लोगे?'

'मैं तो पहले ही बता चुका कि तुम मेरी नजर में इस धूप के समान ही उजली हो। पर तुम्हारे मन में तो कहीं मलाल नहीं है? तुम तो अपने-आपसे घृणा नहीं करतीं?'

बहू के अधरों पर एक ऐसी लौ उभरी, जिसमें घृणा भी थी, गुमान भी था, पश्चात्ताप भी था, आशा भी थी पर उसमें मुस्कान का नितान्त अभाव था। कहने लगी, 'पहले करती थी, अब नहीं करती। जब तक आदमी मर नहीं जाता, उसकी भावना का पता नहीं चलता। मीठी-माँ से मिलने के पहले सोचती थी कि यह घृणा जीवन-भर मिटेगी नहीं, अब लगता है यह आशा और विश्वास इसी तरह कायम रहेंगे।'

'जीवन का मतलब यही है। पत्थर के लिए कभी कुछ नहीं बदलता। तुम्हारी बातें सुनकर अब वापस ससुराल लौटने का मन नहीं करता। सवेरे यहीं से चुपचाप चल देंगे। भला इस मचान, इस खेजड़ी, इस घड़े, इस करवे, इस गोफन, इस हँसिये, और इस खेत से बढ़कर तुम्हारा और कौन-सा पीहर होगा?'

'इच्छा तो मेरी भी यही है, पर ऐसा करूँगी नहीं। न पैदल चलूँगी और न खाली हाथ ही। सारा दहेज, सारे गहने, बरतन-बासन और बिछौने लेकर चलूँगी। तुमने जो स्थिति बताई, उससे तो एक दिन भी गुजर नहीं होगा।'

पति ने सङ्कोच करते कहा, 'कुछ दिन बाबा के यहाँ रह लेंगे।'

'नहीं, अपने घर के अलावा एक घड़ी भी दूसरे के यहाँ नहीं रहूँगी।'

'उसे अपना ही घर समझो।'

'अपना घर होना और अपना घर समझना—दोनों एक बात नहीं हैं।'

'पर मैं तो ससुराल से तुम्हारे अलावा एक तिनका भी ले जाना नहीं चाहता।'

'तिनका ले जाने और न ले जाने से कोई फर्क नहीं पड़ता, पर मैं गहनों-लत्तों का एक तुस भी छोड़ना नहीं चाहती। फकत गरीबी के कारण सात फेरों की पत्नी को छोड़ना पड़ता। फकत गरीबी के कारण तुम्हें सास के बोल सुनने पड़े, एवाड़े की वह रात भुगतनी पड़ी। मनुष्यों की दुनिया में माया का उजास सूरज से भी अधिक है। भगवान वैसी रात किसी को भी न दिखाए। मेड़ी के बाहर सोते हुए मैंने वह रात किस मुश्किल से बिताई थी।'

पति ने विदग्ध निःश्वास भरकर कहा, 'एवाड़े की मचली पर क्या मैं चैन से सोया था? पर इसमें हमारा क्या दोष?'

'दोष फकत गरीबी का है। तुम पुरुष हो। एवाड़े का वह दुख-दरद बिसर सकते हो, पर मैं वह रात आसानी से भूल नहीं सकती। हालाँकि मैंने अपने जीवन में उससे भी भयङ्कर रातें बिताई हैं। अभी से इस तरह हाथ झटकने लगे तो मेरा सपना कैसे पूरा होगा?'

'पर मुझे तो तुम्हारे बहाने कुबेर का खजाना ही हाथ लग गया। तुम्हारे अलावा मुझे और कुछ नहीं चाहिए।'

'क्या चूरमे की गरज मुझसे पूरी हो जाएगी?'

पति सकुचाकर बोला, 'नहीं, वह तो पूरी नहीं होगी।'

'तो फिर? मैं जो कहूँगी, तुम्हें वही करना है। मुझे तुम्हारे साथ सारी दुनिया का राज्य चाहिए। मेरा वश चले तो दुनिया के तमाम पुरुषों को खस्सी करवा दूँ।'

'अपराध तो तीन-चार पुरुषों ने किया, फिर सबको क्यूँ?'

'साहस के साथ उचित मौका मिले तो कोई पुरुष चूकेगा नहीं। बाप भी नहीं, भाई भी नहीं।'

'मुझे मौका मिला ही था?'

'कितनी बार सुनने से तुम्हें सन्तोष होगा? लाखों-करोड़ों में कोई एकाध पुरुष तुम-सा मूरख पैदा होता है।'

'औरतें सब दूध की धोई हैं?'

'सबकी बात मैं नहीं जानती। फकत अपनी ही कह सकती हूँ कि मैं दूध की धोई नहीं हूँ। आकण्ठ कीचड़ से लिथड़ी हूँ। अब तो खुश?'

पति न जाने किस आशङ्का से घबराकर बोला, 'तुम तो एक ही झटके में किधर से किधर मुड़ गईं। मेरा यह मतलब बिल्कुल नहीं था। तुमसे बहसबाजी करके मैं कुछ-न-कुछ सीखना चाहता हूँ।'

'मुझे डर है कि सीखते-सीखते कहीं मुझसे भी आगे न निकल जाओ?'

पति कुछ जवाब देने वाला ही था कि उसकी नजर एक भोली हिरणी पर पड़ी, जो अपनी टोली से बिछुड़कर उनके पास आ रही थी। बहू नियन्त्रण नहीं रख सकी। न जाने किस आवेग के अतिरेक में उसके गले से लिपट गई। उसकी कजरारी आँखों में दीठ गड़ाकर बोली, 'तेरे तो गढ़, ननिहाल या रामदुआरा नहीं है? फिर इस तरह निःशङ्क भाव से तू हमारे पास क्यूँ आई? आदमी पर तुझे इस तरह भरोसा नहीं करना चाहिए। बीसियों शिकारी तेरी तलाश में हैं, तू उनसे क्योंकर बच निकली?'

हिरणी और पास आई। जैसे उन्हीं के वृहत् परिवार का प्राणी हो। बहू ने मेहँदी लगे हाथों से उसकी पीठ सहलाई। सिर पर हाथ फेरा। आँखों में झाँककर देखा। हिरणी ने भी अपनी कजरारी आँखें उठाकर उसकी ओर दयनीय भाव से निहारा। बहू ने उस भोली हिरणी का मुँह चूमते कहा, 'मैं तेरी पीड़ा समझ सकती हूँ, पर तू दस बरस भी इसी तरह मेरी आँखों में झाँके, तब भी मेरे दुख-दरद का कूता नहीं कर सकती। मैं पुरुषों के संसार में रहती हूँ। तू जङ्गल में रहती है।' फिर पति की ओर देखकर बोली, 'कहो तो इसे अपने पास रख लें? मेरा मन बहलेगा।'

पति के होठों पर एक निगूढ़ मुस्कान थिरक उठी, 'मेरी बजाय इसके साथी से पूछती तो ज्यादा अच्छा रहता। जङ्गल के प्राणियों को जङ्गल में ही अठखेलियाँ करने दो।'

'सिंह-बघेरों की भूख मिटाने के लिए, क्यूँ?'

'यह सोचने का जिम्मा कुदरत का है, अपना नहीं। आखिर तुम कितने हिरण या खरगोश अपने पास रख सकोगी?'

'जो शरण में आ जाए।'

'मेरी तरह?'

'इतनी जल्दी मजाक करना भी सीख गए? मैंने कहा नहीं था कि तुम मुझसे भी आगे निकल जाओगे?'

'तुम सा गुरु मिल जाए तो क्या नहीं सीखा जा सकता?'

'फिर गुरु-दक्षिणा तो चुकाई नहीं?'

'वह चुक भी नहीं सकूँगा।'

'बस, यही मेरा पावना है। उसे चुकाने की चेष्टा कभी मत करना, उसी में सब चुका जाएगा।'

फिर वह हिरणी बहू का सान्निध्य छोड़कर, पति के पास आकर खड़ी हो गई। उसकी आँखों में भी उसी तरह झाँककर देखा। विश्वास करने योग्य निर्मल आँखें हैं। आगे की दोनों टाँगें ऊपर उठाकर अपना सिर उसके कपड़ों पर फेरने लगी। बहू ने हँसते हुए कहा, 'इसने तो मुझसे भी ज्यादा तुम्हारा भरोसा किया...।' इतने में उसकी

नजर छतरी ताने मोर पर पड़ी। उसने खुश होकर उधर हाथ का इशारा करते कहा, 'वह देखो।'

ढेलड़ी के इर्द-गिर्द मोर नाचने में मगन था। छतरी और कलङ्गी दोनों ही पूरी तरह तनी हुई थीं। पति के पास आकर बहू अस्फुट स्वर में बोली, 'मुझे इस तरह रिझाने की भूल मत करना।'

'फिर कैसे रिझाऊँ? तुम्हीं बताओ।'

'जिस तरह खेजड़ी के नीचे रिझाया था।'

'नहीं तो!' पति ने विस्मय प्रकट करते कहा, 'मैंने तो जाने-अजाने वैसी कोई चेष्टा नहीं की।'

'यही तो असली रिझाना है...।'

वह आगे भी कुछ कहने जा रही थी कि अकस्मात् उसने हाथ से पेट को थोड़ा दबाया। बन्द दाँतों से एक हलकी-सी सिसकारी निकली। धीमे से बोली, 'आज सवेरे से ही पेट में मीठा-मीठा दरद उठ रहा है। अब थोड़ा बढ़ गया।' भोले पति ने सहज भाव से हाथ बढ़ाकर अपनी उतावली प्रकट की, 'देखूँ...।'

बहू ने आत्मीयता के स्वर में झिड़कते कहा, 'यह तुम्हारे देखने-समझने की बात नहीं है।' इतना कहकर वह बिना कुछ कहे अन्यत्र जाने के लिए चल पड़ी। पति भी पीछे-पीछे रवाना हुआ तो उसने मुड़कर होंठों तक उछली मुस्कान को दबाते कहा, 'यहीं खड़े रहो, अबूझ बच्चे की तरह साथ-साथ रवाना हो गए। कुछ तो समझा करो।'

पति झेंपकर वहीं रुक गया। बहू एक झाड़ी की ओट में नीचे बैठी। उसने अपनी आँखों से जो कुछ भी देखा, उस पर यकायक विश्वास नहीं कर सकी—नए जीवन का अरुणिम सन्देश। कुछ समय पहले आन्तरिक घुटन, क्षोभ, ग्लानि और वितृष्णा के मारे—औरत की एक-मात्र सञ्जीवनी शक्ति—उसका मासिक-धर्म बन्द हो गया था। न माँ से चरचा की और न किसी सहेली से। न जाने क्यूँ उसे यह पुख्ता विश्वास था कि यह गर्भाधान का लक्षण नहीं है। हर महीना समाप्त होने पर उसके मन में एक अनचाही खुशी मचलती। नारीत्व की इस अप्रत्याशित त्रासदी को उसने किस मजबूरी से वरदान समझने का साहस जुटाया था, वह स्वयं भी पूरी तरह नहीं जानती। फकत एक बार मीठी-माँ को शर्माते हुए कुछ आधी-अधूरी बात बताई। तब मीठी-माँ ने विगलित स्वर में कहा, 'तेरे कहने पर ही जानूँगी तो बेकार ही तेरी माँ बनी। सब जानती हूँ। तुझ जैसी अनेक बेटियों के बूते पर ही तो मैं अपना बदला लूँगी। वह सुनहरा प्रभात मुझे साफ दिखाई दे रहा है। और तू ही उसकी निमित्त बनेगी।' मीठी-माँ के वे बोल आज बेटी के कानों में शङ्ख-ध्वनि की तरह गूँजने लगे। अतिरेक आह्लाद के आलोड़न में उसकी पलकें आधी मुँद गईं। धरती के अमर-सुहाग की वह लालिमा उसकी अर्ध निमीलित

आँखों के सामने धीरे-धीरे फैलने लगी सो फैलती ही गई। कहीं समूची धरती ही इस अरुणिम लालिमा से आच्छादित न हो जाए। आँखें पूरी मूँदने पर भी वह लालिमा ओझल नहीं हुई। सूर्य का प्रतिबिम्ब तक उसमें झलकने लगा। सूर्य के चारों ओर भी लालिमा छा गई। आँखें खुलने पर भी वह अरुणिम दृश्य। धीरे-धीरे वह परिदृश्य सिमटता हुआ केवल उसकी आँखों के नीचे चार अङ्गुल जमीन तक ही सीमित रह गया जिसमें उसके सपने तैर रहे थे...।

जब वह पति की ओर वापस लौटने लगी तो सर्वथा एक दूसरी ही युवती थी—चिर अक्षत यौवना। उसका रोम-रोम तितली बनकर हवा में उड़ने लगा। होंठों पर दो गुलाबी किरणें मचल उठीं। सात पाताल की परतें छेककर उसके गले में वाणी का निर्झर फूट पड़ा, 'आज मुझे नया जन्म मिला है—नया जन्म।' फिर उसने निःसङ्कोच पति को सारी बात बता दी, जैसे अपने-आप ही से संवाद कर रही हो। अन्त में घर की राह कदम बढ़ाते बोली, 'अब तो घर चलना ही पड़ेगा। इस बार आगे-आगे नहीं, पीछे-पीछे चलना, ताकि मैं एक पल के लिए भी तुम्हारी आँखों से ओझल नहीं होऊँ।'

'और मैं तुम्हारी आँखों से ओझल रहूँ तो तुम्हें अच्छा लगेगा?'

'आज तो मेरी पीठ पर कई आँखें उग आई हैं। एक-एक आँख से तुम्हें निहारूँगी।' फिर पति का हाथ थामकर बोली, 'अपना हथलेवा तो आज ही जुड़ा है।'

'मैंने तो पहले ही कह दिया था कि चूरमे के शकुन कभी झूठ नहीं हो सकते।'

'तो फिर तीन दिन तक मजे से चूरमा खाते रहो, और उसके शकुन मनाते रहो।'

साँझ होने से कुछ समय पहले ही दोनों छोटी बहनें घी की दीये करने लगीं तो बहनोई ने जिज्ञासा-वश पूछा, 'इतनी जल्दी क्यूँ कर रही हो, थोड़ा ठहर जाओ।'

दोनों ने सफाई दी, 'बाई ने जैसा कहा, वैसा न करें तो वह नाराज होगी।' फिर बहनोई ने आगे कोई बात नहीं चलाई।...उसका आदेश हर कहीं चलता है।

थोड़ी देर बाद झाँझर की झङ्कार से पति के कानों में अमृत घुलने लगा। मेड़ी के मन्द-मन्द उजास की आभा अचानक बढ़ गई। बाजोट पर थाल धरकर बहू ने सुरङ्गा ओछाड़ हटाया। काँसी के थाल में दीयों का प्रतिबिम्ब झूमने लगा। दो बाटकियों में साग, एक तासली में दूध, मलाई पर घी के तारे। एक तासली में झरझरता चूरमा। तरबम सोगरे। बहू ने धीमे-से कहा, 'तुम्हारे अलावा और किसे भी पता नहीं है। वरना माँ मुझे खाना लाने ही नहीं देती। तुम अकेले ही खाना,

मैं साथ नहीं बैठूँगी। कल की तरह जिद मत करना। आज बात दूसरी है।'

'बात भले ही दूसरी हो या तीसरी, अब मैं अकेला खा ही नहीं सकता।'

'तो फिर तीन दिन भूखे रहना पड़ेगा।'

'रह जाऊँगा।'

'सच मानो, यह मेरा सङ्कोच नहीं, ऐसा ही रिवाज है। साथ खाने की बात तो दूर, कोई भी औरत इस बीच परिण्डे का पानी भी छू नहीं सकती। एक कोने में बैठकर ठण्डा-बासी खा लेती है। किसी से ओढ़नी का पल्लू भी क्या छू जाए, इस तरह बचकर चलती है।'

'तुम सब जैसी नहीं हो, फिर सब जैसा क्यूँ करती हो?'

'मनुष्य देख-सुनकर ही सब सीखता है। क्या चलना, क्या बोलना, क्या खाना-पीना, क्या पहिनना, उठना-बैठना सब घर-परिवार में देखकर ही होशियार होता है। केवल खाने की ही बात नहीं है। और भी कई बातें हैं, आज मैं नीचे आँगन पर सोऊँगी।'

पति अपने मन की उदारता प्रकट करते बोला, 'इसमें मुझे कोई एतराज नहीं। मैं भी नीचे सो जाऊँगा।'

बहू ने अपने होंठों पर अँगुली धरते कहा, 'जरा धीमे बोलो। यह कोई बहादुरी या घमण्ड की बात नहीं है, जिसका ढिंढोरा पीटा जाए। किसी ने सुन लिया तो मेरा मजाक उड़ाएँगे। घर में सभी कान मेड़ी के दरवाजे की ओर लगे हैं। ऐसा पता होता तो आती ही नहीं। मैं अब जाने-अजाने कोई खतरा मोल लेना नहीं चाहती। तुमने वादा नहीं किया था कि मेरा कहा नहीं टालोगे?'

'तुमने भी तो यही वादा किया था।'

'चलो, आज नए सिरे से वापस कौल-वचन करते हैं। फकत साल भर तक तुम मेरी हर बात मानोगे और मैं उसके बाद सारी उम्र तुम्हारा कहा नहीं टालूँगी। तुम तो छोटी-छोटी बातों में अड़ जाते हो। एक तरफ तो मैं इतनी निडर हो गई कि मतवाले हाथी से भिड़ जाऊँ, दूसरी तरफ इतनी कायर कि एक भुनगे की भिनभिनाहट सुनकर ही सहम जाऊँ। यह बात ऐसी ही है। मेरे नये जन्म की खुशी का तुम अन्दाज नहीं लगा सकते। मेड़ी के दीयों से अधिक मेरे अन्तस् में उजाला दमक रहा है। अब चुपचाप खा लो। मैं नीचे जाकर बाद में खा लूँगी।'

'पर सोना नीचे नहीं, तुम्हें मेरी कसम है।'

'बेकार ही कसम दिलाई। चिता के अलावा तुमसे कभी अलग नहीं सोऊँगी।'

पति खाता रहा, तब तक वह इस तरह आनन्द विभोर होकर उसके मुँह की ओर देखती रही, जैसे कोई अनहोनी बात पहली बार अपनी आँखों से देख रही हो। पूरे समय तक वह उसे बयार करती रही। पति ने बार-बार मना किया, तब भी मानी नहीं। पति ने यों ही बात बनाते कहा, 'इससे चूरमे का स्वाद

बिगड़ता है। मुझे यह सब अच्छा नहीं लगता।'

'बिगड़ने दो। बिगड़ा हुआ चूरमा भी कुछ-न-कुछ तो फायदा करेगा। और तुम्हें क्या अच्छा लगता है, क्या नहीं, अब मैं अच्छी तरह समझ गई हूँ।'

'तुम्हारे हाथ थक नहीं जाएँगे?'

'यह तो मोर-पाँख की हलकी पङ्खी है, जरूरत पड़े तो पहाड़ तक उठाकर तुम्हें बयार करती रहूँ।'

पति ने अकेले ही खाना शुरू किया तो वह जल्दी ही समाप्त हो गया। बहू जूठी थाली उठाते समय बोली, 'अभी दो कौर पेट में डालकर आती हूँ। सो मत जाना।'

प्रतीक्षा की अविकल व्याकुलता और प्रतिपल खुशी उसने पहली बार ही जानी थी। मानो समय मुर्दे हाथी के उनमान उसके कन्धों पर लद गया हो। समय का भी ऐसा असह्य बोझ होता है क्या? पर इस बोझ की एक सुखद अनुभूति भी है।...कुछ देर बाद ही पति के कानों में फिर वही झङ्कार गूँजी, जैसी नवलख तारों जड़ा आकाश सीढ़ियाँ चढ़कर उसकी मेड़ी में आने के लिए आतुर हो।

बगल में दबाई राली जब बहू नीचे बिछाने लगी तो पति ने कहा, 'लाख समझाओ, यदि तुम नीचे सोओगी तो मैं खाट पर हरगिज नहीं सोऊँगा। वह मुझे चिता से भी ज्यादा कष्ट-दायक लगेगी।'

बहू ने प्यार से झिड़कते कहा, 'थूको अपने मुँह से। क्या अण्ट-शण्ट बक रहे हो। तुम्हारी इच्छा हो तो नीचे ही सोना। तुम्हारा घासिया भी नीचे लगा दूँगी।'

'ना, उसे खाट पर ही आराम से बिछा रहने दो। तुम्हारी राली पर ही सोऊँगा।'

'पर मन वश में रखना?'

'उसके लिए निश्चिन्त रहो। मन का मालिक हूँ, गुलाम नहीं।'

'यदि मेरा मन वश में न रहे तो उसकी जिम्मेदारी किस पर होगी?'

'मुझ पर और किस पर। मेरे मन में खोट होगी, तभी उसकी छूत तुम्हें लगेगी।'

'और मेरे मन की खोट से तुम अछूते रह जाओगे? बढ़-बढ़कर ऐसी बातें न बघारो, यह अभिमान ज्यादा टिकेगा नहीं।'

'तुमसे छिपा थोड़े ही रहेगा, देख लेना।'

पीठ के बल राली पर लेटते ही जब बहू की नजर लकड़ी की हिंगलू छत पर पड़ी तो उसे लगा कि सूखी लकड़ी सजीव होती जा रही है। अभी-अभी इसके भीतर से हरी-भरी डालियाँ फूट निकलेंगी। रोहीड़े के सुरङ्गे फूल सर्वत्र झूमने लगेंगे। यों कुदरत ने रोहीड़े के फूलों को खुशबू से वञ्चित रखा है, पर छत के इन महकते फूलों से सौरभ-ही-सौरभ फैल जाएगी। रात का ऐसा सुहाना रूप तो पहले कभी नजर नहीं आया। अँधेरे के रोम-रोम से फूटता यह उजास कितना मादक है, मानो

सारा शरीर हवा में अधर झूल रहा हो। आज इस सुनहरे उजास पर झीना पोमचा तन जाए तो इसकी आभा और निखर आए। यदि आधी मेड़ी में अँधेरा हो और आधी मेड़ी में उजास...परस्पर गले मिलकर सवेरे तक वे इसी मुद्रा में खड़े रहें तो कैसा अनुपम दृश्य हो। रात भर उधर से आँखें हटें ही नहीं।

पति ने दो-तीन बार जोर से गहरा श्वास भरकर कहा, 'आज तुम्हारे शरीर से ऐसी खूशबू महक रही है, जो कल रात से एकदम अनूठी है।'

'तुमने ऐसी खुशबू पहले कभी सूँघी है, जो उसे पहिचान रहे हो?'

'हाँ, सूँघी है, वरना मुझे इसका पता ही क्या चलता? बाबा की जवान लड़कियाँ कभी पास होकर निकलतीं तो बिल्कुल ऐसी ही खुशबू आती थी। पर रोज-रोज नहीं, महीने में शायद एक बार।'

'बस, अब तक यही हिसाब सीख पाए, तब तो तुम्हारे ज्ञान का पार नहीं है। अच्छा, सच बताना, अभी तुम्हारे मन में क्या खास बात सूझ रही है?'

'तुम नाराज तो नहीं होओगी?'

'मैं क्या हमेशा नाराज ही होती हूँ?'

'यह बात ही ऐसी बेहूदी है। बड़े-से-बड़ा मूरख भी ऐसी अनहोनी कल्पना नहीं कर सकता। और मैं सोच-सोचकर खुश हो रहा था कि यह रात इसी तरह कायम रहे तो कितना अच्छा हो। दो या तीन पखवाड़े तक ही नहीं, पूरी उम्र तक इसी तरह अँधियारे से घिरी हुई, मुस्कराती रहे। हम दोनों इसी तरह पास-पास लेटे रहें। न एक पल के लिए सोएँ और न एक पल के लिए उठकर कहीं बाहर जाएँ।'

'तुम अपने मन की बात कह रहे हो या मेरे मन की। मैंने तो तुम्हारे मन की बात पूछी थी!'

'वही तो बता रहा हूँ। क्या तुम भी यही सोच रही थीं?'

'मैं क्या तुमसे ज्यादा समझदार हूँ।'

'सो तो हो ही। तुम अपने पैर से पत्थर को भी छूओ तो वह समझदार हो जाए।'

पर सूरज तो उन दोनों की तरह नासमझ नहीं था। उसकी दिनचर्या में एक क्षण भर का भी फेर-बदल हो जाए तो दुनिया दहल उठे। जब घड़ी भर दिन चढ़ने के उपरान्त भी मेड़ी के किवाड़ नहीं खुले तो बाहर से कुण्डी खड़खड़ाने की जोर से खनखनाहट सुनाई पड़ी। दोनों हड़बड़ाकर उठे। बहू की बजाय पति ने आगल खोलकर देखा—सामने सलोनी साली खड़ी थी। किवाड़ खुलने के साथ ही अदेर उसके होंठ खुले, 'मीठी-माँ ने आपके गाँव से सनेसा भिजवाया है कि आप भोर होने से पहले ही रवाना हो जाएँ। कल से आपकी बाट जोह रही हैं।'

'मीठी-माँ ने सनेसा भिजवाया है, किसके हाथ?'

'राह चलता एक बटाऊ आया था। आप देर से उठे तो वह आगे रवाना हो गया।'

'उसी समय जगाना था। क्या मुझे अकेले को ही बुलाया है?'

सास तीसरी सीढ़ी चढ़ते जोर से बोली, 'अकेले क्यूँ? मेरी बेटी को आपसे पहले याद किया है। गाड़ी और बैल सजे हुए तैयार हैं। यहाँ खाने से और देर न हो, इसलिए भाता बाँधकर ही बुलाने आई हूँ। अब एक पल की भी ढील न करें।'

जमाई से पहले बेटी ने ये समाचार सुने। वह निःशङ्क झाँझर की झङ्कार झनझनाती मेड़ी की एक-एक सीढ़ी उतरने लगी और वृक्षों में दुबके पञ्छी अदेर उस क्वणन ध्वनि का अनुकरण करने लगे।

मीठी-माँ का सन्देश मिलने में देर हुई सो हुई, पर प्रस्थान करने में रञ्च-मात्र भी देर नहीं हुई। पति का मन तो एकदम उद्विग्न हो उठा। मन की मंशा के अनुसार उसकी क्षमता होती तो अब तक अपने गाँव पहुँच गया होता। पर बहू ने अपनी उतावली प्रकट करने में न जाने क्यूँ पूरा संयम बरता?

पिता और भाइयों ने गाड़ी में घर-गृहस्थी का सारा सामान सलीके से जमा दिया था। शीघ्र रवाना होने के लिए जमाई के पाँवों पर चींटियों की-सी सरसराहट होने लगी। धरुण्डे की गादी पर तुरन्त बैठ गया। उसके मुँह से मीठी टिचकारी सुनते ही नागौरी बैल पूँछें हिलाते हुए चलने लगे। पति जब अपने गाँव के मारग गाड़ी मोड़ने लगा तो बहू ने भीगे स्वर में कहा, 'कुछ देर ठकुरानी से मिलकर चलेंगे।' पति के मन में भी यह बात सोलह आने जँची।

बीच राह में ठकुरानी की खास डावड़ी मिल गई। उन्हीं को बुलाने आ रही थी। ठकुरानी जी ने याद फरमाया है। बहू चुहुल करने से नहीं चूकी, 'अन्दाता ने तो याद नहीं फरमाया?' होंठों पर उछली हँसी को दबाकर डावड़ी अपूठी खड़ी हो गई।

गढ़ से कुछ दूर गाड़ी डसों पर खड़ी करके पति ने बैल खोल दिए। डावड़ी के साथ दोनों ही जनाना-ड्योढ़ी में गए। सहसा उस दिन की कलमुँही साँझ अन्तस् की बाँबी में फुफकारने लगी तो बहू ने उसे बड़ी मुश्किल से शान्त किया, उसकी बदली हुई सूरत देखकर पति उसी क्षण भाँप गया। दोनों की आँखों में एक-सी बिजली कौंधी। चुप रहने के अतिरिक्त दूसरा कोई चारा नहीं था।

ठकुरानी ने दोनों की ठुड्डियाँ छूकर दुलार किया। आसीस देकर धीमे से बोली, 'मीठी-माँ का सन्देश मुझे भी मिल गया।' फिर सुरङ्गी कोथली बहू के हाथ में देते बोली, 'तुम्हें घर चलाने में तकलीफ न हो, ये एक सौ आठ मोहरें रख लो।'

अपनी देह की समूची ताकत लगाकर बहू इतना ही बोल पाई, 'आपकी आसीस ही काफी है।'

पति ने भी इनकार करने में कोई कमी नहीं रखी। पर ठकुरानी ने किसी की भी नहीं सुनी। अन्त में खुलासा करते कहा, 'इस गढ़ के खजाने से तुम्हें भेंट देने की भूल कर सकती हूँ भला? ये सभी मोहरें मेरे पीहर की हैं। और मीठी-माँ का आदेश तो महारानी जी भी टाल नहीं सकतीं, मेरी तो बिसात ही क्या? अब भी तुम मना करो तो मैं दुबारा आग्रह नहीं करूँगी।'

ऐसा बूता उनका भी नहीं था। बहू ने सिर नवाकर कोथली सँभाल ली। अनुमान से अधिक भारी थी। हाथों से छूटते-छूटते बची। तत्पश्चात् ठकुरानी ने पुचकारकर लाड़ से कहा, 'जाओ बिटिया, अब देर न करो।' वे अचानक ही न जाने क्या सोचकर बीच ही में चुप हो गईं। होठों तक आई बात होठों के भीतर ही रह गई।

गाँव के मारग गाड़ी मुड़ते ही बहू ने दबे स्वर में पूछा, 'तुम्हारा मुँह उतरा हुआ क्यों है? तुम्हारे भरोसे ही तो मैं चाँद को छूना चाहती हूँ। यदि तुम ही इस तरह उदास हो गए तो मेरा सङ्कल्प कैसे पूरा होगा? तुम्हारा मान रखने के लिए मैं मीठी-माँ का कहा भी टाल सकती हूँ।'

'नहीं, ऐसा अपराध भूलकर भी मत करना। सारी दुनिया एक तरफ और मीठी-माँ एक तरफ...।'

'सो तो मैं भी जानती हूँ। मीठी-माँ स्वयं भी तुम्हारा ऐसा ही मान रखती हैं, तभी तुम्हें खिझाने के लिए मैंने यह बात कही। वरना ईश्वर भी पुरुष के रूप में दर्शन देना चाहे तो उसी पल दुत्कार दूँ।'

'सब जानता हूँ। लेकिन दो दिन साथ रहने से मेरा मन इतना बदल जाएगा? लाख मगजमारी करने पर भी यह बात मेरी समझ में ही नहीं बैठती कि मैं गाड़ी पर आराम से बैठा बैल हाँक रहा हूँ, मोहरों की थैली को भी कबूल कर रहा हूँ। तुम जरूर कोई जादू जानती हो। यदि शेर भी दो दिन तुम्हारे साथ रह जाए, वह शिकार छोड़कर घास खाना शुरू कर दे। साँप डसना छोड़ दे।'

'पर तुमने तो कुछ भी नहीं छोड़ा।'

'तुम्हें उसका अन्दाज नहीं है। दो दिन पहले मैं जो व्यक्ति था, उसे नाग के केंचुल की तरह पूरा ही छोड़ दिया। इससे ज्यादा और क्या छोड़ूँ? सिर्फ प्राण छोड़ने बाकी हैं...।'

'सो मैं नहीं छोड़ने दूँगी।'

वे ज्यों ही उस खेजड़ी के पास से गुजरे तो पति ने उस ओर इशारा करते पूछा, 'वह देखो...मचान पर मुझे सूरज जैसा क्या नजर आ रहा है?'

तब बहू ने खिलखिल हँसते जवाब दिया, 'फकत वहीं क्या, अब तो तुम्हें ठौर-ठौर सूरज नजर आएँगे। और गोबर की थेपड़ी तुम्हें पूनम के चाँद की तरह दिखेगी!'

पति ने खुशी के साथ हामी भरते कहा, 'सो तो दिख ही रहा है। मैं तो खुद सोच-सोचकर हैरान हूँ। वापस गाँव लौटते समय मारग भी वही है, सारी कुदरत भी वही है। ये धोरे, ये झाड़-बिरछ, ये पत्थर, यह रास्ते की धूल और ये पञ्छी—सब कुछ वही है, पर मेरा अन्तस् बदल गया, मेरी नजर बदल गई। इन सबमें मुझे तुम्हारी ही सूरत नजर आ रही है। दुनिया की पोथियों का समूचा ज्ञान चारों ओर बिखरा पड़ा है। कुदरत का कण-कण मुझे बिन माँगे ज्ञान दे रहा है। तुमसे मिलने के पहले मैं केवल अपनी ही काया को जी रहा था। अब सबके साथ जी रहा हूँ। जीने का असली आनन्द भी यही है।...यह खेजड़ी अब मेरे लिए बोधि-वृक्ष से कम नहीं है। मीठी-माँ का सनेसा नहीं आता तो इसके नीचे बैठकर सवा-घड़ी ध्यान करता। और बाद में यहीं बैठकर दोनों कलेवा करते। पर अब तो वहीं पहुँचकर खाएँगे।'

बहू ने मुस्कराते कहा, 'ध्यान का तो बहाना है। साफ़ क्यूँ नहीं कहते कि तुम्हें भूख लगी है?'

पति ने सङ्कोच करते कहा, 'बरसों से आदत जो पड़ गई! घड़ी रात रहते ही डटकर कलेवा कर लेता हूँ। पर सच, जितना काम करता हूँ, उतनी भूख नहीं लगती। बाबा से पूछ लेना, चार आदमियों से कम काम नहीं करता। और खाना दो आदमियों जितना ही खाता हूँ। वे मन-ही-मन पूरा हिसाब रखते हैं।'

'खाने का भी?'

पति ने परिहास करते कहा, 'खाना तो बहुत बड़ी बात है, पानी तक का हिसाब रखते हैं। सारे गाँव का यही ढर्रा है, उन्हें ही क्या दोष दूँ?'

'केवल दोष खोजने से काम नहीं चलेगा, दोष मिटाने होंगे।'

'मिट सकेंगे?'

'आशा तो यही करनी चाहिए। अभी से ज्यादा मगजमारी करने में कोई सार नहीं। तुम गाड़ी हाँकते रहो और मैं तुम्हें कौर देती रहूँ।'

पति ने खुशी और गुमान प्रकट करते कहा, 'दुनिया की सारी अच्छी बातें पहले तुम्हें ही सूझती हैं, मुझे क्यों नहीं सूझतीं? पर तुम भी साथ-साथ खाओ तो तुम्हारी बात मानूँगा, वरना एक साथ तीन अलग-अलग कौर भी दो तो मैं मुँह नहीं खोलूँगा।'

'भला दो हाथों से तीन कौर कैसे दे सकती हूँ?'

'तुम्हारे लिए कुछ असम्भव नहीं। तीसरा कौर अपने मुँह में रखकर दे सकती हो।'

पति का समाधान सुनकर बहू एकबारगी तो स्तब्ध रह गई। उसे ऐसा जवाब क्योंकर सूझा। पर मन में खुशी भी कम नहीं हुई। व्यंग्य के सुर में बोली, 'मीठी-माँ तो किसी को भी ऐसी सीख दे नहीं सकती, फिर भला ऐसी चालाकी किससे सीखी, जरा मैं भी तो सुनूँ।'

'इसमें सुनने जैसी क्या बात, तुम स्वयं जानती हो कि मुझे सीख देने वाले

तीन ही गुरु हैं—मीठी-माँ, काम और तुम। जो तुम सिखा सकती हो, दूसरा कोई नहीं सिखा सकता।'

बहू के झीने गले से हँसी की बौछार छूटी, मानो एक साथ कई वीणा के तार झंकृत हो उठे हों। हँसते-हँसते ही कहने लगी, 'अब तुम्हें गावदी या मूरख कहे तो उसकी जीभ खींच लूँ। तो फिर पहले यही कौर लो...।'

बहू ने अपने मेहँदी रचे बाएँ हाथ से चूरमे का एक बड़ा कौर अपने मुँह में रखा और आँखों से इशारा किया कि वह उसे खा ले। रोटी के टुकड़े की भाँति चूरमे का कौर तो बाहर ठहर सकता नहीं। होंठों के भीतर ही दबा पड़ा रहा। चलती गाड़ी में ही पति पीछे मुड़ा और अपने होंठों से उसके अधर छूता हुआ, आधा-अधूरा कौर बड़ी मुश्किल से अपने मुँह में ले पाया। तिस पर गाड़ी के धचके। दोनों की रग-रग में बहते लहू की लालिमा और गहरी हो गई। होंठों के परस का ऐसा अपूर्व चमत्कार तो कभी नहीं हुआ! वह एक नया ही क्षितिज था, जिसकी पहली बार इस ब्रह्माण्ड में सृष्टि हुई थी। पति ने कहा, 'माँ के दो आँचल चूँघने से ही यह देह टिकी है, ज्यादा नहीं तो एक निवाला और लूँगा, जो पेट की बजाय सीधे मेरी आत्मा में पहुँचेगा।'

बहू की भी यही इच्छा थी। पहला कौर तो सूरज की नजर से भी अदीठ रहा। पर दूसरा कौर उसने टेढ़ी निगाह से देख ही लिया। उसकी तपस्या सार्थक हुई। जब से आकाश में उसकी आँख खुली है, ऐसा अपूर्व नजारा उसने कभी नहीं देखा। उसका भाग्य चमक उठा। अब तक उसे यह तरकीब क्यों नहीं सूझी? आज रात ही रैणादे के अधरों से इसी तरह ब्यालू करेगा।

फिर दोनों हाथों से बारी-बारी वह अपने पति को कौर देती रही और खुद भी खाती रही। आत्मा की चिर अतृप्त क्षुधा क़भी-कभार इस प्रकार शान्त होती है।

बैल अपनी चाल से चल रहे थे। गाड़ी के पहिए अपनी गति से गुड़क रहे थे। सूरज की किरणें अपनी 'जोत' से उनकी आरती उतार रही थीं।

छींके में धरे कोरे छुकलिये से ठण्डा पानी पिया। कुल्ला किया। हाथ धोए।

गाँव अभी सवा कोस दूर था। गाड़ीवान ने तेज चलने के लिए न कोई वैसी हरकत की और न मुँह से टिचकारी ही दी। फिर भी न जाने क्या सोचकर बैल अपने-आप ही तेज चलने लगे। या तो मीठी-माँ से मिलने की उतावली उनके मन में उमड़ी हो या उस अनुपम जोड़ी के मन की आतुरता उन्होंने भाँप ली हो।

काँकड़ में धीरे-धीरे अँधेरा फैलने लगा। अपने-अपने घोंसलों में पहुँचने के लिए पञ्छी लम्बी-लम्बी उड़ानें भर रहे थे। गाछ-बिरछ के हर पत्ते से, हर कोंपल से अँधेरा निसृत हो रहा था। प्रकाश को उजागर करने वाला तो सूरज है, पर अँधेरे को प्रकट करने वाला कौन है? ऐसा दिप-दिप अँधियारा तो उन्हें कभी दृष्टिगोचर

नहीं हुआ। ठौर-ठौर छुटपुट तारे टिमटिमाने लगे, मानो अँधियारे से प्रश्न कर रहे हों कि उनका जन्मदाता कौन है? वे किसी की अवैध सन्तान तो नहीं हैं? अँधेरा कितना रहस्यमय है और प्रकाश कितना प्रत्यक्ष। कितना निरावृत्त।

वे पीछे अँधेरा छोड़ते हुए, आगे भी अँधेरे की ओर बढ़ रहे थे। दाएँ-बाएँ, आगे-पीछे, ऊपर-नीचे—सर्वत्र अँधेरा-ही-अँधेरा घिर आया था। इसी सर्वव्यापी अँधियारे के बीच उन्हें उजास की तलाश करनी है। सूरज के अलावा नए उजास की तलाश! धीरे-धीरे अँधेरे का रूप बदलने लगा। उस पर झीनी-झीनी चाँदनी का आवरण छाने लगा। सामने ही अँधियारे से घिरे सफेद गोले में शीतल उजास भरने लगा। दोनों ने एक साथ उसकी झलक देखी। और उधर चन्द्रमा ने भी सबसे पहले उनकी सूरत निहारकर अपने भाग्य को सराहा।

सहसा बहू ने पति से स्पष्ट सवाल पूछा, 'गाँव में सबसे पहले कहाँ जाएँगे?'

'कहाँ क्या? बाबा के घर।'

'नहीं, अब हम कहीं भी दूसरी ठौड़ आश्रय नहीं लेंगे। सीधे अपने अहाते पहुँचना है।'

'पर वह तो एकदम सूना व उजाड़ पड़ा है।'

'पहले पड़ा होगा। पर अब बिल्कुल उजाड़ नहीं है। वहीं मीठी-माँ हमारी बाट जोहती मिलेगी। लिपा-पुता घर हमारे पहुँचते ही पुलकित हो उठेगा।'

'भला मीठी-माँ साध्वी का बाना बिसारकर क्यूँ किसी घर-परिवार की चिन्ता करने लगी?'

'उसे कोई एक घर की चिन्ता थोड़े ही है। इस राज्य के हर कुटुम्ब की चिन्ता है। हम सबका दुख उसका अपना दुख है। और हमारे सुख की खातिर वह हवा से होड़ ले रही है। तब तो तुम मीठी-माँ को समझे ही नहीं। तुम्हें मेरी बात पर विश्वास थोड़े ही होगा। कहो तो होड़ लगा सकती हूँ।'

'नहीं, इसकी अब जरूरत नहीं। तुम्हारी बात ही सोलह आना सच है। मीठी-माँ ने कुछ सोच-समझकर ही हमें बुलाया है।'

गाँव के फलसे पर ही मीठी-माँ धवल वेश में अकेली ही खड़ी मिल गई। चारों ओर से चाँदनी से आवृत्त। मानो चाँदनी उसी के शरीर से प्रस्फुटित हो रही हो। आकाश में चाँद भी अकेला था। नीचे धरती पर मीठी-माँ भी अकेली थी। दोनों झटपट गाड़ी से उतरे। एक साथ ही झुककर उसके पाँव छुए। मीठी-माँ दोनों के सिर पर हाथ फेरने लगी। फिर परिहास के आशय से पूछा, 'एक दिन ज्यादा ठहर गए?'

बेटी के पहले बेटे ने दोनों कान पकड़ते कहा, 'भूल हो गई माँ। मुझे दिन-रात का कोई खयाल ही नहीं रहा। तुम्हारी लाडो धी का स्वभाव ही ऐसा है।'

'केवल स्वभाव ही, रूप नहीं?' माँ की स्मित मुस्कान में झीना मर्म छिपा था। दोनों के गालों पर लाज की लाली छा गई।

'चलो, गाड़ी पर बैठो।'

'और तुम?' बेटे ने तनिक दुविधा के साथ शङ्का की।

मीठी-माँ कुछ कहे, उसके पहले बेटी ने ही समाधान कर दिया, 'माँ कभी गाड़ी पर बैठी भी है? वह तो पैदल ही चलेगी।'

'तब हम भी पैदल चलेंगे।'

माँ ने ममतापूर्वक अधिकार के स्वर में कहा, 'बेकार जिद मत कर। मुकलावे आई बहू को पैदल चलने दूँगी? जल्दी बैठो।'

फिर तो बैठना ही था। गाड़ी रवाना हुई तो मीठी-माँ हाथ बढ़ाकर बोली, 'ला, रास मुझे दे।'

'क्यूँ माँ?'

'बात-बात में बच्चे के उनमान सवाल मत पूछा कर। जैसा कहूँ, वही कर।'

'क्या तुम्हारे लिए मैं बच्चा नहीं हूँ?'

'हाँ है, एकदम दूध पीता बच्चा।'

माँ रास पकड़कर आगे-आगे चलने लगी। और बैल मस्ती में सिर हिलाते हुए बढ़ने लगे। पति-पत्नी एक-दूसरे का मुँह जोहते हुए टुकुर-टुकुर देखते रहे। किसी से कुछ भी पूछताछ नहीं की। माँ के प्रति भय की बजाय अपार श्रद्धा का मौनालाप था।

जिस घर के सामने गाड़ी रुकी तो दोनों के विस्मय और आनन्द की सीमा नहीं रही। हरे-पीले खारिये से छाए दो गोल-गोल झूँपे, ठौर-ठौर माँडनों से मण्डित मानो मुस्कराकर उनका स्वागत कर रहे हों। ताजे लीपे हुए आँगन पर अङ्कित सुरङ्गे माँडनों को चाँदनी सहला रही थी। सिण की रस्सी से बने दोनों फड़के खोलने के उपरान्त माँ ने कहा, 'सामान अन्दर नहीं लेना है? लोग-बाग तो सपनों पर विश्वास कर लेते हैं, और तुम हो कि खुली आँखों से देखने पर भी विश्वास करते नहीं बनता।'

'सपनों पर विश्वास करना आसान है माँ!' बेटे ने अभरोसे के भाव से कहा, 'फकत दो ही दिन में यह रचना कैसे हो गई?'

'दो नहीं, तीन दिन। तुम साथ होते तो और भी जल्दी हो जाता। ज्यादा खूबसूरत होता। कोई खामी रह गई हो तो दरसाना मत।'

'तुमसे और खामी रह जाए? तब तो धरती और आकाश में भी खामी होगी।'

'बढ़-बढ़कर बातें बनाना कुछ ज्यादा ही सीख गया। बिटिया! इतनी ढील मत दे।' फिर कुछ रुककर बोली, 'क्या पता तुम्हें रुचेगा कि नहीं, साध्वी बनने

के बाद आज पहली बार खाना बनाया है। अब जल्दी खाने बैठो।'

बहू उतावली दरसाते बोली, 'दो दिन का भाता साथ लेकर आए हैं।'

'वह मैं खा लूँगी। मुकलावे आई मेरी बहूरानी क्या बासी खाना खाएगी?'

बेटी ने सहज भाव से कहा, 'पर तुम्हें इस प्रपञ्च में पड़ने की जरूरत क्या है माँ? तुम तो माया-मोह छोड़ चुकी हो।'

'तभी तो इसका महातम समझ पाई हूँ।...बातों के ब्यालू से पेट नहीं भरेगा। पहले खा लो, सामान बाद में रखेंगे। तुम मुँह-हाथ धोओ तब तक मैं बैलों के ठाण में चीपटा डाल देती हूँ। फिर बाँटा खिला दूँगी।'

बेटे ने अदेर प्रतिरोध करते कहा, 'सो नहीं होगा माँ। यह काम मेरा है, मैं करूँगा।'

'नहीं, आज खाने के अलावा तुझे और कुछ नहीं करना है। जो तेरे योग्य काम है, वह मैं अपने आप बता दूँगी। तेरी क्षमता का तुझे कूता नहीं है। अलबत्ता मेरी बिटिया ने थोड़ा-बहुत तुझे समझा ही है।' फिर कुछ ठहरकर बोली, 'असली भक्ति का अब मुझे कुछ-कुछ पता चलने लगा है, तू इसमें अड़चन पैदा मत कर।'

बेटी खुशी में झूमती माँ से सटकर खड़ी हो गई। उमङ्ग छलकाते कहने लगी, 'पूछो इन से। मैं तो तुम्हारा सनेसा सुनते ही भाँप गई थी कि हमें पूरी गृहस्थी सजी-सजाई तैयार मिलेगी। अब चुप क्यूँ हो? मुँह से बोलकर बताओ न।'

पति कुछ कहे उसके पहले ही माँ ने दो-तीन गहरे श्वास भरकर कहा, 'अब तो तेरी कोख से ही मेरी साध फलेगी। मैं जानती थी कि एक बार वापस तेरे शरीर से यह गन्ध फूटेगी। क्या कल ही तुझे यह नया जन्म मिला है?'

बेटी ने सकुचाते कहा, 'हाँ माँ।'

'चलो, इस आशङ्का से मुक्त हुई। मेरा परम सौभाग्य।'

माँ के परम सौभाग्य का समर्थन किया—कहीं पास ही बँधे घोड़े की हींस ने। उस अप्रत्याशित हिनहिनाहट से चाँदनी में मानो लहरें-सी मचल उठीं। बेटे ने अत्यधिक अचरज से पूछा, 'माँ, अपनी झोंपड़ी में घोड़ा?'

माँ ने फिर मीठी झिड़की पिलाते कहा, 'अब तुझे कितनी बार समझाऊँ कि तू ये बचकानी जिज्ञासाएँ छोड़।...तू देखे जा। बस, मेरे किसी काम के लिए मना मत करना।'

'मना? इस मुँह से? तू कहे तो मौत से भिड़ जाऊँ और उसे वो चक्करघिन्नी दूँ कि...।'

माँ का अथाह धीरज मानो छूटता जा रहा हो। अपूठी मुड़कर बीच ही में बोली, 'अल्ल-सवेरे तुझे वही बताऊँगी। मौत से भी एक बड़ी हस्ती का तुझे सामना करना है।' फिर अस्फुट स्वर में फुसफुसाई, 'मुझ अकेली को अबला समझकर समाज ने मेरे साथ जो अत्याचार किया है, पूरे राज्य से जब तक इसका

बदला न लूँ मुझे मरने के बाद भी चैन नहीं मिलेगा...।' आँखों के बदले गले से उमड़ते आँसुओं को जबरन रोकते माँ ने कहा।

बेटे का हौसला चरम बुलन्दी को छू गया। अतिरेक जोश के साथ बोला, 'फिर सवेरे क्यूँ? रात को ही आजमाकर देख ले।'

'मैंने तो पहली मुलाकात में ही तुझे आजमा लिया था, अब क्या देखना है। पर बहू के बगैर मेरा सपना अधूरा रह जाता। बस्स, मुझे इसी शुभ घड़ी की प्रतीक्षा थी।...मुझे अब बातों से मत बहला। पहले खाना परोसने दे। बिटिया! आज मैं तेरे साथ बैठकर खाऊँगी।'

बिटिया ने अभरोसे के स्वर में पूछा, 'मेरे साथ?'

'हाँ तेरे साथ! अब तेरी यह देह मेरी ही तो है। भला अपनी ही कंचन-काया के साथ क्या छूत रखूँगी। तुझ जैसी पावन तो गङ्गा भी नहीं है। तेरी मीठी-माँ तो फकत एक सुन्दर शिला के रूप में शेष रह गई है। वह चाहे जितनी चमके उससे बीज नहीं फूट सकता। तेरे बहाने मैंने दुबारा जन्म लिया है। तेरी रामायण तो तूने अपने राम को पूरी सुना दी। पर मेरी रामायण तो कभी अमावस का अँधेरा ही उजागर करेगा। मैं लाख चाहने पर भी आज अपने वश में नहीं रह सकी। तुम दोनों इस पर ज्यादा सोच-विचार मत करना।'

फिर माँ ने झटपट चानण-चौक में जाजम बिछाई। बेटी ने हाथ बँटाना चाहा तो उसने मना करते कहा, 'आज मुझे ही सब करने दे। मेरे अन्तस् की खुशी बाहर की चाँदनी से बहुत ज्यादा है।'

सुरङ्गे बाजोट पर काँसी का थाल। काँसी की बाटकियाँ। मचान की खेजड़ी वाला वही तेवड़। बड़ी तासली में झरझरता चूरमा। केर साँगरियों का साग। घी से तरबतर सोगरे। गाय के गाढ़े दूध की मलाई पर चमकते तारे। दूसरे थाल की कोई उम्मीद नजर न आई तो बेटा अधीर स्वर में बोला, 'फकत मुझे ही अलग बैठकर खाना होगा। तू कहेगी तो चुपचाप खा लूँगा।'

'पर मैं अपने मुँह से ऐसी बात कहूँगी ही क्यों। इसीलिए तो एक ही थाल लाई हूँ। पर तुझे धीरज बिलकुल नहीं है।' इतना कहते ही माँ की हँसी अबाध रूप से फूट पड़ी। इस से पहले माँ को इस तरह हँसते किसी ने नहीं देखा था। हँसी के मारे उसकी आँखों में आँसू छलक आए। गला भर आया। दोनों अवाक् माँ की ओर हतप्रभ से देखते रहे। स्थिति थोड़ी सामान्य होते ही माँ आगे कहने लगी, 'बावले! मैं तो तेरी परख करना चाहती थी। कहीं इसी तरह मेड़ी में तो तूने अपना धीरज नहीं खोया?'

सारी बात स्पष्ट होते ही बेटा बुरी तरह झेंप गया। माँ ऐसा परिहास तो कभी नहीं करती! फिर भी मौके पर तत्काल जवाब नहीं दिया तो माँ न जाने क्या समझ बैठे! तनिक गम्भीर बनने का प्रयास करते उसने कहा, 'पूछो अपनी लाड़ली

बेटी से, मैं क्या कहूँ?'

माँ ने उसकी ठुड्डी छूकर कहा, 'अब किससे क्या पूछूँ, मुझसे अधिक तुझे जानता ही कौन है? मुकलावा लेकर आए बेटे से क्या इत्ती ठिठोली भी नहीं करूँगी?' फिर थोड़ा रुककर बोली, 'अब खाने के बीच में कोई नहीं बोले। मैं भी नहीं बोलूँगी। मनुष्य की जूठी वाणी में सामर्थ्य ही कितना है, मच्छर से भी कम?' यह कहकर वह अपनी आँखें पोंछने लगी। दोनों में से कोई भी नहीं जान सका कि वे आँसू हर्ष के थे या विषाद के।

माँ की मनाही के बावजूद बेटी से बोले बिना नहीं रहा गया। क्षमा माँगती हुई कहने लगी, 'माँ, तुम तो सचमुच हवा की तरह सर्वव्यापी हो। वरना तुम्हें कैसे पता चलता कि कल रात मेड़ी में इन्हें यही खाना खिलाया था?'

माँ के हाथ का कौर हाथ ही में रह गया। मुस्कराते बोली, 'तब तुम्हें अपने भीतर झाँकने की वेला ही कहाँ थी, वरना मैं तो हरदम तुम दोनों के अन्तस् में मौजूद रहती हूँ।'

उसके बाद खाना सम्पूर्ण होने तक कोई कुछ भी नहीं बोला। भोजन के उस अनुपम अनिर्वचनीय दृश्य को अपनी सहस्र ज्योति से निरखकर चाँदनी गुनगुनाए बगैर नहीं रह सकी। पर उसके नैसर्गिक गायन से माँ के अलावा दोनों ही सर्वथा अनभिज्ञ थे। माँ ने वह गुनगुनाहट स्पष्ट सुनी, पर किसे भी बताई नहीं। उसके अन्तस् के नीरव रोदन और सङ्गीत का जिसके साथ पूर्ण सामञ्जस्य था।

कुल्ला करने के बाद माँ ने कहा, 'तीन दिन से एक पल भी सोई नहीं हूँ। आज निश्चिन्त होकर सोऊँगी।' फिर बेटे की तरफ मुँह करके बोली, 'तुम्हारी जगह भीष्म पीतामह भी होते तो उन्हें अलग सोने के लिए कहती। तुम पर मेरा अटूट भरोसा है। मैं जिस दिन कहूँ, उसी रात तुम्हें सहवास करना है। और बिटिया तुम आँगन की बजाय खाट पर ही सोना। तुम पर भी मेरा कम भरोसा नहीं है। तीन घड़ी रात रहते अपने-आप जगा दूँगी।'

'तुम जब कहो, मैं स्वयं उठ बैठूँगा, चाहे कैसी ही गहरी नींद क्यूँ न हो, तुम्हें तकलीफ करने की जरूरत नहीं।'

'मेरी तकलीफ क्या तू मुझसे भी ज्यादा जानता है? बरसों तक भ्रम-ही-भ्रम में जीती रही। तुम दोनों के भरोसे ही तो मेरा भ्रम टूटा है। मैं जानती हूँ कि मेरे बदले तुम्हें साँस लेने को कहूँ, तुम मना नहीं करोगे, अब चुपचाप भीतर जाकर सो जाओ। मुझसे अब खड़ा भी नहीं रहा जाता।'

माँ की बात में रञ्चमात्र भी अतिरञ्जना नहीं थी। पर सोने से पहले उसने बैलों को बाँटा खिलाया। उनके ठाण में भरपूर चीपटा डाला। गाय का ठाण तो पहले ही भरा हुआ था। घोड़े की पाओरी में पर्याप्त दाना भरा, तब कहीं वह अपनी झोंपड़ी में बेसुध-सी गई और लेटते ही मुस्तैद अँधियारा उसे थपकियाँ देने लगा।

दूसरे ही क्षण उसकी पलकें मुँद गईं।

बहू की झोंपड़ी में घी के तीन दीये जल रहे थे। खाट भरपूर चौड़ी और लम्बी थी। सुरङ्गे-पछेवड़े पर दो ओसीसे लगे हुए थे। लेटते ही जाग्रत उजास उन्हें टुकुर-टुकुर देखता रहा। पर उसकी आकांक्षा निपट अतृप्त ही रही। उसने जानकर उन्हें सोने के लिए एक बार भी थपकियाँ देने का प्रयास नहीं किया। अजीब बावरे हैं। बेकार की बातें करते-करते ही सो जाएँगे। सोने के बाद शायद सपने में भी वे इस बात पर अचरज करेंगे कि माँ ने ऐसा क्या चमत्कार किया कि झोंपड़ी के भीतर, बाहर जैसी ही ठण्डक है, मानो चारों ओर से खुला हो। मनवांछित अपूर्व दृश्य की प्रतीक्षा करते-करते जब दीयों का उजास भी ऊँघने लगा तब कहीं दोनों बावरे बातें करते-करते ही सो गए। पर उनकी बातों में झोंपड़ी के उजाले को रञ्चमात्र भी रुचि नहीं थी, इसलिए उसने सारी बातें सुनकर भी अनसुनी कर दीं।

सवेरे तीन घड़ी रात शेष थी कि झोंपड़ी का फड़का उघाड़कर ज्यों ही पति और बहू बाहर आए—माँ घोड़े की लगाम थामे उधर ही आ रही थी। चौदहवीं का चाँद तबीयत से चाँदनी बरसा रहा था। सफेद-झक्क घोड़े पर काठी कसी हुई थी। चाँदी के पागड़े झूल रहे थे। मीठी-माँ ने घोड़े की लगाम बेटे को थमाते कहा, 'जैसा कहूँ, वही करना है—न तिलभर कम, न राई भर बेशी। यह घोड़ा तुम्हें सीधे राज-दरबार ले जाएगा। राजमहल में जहाँ रुके, तुम वहीं उतर जाना। राजा और रानी के साथ समस्त दरबारी तीसरी मञ्जिल के पूजाघर में सन्ध्या-वन्दन कर रहे होंगे। सूर्योदय के साथ ही तुम राज-दरबार पहुँचोगे। स्वामीभक्त प्रजा आज पूनम को राजा के दर्शन करके ही बासी मुँह कुल्ला करेगी। झालर की झङ्कार सुनते ही राजा-रानी पूजा-घर से नीचे आएँगे। राजा के सफेद दाढ़ी है और सिर पर सोने का मुकुट। तुम निःशङ्क गोल सीढ़ियाँ चढ़ते हुए पूजाघर में जाना। राजा को कन्धे पर उठाकर उसी क्षण धम-धम नीचे उतरकर उसे जमीन पर लिटा देना। मुकुट को ठोकर से उछालकर वापस घोड़े पर अदेर बैठ जाना। बिजली की नाईं तुम्हें फुरती से यह काम करना है। हवा से भी तेज भागता हुआ घोड़ा तुम्हें वापस यहीं ले आएगा। हाथ-मुँह धोकर झटपट रवाना हो जा।'

बहू ने सिर्फ इतना ही कहा, 'हाथ-मुँह धो चुके हैं।'

'तो फिर बहू की सूरत देखकर घोड़े पर बैठ जा।'

दोनों की आँखों में न कोई प्रश्न कौंधा और न कोई जिज्ञासा। मानो नींद में कोई सपना देख रहे हों। माँ और बेटी घोड़े की टापों से उड़ती झीनी-झीनी खेह देखती रहीं और घोड़ा अदीठ हो गया। चाँदनी की गोद में खेह के कण आँख-मिचौनी खेल रहे थे।

मीठी-माँ ने बहू के सिर पर हाथ फेरते कहा, 'नींद पूरी नहीं हुई तो सो जा, बिटिया। तब तक मैं घर का काम-काज निपटा दूँ। रसोई की वेला तुझे जगा दूँगी।'

'नहीं माँ, तुम आराम करो। मैं सब काम कर डालूँगी। तुम थपकियाँ देओ, लोरी गाओ तब भी नींद नहीं आएगी।'

'क्यूँ, पति के अनिष्ट की आशङ्का से?'

'तुम्हारे हाथ से किसी का अनिष्ट हो सकता है? यदि मेरे भाग्य से हो भी जाए तो मैं उसे अपना कल्याण ही समझूँगी। तुमसे मैंने जो कुछ भी पाया है, उसके सामने संसार के सारे अनिष्ट मिलकर भी कुछ माने नहीं रखते।'

'फिर भी तुम्हारे मन में एक बार भी यह सवाल नहीं भभका कि मैंने तुम्हारे पति को इस खतरे में क्यों झोंका?'

'तुम सभी सांसारिक प्रश्नों से परे हो माँ। तुम्हारी छाया का परस पाकर यदि इतना भी नहीं समझ सकी तो मेरा जिन्दा रहना ही व्यर्थ है। वे पहले तुम्हारे हैं, फिर मेरे हैं। जब उनके मन में किसी सवाल का बुदबुदा नहीं उठा तो मैं क्यों बेकार अपना सिर खपाऊँ? सबसे बड़ा प्रश्न तो तुम स्वयं हो, जिसका उत्तर सारे ऋषि-मुनि मिलकर भी नहीं दे सकते।'

'तुम जानना चाहती हो?'

'नहीं माँ, मेरी ऐसी औकात नहीं।'

'ऐसा न कहो बिटिया। जिस प्रकार यह धरती अपनी औकात नहीं समझती, सूरज अपना तेज नहीं पहिचानता, हिमालय अपना वैभव नहीं जानता उसी प्रकार तुम अपनी औकात का अनुमान नहीं लगा सकती। तुम्हारी आँखों में ही मैंने अपनी हैसियत का कूता किया था। तुम दोनों के भरोसे ही मेरे सपने को पाँखें मिलेंगी। चाँद-सूरज के सम्मिलन का योग आज पहली बार सधा है। तुम्हारा सपना केवल तुम्हीं तक सीमित नहीं है। वह मेरा भी सपना है। जिसके फलीभूत होने पर लाखों दीन-दुखियारों की बुझी आशाएँ फिर से चेतन होंगी। पुरुष में मानवता का अंश पूर्णतया भस्म हो चुका है। माँ की ममता शायद दुनिया को बचा सके। उसके स्तनों का दूध अब भी जहर में बदला नहीं है। फिर भी हर औरत से यह आशा नहीं की जा सकती। लाखों-करोड़ों में एक पुरुष अपवाद निकले तो निकले। बरसों हेरकर मैं तुम दोनों को बड़ी मुश्किल से खोज पाई हूँ। यदि यह आशा भी ध्वस्त हो गई तो मनुष्य की दुनिया जीने काबिल ही नहीं रहेगी।' आज वह अपनी रौ में आगे भी कुछ कहने जा रही थी कि अचानक गाय रम्भाने की आवाज सुनाई दी। उसके अन्तस् में उड़ती तितलियाँ एकदम पङ्ख समेटकर गुमसुम हो गईं। गाय के रम्भाने की दिशा में मुँह करके बोली, 'हम मानुस तो गलतियों के ही पुतले हैं। पर पञ्छी-जानवर अभी तक भ्रष्ट नहीं हुए हैं। इसे दुहे जाने की हमसे भी अधिक उतावली है। घास-बाँटा खाकर कैसा निर्मल दूध देती है। पर मनुष्य अन्न खाकर जहर उगलता है।'

मीठी-माँ ने उधर जाने के लिए कदम बढ़ाया ही था कि बहू आग्रह करते

बोली, 'ठहरो माँ। तुम इन छोटे-छोटे कामों में मत उलझो, इन्हें तो मैं ही निपटा दूँगी। तुम्हारा तो बस एक ही काम है—नवलख तारों जड़ी आकाश-गङ्गा को धरती पर खींच लाना।'

'नहीं बिटिया, आकाश-गङ्गा को अपनी जगह पर ही कायम रहने दे। हमें तो फकत अपनी धरती को ही सँवारना है। हर पेड़-पौधे की पूरी हिफाजत करनी है—ताकि समय पर कोंपले। फूटें, फूल महकें और समय पर रसभीने फल आएँ। हर पञ्छी अपनी मौज में चहके और हर जानवर अपनी मस्ती में अपनी पूँछ फटकारे। हर झरना और हर नदी अपने प्रवाह में अविरल बहे। चींटी को कण और हाथी को मण खिलाने की जिम्मेदारी ईश्वर की बजाय राजा की हो, तभी उस राज्य की सार्थकता है। बाकी मेरे मन का असली दरद मन में ही रहे, सपने में भी उजागर न हो, तभी उसकी मर्यादा है। जा, गाय दुबारा रम्भाए उसके पहले गोवणी ले आ, मिलकर दुहारी करेंगे।'

बहू गोवणी लेकर ओले में पहुँची तब माँ गाय और बछिया की मेहँदी उतार रही थी। ललाट, पीठ और पेट पर ठौर-ठौर अङ्कित निशान चाँदनी में धुँधले-धुँधले नजर आ रहे थे। माँ के कहने से बहू दूहने बैठी। उवाड़े को गोवणी के पानी से साफ करते पूछा, 'बछिया के लिए कितने बोबे छोड़ूँ माँ, दो या तीन?'

माँ ने कहा, 'दो ही काफी हैं, तीन से छेरा हो जाएगा।'

दो बोबों के दूध से तीन सेर की गोवणी पूरी भर गई। धारोष्ण दूध के झाग गोवणी की कोरों से भी ऊपर उठ आए। बहू ने बाईं हथेली पर गोवणी धरकर दाहिना हाथ ठाण में फेरा तो काफी चीपटा पड़ा था। गाय के सामने खाली कूँडा रखा था। दुहारी के पहले ही वह पूरा बाँटा चाट चुकी थी। तभी पहली बार रम्भाई। दूध से भरा उवाड़ा फटने लगा था।

माटी का चूल्हा जगाने के बाद माँ बोली, 'रात को सोने से पहले सोचा था कि तुम दोनों को आज भी अपने हाथ से बनाकर खिलाऊँगी। पर अब विचार बदल गया। तुम्हीं खाना बनाओ।'

'तुमने तो मेरे मन की बात कह दी, 'मैं भी यही चाहती थी।'

'तुम्हारा मन क्या मुझसे अलग है, मैं माँ जो हूँ...।' इतना कहते ही उसकी आँखें भर आईं। गला रुँध गया। बेटी के सामने आँखें पोंछने की हिम्मत नहीं हुई तो वह मुड़कर अपूठी खड़ी गई।

'माँ...!'

'कुछ मत पूछ बिटिया...कुछ मत पूछ। मैं जवाब नहीं दे सकूँगी।...क्यूँ बिटिया, अब तो वह राजदरबार में जरूर पहुँच गया होगा।'

'जब तुमने सूरज के साथ पहुँचने को कहा है तो वे तुम्हारा कहा क्योंकर टालेंगे। हालाँकि घुड़-सवारी पहली बार ही की है।'

'उसकी सारी कसर घोड़ा पूरी कर देगा। फिर भी मेरे बेटे के लिए दुनिया

का कोई भी काम दूभर नहीं। तेरा अहोभाग्य कि तुझे ऐसा पति मिला, जिसकी जोड़ का दूसरा बन्दा दुनिया में कोई है ही नहीं...।'

'और मुझ जैसी औरतें तो दुनिया में लाखों भरी पड़ी हैं? किसी करम-फूटे...।'

'चुपकर। पहले पूरी बात तो मुझे कहने देती। उसका चौगुना सौभाग्य कि तुझ जैसी बहू मिली।'

सूरज की पहली किरण ठाकुर के गढ़ की बजाय, इस नई झोंपड़ी पर पड़ी, जिसके ताजे खारिए से छन-छनकर धुआँ ऊपर निकल रहा था। उस धुएँ का अञ्जन लगा किरन की पलकों पर। उसकी ज्योति और भी प्रखर हो गई।

माँ-बेटी दोनों भीतर बैठी थीं। बेटी कण्डों के अङ्गारों पर सोगरे सेंक-सेंककर दे रही थी और माँ घी और कड़-कड़ खाँड से चूरमा बना रही थी कि बाहर बाबा की आवाज सुनाई दी, 'ओ रे भोले शङ्कर बाहर तो आ। मैं तो बिना न्योते ही आ गया हूँ। तेरी मरजी हो तो खिलाना।'

भोले शङ्कर के बदले मीठी-माँ बाहर आई तो वह थोड़ा चौंका। दबी आवाज में बोला, 'तुमने क्यूँ तकलीफ की मीठी-माँ, भीतर से ही जवाब दे देती। मेरा भोला शङ्कर कहाँ है? अभी तक सो रहा है क्या?'

'आपको भी बताना पड़ेगा कि वह कब सोता है, कब उठता है?' मीठी-माँ ने उलाहने के आशय से तनिक मुस्कराते कहा, 'और आज यह भी पता चला कि घरवालों को भी न्योता देना पड़ता है?'

'सरासर भूल हुई, कान पकड़ता हूँ। पर मुकलावे के बाद सोने-उठने में क्या फरक पड़ा, वही जानने आया हूँ।'

'तो फिर मेरे बताने पर भी नहीं जान पाएँगे। उस परम वीतराग की तो दुनिया ही न्यारी है। तीन घड़ी रात रहते राज-दरबार के लिए रवाना हुआ, अब आता ही होगा।'

बहू आटा सने हाथों से ही बाहर आई। नीचे झुककर पाँव छूने लगी तो वह थोड़ा पीछे हटकर बोला, 'ना, मैं इस लायक नहीं हूँ। और कोई जाने-न-जाने, मैं खुद तो जानता ही हूँ।'

बहू उतावली में घूँघट डालना भूल गई थी। सुरङ्गी ओढ़नी से आधा माथा ही ढका था। बाबा की नजर उसके चेहरे पर अटकी सो अटकी ही रह गई। उसकी कुछ समझ में नहीं आया कि आकाश का चाँद पृथ्वी पर कब उतर आया? और वह उसके पाँव छूने के लिए क्यों आतुर है? यदि औरत का मायना यह होता है तो उसने सारी उम्र लुगाई के बिजूके से ही मन बहलाया! बीते जीवन की समस्त रंगरलियों का स्वाद कसैला हो गया।...किसी दिन ठाकुर की नजर भी इस पर पड़ेगी! जब तक मीठी-माँ गाँव में है, किसी की क्या मजाल कि कोई इसकी छाया की ओर भी देख ले? पर मीठी-माँ कब तक रखवाली करेगी? उसके अन्तर्धान होते

ही यह गढ़ में दाखिल होगी सो चँवरी का भरतार वापस नख भी नहीं देख सकता। पर मीठी-माँ के नाम से ही बड़े-बड़े ठाकुर थर्राते हैं। बड़ी अजीब साध्वी है। तमाम दीन-दुखियारों की सार-सँभाल का जिम्मा ओढ़ रखा है। मानो सूरज की आधी जिम्मेवारी बाँट ली हो। एक ही क्षण में न जाने कितने विचार उसके दिमाग में कौंध गए? पर दूसरे ही पल होश सँभालकर बोला, 'बेटी बाप से क्यूँ लाज रखे भला? बाप के काबिल तो नहीं हूँ, फिर भी दस्तूर की खातिर ये पाँच मोहरें कबूल करनी होंगी।'

बहू ने मीठी-माँ की ओर देखा तो उसने कहा, 'ले ले बिटिया, मना करने पर तेरी मर्यादा घटेगी। यह नया घर बनाने में इन सबकी बड़ी मदद रही, वरना मैं अकेली क्या-क्या करती?'

'उसकी चरचा बार-बार मत करो, सुनते शरम आती है। हमसे काम लेकर तुमने हम सबका मान बढ़ाया है।'

मीठी-माँ के कानों में बाबा के बोल पूरे पहुँचे ही नहीं थे कि उसने पूरब की ओर मुँह करके देखा। तीन घड़ी दिन मुश्किल से चढ़ा होगा कि सूरज की किरणों से होड़ करता हुआ घोड़ा और घुड़-सवार दोनों उधर ही बढ़े आ रहे थे।

लीपे हुए आँगन के पास आते ही घोड़ा अपने-आप रुक गया। लगाम खींचने के इशारे की भी जरूरत नहीं पड़ी। अब तो वह कहने को ही भोला शङ्कर था। घोड़े से उतरते उसने मीठी-माँ से पहले बाबा के पाँव छुए। जब वह मीठी-माँ के पाँव छूकर सीधा खड़ा हुआ तो पहले बाबा ने मुस्कराते कहा, 'गनीमत है कि इसने बहू के पाँव नहीं छुए, वरना इसके लिए कुछ भी असम्भव नहीं।'

'अच्छी याद दिलाई।' यह कहकर वह बहू के पाँव छूने आगे बढ़ा ही था कि बहू ने अदेर उसके कन्धे बीच ही में पकड़ लिए। बोली, 'बिना पागलपन किए तुम्हें चैन थोड़े ही पड़ेगा। ताने का मतलब भी नहीं समझते?'

'समझना भी नहीं चाहता। तुम मेरे लिए मीठी-माँ से कम थोड़े ही हो...।'

'बस बस, आगे और कुछ मत कहना।' बाबा ने उसे बीच में टोकते जोर से ठहाका लगाया। फिर हँसी थमने पर उसने अचरज से पूछा, 'तू तो बैलगाड़ी पर ही नहीं बैठता, यह घुड़सवारी कब सीखी?'

'आज ही। पागड़े पर पाँव धरकर ऊपर चढ़ा और सीख गया।' फिर माँ की ओर देखकर वह उछाह से कहने लगा, 'तुमने जैसा कहा, ठीक वही हुआ। पूजाघर के पास पहुँचते ही घोड़ा अपने-आप रुक गया। मुझे तो तुम्हारे आदेश की पालना के अलावा दूसरा कुछ खयाल ही नहीं था। आव देखा न ताव, लम्बे-लम्बे डग भरता हुआ पूजाघर में पहुँचा। राजा-रानी सबके बीच सन्ध्या-वन्दन कर रहे थे। उनकी आँखें मुँदी हुई थीं। सोने के मुकट से उन्हें मैं तुरन्त पहिचान गया। कन्धों पर उठाया और धम-धम करता सीढ़ियाँ उतर गया। सारे दरबारियों में पीछे आने की होड़ मच गई।...राज-दरबार के ही तबेले का सबसे तेज व बेजोड़ घोड़ा था।

देखते ही सबने पहिचान लिया। इसीलिए किसी ने मुझे टोका नहीं। जब खुद रानी चुप थीं तो दीवान, सेनापति क्या पञ्चायती करते? राजा को उठाए-उठाए मैं चबूतरे से नीचे कूदा। उन्हें जमीन पर लिटाकर मुकुट को ठोकर लगाई तो वह काफी दूर उछला। फिर ज्यों ही वापस घोड़े पर चढ़ा कि तीनों मञ्जिल एक साथ जमीन पर ढेर हो गईं। जैसे घरौंदा बिखरा हो। रानी सहित सभी दरबारियों के चेहरे उस अचीती खुशी के मारे दिप-दिप करने लगे। तुम्हारे आदेश के मुताबिक मैंने तो फिर पीछे मुड़कर भी नहीं देखा। रानी जी ने काफी जोर से आवाज दी, पर मैंने कोई परवाह नहीं की।'

'परवाह करता तो इनाम मिल जाता न?' बाबा को बोलने की उतावली सबसे ज्यादा थी। मुँह बनाकर बोला, 'बावलों के सरदार यदि पूजाघर उसी समय ढेर न होता तो तेरी क्या दुरगत होती? तू इस खतरनाक काम के लिए तैयार ही क्यों हुआ? धान खाता है, कोई धूल तो नहीं। कल ही मुकलावा लेकर आया है, कुछ तो सोचा कर।'

भोले-शङ्कर ने अदेर कुछ सोचे बिना ही जवाब दिया, 'जब मीठी-माँ ने आदेश कर दिया तो उसमें सोचना क्या...?'

'यदि वह कहती कि कुएँ में कूद जा...।'

'तो उसके कहते ही कूद जाता—बस।'

'तेरे कहने से ही क्या बस हो जाता? कुएँ में कूदने का मतलब जानता है?'

'यह जानने का जिम्मा मेरा नहीं है, फिर क्यों बेकार मगज लड़ाऊँ? कुएँ के बाहर ज्यादा खतरा जाने बिना मीठी-माँ मुझे कभी कुएँ में कूदने के लिए नहीं कहेगी।'

'खैर, जो हुआ सो अच्छा ही हुआ। मीठी-माँ के पुण्य से ही हम सबका मान बच गया। अब राजा जी कुछ इनाम देना चाहें तो मूरख की तरह मना मत करना।'

मीठी-माँ ने बहू को चुप रहने के लिए आँखों-ही-आँखों में इशारा कर दिया। भोले शङ्कर के मन में जो बात सूझी उसने प्रकट कर दी, 'ऐसी गुणवन्ती बहू और मीठी-माँ के रहते मुझे कुछ चाहिए ही नहीं, तब राजाजी मुझे क्या इनाम देंगे?'

बाबा ने कोई धूप में बाल सफेद नहीं किए थे। तुरन्त वाजिब सलाह दी, 'यदि राजाजी तेरी मूरखता पर खीझ कर बैठें और इनाम की बजाय तुझे सूली की सजा सुना दें दी तो...।'

'सुन लूँगा, और मैं कर ही क्या सकता हूँ। उनका काम वे जानें।'

आगे कोई प्रतिवाद न करके बाबा ने मन-ही-मन अपनी हार कबूल कर ली। मूरख के सामने हारने के अलावा और चारा ही क्या था? फिर मीठी-माँ की

ओर देखते बोले, 'मुकलावे के पहले यह कैसी भी नादानी करता तो चल जाता, पर अब तो उसे समझ-बूझकर कदम रखना चाहिए। तुम कुछ समझाओ न।'

'आपने समझाकर देख लिया? इसकी इसी नादानी का ही तो मुझे एकमात्र भरोसा है! दुनिया की समझदारी के भरोसे से तो हजार बरस भी मैं कुछ नहीं कर पाती। आप अपनी समझदारी के आसरे फूँक-फूँककर पाँव धरते रहिए और यह अपनी मूरखता से कुएँ में कूदना चाहे तो कूदने दें। अपनी मौत आप ही मरेगा, जीएगा।'

बाबा ने समझदारी का आखिरी गुर प्रस्तुत किया, 'मैं तो इसके भले की खातिर इतनी बकवास कर रहा हूँ। हाथ जोड़कर बस यही अरज है कि मुकलावे आई बहू कुछ दिन सुहाग से जी ले तो अच्छा है। तुम्हारे अलावा यह किसी की बात भी तो नहीं मानता।'

'तो आपके विचार से मीठी-माँ मेरा बुरा चीतेगी? ऐसी समझदारी मुझे नहीं चाहिए। वह मेरी लाश को पाँव से छुए तो मैं जिन्दा हो जाऊँ! उसके हाथ से मेरा अहित होगा?'

बाबा को जवाब तो निहायत माकूल ही सूझा था, पर न जाने क्या सोचकर चुप हो गया। मीठी-माँ ने हर किसी से छिपाने वाली बात भी बाबा के सामने प्रकट कर दी। शायद जानकर ही उन्हें बताना चाहती हो, ताकि सारे गाँव में यह बात फैल जाए। उनकी तरफ मुँह करके कहने लगी, 'जब आप इसके इतने ही शुभचिन्तक हैं तो कल भोर की वेला इसी घोड़े पर राज-दरबार में जाएँ।'

'घोड़े पर बैठकर राज-दरबार में जाऊँ? आप क्या कह रही हैं?'

'जो मैंने कहा, वही आपने सुना। राज-दरबार का ही घोड़ा है। कोई भी आपको रोकेगा नहीं। जब तीन घड़ी के बाद आप वहाँ पहुँचेंगे तब राजाजी सब दरबारियों से यह सलाह कर रहे होंगे कि ईश्वर के भरोसे तो सब मर ही गए होते। पीछे कोई पानी पिलाने वाला भी नहीं बचता। जिस घुड़सवार ने सबके प्राण बचाए, उसे क्या इनाम दिया जाए—पचास या सौ गाँव का पट्टा इनायत किया जाए या राज्य का खास दीवान बनाया जाए। आप अपनी कुछ भी राय न देकर, सीधे राजाजी के पास पहुँचें। दाहिने पाँव से जूता निकालकर पूरे जोर से सात बार राजाजी के सिर पर दे मारें। फिर पाँव की ठोकर से उनका साफा उछालकर वापस घोड़े पर चढ़ जाएँ। यह घोड़ा आपको सरपट यहाँ ले आएगा। आपके मना करने पर ही इस गावदी को इसी काम के लिए कहूँगी। अभी पता चल जाएगा कि आपको बहू के सुहाग की कितनी चिन्ता है?'

बाबा की नसों का लहू उलटा घूमने लगा। थूक निगलते बड़ी मुश्किल से बोल पाया, 'मुझे अपने प्राणों की चिन्ता भी कम नहीं है। अपने प्राण देकर घरवाली का सुहाग क्यूँ मिटाऊँ?'

'पर उसने तो आपके साथ बहुत बरस सुहाग-सुख देख लिया है। यह बेचारी तो कल ही ससुराल आई। बोलिए आपका क्या विचार है?'

'इसके लिए तो किसी का भी और क्या विचार हो सकता है? बूढ़ा जरूर हो गया हूँ, पर दिमाग अभी ठिकाने है। पर आपकी यह बात तो भोला शङ्कर भी मानने से रहा, चाहे लाख मूरख हो। इसकी बजाय तो आपघात करना अच्छा। जिस तरह चाहेगा, अपनी मरजी से मरेगा। राजाजी तो न जाने मतवाले हाथी के पाँव तले कुचलवाएँ, या गड्ढे में आधा बुरवाकर ऊपर खूँखार कुत्ते छुड़वाएँ या शेर के पिंजरे में डलवाएँ। तुम जरा इसे भी पूछकर देख लो।'

माँ से पहले ही बेटा बोल पड़ा, 'यह भी कोई देखने-दिखाने की बात है। माँ कहे तो एक राजा की बजाय दस राजाओं के सिर पर जूते मार दूँ।'

बाबा ने कानों में अँगुलियाँ डालते कहा, 'ऐसी बात तो सुनने से भी पाप लगता है। मैं तो पूछने पर साफ गवाही दूँगा।'

'वह आपकी मरजी। दुबारा कह रही हूँ कि आप मेरी बात मान लें, वरना सारी उम्र पछताएँगे।'

'हमारे लिए यह कोई नई बात नहीं। हम तो पछताने के लिए ही पैदा हुए हैं।'

'तो फिर पछताते रहिए।' यह कहकर मीठी-माँ ने बेटे के सामने देखकर कहा, 'जिस काम के लिए बाबा इतनी उम्र पाकर भी डर गए, तुझे वही काम करना है।'

'मजे से करूँगा। नींद में सोते हुए को पूछोगी, तब भी मना नहीं करूँगा।'

अब तक घोड़ा और घुड़-सवार दोनों का ही पसीना सूख गया था। घोड़ा तो इससे भी चौगुना दौड़ सकता था। पर बेटे का पहला ही अनुभव था। उसका रोम-रोम जकड़ने-सा लगा। उसने अचरज दरसाते कहा, 'माँ, एक बड़ी अजीब बात हुई। इतना तेज दौड़ने से तो घोड़े का अङ्ग-अङ्ग बँध गया होगा। पर मैं तो ऊपर बैठा था। मेरा भी रोम-रोम बँध गया है।'

'कोई बात नहीं।' माँ ने सहज भाव से कहा, 'कल दुबारा घुड़-सवारी करने पर सारा शरीर वापस खुल जाएगा।'

बाबा ने व्यंग्य से मुस्कराते कहा, 'हाँ, जरूर खुल जाएगा। शरीर का जोड़-जोड़ खुल जाएगा।'

बहू ने एक बार पति की ओर देखकर माँ से कहा, 'इनके शरीर की तासीर मैं जानती हूँ। चूरमा खाते ही सब ठीक हो जाएगा।'

बाबा ने मन-ही-मन सोचा फकत चार ही दिन में शरीर की सारी तासीर जान ली। पर उम्र की मर्यादा के लिहाज से चुप रहना ही सङ्गत समझा। पर माँ तो सर्वज्ञ थी। बिना कहे ही बाबा के मन की बात समझ गई। उनका मन

बहलाने के आशय से बोली, 'खाना तैयार है, खाकर जाइएगा। हम दोनों ने मिलकर बनाया है।'

बाबा ने विस्मय से पूछा, 'तुम खाना बनाना भी जानती हो?'

'जब खाना जानती हूँ तो बनाना क्यों नहीं जानूँगी?'

'खाना तो मैं भी खूब अच्छी तरह जानता हूँ, पर बनाना नहीं जानता।'

'अरे! तुम मरदों की सारी बातें ही निराली हैं। पर हम औरतें खाना खाएँ, चाहे न खाएँ, पर बनाए बगैर बचाव नहीं है।'

'पर तुम तो औरत नहीं साध्वी हो!'

'औरत हुए बिना ही तुम सबकी मीठी-माँ क्योंकर हुई? औरत का दरजा किसी भी साध्वी या देवी से ऊँचा है। साध्वी बनने के बाद ही मैंने इस सत्य को समझा है।'

'मीठी-माँ की इन झीनी बातों की बजाय बाबा को खाने में ज्यादा रुचि थी। सबसे पहले उन्हें ही खाना परोसा गया। चूरमे का पहला कौर लेते ही उन्होंने कहा, 'मेरे घर में भी घी-गुड़, दूध-दही की कमी नहीं, पर ऐसा स्वादिष्ट चूरमा और ऐसा दही कभी नहीं खाया।' वे पहले कौर से ही खाने की प्रशंसा करने लगे तो अन्तिम कौर तक करते रहे। रोज-मर्रा की खुराक से कुछ बेशी ही खा गए। वापस घर जाने लगे तो छोकरे ने पूछा, 'आप चलकर खाने के लिए तो आए नहीं थे। जरूर किसी काम से आए होंगे, वह तो बताया ही नहीं और चल दिए।'

बाबा ने अटकते-अटकते कहा, 'आया तो काम से ही था...और तू कौन-सा जानता नहीं। पर यहाँ के रङ्ग-ढङ्ग से सारा मामला ही चौपट हो गया। तेरे भरोसे ही मैं इतने बरस मजे से चिलम फूँकता रहा। अब लाख समझाने पर भी बहू मानेगी थोड़े ही कि तू किसी के यहाँ हाली-मजूर बनकर रहे।'

'और करूँगा क्या? उम्र भर तो राजाओं के सिर पर जूते मारने से रहा। यह मामूली काम तो कल ही निपटा दूँगा। आप तो जानते ही हैं कि बिना काम किये मुझे नींद ही नहीं आती।'

'फिर तेरे अपने घर का भी तो काम है।'

'उसे आपकी बहू कर लेगी।'

'ऐसी सुन्दर बहू रसोई बना ले तो गनीमत है। खेती-बाड़ी का काम थोड़े ही करेगी।'

'क्यों नहीं करेगी? हम दोनों मिलकर घर का काम फटाफट सलटा देंगे। बाकी समय आपका काम सँभाल लूँगा।'

'जिन्दा रहेगा, तभी तो सँभालेगा।'

'यह चिन्ता मेरी नहीं, माँ की है। मैं तो फकत इतना भर जानता हूँ कि माँ किसी बिच्छू का भी बुरा नहीं कर सकती।'

'तब तो तू मुझे समझा ही नहीं।' मीठी-माँ ने एक हलकी-सी आह भरते कहा, 'खैर, धीरे-धीरे समझ जाएगा, मुझे तेरी बुद्धि पर पूरा भरोसा है। पर बाबा की हिम्मत पर मुझे कतई भरोसा नहीं है। देश के एकछत्र स्वामी के सिर पर जूता मारने वाले की छाया से भी ये सौ कोस दूर रहेंगे।'

'हाँ, यह बात तो है ही। अपने घर सही-सलामत पहुँचने के बाद मैं तो इस दिशा की ओर मुँह भी नहीं करूँगा। अपने प्राणों से बढ़कर मेरे लिए दूसरा कोई रिश्ता नहीं है। तुम्हारे गावदी बेटे की वजह से कुछ दिन के लिए मेरी भी मति मर गई थी। इसे मैं अच्छा समझने लगा था। आदमी गलती न करे तो वह आदमी ही क्या?'

'फिर भी गहने न ले जाने की गलती आपको बहुत महँगी पड़ेगी। कल न जाने कैसा सूरज उगे? आप सभी गहने सँभाल लें तो हमारी चिन्ता मिटे।'

'यह चिन्ता मुझे बिल्कुल नहीं है। गावदी भले ही हो, ऐसी गलती वह सपने में भी नहीं कर सकता।'

'पर आदमी गलती न करे तो वह आदमी ही क्या?' बाबा का मन्त्र वापस उन्हें ही सुनाकर बहू अदेर झोंपड़ी के भीतर गई। वापस तत्काल ही लौटी तो उसके हाथ में गहनों की पोटली थी। बाबा को सौंपते बोली, 'जब आ ही गए हैं तो लेते जाइए।'

'बाबा ने कोई प्रतिवाद नहीं किया। चुपचाप पोटली सँभाल ली। मुड़कर जाने लगे तो बहू ने सङ्कोच के साथ कहा, 'एक बार अपनी नजर से देख तो लेते।'

'इतना बोदा नहीं हूँ। आठ साल में तेरे पति के स्वभाव की थोड़ी-बहुत तासीर मैं भी जान गया हूँ। तुझे शायद पता नहीं उसने किस मुश्किल से नए कपड़े और यह गहना मञ्जूर किया था।' थोड़ा रुककर बोले, 'नहीं जानता कि मेरी आसीस में कितना दम है। फिर भी सच्चे मन से तुझे आसीस दिए बिना नहीं रह सकता कि तेरा सुहाग अमर रहे।'

'सच्चे मन की आसीस जरूर फलेगी।' मीठी-माँ ने बाबा को आश्वस्त करने के आशय से कहा।

'फिर भी दिल से पूरा काँटा निकला नहीं है। अच्छा तो अब चलता हूँ। भगवान तुम सबको सुमति दे।'

माँ कुछ कहे उसके पहले ही बेटे ने पुख्ता विश्वास के साथ कहा, 'बेचारे भगवान का ऐसा बूता कहाँ? जरूरत पड़े तो माँ उसे सुमति दे सकती है।'

'तू चुप कर गौतम।' माँ ने स्नेह से झिड़कते कहा।

'यह गौतम नाम का ही नतीजा है, इसका कोई कसूर नहीं।' खौलते गुस्से को पीते हुए बाबा अपने घर की ओर रवाना हो गए। आसीस की मर्यादा तो रखनी ही होगी। इस तरह सच्चे मन से तो उन्होंने अपनी बेटियों को भी आसीस नहीं दी।

बाबा के जाने पर तीनों एक साथ खाने बैठे। मीठी-माँ ने सबसे पहले चूरमे का कौर हाथ में लेते कहा, 'जब से अपना घर छोड़ा, आज पहली बार तुम्हारे सामने अपना सङ्कल्प तोड़ रही हूँ। मैं नहीं खाती तो तुम दोनों भी नहीं खाते।'

बहू ने तनिक मुस्कराते कहा, 'नहीं माँ, यह बात तेरी आधी सच है। केवल मैं ही नहीं खाती। पर इनके सामने चूरमा रखा हो तो ये बड़े-से-बड़े राज्य का लोभ तक छोड़ दें।'

'क्यूँ, चूरमे के शकुन पर तुझे ऐसा अडिग भरोसा है?'

बेटे ने मोर की तरह गर्दन हिलाते कहा, 'तभी तो मुझे ऐसी गुणवन्ती बहू मिली, जिसके सामने राज्य है किस गिनती में?'

'इसीलिए तुम्हारे शकुन की खातिर मैंने अपने सङ्कल्प की रत्ती भर भी परवाह नहीं की।' फिर उसने बहू की आँखों में झाँककर पूछा, 'एक बात तो बता बिटिया कि पति को इस तरह मौत के मुँह में भेजने के बावजूद तेरे मन में तनिक भी आशङ्का नहीं उभरी। ऐसा न होना ही तो नितान्त अस्वाभाविक है।'

बहू ने बिना कुछ सोचे-विचारे सहज भाव से उत्तर दिया, 'तुझसे क्या छिपा है कि मैं जिन भयावह दुःखों से गुजरी हूँ, उसके सामने यह आशङ्का कुछ भी माने नहीं रखती। तेरे द्वारा अनिष्ट भी किसके भाग्य में बदा है? ये चार दिन हमारी झोली में तेरे ही कारण आकाश-कुसुम की तरह टपके हैं। इनके सुखद झूले पर हमने चार युग का आनन्द पाया है...।'

'सहवास के बिना ही?'

यह माँ तो एक विलक्षण ही माया है। जब उसने सहज निःसङ्कोच भाव से पूछा तो बेटी ने भी अकृत्रिम भाव से उत्तर दिया, 'हाँ, सहवास के बिना ही। यदि यह संयोग सध जाता तो चार चाँद और जुड़ जाते।' बेटी की अपनी माया भी तो सर्वथा अनूठी थी।

खाने के बाद गौतम तीन घड़ी रात तक सारा काम चुपचाप करता रहा, जैसे कल वाला कार्यक्रम नितान्त उपेक्षणीय हो। दोपहर को बाबा के घर भी काम करने के लिए गया, पर बाबा ने साफ मना कर दिया कि अपनी खुजली उसे ही खुजालनी होगी। फिर इधर-उधर देखकर धीमे से सलाह दी, 'मेरा कहा माने तो कुछ समय ससुराल मौज मना ले। तब तक मीठी-माँ न जाने कहाँ विहार करने चल देगी?'

गौतम ने अपनी हमेशा वाली समझ से ही जवाब दिया, 'वहाँ मीठी-माँ की आँखों से तो अदीठ हो जाऊँगा, पर अपनी आँखों से बचना तो कहीं भी सम्भव नहीं। फिर मौत का निवास कहाँ नहीं है, बाबा! ससुराल में भी मसान हैं। वहाँ 'पवन' लग गया तो कौन बचा पाएगा?'

'थूक अपने मुँह से! इस तरह क्यूँ दध-आखर उगलता है। अभी कल ही

तो मुकलावा लेकर आया है। अब तुझे कैसे समझाऊँ? मौत-मौत में जमीन-आसमान का फरक होता है।'

'होता होगा। पर मरने वाले का इससे क्या वास्ता कि वह कैसे मरता है। मौत की उम्र तो होती नहीं।'

बाबा ललाट छूकर कहने लगा, 'तुझ से बहसबाजी में जीतना मुश्किल है। मेरी यह आखिरी सीख तो मान ले। मीठी-माँ तो साथ होगी नहीं, उतनी देर कहीं बिसाई खाकर राह से ही लौट आना।'

'ताकि जीवन भर उसे अपना मुँह नहीं दिखा सकूँ। माँ साथ न रहे तो क्या, मैं तो हरदम अपने साथ रहूँगा और न मौत ही मेरा पीछा छोड़ेगी। अच्छा, कल राज-दरबार से जिन्दा लौट आया तो एक बार और आपके पास काम करने आऊँगा। कितनी बार मना करेंगे?'

'ना रे ना, तू भूल-चूक से मेरे घर की ओर मुँह मत करना। मुझे राज का डर मौत से भी ज्यादा लगता है। तुझ जैसे मूरखों के भरोसे यह दुनिया एक दिन भी नहीं चल सकती।'

'एक ठौर टिकी तो रह सकती है?'

'मुझे तो इसमें भी सन्देह है। प्रलय न हो तो अच्छी बात है।'

'प्रलय तो किसी के रोके रुकता नहीं। और जैसी यह दुनिया है, उससे खराब तो प्रलय भी क्या होगा? जितनी जल्दी हो, उतना ही अच्छा है।'

'तेरा अच्छा-बुरा तू अपने पास ही रख, मुझे मत बता। बहू बाट जोह रही होगी, बेकार बकवास न करके उसके पास जल्दी चला जा। जितने पल साथ जी लो, वे तुम्हारे हैं।'

बाबा की गवाड़ी से लौटकर वह अपने घर आया तो सही, पर बहू की बजाय वह अपने काम में ही अधिक व्यस्त रहा। गाय के ठाण में कूतर करके डाली। माँ या बहू को तकलीफ न हो, सात दिन की कूतर का ढेर लगा दिया। घोड़े की लीद बुहार कर सफाई की। बहू को भी जैसे-तैसे समझाया कि काम ही उसके लिए सर्वोपरि आनन्द है।

बहू ने प्रतिवाद किया, 'फिर मुझे इस आनन्द से क्यों वञ्चित रखते हो?'

पति ने जैसे पहले ही जवाब सोच रखा हो। बोला, 'सबकी सूरत एक-सी नहीं होती तो सबका स्वभाव भी एक-सा नहीं होता। मेरा वश चले तो तुम्हें हमेशा के लिए अपनी पलकों के भीतर ही छिपाए रखूँ।'

'बस, रहने दो। ज्यादा मूरखता भी अच्छी नहीं। माँ ने सुन लिया तो वह क्या समझेगी?'

'यही कि मैं कितना बड़ा मूरख हूँ!'

'इसमें न तो मुझे कोई शक है और न माँ को। पर अपने मुँह से बार-बार

उसकी डींग तो न हाँको।''

रात को ब्यालू करते समय उसने चाव से चूरमा खाया, जैसे यह भी कोई उसका मन-पसन्द काम हो।

खाने के बाद तीनों ही थोड़ी देर चुपचाप बैठे रहे। बातचीत करने के लिए किसी को मनवाञ्छित वाणी नहीं मिल रही थी। अचानक मीठी-माँ इस लहजे में बोली, मानो अगाढ़ नींद से जागी हो, 'अब तो सोओ। इस रात का एक-एक क्षण तुम्हारे लिए अमोलक है।'

'लेकिन तुम्हारे पास बैठना, तुम्हारी बातें सुनना, ज्यादा अमोलक है। सवेरे तक कुछ-न-कुछ कहती रहो और हम चुपचाप सुनते रहें।' गौतम ने अपने मन की सच्ची बात दरसाई।

'शायद इस आशङ्का के भय से कि तुम वापस लौटकर आओ, न आओ।' माँ ने मीठी चुटकी लेते हुए कहा।

'तब तो तुम्हारी छाँह तले बेकार ही समय गँवाया। मुझे न तो मौत का डर है और न जीवन का मोह।' गौतम ने सङ्कोच के साथ कहा।

'और बिटिया तुम्हें...?'

'मेरे मन की बात भी तुम्हें बतानी होगी? मैं ऐसी नादान नहीं हूँ।'

'कितनी बार सुनना चाहोगी कि मैं तो इसकी नादानी के साथ सारी दुनिया की समझदारी का सौदा नहीं करूँ।'

'अब तो मैं भी नहीं करना चाहती। यह सब तुम्हारी छाया का ही प्रताप है।'

'अरे वाह! मुझे तो अब तक अपनी छाया का इतना महत्त्व मालूम ही नहीं था। आज ही पता चला। तब तो मैं भी उसका बड़ा जतन रखूँगी।'

'और उसी में सारी दुनिया का जतन है।' बेटी के स्वर में मामूली गुमान का पुट था।

'यह बूता तेरा है, मेरा नहीं। ठाकुर की सेज पर जो काम तू चुटकी में कर सकी...खैर छोड़ो। यह रात भी हमेशा जितनी ही बड़ी होगी। ला, आज की रात भर के लिए वह हँसिया मुझे वापस सँभला दे।'

'नहीं माँ, एक बार तूने कुछ सोच-समझकर यह थाती मुझे सौंपी है, सो जीवनपर्यन्त हाथ में रखूँगी।'

पति ने बहू का समर्थन करते कहा, 'रहने दो माँ! इसके हँसिये का डर कम-से-कम मुझे नहीं है। मुझे तो हरदम अपना ही डर बना रहता है।'

'यही तो सबसे बड़ा शौर्य है, गौतम! ऐसे बहादुर दुनिया में विरल ही होते हैं।...अब तो पलकों का बोझ भी मेरे लिए भारी पड़ रहा है, सोऊँगी। सवेरे मुझसे मिले बिना रवाना मत हो जाना।'

'क्या तू भी मुझे औरों की तरह ऐसा ही मूरख समझती है, तब तो मेरा जीना ही बेकार है।'

'अपने आँचल का दूध पिलाकर बड़ा नहीं किया तो क्या तुझसे मजाक भी नहीं करूँ।' इतना कहते ही माँ का गला भर आया। अन्तस् के उमड़ते आँसुओं की बाढ़ को झेलने के लिए आँखें पर्याप्त नहीं थीं। फिर तो वहाँ क्षण भर रुकना भी उसके लिए दूभर हो गया और वह बाजू की झोंपड़ी का फड़का उघाड़कर भीतर अदीठ हो गई।

चोर की तरह डरा-सहमा पूनम का चाँद बाकी समूची दुनिया को अनदेखा करके फकत एक झोंपड़ी पर अपनी निगाहें टिकाए हुए था। पर लाख होशियारी बरते वह झोंपड़ी के भीतर छिपे रहस्य का कभी पता नहीं लगा सकेगा। सूरज की जासूसी तक पार नहीं पड़ी तो बेचारे चाँद की बिसात ही क्या, जो अपने उजास के लिए दूसरों का मोहताज हो।

मायावी चाँद पर बहू की नजर पड़ते ही उसे ऐसा महसूस हुआ कि उसने अपने जीवन में इससे पहले कभी चाँद देखा ही न हो। अबोध बालिका की नाईं चाँद की ओर इशारा करते कहा, 'चलो, थोड़ा वहाँ तक चलें।'

एक बार तो पति भी अपनी सुध-बुध बिसर गया, पर दूसरे ही क्षण अपनी लगाम खींचते बोला, 'माँ ने सोने के लिए कहा है, सो अब भीतर ही चलना चाहिए।'

'तुम्हारे मन में कहीं खोट तो नहीं है? माँ ने कल भी कुछ हिदायत दी थी, उसे भूल तो नहीं गए?'

'वह तो मेरी मन-पसन्द हिदायत थी।'

'देखती हूँ, कितने दिन टिकी रहेगी?'

'पर मुझे तुम्हारे मन का भी तो खयाल रखना है।'

'सो रहने दो, अपने मन का खयाल मैं खुद रख लूँगी। इतनी उदारता दिखाने की जरूरत नहीं।' पति के जवाब का इन्तजार किए बिना ही वह झोंपड़ी में घुसी। घी का दीया अपनी धुन में चारों ओर उजास बरसा रहा था। पति की आँखों में दीये की लौ चुभी। बहू की सूरत निहारते कहने लगा, 'पूनम का एक चाँद तो झोंपड़ी के बाहर जगमगा रहा है और दूसरा चाँद झोंपड़ी के भीतर दमक रहा है। फिर इस दीये की आँच तो बुझा दूँ।'

'जैसा तुम ठीक समझो।'

'लगता है, मेरी समझ पर तुम काफी भरोसा करने लगी हो।'

'इस वहम में मत रहना, किसी भी दिन मेरा विचार बदल सकता है।'

पति के हाथ का हलका-सा झपाटा लगते ही दीये की लौ शान्त हो गई। उसका इतना ही बूता था। पर झोंपड़ी के भीतर का चाँद...! बरसों तक समय के झपाटे खाकर मद्धिम पड़ जाएगा। नानी-दादी की तरह इसकी चमकती आभा में

भी अँधियारे की सलवटें चित्रित हो जाएँगी। तारों की तरह चमकते दाँत झड़ जाएँगे। बालों पर देखते-देखते एक ऐसी सफेदी पुत जाएगी, जो कजरारी घटा की तुलना में ज्यादा फीकी होगी...। उफ्फ! आज की रात भी ये कलमुँहे विचार उसका पीछा नहीं छोड़ेंगे क्या? मुँह पर मँडराते मच्छर की तरह उसने एक ही झपाटे में उस विचार को उड़ा दिया। पर मच्छर हैं जो अपनी कुबान छोड़ना ही नहीं चाहते। जहाँ गफलत का मौका मिला, वहीं मँडराने लगते हैं, काटने लगते हैं। फिर उड़ाते हैं और उड़ने-बैठने की यह प्रक्रिया इसी तरह चलती रहती है।

खाट पर लेटते ही बहू ने भीतर घुमड़ती बात होंठों से बाहर दरसाते पूछा, 'आज-कल एक नई बात तुम्हें दिखाई नहीं पड़ती क्या?'

'मुझे तो अनेक नई बातें दिखाई पड़ती हैं, तुम कौन-सी नई बात जानना चाहती हो?'

'बिना कहे जानो तो मानूँ।'

'मुझे इस तरह अपने-आपको मनवाना भी नहीं है। तुम्हीं बता दो।'

'हार मानते हो?'

'तुमसे हारने में ही मेरी जीत है।'

बहू थोड़ी देर के लिए चुप रही मानो सही शब्दों की तलाश में हो।...'कुछ दिन से देख रही हूँ, किसी खास बात को याद करते हुए माँ की आँखों में आँसू छलक आते हैं, गला रुँध जाता है।'

'देख तो मैं भी रहा हूँ, पर समझने की बेकार चेष्टा नहीं करता। आकाश का भेद समझ पाना आसान है, पर माँ के मन की थाह पाना मुश्किल है। उसका भेद उस तक ही सीमित रहने दो।'

'क्योंकि वह सबके मन का भेद जानती है, इसलिए?'

'हम कारण की तलाश न करें तो अच्छा है।'

कुछ देर तक दोनों ही मौन रहकर न जाने क्या सोचते रहे। शायद एक-दूसरे के सोच की पड़ताल करने के लिए ही परस्पर उद्विग्न हों। बहू के लिए जब मौन रहना सम्भव नहीं हुआ तो बोली, 'मेड़ी की पहली रात के उनमान कहीं आज तो यह नहीं सोच रहे हो कि यह रात कभी न बीते तो अच्छा है।'

पति असमञ्जस में फँस गया। उससे छुटकारा पाने पर बोला, 'हाँ, पहले तो यही सोचा था, पर बाद में तुरन्त खयाल आया कि भोर की वेला राज-दरबार के लिए प्रस्थान करना है, वरना माँ के आदेश की पालना कैसे होगी?'

'यदि दुनिया के सारे पण्डित-ज्ञानी तुमसे पूछें कि सुहागरात को भूलकर माँ के आदेश की पालना क्यूँ जरूरी है?'

'दुनिया के पण्डित-ज्ञानियों को जवाब दे भी सकता हूँ, चाहूँ तो न भी दूँ। पर तुम्हारे पूछने पर मैं अवश्य दुविधा में फँस जाऊँगा।'

'तुम अपनी सनक में कुछ भी समझो, पर मैं तो अपने-आपको मीठी-माँ के बराबर नहीं मानती।'

'पर मेरे लिए तो दोनों ही आँखें बराबर हैं।'

'जब तुमने मुझसे रञ्चमात्र भी दुराव नहीं रखा तो मैं भी अपने मन की सच्ची बात बताए बिना नहीं रह सकती। यदि तुम मेरे मोह में मीठी-माँ के आदेश की पालना से मुकर जाते तो मैं एक पल भी तुम्हारे साथ नहीं रहती। हो सकता है कुछ ऐसी ही बात विचारकर मीठी-माँ के माँगने पर भी उनकी थाती वापस नहीं सौंपी।'

'तो तुम्हारे सोचने में भयङ्कर भूल हुई। नीम की कोंपल से मेरा गला चाक हो सकता है, पर किसी भी हँसिये या तलवार से नहीं।'

कुछ देर तक दोनों ही मौन रहे। समय भी उनके मौन की मर्यादा रखता हुआ तब तक के लिए थम गया था। जब बहू पति के घुँघराले बालों को सहलाते फुसफुसाई तभी समय को फिर से अपनी गति प्राप्त हुई। 'बता सकते हो, माँ अभी सो रही है कि कुछ सोच रही है?'

'पहले तुम बताओ कि यह अँधेरा सो रहा है कि सोच रहा है?'...बहू कुछ जवाब दे उसके पहले ही वह अपनी रौ में आगे कहने लगा, 'माँ का भी ठीक यही स्वरूप है—अँधेरे के उनमान ही वह सोते-सोते हरदम सोचती रहती है और सोचते समय हरदम सोई रहती है।'

'हम सो रहे हैं कि सोच रहे हैं?'

'मैं सोया हूँ और तुम सोच रही हो।'

'नहीं, मैं सोई हूँ और तुम सोच रहे हो।'

'इसका अन्तिम निर्णय कौन करेगा?'

'यदि तुम दीया नहीं बुझाते तो वह कर देता।'

इस तरह की अनर्गल बातें सोचते-विचारते वे कब सो गए, उन्हें पता ही नहीं चला। पहले पति सोया कि पत्नी, इसकी भी उन्हें कोई खबर नहीं थी।

बाहर का सारा काम सुथराई से सम्पन्न करके मीठी-माँ ने दरवाजे के पास खड़ी रहकर पुकारा, 'बेटा गौतम...।'

फड़का खुलने के पहले ही बेटे की आवाज सुनाई दी, 'हाँ माँ...तुम्हारे पुकारने का ही इन्तजार कर रहे थे। कितनी मीठी लगती है इस नाम की पुकार...।'

'चूरमे से भी मीठी?' माँ ने अधीर होकर पूछा।

'हाँ, चूरमे से भी मीठी।'

दोनों ने एक साथ झुककर माँ को प्रणाम किया। आशीर्वाद ग्रहण करने के

बाद बेटे ने याचना करते कहा, 'मेरे जन्म का नाम जानते हुए भी तुमने मुझे नया नाम दिया—गौतम! हालाँकि नाम में कुछ भी नहीं धरा। पर घासीराम के बदले न जाने क्यूँ मुझे यह नाम अच्छा लगता है। कुछ ऐसा ही नामकरण इसका भी कर दो माँ!'

माँ अदेर कहने लगी, 'पर इसका नामकरण तो सदियों पहले हो चुका है—यशोधरा! कहे तो पोते का नाम भी बता दूँ...।'

'जन्म से पहले ही...?' बेटी ने तनिक शर्माते कहा, 'वह तो मैं भी जानती हूँ। लेकिन...।'

माँ बीच में टोककर बोली, 'लेकिन-वेकिन कुछ नहीं। तेरी शङ्का सर्वथा निर्मूल है। उस जन्म का प्रायश्चित्त करने के लिए तो तथागत ने दूसरा जन्म लिया है। इस जातक-कथा को मेरे अलावा और कोई नहीं जानता...थोड़ा धीरज तो रख बेटी...।' पर बेटी के पहले माँ अपना धीरज खो बैठी। उसकी आँखों में आँसू छलक आए। पर इस बार उन्हें छिपाने का उसने किञ्चित् भी प्रयास नहीं किया। भीगे स्वर में बोली, 'भला यशोधरा की पीड़ा मैं नहीं समझूँगी तो और कौन समझेगा? पर मैं स्वयं अपने जीवन में उसका निराकरण कहाँ कर सकी? इसीलिए तो तुम दोनों के निमित्त अपना शेष जीवन अर्पित कर दिया। महारानी के अलावा कोई भी इस भेद को नहीं जानता...। पहले मेरी अतृप्त आकांक्षा तो पूरी होने दो...? ओह! मैं भी बच्चों की तरह कहाँ से कहाँ बहक गई। दुनिया भर की मीठी-माँ को इस तरह बहकना शोभा देता है और वह भी अपनी सन्तान के सामने? बेकार की बातों में खामखाह देर हो जाती। मैं घोड़े का दाना सँभालकर आऊँ तब तक गौतम को सिरावण परोस दे यशोधरा।' यह कहकर माँ अविलम्ब घुड़साल की तरफ चल दी।

जब गौतम सिरावण करके घोड़े पर चढ़ने लगा तो माँ ने वही हिदायत फिर दोहराई, 'कल जिस काम के लिए बाबा ने मना किया, 'तुझे वही करना है। महारानी रुकने के लिए कहे तो अवश्य रुक जाना।'

'तुम कहतीं तो कल भी रुक जाता।'

'पर कल इसकी जरूरत नहीं थी। राजा-रानी बेइन्तहा खुश होकर तुम्हें इनाम देना चाहेंगे, लेकिन तुम किसी चीज के लिए हामी मत भरना। फिर भी वे मानेंगे नहीं। तब अन्त में तू मान जाना। जब तक प्रेत-घाटी में खेती करने की इजाजत न मिले, तुम अड़े रहना। न जाने कितनी पीढ़ियों से डर के मारे किसी भी शूरमा ने उस ओर जाने की हिम्मत नहीं की। आखिर रानी के समझाने से मजबूर होकर राजा भी मान जाएँगे। तू उसी वक्त वापस रवाना हो जाना। यहाँ आने की कोई खास जल्दी नहीं है, पर राज-दरबार में तीन घड़ी दिन चढ़ते ही तुझे पहुँच जाना है। आज फिर यशोधरा की सूरत देखकर घोड़े पर चढ़ जा।'

'नहीं माँ, आज तो तेरी सूरत के ही शकुन मनाऊँगा।'

दोनों आस-पास ही खड़ी थीं। दोनों के मुँह पर निगाह पड़ते ही सूरज को मात करे जैसी मुस्कान गौतम के अधरों पर खिल उठी। आसमान की मजबूरी कि उसके पास तो केवल एक ही सूरज है, बेचारा दो और सूरज कहाँ से लाता?

घोड़े की टापों से उड़ती खेह पर सुनहरे रङ्ग की हलकी लालिमा छा गई।

पाताल-सी गहराई के स्वर में माँ बोली, 'यह मेरे जीवन की आखिरी दौड़ है यशो बिटिया, इस बार तो मनचीती मञ्जिल मिलेगी ही। लेकिन इसका श्रेय तुम दोनों को है।'

'यह तो तुम्हारा बड़प्पन है, वरना मैं किस लायक थी। तुम्हारी सङ्गत से ही मुझे नया जीवन मिला है।' तनिक झिझक के साथ थोड़ा रुककर बोली, 'पर मञ्जिल तो आगे सरकती रहती है, माँ। यह मैंने तुम्हारे साथ रहकर ही जाना।'

'सरकने दे! पर एक बार मञ्जिल तक पहुँचने का भ्रम तो मन में चहके। यही तो मनुष्य-जीवन की एकमात्र विडम्बना है भ्रम, भ्रम और भ्रम। एक भ्रम मिटे और दूसरा जन्मे।'

जब गौतम राज-दरबार में पहुँचा तो उसने मन-ही-मन आश्चर्य प्रकट करते सोचा–मीठी-माँ को दूर-दूर तक सूरज से भी ज्यादा दिखता है। वाकई राज-दरबार थटाथट भरा था। राजा-रानी सिंहासन पर बैठे थे। राजा के सिर पर केसरिया साफा बँधा था। घुड़सवार को देखते ही समूचे दरबार में खुशी की लहर दौड़ गई। होंठों-ही-होंठों में फुसफुसाहट मचली–कल वाला देवदूत आया, देवदूत आया। पर देवदूत को तो केसरिया साफे के अलावा और कुछ भी नजर नहीं आ रहा था। वह चबूतरे पर चढ़कर राजा की ओर बेधड़क आगे बढ़ने लगा तो दरबारी अपने-आप जगह देते गए। सिंहासन के पास पहुँचने पर राजा की सूरत तक उसकी नजर से विलुप्त हो गई। साफा–फकत केसरिया साफा उसकी आँखों के सामने तैरने लगा। और दिमाग में गूँज रहा था–माँ का आदेश। उसका दाहिना पैर कुछ ऊपर उठा, दाहिना हाथ कुछ नीचे झुका। हाथ में जूता आते ही केसरिया साफे पर दनादन सात जूते फटकारे। बूढ़े राजा में इतना दम ही कहाँ था। सिंहासन पर लुढ़कता हुआ, चबूतरे पर गिर पड़ा। आँखों के सामने अँधेरा छा गया। उसने ज्यों ही ठोकर से साफा दूर उछाला तो रानी की नजर साफे के साथ खिंचती गई। अकस्मात् उसके गले से फटी-फटी चीख निकली–'साँप...साँप'। दीवान ने लपककर अपनी छड़ी से साँप को बाहर उछाला। पास खड़े दरबारी रोमाञ्चित होकर चिल्लाए–'साँप...साँप'। अर्ध-मूर्छित राजा के कानों में भी उसकी भनक पहुँची। डर के मारे चौंककर आँखें खोलीं। हथेली का सहारा लेकर उठा। कठपुतली की तरह गरदन घुमाकर इधर-उधर देखा। वाकई केसरिया साफे के पास अधकुचला साँप लटपट-लटपट कर रहा था।

घुड़-सवार जाने को उद्यत हुआ तो रानी ने आज्ञा के सुर में जोर से पुकारा, 'रुको।'

कल शायद उसकी आवाज सुनाई दी नहीं होगी। पर आज तो सुनते ही रुक गया। आश्चर्य-चकित होकर चारों ओर देखने लगा। सहसा दीवान रानी की ओर देखकर विषाद और खुशी के सम्मिश्रित स्वर में कहने लगा, 'अन्दाता अपने पुण्य और आपके सुहाग की बदौलत दूसरी बार बचे हैं। वरना पानी माँगने का ही काम नहीं था। यह साँप जितना छोटा है, उतना ही ज्यादा जहरीला है। मौत का ही दूसरा रूप।'

राजा ने दूसरी बार विस्फारित आँखों से उस ओर देखा। अध-कुचला जहरीला साँप निर्जीव-सा पड़ा था। आक के पत्ते की तरह हरा और चमकता हुआ। माँ तो एक बार ही जन्म देती है, पर इस देवदूत ने तो दो बार राजा के प्राण बचाए। पहली बार तो राजा-रानी सहित समस्त दरबारी दबकर मर जाते। यह तो निश्चय ही भगवान का भेजा हुआ दूत है। अन्यथा ऐसा चमत्कार होता भला?

राजा की आँखें उस देवदूत के दर्शन की खातिर व्याकुल हो उठीं। उस पर नजर पड़ते ही सिंहासन पर बैठने की बजाय वह लपककर उसकी ओर बढ़ा। बाँहें फैलाकर जोर से गले लगाया। फिर रानी की ओर देखकर बोला, 'इस देवदूत ने घोड़ा भी पसन्द किया तो खास मेरी सवारी का ही। मर जाता तो इस पर कौन चढ़ता और इससे गले मिलने का सौभाग्य कब मिलता? बोलो, इसे क्या इनाम दूँ? खजाना खाली नहीं होता तो इसे पूरा राज्य ही सौंप देता। बिना खजाने राज्य का बोझ इसके लिए भारी सजा हो जाएगी।'

दीवान ने सलाह दी, 'अन्दाता इसे गोद ले लें। आपकी देख-रेख में धीरे-धीरे राज्य का काम भी सीख जाएगा।'

राजा ने खुश होकर उसे फिर गले लगाया। पूछा, 'बोलो, मेरा उत्तराधिकारी बनना तुम्हें मञ्जूर है?'

एक बार पूछा तो उसने जवाब ही नहीं दिया। तब राजा ने दूसरी बार पूछा। उसने सङ्कोच दरसाते कहा, 'मैं तो अपने पर भी राज्य नहीं कर सकता, फिर भला आपकी इतनी बड़ी रियासत कैसे सँभालूँगा?'

रानी ने सहज भाव से कहा, 'मैं सिखा दूँगी? राज्य चलाना, घुड़-सवारी से भी ज्यादा आसान है। यह तूने कहाँ सीखी?'

गौतम ने तनिक दर्प के साथ कहा, 'सीखी फिर कहाँ? मीठी-माँ के कहने पर पहली बार घोड़े पर चढ़ा।'

अचरज के मारे राजा की आँखें फटी-की-फटी रह गईं, 'क्या कहा? तू पहली बार ही घोड़े पर चढ़ा?'

उसने सङ्कोच के साथ हामी भरी। राजा अत्यधिक उछाह के साथ कहने

लगा, 'तब तो तू यह राज्य बड़े मजे से चला सकता है। मैं भी साल भर बाद इस घोड़े पर चढ़ने की हिम्मत कर सका। और तो और खुद सेनापति भी इसकी फड़कती कनौती देखकर आँखें मूँद लेता है।' फिर उसने रानी की ओर देखकर मन की उमङ्ग दरसाते कहा, 'राज-पण्डित से कहकर झटपट गोद का दस्तूर कराओ। इस राज्य का भाग्य अभी बुलन्द है कि उसे ऐसा राजकुँवर मिला। कल पूजा-घर से उठाकर मुझे जमीन पर नहीं पटकता तो दरबार में पीछे रोने वाला भी नहीं बचता। अलबत्ता आज साँप के डसने से मर जाता तो रोने वालों की कमी नहीं रहती। पर कल तो प्रलय हो जाता प्रलय।'

राज-ज्योतिषी ने कहा, 'अन्दाता, मारने वाले की अपेक्षा बचाने वाले के हाथ लम्बे होते हैं।'

राजा ने घुड़-सवार के हाथों की ओर देखकर शङ्का की, 'कहाँ, इसके हाथ तो मेरे जितने ही लम्बे हैं।'

'पर इनकी क्षमता बहुत बड़ी है।' रानी ने तत्काल समाधान सुझाते कहा।

'तो फिर ऐसे प्रबल हाथों में ही राज्य की बागडोर होनी चाहिए। पण्डितजी, अब जितनी जल्दी हो गोद का दस्तूर करो।'

'पहले मेरी बात तो सुनिए। मीठी-माँ को छोड़कर मुझे किसी और की गोद जाना ही नहीं है, चाहे वह संसार का सम्राट् ही क्यों न हो।' देवदूत के स्वर का दृढ़ निश्चय किसी से भी छिपा नहीं रहा।

'मीठी-माँ कहे तब भी नहीं?' रानी ने तत्काल गली निकाल ली।

'उसके मुँह से ऐसी बात हरगिज नहीं निकल सकती, मैं अच्छी तरह जानता हूँ।'

राजा-रानी के अलावा समस्त दरबारियों के मन में घुड़सवार की यह ढिठाई बेहद अखरी। प्राण बचाने की चरम कृतज्ञता भूलकर वे मन-ही-मन उसे सजा देने की मन्त्रणाएँ सोचने लगे। जिसे बोलने का ही शऊर नहीं, वह भला राज्य क्या चलाएगा। राजा बनने से पहले जब यह हेकड़ी है, फिर राजा बनने के बाद तो कहना ही क्या? हर किसी का अपमान करेगा। तिस पर ऐसा आदर्श चरित्रवान् राजा किसी भी ठाकुर, दीवान या दरबारी को सपने में भी मनमानी नहीं करने देगा। पर राजा-रानी की रीझ के आगे किसी का भी वश नहीं चला। भीतर-ही-भीतर कुढ़ते रहे। आखिर राजा के मुँहलगे एक ठाकुर ने हिम्मत करके कहा, 'अन्दाता, राज्य तो करने वाले ही करते हैं। प्राण तो कई बार वैद्य भी बचाते हैं, इस से वे राज्य के उत्तराधिकारी नहीं बन जाते? आप के पुण्य और रानीजी के सुहाग का ही यह चमत्कार है। यह घुड़सवार तो केवल निमित्त मात्र है। फिर भी आप की इच्छा हो तो इक्कीस गाँवों का पट्टा इनायत कर दीजिए।'

राजा आश्चर्य व दुख के साथ बोला, 'फकत इक्कीस। राजा-रानी व तमाम

दरबारियों के प्राण बचाने वाले देवदूत को फकत इक्कीस गाँव। हमारे प्राणों का बस यही मोल है? तुम्हारा दिमाग तो ठिकाने है?'

ठाकुर ने अदेर अपने भले-बुरे का हिसाब सोचकर विनम्रता-पूर्वक कहा, 'फिर आपकी जो मरजी हो इनायत कर दें—पचास गाँव, सौ गाँव। धीरे-धीरे राज्य का चस्का भी लग जाएगा।'

राजा ने उचित समाधान की आशा में रानी की ओर देखा। उसकी कृतज्ञता इससे सन्तुष्ट होने वाली नहीं थी। ठाकुर की बात मानते हुए कुछ दबे-दबे स्वर में बोला, 'भगवान का सुमिरन करने वाली माला में एक सौ आठ मनके होते हैं। इस देवदूत को इससे कम तो क्या प्रसाद चढ़ाऊँ? वह न तो मेरे लिए शोभनीय होगा और न इसके लिए।' फिर घुड़-सवार की ओर कातर दृष्टि से देखकर पूछा, 'तुम्हें मञ्जूर हो तो अभी एक सौ आठ गाँव का ताम्र-पत्र लिख देता हूँ। आज तो जो भी प्रसाद तुम्हें चढ़ाऊँ, वह थोड़ा है। फिर भी मेरे राज्य में इससे बड़ा ठिकाना एक भी नहीं है।'

पर घुड़-सवार को तो कुछ भी मञ्जूर नहीं था—चाहे उसे प्रसाद कह लो, चाहे पुरस्कार और चाहे बख्सीस। अपने मन की बात और अधिक स्पष्ट करने की मंशा से बोला, 'जब मुझे कुछ चाहिए ही नहीं, फिर आप कुछ-न-कुछ देने के लिए क्यों इतने आतुर हैं?'

'क्योंकि तूने दो बार अन्दाता के प्राण बचाए।' राज-पण्डित ने उसे अच्छी तरह समझाते कहा, 'यदि इस खुशी में भी हुजूर कुछ न दें तो उनकी मर्यादा घटती है। उनका काम है देना—सबको देना, बाँटना।'

'पर मेरा काम लेना नहीं है। इससे मीठी-माँ, बहू और मेरी मर्यादा घटती है।'

एक अदने से घुड़-सवार का ऐसा अहङ्कार। राज्य के सेनापति ने तनिक रोष के स्वर में कहा, 'कहाँ अन्दाता की मर्यादा और कहाँ तेरी मर्यादा। कहाँ चाँद की असीम चाँदनी और कहाँ चकमक की चिनगारी। कोई मुकाबला है भला?'

रानी ने अदेर क्रुद्ध निगाह से सेनापति की ओर देखा। कुछ कहने के लिए उसके होंठ खुले ही थे कि उतावला घुड़-सवार बीच में बोला, 'कोई भी मर्यादा छोटी बड़ी नहीं होती। और न मुझे किसी से मुकाबला ही करना है। फिर भी आप यह तो जानते ही हैं कि चकमक की गरज चाँद हरगिज पूरी नहीं कर सकता।'

रानी खुश होकर बोली, 'बिल्कुल ठीक कहा तूने। सेनापति की बचकानी मिसाल का यही उचित जवाब है। आज तो मेरी निगाह में तेरी मर्यादा बीसियों राजाओं से बड़ी है। यदि हमारा देना तुझे रास नहीं आता तो अपनी मरजी से ही माँग।'

रानी के ये बोल सुनते ही उसे मीठी-माँ की हिदायत याद आ गई। उचित अवसर देखकर उनसे शङ्का करते पूछा, 'यदि आप मुकर गईं तो मेरी जबान बेकार

जाएगी। पहले सोच-समझकर वादा करें।'

यह मनचीती बात सुनकर राजा उछाह से बोला, 'आज तो तू जो भी माँगेगा, मुझे मञ्जूर है। चाहे मेरा सिर ही माँग ले। मलबे के नीचे दबकर मरने से तो यह हजार गुना बेहतर है। अब तक तो साँप का जहर सारे शरीर में फैल गया होता। तेरी जो इच्छा हो सो माँग, तेरी जबान की मर्यादा रहेगी।'

'यदि आपका ऐसा ही आग्रह है तो मुझे 'प्रेत-घाटी' में खेती करने की इजाजत दीजिए।'

राजा-रानी, सेनापति, दीवान, खजाञ्ची और तमाम दरबारी एक साथ चौंके मानो 'प्रेत-घाटी' के बहाने मौत का आह्वान किया हो। 'प्रेत-घाटी' में खेती की इजाजत। यह तो प्रत्यक्ष मौत को न्यौता देना है। जिसने दो बार प्राण बचाए उसे मौत की सजा क्योंकर दें? और न पचास पीढ़ियों से किसी राजा को यह अधिकार ही है। राज्य के सिंहासन की तरह यह वर्जना भी पीढ़ी-दर-पीढ़ी से चली आ रही है। किसी भी राजा ने आज दिन तक इसका उल्लंघन नहीं किया। और न किसी ने आज दिन तक ऐसी माँग ही की। यदि किसी को मरना ही हो तो प्रेत-घाटी के बाहर हर गाँव में मसान है। राजा ने उसे समझाने की खूब चेष्टा की, पर वह तो अपनी जिद पर वैसा ही अड़ा रहा। अन्त में बोला, 'यदि ऐसी ही मजबूरी है तो जाने दीजिए। पर भविष्य में किसी को बिना सोचे-विचारे वादा न करें। मुझे इसके अलावा कुछ नहीं चाहिए।'

तब राजा-रानी को भी अन्त में अपना वादा निभाना पड़ा। राजा ने कहा, 'तुझे ऐसा अड़ियल तो नहीं जाना था। खैर, जब तेरी यही इच्छा है तो आज से यह प्रेत-घाटी तू ही सँभाल। खेती कर सके, न कर सके यह जिम्मेदारी हमारी नहीं है। तू जाने और तेरा काम जाने। कुछ भी अनिष्ट हो गया तो हमें दोष मत देना।'

'आपकी बात तो दूर, दोष तो मैं अपने भाग्य व ईश्वर को भी नहीं दूँगा।' इतना कहकर वह जाने के लिए मुड़ा ही था कि रानी ने पूछा, 'कहाँ चल दिए?'

'अपने गाँव।'

'खाना खाए बगैर ही? सोने के थाल में अपने साथ बिठाकर खिलाऊँगी।'

'थाल तो कैसा भी हो, उसे कोई खाता नहीं। पर मीठी-माँ और बहू के हाथ का चूरमा आप थोड़े ही खिला सकेंगे? और मैं उस चूरमे के अलावा कुछ भी नहीं खाऊँगा।'

सभी दरबारी होंठों-ही-होठों के भीतर मुस्कराए। पर रानी की मुस्कराहट होंठों से बाहर छलक पड़ी—'बड़ा विचित्र मानुस है।' फिर मन-ही-मन सोचकर पूर्णतया आश्वस्त हुई कि मीठी-माँ ने इसका बखान करते समय अतिरञ्जना की बजाय कोताही बरती थी। कभी बहू को बढ़कर बताती और कभी पति को। बहू की एक बहादुरी तो ठकुरानी से सुन चुकी थी।

दरबारियों ने सोचा फटे कपड़े के कारी लग सकती है, पर फूटे भाग्य के कारी नहीं लगती। बेचारे के नसीब ही खोटे हैं।

और वह बदनसीब अपनी ही धुन में घोड़े पर चढ़ा और लगाम ढीली छोड़ दी। घोड़ा हवा से होड़ करता हुआ अपनी मौज में दौड़ने लगा। घोड़े की टापों से उड़ती धूल हवा के रुख की वजह से राज-दरबार की ओर बढ़ रही थी। घुड़सवार के ओझल होते ही दरबारियों को सोच का रुख भी बदल गया। यह घुड़-सवार तो सचमुच सबकी आँखों के सामने राज्य के सिंहासन और मुकुट पर धूल उछाल गया। दुनिया में ऐसा मनुष्य भी है जो राजा-रानी के सामने ऐसी हेकड़ी दिखाए और वे चुपचाप सुनते रहें। यह तो कोई राजा से भी बड़ी हस्ती है। अब न जाने उसके दर्शन कब होंगे? मौत के अलावा यही एक ऐसा बन्दा है जो न राजा से डरता है और न रानी का लिहाज रखता है। सेनापति और दीवान तो उसे भुनगे के समान ही तुच्छ नजर आए। कोई पराक्रमी हो तो ऐसा हो। देवता तक उसका लोहा मानें।

उधर सारे शहर व आसपास के गाँवों में सर्वत्र यह खबर फैल गई कि पचास पीढ़ियों के बाद पहली बार प्रेत-घाटी में एक घुड़-सवार को खेती करने की इजाजत मिल गई। जिसने दो बार राजाजी के प्राण बचाए, उसे यह पुरस्कार मिला। खेती तो क्या कर सकेगा, पर मौत की इजाजत में कोई खामी नहीं रही। एक सौ आठ गाँव का ठिकाना छोड़कर उसने अपने लिए आखिर यह मसान माँगा। जिसे मरना है, वह राजी-खुशी मरे। पर जिन्हें राजी-खुशी जीना है, वे उसकी मौत के चश्मदीद गवाह भी नहीं बनना चाहेंगे। वहाँ जो भी जाएगा, वह मरेगा। राज-दरबार के पश्चिम की तरफ जहाँ सूरज डूबता है—वहीं प्रेत-घाटी है, पर प्रजा के लिए मानो हजार कोस दूर। मरना ही है तो आराम से घर की खटिया पर क्यों न मरें। घरवाले चारों तरफ बैठे तो रहेंगे। वहाँ प्रेत-घाटी में गङ्गाजल देने कौन आएगा? भाग्य या भगवान् किसी को लाठी से मारने की बजाय उसके भेजे में कुमति घुसेड़ देते हैं। अपने मत्थे दोष क्यूँ ओढ़ें?

घोड़ा और घुड़-सवार दोनों शहर की खबरों से बेखबर अपनी गवाड़ी के सामने पहुँचे तो मीठी-माँ और बहू भीतर ही प्रतीक्षारत खड़ी थीं। यशोधरा के हाथ में काँसी की थाली। बाहर छोटी-मोटी बाटकियों में कुङ्कुम, चावल, दही और गुड़। वह ज्यों ही घोड़े से उतरा, मीठी-माँ ने आगे बढ़कर उसके ललाट पर कुङ्कुम का तिलक किया। चावल चिपकाए। मुँह में दही और गुड़ दिया।

कल की बजाय आज दोनों के शरीर पर पसीना ज्यादा चू रहा था। घोड़ा तो जैसे नदी पार करके आया हो। गौतम के चेहरे से भी पसीने के रेले उतर रहे थे। मीठी-माँ ने उसकी ठुड्डी छूकर कहा, कुछ देर तक घोड़े की लगाम पकड़कर धूप में टहलते रहो, छाया में खड़े रहना ठीक नहीं।'

तब बेटे ने सकुचाते कहा, 'तुम्हारी नजर में क्या ठीक है, क्या बेठीक है, मैं कुछ पूछना नहीं चाहता। और न तुम्हारा कहा भी टालूँगा। पर इन सब बेकार के कामों में मेरा मन नहीं रमता। सुनसान मसान में शान्ति के साथ सो सकता हूँ, पर यह राज-दरबार, यह सिंहासन, यह मुकुट मुझे फूटी आँखों भी नहीं सुहाते। और यह घोड़े की सवारी कितनी घिनौनी है, एक दिन नङ्गे पाँव चलते हुए तुम्हीं ने मुझे समझाया था। तुम्हारा आदेश हो तो पहाड़ को समतल कर दूँ, पर मुझे राज-दरबार व सिंहासन से दूर ही रखो।'

'इसीलिए तो मैं तुझे उधर घसीट रही हूँ। सिंहासन की कामना करने वाले को सिंहासन सौंपना तो उसकी मर्यादा ध्वस्त करना है।'

यशोधरा ने माँ की तरफ देखकर कहा, 'मेरी बात सही निकली न?' फिर गौतम की ओर मुँह करके बोली, 'दो दिन और ठहर जाओ। फिर तुम्हारी जो इच्छा हो, वह अफरा झाड़ना।'

'दो दिन की बजाय दो बरस भी ठहर जाऊँगा, पर माँ के सामने मन का दरद नहीं दरसाऊँ तो किसके सामने दरसाऊँ? मन में जो घुटन थी, माँ को बता दी। भला तुम दोनों के सामने क्या अफरा झाड़ूँगा। ऐसा खोटा सपना भी आए तो तीन दिन तक मुझे चैन नहीं मिले, सो मैं स्वयं उसमें लिप्त हो रहा हूँ। और सबसे मजेदार बात यह कि माँ की नसीहतों के फलस्वरूप ही मैं जिन चीजों से घृणा करने लगा था और वही मुझे उन्हीं के बीच धकेल रही है।'

'क्या करूँ बेटा, चौदह बरस से इस राज्य का चप्पा-चप्पा छान मारा, लाखों व्यक्तियों को परख चुकी, एक भी व्यक्ति मुझे अपनी आशाओं के अनुकूल नहीं मिला। सर्वथा हताश होकर मैंने भगवान् के चरणों में ही स्वयं को समर्पित करना चाहा, तभी तुम दोनों ने सारा पासा ही पलट दिया। बुझे मन में फिर आशा की किरण जागी।...तेरे भीतर का द्वन्द्व मैं खूब समझती हूँ गौतम, लेकिन जानकर अनजान बनी हुई हूँ। बस, एक बार यशो के बहाने मेरा सपना साकार हो जाए, फिर तू जो चाहेगा, वही होगा।'

'तब एक ठौर रुकना असम्भव है माँ। सिंहासन और मुकुट खरगोश और कबूतर तक को भ्रष्ट कर दें, फिर इनके सामने आदमी की तो बिसात ही क्या है! वह कोख में ही केवल नौ महीने शुद्ध रह सकता है, फिर तो कदम-कदम पर सैकड़ों प्रलोभन हैं, वह उनके जाल से बच ही नहीं सकता। देखो, आज मेरा दिमाग भी कैसा भ्रष्ट हुआ जो तुम्हारी बातें तुम्हें ही बता रहा हूँ।'

'पर तुम दोनों उस माटी के नहीं हो, तभी मैं इतना आगे बढ़ सकी। और जिस दिन यह आशा टूट गई, हम तीनों में से कोई जिन्दा नहीं रहेगा। मनुष्य की बात तो दूर, एक चींटी के साथ भी राजा का अत्याचार मैं बर्दाश्त नहीं करूँगी। इसीलिए गौतम को राज्य के सिंहासन और उसकी यशोधरा के पास वापस खींच

लाई। हमारे समाज में औरतों की दुर्दशा चींटियों से भी बदतर है। अपनी आँखों से जिस दिन उनकी मुक्ति देख लूँगी, तभी अपने साथ किए अत्याचार को भूल सकूँगी। उसके पहले तो आगे-पीछे की दुविधा छोड़। तेरी अन्तरपीड़ा को जितना मैं जानती हूँ, उतना तू स्वयं भी नहीं जानता। यशोधरा के साकार होते सपने की खातिर जी जान से जुट जा गौतम।'

'सो तो जुटा हुआ ही हूँ, मरकर भी अलग होना नहीं चाहता। पर माँ के सामने रोने का अधिकार जीते-जी कैसे छोड़ दूँ भला। तुम्हारे सामने यही तो रोना रो रहा था कि राज-दरबार तक दौड़ते समय, वापस लौटते समय एक सवाल रह-रहकर मेरे मन में दहाड़ता रहा कि यह घुड़दौड़ फालतू तो नहीं है?'

'फिर तो सब-कुछ फालतू ही है गौतम। मृत्यु अवश्यम्भावी है तो क्या जन्म के साथ ही सन्तान का गला घोंट दिया जाए? हर पेड़ एक दिन सूखकर ठूँठ हो जाएगा तो क्या अङ्कुरित बीज को ही एड़ी से मसल दिया जाए? हर जवानी को एक दिन बुढ़ापा निगलेगा ही; फिर तो यौवन की अदम्य कामना नितान्त व्यर्थ है? तब तो किसी भी दुलहन का श्रृंगार सजना ही बेकार है?'

'पर समय की अटल परिणति को भुलाने से कहीं अमङ्गल ज्यादा तो नहीं बढ़ जाएगा माँ? मैं तो केवल इतना ही समझना चाहता हूँ।'

माँ कुछ जवाब दे उसके पहले ही यशोधरा उत्तेजनावश बोली, 'समय की अटल परिणति की इन्हें इतनी ही चिन्ता है तो फिर बेहद चाव से चूरमा क्यूँ खाते हैं? नहीं जानते कि आखिर उसकी परिणति किस रूप में होनी है?'

'अब चाहे जितना उकसाओ, चूरमा खाने की सौगन्ध हरगिज नहीं लूँगा। माँ के साथ बहसबाजी करके कुछ सीखना चाहता हूँ, सो तुम्हें इतना भी बर्दाश्त नहीं होता। देखो तो कितनी जल्दी तैश में आ गईं।'

'तभी तो तुम्हें चूरमा खाने को मिलता है। अब बहसबाजी छोड़ो और खाने के लिए बैठो। बहसबाजी से कुछ भी हासिल नहीं होता। साँस की तरह फकत आत्मबोध ही अनिवार्य है, इस सच्चाई को हमेशा याद रखना।'

'रखूँगा, पर साथ-ही-साथ तुम्हारी यह बात भी नहीं भूलूँगा कि अन्तरात्मा का प्रतिरोध भी हमेशा कायम रहना चाहिए, वरना जिन्दा मनुष्य भी मुरदे से ज्यादा गया-गुजरा है।'

'सो तो ठीक है रे, पर मनुष्य के लिए स्मरण-शक्ति के साथ-साथ भूलने का वरदान भी कम महत्त्वपूर्ण नहीं होता। इसे भी याद रखना।'

'पर तुम्हारी कोई भी बात मैं भूल ही नहीं सकता। मेरी इस मजबूरी का कोई उपचार हो तो बताओ।'

'लगता है अब तो तुझे ही अपना गुरु बनाना पड़ेगा।'

'ऐसी बात तो सुनने से भी पाप लगता है। अब तुम नङ्गे पाँव चलना बन्द

कर दो माँ, जूते की मार इतनी पीड़ा-दायक नहीं होती।'

'विद्या की तरह गुस्से का अभ्यास भी जरूरी है, वरना तुम गुस्सा करना ही भूल जाओगे।' स्मित मुस्कान से यशोधरा के दाँत तनिक उज्ज्वल हो उठे।

खाने के बाद मीठी-माँ ने गौतम से कहा, 'रात को ब्यालू के पश्चात् गाड़ी जोतकर हमें प्रस्थान करना है। तू थोड़ा आराम कर ले।'

'तकलीफ तो सारी घोड़े ने उठाई और आराम कर लूँ मैं? यदि तू ही मुझसे ऐसी आशा रखेगी तो मेरा जीना दूभर हो जाएगा।'

'तभी तो तुझ पर इतना भरोसा करती हूँ।'

'काम किए बगैर मुझे खाना ही नहीं रुचता। शाम तक डटकर काम कर लूँ तो शरीर फूल के उनमान हलका हो जाता है।'

'अच्छा, घोड़े की मालिश मैं करती हूँ। तू बाहर का काम निपटा, भीतर रसोई का काम यशो बिटिया अच्छी तरह स्लटा देगी।'

तीनों हस्तियाँ अपने-अपने काम में मशगूल थीं। पर वे एक-दूजे के बारे में ही परस्पर सोच रहे थे। मीठी-माँ—गौतम और यशोधरा के बारे में सोच रही थी। गौतम—माँ और यशोधरा के बारे में सोच रहा था। और यशोधरा—माँ और गौतम के बारे में सोच रही थी। अपूर्व महामिलन का वह कैसा अद्भुत संयोग था, मानो तीनों लोक अपनी सहमति से एक ही ठौर एकत्रित हुए हों। हर व्यक्ति अपने-आप में एक लोक था।

गौतम शाम को तालाब पर नहाने गया तो लौटते समय दोनों कन्धों पर एक-एक घड़ा उठा लाया। मीठी-माँ तो फकत आधे घड़े से ही नहाई, पर यशोधरा ने दूसरे घड़े में एक अञ्जलि पानी भी नहीं छोड़ा।

घोड़े की मालिश करने के बाद मीठी-माँ छपरे में गई तो गौतम—गाय और बछिया को बाँटा खिलाकर उनकी पीठ सहला रहा था। विदाई की वेला माँ उन्हें दुलार करने आई थी। गौतम की मौजूदगी के कारण पहले तो तनिक सकुचाई। फिर बात का रुख बदलकर बोली, 'हल के सारे सराजाम तूने गाड़ी पर अच्छी तरह सजा दिए? बैठने की जगह भी काफी है। घोड़े को गाड़ी के पीछे बाँध देंगे।... और सूर्योदय से आध घड़ी पहले हमारा डेरा प्रेतघाटी में होगा। इस घर को छोड़ते हुए जब मुझे भी दुख हो रहा है, तब तुम्हारा दुखी होना तो स्वाभाविक है। ऐसी अनमोल रातें आगे शायद ही सुलभ हों। पर जाना तो होगा ही।' फिर थोड़ा रुककर कहने लगी, 'यह गाय और बछिया मैंने बाबा से मोल ली थीं। पर अब साथ लेने की बजाय इन्हें वापस बाबा को ही सौंप दें तो अच्छा रहेगा। हमारे लिए तो तीन दिन के दूध से ही इनका मोल चुक गया। यहीं जाई-जन्मी हैं, बाबा का

बाड़ा छुड़ाना ठीक नहीं। तू उनके घर छोड़ आ।'

गौतम के मन में थोड़ी दुविधा थी। बोला, 'तू कहेगी तो छोड़ दूँगा। पर ये तीन दिन में तुझ से इतनी हिलमिल गई हैं कि आसानी से जाएँगी नहीं।'

'कोशिश तो कर।'

गौतम उनकी रस्सी खोलने गया तो गाय से पहले बछिया उसका आशय समझ गई। मुँह उठाकर कजरारी आँखों से गौतम की ओर देखा और उछल-कूद करने लगी। गाय भी जोर से रम्भाई। अब और संयम रखना मीठी-माँ के लिए सम्भव नहीं था। उसकी आँखों से आँसू ढुलक पड़े। भीगे स्वर में बोली, 'मैं दूर चली जाती हूँ, चुपके से ले जा।' यह कहकर वह तत्काल मुड़कर जाने लगी। गौतम गाय की रस्सी पकड़कर चलने लगा तो गाय सिर हिलाकर जोर से रम्भाई। खुली बछिया पीछे आने लगी। गौतम कुछ और आगे बढ़ा तो गाय की नजर मीठी-माँ की पीठ पर पड़ी। और वह उधर ही जोर से भागी। बछिया भी पूँछ उठाकर उसके पीछे हो ली। गौतम ने रस्सी जोर से पकड़ने की बजाय तुरन्त छोड़ दी। दोनों मीठी-माँ के पास आकर चुपचाप खड़ी हो गईं। उसकी ओर टुकुर-टुकुर देखने लगीं। मानो कह रही हों—हमें तुम्हारी तरह बोलना नहीं आता। पर तुम तो हर प्राणी की मूक संवेदना सुन लेती हो। फिर हमारे लिए यह उपेक्षा क्यूँ?

मीठी-माँ के आँसुओं का रुका हुआ बाँध एक ही झोंके में ढह पड़ा। और वह उनसे लिपट-लिपटकर रोने लगी।

गौतम इस अचीते दृश्य को देखकर स्तब्ध रह गया। माँ के अन्तस् में अब तक यह निर्झर कहाँ दबा पड़ा था? यशोधरा भी खाना बनाकर झोंपड़ी से बाहर आई तो वह भी हतप्रभ रह गई।

अन्त में स्वयं से पराजित होकर मीठी-माँ ने चुपचाप गाय की रस्सी अपने हाथ में थामी। छपरे की ओर भारी कदम बढ़ाते उसने गौतम की ओर देखकर कहा, 'इन्हें भी साथ ले चलेंगे। आज पता चला कि जानवरों में भी इत्ती मोह-माया होती है।'

गाय को खूँटे से बाँधने की बजाय मीठी-माँ ने रस्सी खोलकर आले में धर दी। ओढ़नी के पल्लू से बार-बार आँसू पोंछे। छपरे से बाहर निकलते ही उसे ऐसा महसूस हुआ—मानो एक पूरी-की-पूरी नदी समुद्र में गिरकर निःशेष हो गई है।

तब तक गौतम यशोधरा के मुँह की ओर ताकता रहा और यशोधरा गौतम की आँखों में कुछ खोजती रही। कई मौन प्रश्न कौंधे और अनुत्तरित ही रह गए।

साँझ का गुलाबी आलोक और हवा अत्यधिक बोझिल से जान पड़े। ऐसा लगा कि हवा और मद्धिम आलोक कई हिस्सों में बिखर गए हों। यदि वापस एक नहीं हुए तो प्राणी-मात्र का जीवन असह्य हो उठेगा।

मीठी-माँ के कलेजे में एक टीस उभरी। उसकी सुधि लौटी। गरदन घुमाकर

चारों ओर देखा—हवा और बुझता हुआ आलोक वापस एक हो गए थे। मीठी-माँ के भीतर का तूफान भी शान्त हो गया था। सहज भाव से बोली, 'गौतम, तू जल्दी से जा और दुखिया ढोलन को बुला ला। इस घर का आँगन और दीवारें उसी ने लीपी हैं। उसकी बड़ी मदद रही मुझे। उसके आगे पीछे कोई नहीं है। सवेरे की बजाय वह अभी यहाँ आकर बस जाए। गाय और बछिया से उसका गुजर-बसर हो जाएगा। वह अपने हाथ से इनकी पीठ सहलाएगी तो ये भी मान जाएँगी।'

मीठी-माँ के मुँह की बात पूरी समाप्त हुई नहीं कि गौतम दुखिया को बुलाने तत्काल रवाना हो गया। एक खेत की दूरी पर दुखिया की झोंपड़ी थी। थोड़ी ही देर में वह गौतम के साथ चली आई। मीठी-माँ उसका हाथ पकड़कर छपरे में ले गई। पहले गाय और बछिया को अपनी बोली में समझाया। वे स्वयं तो ऐसी वाणी बोल नहीं सकती थीं। पर सुनकर समझ गईं। दुखिया के हाथों का परस पाते ही वे पूर्णतया आश्वस्त हो गईं।

छपरे से लौटकर आई तो गौतम और यशोधरा को मीठी-माँ एकदम सामान्य लगी, मानो गले में लिपटे साँप को बाँबी में छोड़कर आई हो। यशोधरा की ओर देखकर बोली, 'यहाँ घर की बजाय गाड़ी में चलते-चलते ही ब्यालू करें तो ठीक रहेगा न?'

पति-पत्नी के संशय का एक साथ निवारण हो गया। यशोधरा खाना बनाकर यही तो पूछने आई थी। पर गाय-बछिया के मोह में आसक्त माँ से पूछने की हिम्मत नहीं हुई।

गौतम ने बचे-खुचे बोझिल वातावरण को सामान्य बनाने की मंशा से कहा, 'यूँ दिखने को तो तुम्हारा अस्तित्व बाहर-ही-बाहर नजर आता है, पर तुम सबके प्राणों में भीतर बसी रहती हो। तुम्हारा सनेसा मिलने के बाद हमने चलती गाड़ी में ही खाना खाया था।'

'इससे समय की बचत हो जाती है न?'

'या भावना की बढ़त, वह तुम जानो। पर इसमें तुम्हारी बिटिया भी कम पारंगत नहीं है।'

अँधियारे पख की दूज का चाँद क्षितिज की कोख से बाहर निकलने वाला ही था कि गौतम ने गाड़ी जोती। ऊपर लालरेजी का घासिया। कसूमल पछेवड़ा। माटी की परात में खाने के व्यञ्जन। सागड़ी के मुँह की स्नेहसिक्त टिचकारी सुनते ही बैल चल पड़े। गाड़ी के पहियों से चूँ-चूँ की आवाज सुनते ही दुखिया सुबकते बोली, 'अब वापस कब आओगी मीठी-माँ?'

'जब तू चितारेगी।'

दुखिया के पास खड़ी गाय रम्भाई तो उसके पीछे बछिया भी धीमे-से बोली। पर गाड़ी के पीछे भागकर नहीं आई।

मीठी-माँ अपनी समूची शक्ति जुटाकर जोर से बोली, 'किसी के साथ तुझे बुलाऊँ तो उसी वक्त गाय-बछिया के साथ चली आना।'

दुखिया आँसू पोंछते बोली, 'जरूर चली आऊँगी।'

गहराते अँधियारे को रौंदती हुई गाड़ी गणमण-गणमण चल रही थी। गुलाल के गोल-मटोल पिण्ड में धीरे-धीरे उजास निखरने लगा। अँधियारे की साँवली काया पर झीनी-झीनी चाँदनी छाने लगी। जिसमें जड़े असंख्य सितारे झिलमिला रहे थे। तीनों मानव-प्राणियों के उनमान क्या बैल और घोड़े के अन्तस् में भी धीमे-धीमे चाँदनी रिसने लगी थी। भविष्य के साथ वर्तमान भी विलुप्त हो गया। शेष रह गई—अतीत के अजगर की विषाक्त फुफकारें। माँ और बिटिया ने सहमकर आँखें मूँद लीं। फिर भी अतीत का भयावह रूप ओझल कहाँ हुआ? वापस डरते-सहमते आँखें खोलीं—सामने दिप-दिप करता चन्द्रमा मुस्करा रहा था।

न खाने के बीच में कोई बोला और न खाने के बाद ही किसी ने कोई बातचीत की। कुछ देर तक तीनों ही गुमसुम बैठे रहे। माँ—भविष्य के आकाश से चुन-चुनकर तारे बीनती रही। बेटी अतीत और भविष्य के हिण्डोले पर डूबती-उतराती रही। और बेटा वर्तमान की सुनहरी चाँदनी से मन बहलाता रहा। एक ही समय में तीनों काल परस्पर घूमर लेने लगे।

जब गहराता मौन असह्य हो उठा तो मीठी-माँ ने गौतम को सम्बोधित करके कहा, 'सुन रहे हो?'

'तेरी बात तो मैं बन्द होंठों से भी सुन लेता हूँ।'

'तो बता मैं तुझे क्या कहना चाहती हूँ?'

'जब तुम मेरी बात बिना कहे नहीं सुन सकोगी, तब बताऊँगा, पहले नहीं।'

'लो सुनो इसकी बात! यशो बिटिया अब अपनी असावधानी से यह गरुड़ आकाश में उड़ गया तो वापस पिंजरे में कभी नहीं फँसेगा। इसका पुख्ता इन्तजाम तुम्हें ही करना है, अच्छी तरह सोच ले।'

'मुझ अकेली की सावधानी से पार नहीं पड़ेगा। तुझे भी पूरी चौकसी रखनी होगी।'

'माँ मेरा स्वभाव जानती है कि मैं तो खुला छोड़ने से ही फँसने वाला पंछी हूँ।'

'ओ रे आजाद पञ्छी! तू दो बार मेरे कहने से राज-दरबार चला तो गया, पर उसका कारण समझने की कोशिश की?'

'तुम्हारे रहते मैं ऐसी कोशिश क्यूँ करूँगा?'

'तो रहने दे। पर राजनीति के दो एक गुर समझना जरूरी है कि किसी भी रियासत का राजा जब तक अपनी हवाई ऊँचाइयों से उतरकर जमीन पर नहीं आता, तब तक अपनी प्रजा के साथ वह एकात्म्य स्थापित नहीं कर सकता और न जन-जन का हित-अनहित समझने में वह सक्षम हो सकता है। और जब तक

किसी भी राजा के अहङ्कार का साँप पूरी तरह नष्ट नहीं होता वह अपनी प्रजा के साथ न्याय नहीं कर सकता।'

बैलों के जुए से बँधी गाड़ी सूरज के निवास की ओर गुड़क रही थी। गाड़ी के पीछे बँधा सफेद घोड़ा चाँदनी में नहा रहा था। आकाश के चाँद की किरणें गाड़ी पर बिराजे चाँद का मुँह चूम रही थीं।

सहसा यशोधरा के होंठ खुले। मीठी-माँ की मोहिनी सूरत को एकटक निहारते बोली, 'कई दिन से एक बात मेरे मन में घुमड़ रही है। आज पूछे बिना नहीं रह सकती। कोई कहता है तुम जैन साध्वी हो, कोई कहता है बौद्ध-भिक्षुणी हो, कोई कहता है तुम वैष्णवी हो और कोई कहता है महारानी की भतीजी हो!'

'सुन तो मैं भी रहा हूँ, पर पूछने की हिम्मत नहीं कर सका। और मुझे यह जानकर करना भी क्या है? तुम और कुछ भी नहीं—केवल मीठी-माँ हो—प्राणी-मात्र को जन्म देने वाली।'

'नहीं गौतम, मैं मात्र एक औरत हूँ। औरत के अलावा और कुछ भी नहीं हूँ। मीठी-माँ के नाम से सर्वत्र मेरी पहिचान हो गई, बस! वह औरत ही है जिसने महावीर, बुद्ध और चैतन्य को जन्म दिया। औरत से बड़ा कोई धर्म या पन्थ नहीं है। उसकी कोख से जन्मे बेटों ने ही अपनी-अपनी डफली पर अपना-अपना राग गुनगुनाया है। जब से संन्यास का भ्रम मिटा, मैं मात्र एक औरत हूँ और मरते दम तक औरत ही बनी रहूँगी। यही मेरी मुक्ति का महा-मन्त्र है, जिसे मैंने तुम दोनों से ग्रहण किया है।'

प्रेत-घाटी तो एक ठौर स्थित थी और बैलगाड़ी अविरल चल रही थी। आखिर उसके किनारे पहुँची ही—ठेठ तक अपने लम्बे निशान अङ्कित करती हुई। स्वयं प्रेत-घाटी के सूनेपन में कोई परोक्ष-अपरोक्ष भय हो तो हो, पर उन तीनों के मन में किसी तरह का कोई भय नहीं था। बस...अब थोड़ी ही देर में तमाम कुदरत पर चाँद की बजाय सूरज का साम्राज्य छा जाएगा।

लो, इधर सूरज का पराक्रम प्रकट हुआ ही था कि उधर देश के राजा-रानी समेत समस्त दरबारियों का हुजूम दाखिल हुआ। सैकड़ों बरसों के बाद पहली बार प्रेत-घाटी आबाद हुई तो ऐसी हुई कि देखते-देखते चारों ओर मानुस ही मानुस दिखाई पड़ने लगे। राजा-रानी और दरबारियों के पहुँचने की खबर सुनी तो प्रजा अपने-अपने दड़बों से उमड़ पड़ी। बरसों की कसर एक दिन में पूरी कर दी।

मीठी-माँ के अतिरिक्त दोनों के ही विस्मय की सीमा नहीं रही। पर ऐसी आशा तो उसे भी नहीं थी। उसके रेतीले मानस में पहली बार मान-सरोवर-सी हिलोरें मचलने लगीं। माँ ने गौतम की सूरत में आँखें गड़ाकर कहा, 'आज इस

अनोखी खेती के लिए हल में बैलों को जोतने की मेरी बिल्कुल इच्छा नहीं है।'

'कोई बात नहीं। मैं अकेला ही काफी हूँ। चार बैलों से कम ताकत नहीं है मुझमें। तुम दोनों बारी-बारी से हल खड़ती रहना—शाम तक भी थक जाऊँ तो तेरा बेटा नहीं। काम करने का असली आनन्द तो आज ही आएगा।'

माँ ने सहज भाव से कहा, 'काम का यह आनन्द तो किसी और दिन के लिए जमा रहने दे। आज तो हम माँ-बेटी ही जुतेंगी और तू हल चलाएगा।'

बेटे ने अपराध-बोध के भाव से कहा, 'इतने लोग जो देख रहे हैं, सोचेंगे कि मैं कैसा अपाहिज हूँ।'

'लोगों के सोचने की परवाह मत कर। मैं अब तक यही अभिशाप भोग रही हूँ। बहसबाजी न करके चुपचाप हल की मूठ थाम ले।' फिर बहू की ओर देखकर बोली, 'आओ यशोधरा, माँ-बेटी की ऐसी अपूर्व जोड़ी अब तक न सूरज ने देखी होगी, न चाँद ने।'

यशोधरा तो जैसे इसी आदेश की प्रतीक्षा कर रही थी। चुपचाप बाईं बाजू जवाड़े की नीचे जुत गई और माँ दाहिनी ओर। जवाड़ा खिंचते ही गौतम ने मूठ सँभाली। और लोगों की आँखों के सामने एक अद्भुत नजारा तैरने लगा। दो औरतें हल खींच रही हैं—एक का वेश धवल, शायद मीठी-माँ ही होगी। दूसरी का सुरङ्गा वेश—नवेली दुलहन-सा। और कोई सूरज जैसा प्रतापी पुरुष हल की मूठ थामे पीछे चल रहा है। एक ऊमरे के बाद दूसरा ऊमरा। तीसरा, फिर चौथा। उसके बाद तो कोई गिनती ही नहीं। सूरज निरन्तर ऊपर सरकता हुआ उस अनिर्वचनीय दृश्य को सहस्र आँखें फाड़-फाड़कर देख रहा था। लाखों-लाख युग बीत गए, ऐसा अपूर्व नजारा तो उसने पहली बार ही देखा।

अचानक एक खेजड़ी के नीचे 'मोथिये' के अकिञ्चन हरे पात को बचाने के लिए ज्यों ही उस प्रतापी युवक ने हल का मुँह मोड़ा तो धरती में गहरी गड़ी 'हलबाणी' किसी ठोस चीज से टकराई। गौतम हल को वहीं थामकर नीचे झुका। दोनों हाथों की अँगुलियों से धूल खोदने लगा। कोई सुनहरी-सी चीज नजर आई। फिर फावड़े से और गहरा गड्ढा खोदा—सोने का ढक्कन! सोने का कलश! काँपते हाथ से ढक्कन उघाड़कर देखा—भीतर अमोलक मोती। मानो सूरज की छोटी-छोटी गोलियाँ भरी हों। वह पछतावे के सुर में बोला—माँ, अनर्थ हो गया। सोने का कलश मोतियों से भरा है! कहे तो इस पाप को वापस जमीन में गाड़ दूँ।

माँ और यशोधरा उसके पीछे खड़ी हतप्रभ-सी एकटक निगाहें गड़ाए उसी ओर देख रही थीं। माँ से पहले यशोधरा उतावली में बोली, 'पागल हुए हो! चमकते भाग्य को वापस जमीन में गाड़ दोगे? लाओ फावड़ा मुझे दो!'

गौतम के हाथ से फावड़ा अपने-आप छूट गया। यशोधरा कमर झुकाकर दनादन फावड़ा चलाने लगी। दूसरा कलश! वह भी कोरों तक मोतियों से भरा

हुआ। माँ ने धीमी पर गम्भीर आवाज में कहा, 'तू भी मदद कर। यह अपाहिज की तरह मुँह बाए खड़े रहने का वक्त नहीं है। क्या इसी बूते पर बहू के सपने को साकार करने का सङ्कल्प किया था? जुट पड़ो गौतम! यशोधरा के साथ हजारों अभागी औरतों का भाग्य जुड़ा है, जिनमें तेरी मीठी-माँ भी एक है।'

बस, फिर तो मीठी-माँ का वह आदेश मानो सूरज की ही ललकार थी। यशोधरा के हाथ से फावड़ा छीनकर सपासप माटी खोदने लगा–तीसरा कलश! चौथा कलश! देखते-देखते सोने के सोलह कलश जमीन के ऊपर चमकने लगे मानो धरती पर सोलह सूरज उगे हों। आकाश में तो फकत एक ही सूरज है। मीठी-माँ का आदेश सुनाई पड़ा–गाड़ी में रखो।

यशोधरा के हौसले को जैसे गरुड़ की पाँखें मिल गई हों। बाथ भरकर कलश उठाना चाहा तो गौतम ने उसे परे हटाकर प्यार से कहा, 'तुमसे नहीं उठेगा। मेरा काम मुझे करने दो।'

एक कलश गाड़ी में रखकर वह वापस मुड़ा ही था कि यशोधरा दूसरा कलश सिर पर उठाए गाड़ी की ओर आ रही थी। गौतम ने आत्मीय स्वर में कहा, 'रहने दो। मैं अभी सारे कलश रख दूँगा।'

'क्यों रहने दूँ? अबला समझकर दया दिखा रहे हो? कहो तो सारे कलश एक साथ उठा लूँ।'

'पागल हुई हो?'

'हाँ, आज तो मैं सचमुच पागल हो गई हूँ।'

मीठी-माँ स्तब्ध पथराई आँखों से देखती रही और दोनों ने सारे कलश गाड़ी में रख दिए। यशोधरा के आग्रह पर गौतम ने और भी काफी खुदाई की, पर एक छोटा-सा कुल्हड़ भी हाथ नहीं लगा।

प्रेत-घाटी में खड़े लोगों की अगणित आँखें एक ही सपना देख रही थीं–एक भव्य पुरुष बैलों की रास थामे उनके आगे चल रहा है। पीछे दो नागौरी बैली। ऊपर लाल झूलें। गाड़ी पर सुनहरे कलश। सफेद घोड़ा। धवल वेश पहिने एक दिव्य औरत। उसके साथ सिङ्गार सजी कोई अप्सरा। घोड़े की एक बाजू राजा और दूसरी तरफ रानी।

लोग चल रहे थे। गाड़ी चल रही थी। सपना भी चल रहा था।

राज-दरबार में आकर गाड़ी रुकी तो दरबारी-आँखों ने उस भव्य पुरुष को पहिचाना, जो रज्जी से भखभूर था–अरे! यह तो वही घुड़-सवार जिसने राजाजी के दो बार प्राण बचाए।

मीठी-माँ ने धवल चौकी पर खड़ी होकर हाथ का इशारा किया तो सभी लोग एक साथ चुप हो गए। तब उसने सुनहरे कलशों की ओर सङ्केत करके कहा, 'यह सारा खजाना यूनान के सम्राट् सिकन्दर का है, जो एक अनाथ छोकरे के हाथ

लगा, जिसे दो जून रोटी भी नसीब नहीं थी। महान् सिकन्दर का गड़ा खजाना तो बाहर आ गया। पर वह स्वयं न जाने कहाँ पौने चार हाथ की कब्र में कङ्काल-सा गड़ा है। जिसने एक दिन सारी दुनिया फतह की थी। लाखों निरीह लोगों का खून बहाया था, इसी खजाने को हथियाने की खातिर। आज उसके प्रबल पराक्रम को न जाने कौन-से कीड़े चाट रहे हैं? और वह एक भी कीड़े को हटा नहीं सकता। सोने के पीछे भटकते उसने सारी धरती रौंद डाली पर मरते समय सोने का एक कण भी साथ ले जा नहीं सका। कें-कें रोता हुआ खाली मुट्ठी जन्मा था और खाली मुट्ठी ही मर गया। फिर भी उस महान् सिकन्दर की जय हो, जो अपनी मृत्यु के सैकड़ों बरस पश्चात् हमारे राज्य का खजाना भर गया।'

रानी ने अदेर जोर से प्रतिवाद किया, 'उस हत्यारे सिकन्दर की नहीं, इस गाड़ीवान् गौतम की जय हो, जिसने दो बार तुम्हारे पिता-तुल्य राजा के प्राण बचाए। राजाजी तो उसे पहली बार ही सिंहासन सौंपना चाहते थे, लेकिन वह घोड़े पर बैठकर तत्काल ओझल हो गया। खाली खजाने के भरोसे वह राज्य का भार कैसे सँभालता? आज अभी तुम्हारे सामने उसी के प्रताप से सौ राज्यों जितना खजाना हाथ लगा है। आपके प्राणप्रिय राजा और मेरी रजामन्दी तो है ही, आप सबकी आज्ञा हो तो इसके सिर पर राज-मुकुट शोभित हो जाए।'

प्रेत-घाटी की रज्जी से अटे उस गठीले युवक की मूर्छा टूटी, जैसे नींद में कोई भयावह स्वप्न देख रहा हो। जोर से चीखकर बोला, 'मुझे बचाओ मीठी-माँ। इस राज्य के सिंहासन का अधिकारी मैं नहीं, तुम्हारी बेटी यशोधरा है। राजाजी को समझाओ नहीं तो मैं इसी घोड़े पर भाग छूटूँगा, बचाओ मुझे!'

तब रानी मुस्कराकर बोली, 'मैं तो तुम्हारे कहते ही समझ गई। मीठी-माँ को कष्ट देने की जरूरत नहीं।' फिर प्रेत-घाटी की धूल से सजी-सँवरी दुलहन की तरफ देखकर कहने लगी, 'आओ, इधर आओ यशोधरा, तुम अब भी सङ्कोच रखोगी तो राज्य के दीन-दुखियों की कौन रखवाली करेगा? आओ, इस सिंहासन पर बैठो।'

राजा ने अपने सिर से मुकुट उतारकर यशोधरा के सिर पर रखा, मानो स्वयं धरती ने औरत का रूप धरकर उस मुकुट को स्वीकार किया हो।

मीठी-माँ ने अपने हाथ से उसके ललाट पर राज्य-तिलक किया। फिर गौतम को सम्बोधित करके बोली, 'आओ, इसके पास आकर बैठो।'

'नहीं माँ, इसके चरणों में ही हमेशा मेरी जगह बनी रहे तो काफी है।' इतना कहकर वह निःसङ्कोच सिंहासन के नीचे बैठ गया। और दूसरे ही क्षण यशोधरा भी सिंहासन से उतरकर अपने गौतम के पास बैठ गई।

फिर गौतम की ओर हाथ बढ़ाते मीठी-माँ बोली, 'यह सँभालो, खजाने की चाबी। तुम्हें जी-जान से इसके एक-एक धेले की रक्षा करनी है।'

'मगर दो शर्तों पर...।'

'कि तुम मेहनत-मजूरी करके अपना पेट भरोगे और तुम्हारी सुहागरात उस खेजड़ी के मचान पर मनाई जाए।' अपनी समूची शक्ति से उमड़ते आँसुओं को रोककर मीठी-माँ भीगे स्वर में बोली, 'मञ्जूर है।'

यशोधरा गौतम के कान में धीरे-से फुसफुसाई, 'तभी मैं असली महारानी बनूँगी।'

16 अक्टूबर, 1993

आसौज सुद-1, स्थापना के माङ्गलिक अवसर पर

रात 10 बजे।

परिशिष्ट

गुणवन्ती

एक था जाट। पूरा अफीमची। एक बेटे के बाद जाटनी की गोद नहीं भरी। बेटा निरा भोला। पर मन उसका बादलों के अनछुए पानी की तरह निर्मल। झूठ बोलना चाहता तब भी बोला नहीं जाता था। निश्छल उजला मन। जाट-जाटनी को रात-दिन यह चिन्ता खाए जाती थी कि एक ही सन्तान हुई और वह भी नादान। घाघ दुनिया में इसका गुजारा कैसे होगा? माँ-बाप का जन्म कोई सुधरा हुआ नहीं था, फिर भी वे अपने बेटे का जनम बिगड़ने की चिन्ता में घुले जा रहे थे। चिन्ता-चिन्ता में अफीम बढ़ती गई और काम-धन्धा घटता गया। घर की हालत पहले ही खराब थी, धीरे-धीरे और खराब हो गई।

कई दिनों तक छोरे की फिक्र करते-करते एक दिन माँ-बाप ने उसकी भलाई के लिए एक नामी जुगत सोची। भगवान जाने कैसे उनके मन में यह बात घर कर गई कि वे मर गए तो छोरा कुँआरा रह जाएगा। पुरखों का नाम उठ जाएगा। अपने जीते-जी उसका ब्याह कर दें तो मरने के बाद उनकी अगति तो नहीं होगी। सो अपना अगला जनम सुधारने के लिए उन्होंने छोरे का छुटपन में ही ब्याह कर दिया। हिये के अन्धे को अकल का दुश्मन मिल ही जाता है। छोरे के अभी दूध के दाँत भी नहीं टूटे थे कि उसका ब्याह हो गया। सात बरस के दूल्हे और आठ बरस की दुलहन ने खुशी-खुशी गुड्डे-गुड्डी की तरह फेरे ले लिए। दुलहन गड्डे खेलने के लिए पीहर में ही रह गई और दूल्हा बारात के साथ अपने गाँव लौट आया। पर सञ्जोग का खेल ऐसा हुआ कि उसी बरस ऐन होली के दिन बाप और ऐन दीवाली के दिन माँ मर गई। रोने के अलावा बेटे का कोई जोर नहीं था। भीतर-बाहर रात-दिन बस रोना ही रोना। जात-बिरादरी के बड़े-बूढ़ों ने समझाया कि कोरे रोने से क्या होगा! माँ-बाप केर, बेर और खेजड़ी-खेजड़ी भटक रहे हैं। मौसर किए बिना गति नहीं होगी। सो बड़े-बूढ़ों की समझ बची हुई खुरचन भी चाट गई। दो खेत, एक बाड़ा, एक जोड़ी बैल और पाँच गाएँ साहूकार हजम कर गया। डकार तक नहीं ली। छोरे को गिरवी रखकर गाँव-चौधरी ने उसके माँ-बाप का मौसर सुधार दिया। चौधरी के हिये में थोड़ी दया-माया थी। मौसर में छोरे के ससुराल वाले भी आए। जो काँच की तरह साफ था उन्हें कैसे

नहीं दिखता। मन-ही-मन तय कर लिया कि इस छोरे के पीछे भेजने से तो छोरी को कुएँ-बावड़ी में गेरना अच्छा। छपाक की आवाज तो होगी। मौसर के बाद अपने गाँव लौटकर ससुराल वालों ने पक्का निश्चय कर लिया कि उम्र होने पर छोरी का नाता करना कबूल, पर इस अभागे दलिद्दर के पीछे नहीं भेजेंगे। पता चलने पर छोरी की गुइयाँ उसे चिढ़ातीं तो वह जिद करती कि वह नाता नहीं करेगी। जिस से ब्याह हुआ है उसी के घर जाएगी। पर वह नासमझी की जिद थी। बालहठ था। पर रोज चिढ़ाने से छोरी के मन में यह बात गहरी पैठ गई।

दुःख के दिन भी कटते हैं और सुख के दिन भी कटते हैं। चौधरी के यहाँ बेगार करते-करते आठ बरस बीत गए। अनाथ छोरा सरधा से अधिक काम करता था। खोटाई तो उसके रत्ती भर भी नहीं थी। ढोर चराता था, दूध निकालता था, हल जोतता था, ढेरा कातता था। वह एक पल भी ठाली नहीं बैठता था। जागते हुए काम और सोते हुए नींद। पाँच आदमियों जितना अकेला काम करता था। चौधरी उसके स्वभाव और काम से बहुत खुश था। एक बार भी उलाहने जैसा काम नहीं किया। गङ्गाजल से ज्यादा निर्मल। शुद्ध सोने से ज्यादा खरा।

सङ्गी-सङ्गातियों से उसे पता चला कि उसके ससुराल वाले उसकी घरतिन का नाता करना चाहते हैं। नासमझ और भोला होते हुए भी यह बात उसे चुभी। कई बार चौधरी से कहने का सोचा, पर होंठ नहीं खुले। एक दिन पक्का निश्चय करके चौधरी के पास गया। होंठ थोड़े-से खुले और उसी पल वापस चिपक गए। चौधरी समझ गया। पूछा, 'क्या बात है? कुछ कहना चाहता है?'

मन से परे ही उसके मुँह से हाँ निकल गया। चौधरी ने उसे दिलासा देते हुए मीठी वाणी में पूछा, 'क्या बात है निस्सङ्कोच बता! तू तो मेरे बेटों से भी बढ़कर है।'

छोरे की हिम्मत के जैसे पर लग गए। दूसरी ओर मुँह करके बोला, 'मैं ससुराल जाना चाहता हूँ।'

चौधरी हँसना तो नहीं चाहता था फिर भी उस से हँसे बिना नहीं रहा गया। कहा, 'आज पता चला कि तू दो बावलों का काम सारता है। तू क्या सोचता है ससुराल वाले तेरी खातिरदारी करेंगे? आवभगत करेंगे?'

'मैं खातिरदारी के लिए नहीं जा रहा। न ही आवभगत का मुझे भरोसा है।'

'तो फिर?'

उस से तुरन्त कोई जवाब देते न बना। जो कहना चाहता है कहा नहीं जाता। चौधरी ने पिछली एक-एक बात बताई। कहा कि उसके ससुराल वाले छोरी का नाता करना चाहते हैं। उसके पीछे भेजने से तो कुएँ में गेरना अच्छा समझते हैं।

छोरा चुपचाप सुनता रहा। चौधरी रुका तो अटकते-अटकते बोला, 'मुझे सब मालूम है। फिर भी एक बार जाना चाहता हूँ। घर वाले तो नाता करना चाहते

हैं पर पति के जीते वह भी इसके लिए राजी है क्या? अगर वह भी दूसरे के घर बैठना चाहती है तो मुझे कुछ नहीं कहना।'

चौधरी हँसा, 'मूरखों के बादशाह, उसकी राय घर वालों से अलग थोड़े ही होगी। वे तो छोरी के भले के लिए ही उसका नाता करना चाहते हैं।'

चौधरी ने बहुत समझाया, पर उसकी समझ में नहीं बैठी। भोले शङ्कर के सनक जँच गई है सो ससुराल जाकर ही मानेगा। कहा, 'थुक्का-फजीहत करवाना चाहता है तो भले ही जा, मैं मना नहीं करूँगा। पर ढङ्ग के कपड़े, गले का डोरा और मेरे कड़े तो लेता जा।'

चौधरी ने शुरू में ही कहा था कि वह दो बावलों का काम सारता है। सर हिलाते हुए बोला, 'नहीं, नहीं इस स्वाँग की क्या जरूरत है! फटे कपड़े और बूढ़े माँ-बाप की कैसी शरम! मेरी हालत मुझ से तो छुपी है नहीं। फिर दूसरों को धोखा क्यों दूँ। कोई कुत्ता सात डोरे पहनकर जाएगा तो क्या वे उसके साथ बेटी को भेज देंगे?'

ससुराल नहीं जाने के लिए वह राजी नहीं हुआ और उसे फटेहाल भेजने के लिए चौधरी राजी नहीं हुआ। आखिर हाली को मालिक का कहा मानना पड़ा।

ससुराल का गाँव-धाम तो वह जानता था पर माँ-बाप के मौसर के बाद किसी की शकल नहीं देखी थी। ससुराल वालों का दामाद से कोई रिश्ता नहीं रह गया था। सास रोज बासी मुँह दामाद को कोसती थी कि हरामी मरता ही नहीं। उसकी छोरी के भाग का अब तक जीता बैठा है। मक्खी खुद भी मरती है और दूसरों को भी मारती है।

उसके ससुराल वाले काफी मालदार थे। ससुर गाँव-चौधरी था। बाजरे की कटाई और खलिहान वगैरा से फारिग होकर छोरी का नाता करना चाहता था। अच्छा घर-वर मिलते ही चटपट काम निपटा देगा। गौने का दत्त-दहेज भी दे देगा। बेटी का धन नहीं चाहिए।

आसोज की तीखी धूप पड़ रही थी। खेतों में आदमी के सर से भी हाथ भर ऊँचा बाजरा झूम रहा था। मन में भाँति-भाँति की बातें गढ़ता-जोड़ता वह अनाथ छोरा ससुराल की काँकड़ में घुसा। ससुराल की काँकड़ में पाँव रखते ही उसे तेज प्यास महसूस हुई। एक खेत की मेंड़ के पास खेजड़ी के नीचे उसे एक घड़ा दिखा। पाँव आप ही उधर मुड़ गए।

कोरा घड़ा। कोरा करवा। ठण्डा पानी। एक करवा पीकर दूसरा भर ही रहा था कि उसे किसी की आवाज सुन पड़ी, 'कौन है?'

अचीती आवाज सुनकर वह अचकचा गया। उसके मुँह से आप ही निकल गया, 'आदमी हूँ।'

फिर उसने इधर-उधर देखा। तभी उसे किसी की मीठी हँसी सुनाई दी।

उसने ऊपर देखा। खेजड़ी के मचान पर एक लड़की। कन्धे पर गोफन। पानी पीने वाले को देख रही है और हँस रही है। परी का नाम ही सुना था, आज आँखों से देख लिया। जैसे आकाश में चमकती बिजली। सोने की पुतली। कन्धे पर ओढ़ना। काले बालों की लूमटी घटा। हँसते हुए वह आकाश की बिजली बोली, 'आदमी है सो तो देख ही रही हूँ। कौन गाँव? कौन जात? जा कहाँ रहा है? बन-ठनकर तो ऐसे आया है जैसे ससुराल जा रहा हो।'

बोली ऐसी मीठी और सुहानी मानो गले में कोयल बोल रही हो। ससुराल की बात पर वह थोड़ा मुस्कराया। सकुचाते हुए बोला, 'आया तो ससुराल ही हूँ।'

फिर उसने अपना गाँव-धाम बताया। जात बताई। ससुराल का नाम-धाम बताया। मचान पर खड़ी लड़की तुरन्त समझ गई कि वह उसका पति है। पर उसने जानबूझकर उस से लाज नहीं की। वैसे ही बिना सर ढके नीचे उतरी। उतरते ही उसकी नजर उसके गले में चमकते डोरे और हाथ के कड़ों पर पड़ी। बोली, 'मैंने तो सुना है कि तुम्हारे पास एक अङ्गुल भी जमीन नहीं है। रोटी-कपड़ों के बदले हालीपा करते हो। फिर यह सिङ्गार कहाँ से किया? या तो ये डोरा और कड़े माँगे हुए हैं या खोटे हैं।'

उसने बिल्कुल बुरा नहीं माना। निःसङ्कोच भाव से कहा, 'हैं तो खरे, पर हैं दूसरों के। मैंने तो बहुत मना किया, पर चौधरी नहीं माने।'

उसने डोरे-कड़े की पूरी बात बताई। वह उसके मुँह की ओर देखती रही। समझ गई कि आदमी है तो खरा। सच्चा। छल-कपट छू भी नहीं गया है। वह रुका तो पूछा, 'लोग कहते हैं कि तुम्हारे रोटियों के भी लाले पड़ते हैं। फिर इतने बरस कैसे काटे?'

उसने कोई लाग-लपेट नहीं रखी। माँ-बाप के मौसर से लेकर हाली-बालदी तक की सारी रामायण सुना दी। वह कितना और क्या काम करता है वह भी बताया। वह गोफन से चिड़ियाँ उड़ाती रही और उसकी बातें सुनती रही। गोफन में पत्थर अटकाते हुए पूछा, 'तो अब तुम्हारे माँ-बाप की निशानी कुछ भी नहीं बची?'

'एक टूटी-फूटी झोंपड़ी तो जरूर है और कुछ नहीं। वह कुछ काम की होती तो साहूकार कब छोड़ता!'

जाट की उस छोरी ने तीन-चार बार चिड़ियों के एक झुण्ड की ओर गोफन से पत्थर फेंके। पर वे आधेटे ही रह गए। बाजरा खाती चिड़ियों को सनसनाहट भी सुनाई नहीं दी। वैसे ही बाजरे पर बैठी रहीं। उस भोले छोरे ने उसके हाथ के गोफन की ओर इशारा करते हुए कहा, 'मुझे गोफन चलाने की लकब है, मुझे दो, मैं उड़ा देता हूँ।'

उसके कहते ही उसने गोफन पकड़ा दी। घुमाकर पत्थर छोड़ा तो पहली ही

बार ऐन झुण्ड के बीच में जाकर गिरा। सर्र-से सारी चिड़ियाँ उड़ गईं। छोरी मुँह बाये देखती रह गई। उसे लगा जैसे चिड़ियाँ उसकी केंचुली से उड़ी हों। ऐसा गोफनची तो देखा ही नहीं! उसकी खुशी का वारापार न रहा। पर छोरे को खुशी नहीं हुई। गोफन लौटाते हुए कहने लगा, 'चिड़ियाँ कौन खेती करती हैं या हाट-बाजार जाती हैं! मैं तो हाली हूँ सो मालिक का कहा करना पड़ता है। पर तुम्हारे तो खुद के खेत हैं। इनके खाने से फायदा ही होगा।'

छोरी ने कहा, 'मुझे भी माँ-बाप का कहा मानना पड़ता है।'

छोरे ने फिर कुछ नहीं कहा। थोड़ी देर भगवान जाने क्या सोचता रहा! फिर पूछा, 'अरे, तुमने तो मेरे घर की सारी बातें जान लीं पर अपने बारे में कुछ भी नहीं बताया! तभी तो गाँव वाले मुझे भोला कहते हैं।'

उसने फकत इतना ही कहा कि वह जाट की बेटी है और उसी गाँव की है। उसकी दुलहन की खास सहेली। फिर कहा, 'तुम खातिरदारी के भरोसे आए तो हो, पर ससुराल वाले धक्के देकर न निकालें तो गनीमत समझो! तुम्हें मालूम नहीं कि वे उसे नाते भेजना चाहते हैं।'

उसने बुझी-बुझी आवाज में कहा, 'मालूम तो है, पर एक बार उसका मन टटोलना चाहता हूँ। वह नाता करना चाहेगी तो मुझे कोई उज्र नहीं।'

जाट की छोरी थोड़ी देर उसके मुँह की ओर टुग-टुग देखती रही। कहा, 'गाँव वाले तुम्हें भोला कहते हैं सो यों ही नहीं कहते। उसकी इच्छा घर वालों से अलग थोड़े ही होगी। पर उसकी इच्छा तुम्हारे साथ जाने की हो और तुम एक बार उसका मुँह देख लो तो उम्र भर उसका नाम न लो। तवे से ज्यादा काली। लम्बे दाँत। एक आँख में फूला। पाए जितनी लम्बी। कव्वे जैसी बोली।'

उसने बीच ही में कहा, 'जैसी भी हो, बेटी बाप के घर नहीं रहती। कहीं-न-कहीं तो फेरे होते ही। छुटपन में हाथ पकड़ा और अब फकत इसलिए छोड़ दूँ कि वह कुरूप है यह ठीक नहीं। औरत में खास बात है उसके गुण!'

'पर उस में न तो रूप है और न गुण। गुइयाँ होते हुए भी तुम्हारे जैसे भोले आदमी को भरम में रखना ठीक नहीं।'

'इस में भरम कैसा। मेरे हिस्से में आई सो भली। रूप और गुण की सीमा तो होती नहीं। कहीं-न-कहीं तो आदमी को सन्तोष करना ही पड़ता है। आदमी मरना नहीं चाहता, पर मौत आने पर राजा को भी मरना पड़ता है। फकत आदमी के चाहने न चाहने से क्या होता है।'

उसके कानों में अमृत घुल गया। तब भी उसने ऊपरी मन से कहा, 'इन बातों में क्या रखा है! क्यों अपनी इज्जत गँवाने पर तुले हो! मेरी एक गुइयाँ है, सुन्दर और गुणवन्ती। कहो तो कल ही ब्याह करवा दूँ?'

छोरे ने कोई जवाब नहीं दिया तब भी उसके मन की बात उसने सुन ली।

अधिक कोंचना ठीक नहीं लगा। उसके मुँह की ओर देखा तो मुँह कुछ उतरा हुआ दिखा। पूछा, 'खाना-वाना खाया कि नहीं? मुझे तो भूखे लगते हो।'

वह सकुचाते हुए बोला, 'हाँ, हूँ तो भूखा। मुझ में यह बड़ा अवगुण है कि मुझे भूख बहुत लगती है।'

फिर तो उसने खूब मना किया, पर वह एक पल भी वहाँ नहीं रुकी। गोफन उसे थमाया और गाँव की ओर भागी। भागते-भागते ही कहा, 'मैं अभी रोटी लेकर आती हूँ। तब तक रखवाली करना।'

घर तक एक साँस दौड़ती गई। तितली की नाईं हलकी। माँ दरवाजे पर खड़ी थी। पास आते ही माँ पर बरस पड़ी, 'दिन सर पर चढ़ आया तब भी भाता नहीं भेजा। मुझ से इतनी देर भूखा नहीं रहा जाता। कल से मैं रखवाली पर नहीं जाऊँगी।'

माँ गलती पर थी। इसलिए चुप लगा गई। बेटी ने अफरा झाड़ लिया तो कहा, 'गरमागरम बाजरे की रोटी का चूरमा बनाकर ला ही रही थी कि तू आ गई।'

बेटी ने मुँह फुलाकर कहा, 'मेरे हाथ टूटे हुए नहीं हैं। मैं आप बना लूँगी।'

यह कहकर वह झोंपड़ी में घुसी। बाजरे की दो रोटियों का चकाचक चूरमा बनाया। साँगरी का साग और रोटियाँ बाँध ही रही थी कि माँ अन्दर आई। पूछा, 'खाऊँ-खाऊँ करती बवण्डर की तरह आई, अब भाता क्यों बाँध रही है? यहीं खा ले!'

वह भाता लेकर चलते हुए बोली, 'खेत में डङ्गर और चिड़ियाँ बहुत बिगाड़ करते हैं। काका गुस्सा होंगे।'

माँ होंठों-ही-होंठों में गुनमुनाई, 'बेटी क्या है, बिजली है बिजली!'

गाँव से बाहर निकलते ही वह फिर बवण्डर की गति से भागी।

वह हाँफती हुई खेजड़ी के नीचे बैठी और भाते का कपड़ा खोला। छोरा अचरज से देखता रहा। बोली, 'देर हुई वही बहुत है, अब तो खा लो!'

बाटके में चकाचक चूरमा देखकर छोरा बोला, 'इतने बरस चूरमे का नाम ही सुना था; आज पहली बार खाऊँगा। अपनी आँखों की कसम, सच कह रहा हूँ। ससुराल की काँकड़ में घुसते ही सगुन तो अच्छे हुए।'

खाने के लिए कौर लिया ही था कि उसने छोरी के पसीने से चमकते गोरे मुखड़े को देखते हुए कहा, 'आधा भाता अलग निकाल लो। तुम्हें भी तो खाना है।'

उसने खाना नहीं खाया था फिर भी कहा, 'मैंने तो खा लिया। तुम्हारे लिए ही लाई हूँ।'

वह सर झुकाए हुए चुपचाप खाने लगा। थोड़ी देर बाद खाते-खाते ऊपर देखा। वह सामने बैठी थी। बोला, 'आज तो सचमुच सपने जैसी बात हुई। न

जान न पहचान, तुमने मेरे लिए कितनी तकलीफ उठाई! मन में कैसे-कैसे बवण्डर उठते हैं, मैं कह नहीं सकता। आज जैसा आनन्द तो मुझे कभी नहीं आया। आज तो राजा भी मुझे छोटा लगता है। तुम्हारा एहसान मैं कैसे उतारूँगा!'

छोरी ने उसके मुँह की बात लपक ली, 'सच्चे मन से एहसान उतारना चाहो तो मैं बिल्कुल आसान तरीका बता सकती हूँ। नहीं तो तुम्हारी मरजी।'

हाथ का कौर हाथ में ही रह गया। कहा, 'मैं भोला जरूर हूँ पर नुगरा नहीं। जान देकर भी एहसान उतरता हो तो ना नहीं करूँगा। आज तो ऐसा लग रहा है जैसे आदमी का जीवन आज ही मिला।'

छोरी के मन में हजार कमल खिल गए। हँसी को रोकते हुए बोली, 'कहते हुए शरम आती है, पर तुम्हारे जैसा भोला आदमी कहे बिना समझता भी तो नहीं! उस काली-कानी को ठोकर मारो। मैं तुम्हारे साथ चलने को तैयार हूँ। एहसान चुकाना हो तो यह मौका है। हाथोंहाथ हिसाब चुकता हो जाएगा।'

सुनते ही जाट के बेटे का दमकता हुआ चेहरा काला स्याह पड़ गया। मानो दीपक बुझा हो। कौर छूट गया। बोला, 'मना करने पर तुम मेरे मन की बात समझोगी नहीं। यह मेरे बस की बात नहीं। इसकी बजाय सङ्खिया लाकर देतीं तो चूरमे से अधिक स्वाद लेकर खाता। बुरा मत मानना, थोड़ी देर के लिए सोच लो कि मैंने तुम्हारी बात मान ली। पर कभी तुम से भी सुन्दर छोरी इतने ही प्रेम से मुझे हलुआ खिलाकर यही बात पूछे तो मैं उसे क्या जवाब दूँ, तुम्हीं बताओ? तुम्हें छोड़कर उसकी बात मानूँ तो नुगराई होगी या नहीं मानूँ तो नुगराई होगी?'

छोरी की आँखों में आँसू आ गए। वे खुशी और गुमान के आँसू थे। उसके पति को भोला और अभागा कहने वाले निपट मूढ़ हैं। आँसुओं को छुपाने के लिए वह झट उठी और मुँह फेरकर खड़ी हो गई। फिर गोफन को घुमाती हुई आगे बढ़ गई।

जाट के छोरे ने हड़बड़ाकर तेजी से कहा, 'मैं जानता था कि तुम्हें बुरा लगेगा। मुझे ठीक से बोलना भी तो नहीं आता। तुम तो मेरी तरह भोली और नासमझ नहीं हो। ठीक से कह नहीं सकता फिर भी सच्ची बात समझ सकती हो। ऐसा जानता तो मैं इधर आता ही नहीं। प्यास लगी थी, घड़ा देखा तो पैर आप ही इधर मुड़ गए।'

छोरी ने पति को चिढ़ाने के लिए कहा, 'इस में तुम्हारा कोई कसूर नहीं। सब मरद ऐसे ही होते हैं। प्यास लगने पर पाँव आप ही घड़े की ओर मुड़ जाते हैं।'

यह सुनकर उस से और खाया नहीं गया। बीच ही में उठ गया। उसके पीछे जाते हुए कहने लगा, 'कभी तो खुद चूरमा लाकर खिलाती हो और कभी प्यास लगने पर पानी पी लिया उसी में मेरी गलती बताती हो! तुम्हारी बातें मेरी

समझ में नहीं आतीं।'

वह उफनती हँसी को रोककर बोली, 'तभी तो गाँव वाले तुम्हें नासमझ और गँवार कहते हैं।'

कहते-कहते वह वापस मुड़ी। लौटकर देखा—आधा खाना अनखाया पड़ा है। तेजी से पलटी और निःसङ्कोच उसका हाथ पकड़ा। हुक्कुम देती हुई-सी बोली, 'बिना पेट भरे ही उठ गए! पीछे एक भोरा भी छोड़ा तो तुम्हें मेरे सर की कसम!'

यह कैसी छोरी है! टिच-टिच करते हुए बोला, 'कसम नहीं दिलाती तब भी मैं तुम्हारा कहा नहीं टाल सकता था।'

उसने मुँह बिचकाकर कहा, 'मेरा कहा कैसा मानते हो यह तो देख ही रही हूँ। बुद्धू को बेकार मन की बात बताई।'

वही धीरे-से बोला, 'इस बात को छोड़कर तुम मुझे सूली पर चढ़ने को कहोगी तब भी ना नहीं कहूँगा। चाहो तो कभी परख कर लेना।'

'गाड़ी धान की मुट्ठी बानगी! मैंने तो एक ही बार में सारी परख कर ली। रोटी खाकर सीधे ससुराल चले जाओ। अजान छोरी से इतनी देर अकेले में बातें करना भले आदमियों का काम नहीं है। घर आए मँगते को भी रोटी खिलानी पड़ती है इस में अहसान की कोई बात नहीं।'

कुल्ला करते हुए उसे ऐसा लगा जैसे मुँह में आक घुल गया हो।

फिर बिना कुछ कहे-सुने वह मचान पर चढ़कर बैठ गई। जाट का छोरा सर झुकाए हुए गाँव की ओर चल पड़ा। वह मचान पर बैठी उसे जाते हुए देखती रही। मगरे की ढलान में ओझल हुआ तब नीचे उतरी। बावली-सी खेत के चक्कर लगाने लगी।

जाट का छोरा पूछता-ताछता आखिर हिम्मत करके अपने ससुराल वाले घर पहुँचा। रास्ते में दो छोटी सालियाँ मिलीं। उन्हें बताया कि वह उनका जीजा है। सालियाँ भागीं। माँ को जाकर बधाई दी कि फलाँ गाँव वाले जीजाजी आए हैं, जीजाजी आए हैं।

बधाई की बात सुनकर माँ ने दोनों के दो-दो चाँटे लगाए। ऐसे पागलपन की उसे सपने में भी आस नहीं थी। उसका पित्ता सुलग उठा। दामाद की लाज-शरम बिसराकर वह तमतमाती हुई घर से बाहर आई, 'तू यहाँ क्या करने आया है? यहाँ कौन तेरी बपौती गड़ी है?'

दामाद यह सब सोचकर ही आया था। बोला, 'बपौती गड़ी होती तो स्वागत के बदले मुझे ये बोल नहीं सुनने पड़ते। ब्याहता को लेने के लिए पति आता है इसमें नई बात क्या है?'

सास तड़कते हुए बोली, 'फूटे घड़े के लाख लग सकती है, पर फूटे भाग के नहीं। यहाँ कोई कुआँ-बावड़ी नहीं है जो तेरे साथ भेजूँगी। रोटियों के तो लाले

पड़ते हैं और बेचारे को औरत चाहिए। घर आए कुत्ते को भी टुकड़ा डालना पड़ता है, हमारे घर की यही रीत है। खाना खाकर पड़ रह और सवेरे दफा हो जाना। नहीं तो ऐसी खातिरदारी करूँगी कि उम्र भर याद रखेगा।'

उसने सब सुन रखा था। बोला, 'ससुराल की इस आवभगत और खातिरदारी का मुझे पहले ही पता था। तुम लोग भले ही मुझे जूते मारो, पर जिसका हाथ पकड़ा है उसके मुँह से दो बोल सुनना चाहता हूँ।'

सास को हँसी आ गई, 'मूरख के मूरख ही जनमते हैं। अरे अकल के दुश्मन, ठूँठ, बेटी की इच्छा क्या माँ-बाप से अलग होगी। मैंने कह दिया सो पत्थर की लकीर समझ!'

अब क्या करे और क्या न करे उसे कुछ समझ नहीं पड़ा। सास ने भीतर से छोटी साली के साथ ज्वार का खीच और खट्टी छाछ का करबा भिजवा दिया। साली रटे हुए की तरह बोली, 'ब्यालू करके एवाड़े में चले जाना। वहाँ खटिया और गुदड़ी पड़ी है।'

जीजा क्या जवाब देता! कहा, 'ब्यालू भी एवाड़े में कर लूँगा।'

खाना वह खेत पर खाकर ही आया था। कुत्ते की लेहणी में करबा औंधाया और टूटी खटिया पर फटी गुदड़ी डालकर लेट गया। खड़े रहकर सोचने की उस में सरधा नहीं थी। सूनी-सूनी आँखों से ऊपर देखा। स्याह नीले आसमान में तारे टिमटिमा रहे थे। उसे लगा, दुनिया तो उस पर हँसती ही है तारे भी उसकी हँसी उड़ा रहे हैं। अथाह दुःख में आज नींद ने भी उसका साथ नहीं दिया। भीतर जैसे भट्ठी जल रही हो।

बेटी खेत से घर आई तो माँ ने कहा, 'आज बहुत देर कर दी बेटी। इतनी देर कैसे हुई?'

फिर वह आप ही चालू हो गई। बेटी के जवाब का इन्तजार ही नहीं किया। वह तो भरी बैठी थी। बेटी को लगा जैसे माँ के गले में नागिन बोल रही है। दामाद के आने की खबर सुनकर वह आगे कहने लगी, 'मैं कब से सोच रही हूँ कि सब-कुछ जानते हुए भी पगला यहाँ क्यों मरा? मैंने आते ही खातिरदारी तो ऐसी की कि मरकर भी भूलेगा नहीं। इतनी लानत-मलामत की, फिर भी ढीठ कहता है कि तेरे मुँह से हाँ-ना सुनना चाहता है। यह तो ढोर से भी गया-गुजरा निकला।'

माँ और भी जाने क्या-क्या कहती रही, पर आगे के बोल जैसे उसके कान में पड़े ही नहीं। काठ की पुतली सरीखी चुपचाप खड़ी रही। जैसे खूँटे की नाईं आँगन में गड़ गई हो।

गले का सारा जहर उगलकर माँ ने कहा, 'देखो, मेरी अकल पर पत्थर पड़े! बातों-बातों में तेरे ब्यालू की बात ही भूल गई। बहुत देर हो गई। चल, ब्यालू कर ले।'

माँ ने झिंझोड़ा तब उसे चेत हुआ। अचकचाकर कहा, 'हैं!'

थोड़ी देर बाद बोली, 'मुझे भूख नहीं है।'

यह कहकर वह धम-धम सीढ़ियाँ चढ़ गई। विक्षिप्त की तरह इधर-उधर देखा—आँखों के आगे कालास्याह अँधेरा पसरता चला गया। उसे लगा थोड़ी देर और खड़ी रही तो वह गिर पड़ेगी। बिछौना करने की भी सरधा नहीं रही सो छत पर ही लेट गई। ऊपर टिमटिमाते तारे भी गाढ़े अँधेरे से घिरे थे। उसे लगा जैसे तरबूज की खुपरी की तरह उसका माथा बिल्कुल खाली हो गया है। क्या करे और क्या न करे? दुश्मन को भी ऐसा सपना न आए। पर वह तो सचमुच के जाल में फँसी है। सारी रात उसे नींद नहीं आई। निहोरे करने से तो मौत भी नहीं आती, फिर नींद कैसे आती!

दो घड़ी रात रहते वह जाने क्या सोचकर उठ खड़ी हुई। कदाच सोए-सोए सोचने की उसमें शक्ति नहीं थी। और कुछ नहीं सूझा तो खेत की रखवाली के लिए चल पड़ी।

कल भाता लेने के लिए वह दौड़ती-दौड़ती आई और दौड़ती-दौड़ती ही गई—जैसे पङ्ख लग गए हों। पर आज उसे ऐसा लगा जैसे पाँवों में पहाड़ बँधे हों। कल दिन भर कुछ नहीं खाया, उसे लगा कि कभी-कभी इस तरह भूखे रहने का आनन्द खाने से कहीं अधिक होता है। आदमी के जीवन में कई बातें ऐसी होती हैं जो बरस बीतने पर भी ऐसा लगता है जैसे कल ही की बात हो। और कई बातें ऐसी होती हैं जो दूसरे दिन ही ऐसा लगता है जैसे बरस बीत गए हों। मचान वाली खेजड़ी के नीचे पहुँची तो उसे ऐसा लगा जैसे युगों पहले उसने यहाँ मीठा सपना देखा था।

उलझन में फँसी वह मचान पर चढ़ी। कदाच ऊपर चढ़ने पर कुछ सूझे। पर कुछ नहीं सूझा।

छुटपन में रोज-रोज सहेलियों के चिढ़ाने से अजाने ही उसके मन में यह बात घर कर गई कि वह मरकर भी नाता नहीं करेगी। जिस से ब्याह हुआ है उसी के घर जाएगी। पर वे छुटपन की बातें थीं। चिढ़ाने से उपजा गुस्सा था। कुछ सयानी हुई तो घर वाले आए दिन नाते की बात करते, पति को कोसते तो उनकी बात उसके मन में बैठ गई। मूरख कङ्गले पति से घृणा हो गई। माँ-बाप से अधिक बेटी का भला और कौन सोचेगा। मन-ही-मन निश्चय कर लिया कि जीते-जी इस अभागे ढोर के घर नहीं जाएगी। एक जीवन में दो बार कैसे मरे! पर कल फिर पासा पलट गया। बचपन की जो बातें राख में दबी थीं वे जरा-सी राख हटते ही सूरज की तरह दहक उठीं। आँखें मूँदकर इस उजाले को अनदेखा कैसे करे!

पूरब दिशा में भलभलाता सूरज उगा। चौफेर उजाला छा गया। धरती की

गोद छोड़कर सूरज धीरे-धीरे ऊपर उठने लगा। उजाले का समन्दर ठाठें मारने लगा। आँखें बन्द करने पर भी सूरज तो ऐसे ही चमकता रहेगा, आँखें मींचने से कहीं सूरज ओझल हुआ है।

कि तभी उसे कल वाला छोरा आता दिखा। पाँव घिसटते हुए मगरे की चढ़ाई चढ़ रहा था।

मचान वाली खेजड़ी के पास से निकलते हुए छोरे ने मुड़कर देखा तो उसे कल वाली छोरी मचान पर खड़ी नजर आई। रुकने का मन तो बहुत हुआ, पर रुका नहीं। पैर आप ही आगे बढ़ते गए। छोरी उसके मन की बात समझ गई। बुलाया नहीं तो देखते-देखते आँखों से अदीठ हो जाएगा। वह कुछ तेज-तेज चलने लगा ही था कि उसने कहा, 'यों मुँह फेरकर कैसे जा रहे हो? कल तो मेरे कहने से सूली पर चढ़ने को तैयार थे और आज बुलाने पर भी नहीं आते!'

फिर उस से एक कदम भी आगे नहीं बढ़ा गया। चुपचाप मचान के नीचे आकर खड़ा हो गया। थोड़ी देर दोनों चुप रहे। फिर वह सर झुकाए हुए ही बोला, 'काफी दूर जाना है। सारे काम यों ही छोड़कर आया हूँ। चौधरी बाबा नाराज होंगे। कल भी तुम्हें बहुत तकलीफ दी।'

वह चुपचाप सुनती रही। कुछ जवाब नहीं दिया। छोरे ने ही कहा, 'एक बार इधर आने का मन तो हुआ, पर बिना काम आया नहीं गया।'

अबके छोरी के होंठ खुले, 'बिना गरज गूजरी किसको छाछ डाले। ससुराल के पकवान खाकर आए हो, अब सारी उम्र भूख थोड़े ही लगेगी। मेरे सूखे टुकड़ों को अब कौन पूछे! तुम्हें इतना मतलबी तो नहीं जाना था।'

सास का दुत्कारना उसे इतना नहीं चुभा, पर यह सुनकर जैसे उसके कलेजे पर लालसुर्ख सलाख का डाम लगा। झटके से सर उठाकर ऊपर देखा। मचान पर खड़ी छोरी के होंठों पर हँसी की बिजलियाँ नाच रही थीं। छोरे की आँखें छलछला आईं।

छोरी तुरन्त मचान से नीचे उतरी। उसकी डबडबाई आँखों को देखते हुए बोली, 'तुम तो निरे बुद्धू हो, मजाक भी नहीं समझते। सच, मैं तो मजाक कर रही थी और तुम बुरा मान गए!'

वह भरे गले से बोला, 'तुम्हें मेरे मन का थोड़ा भी पता होता तो ऐसा मजाक नहीं करतीं।'

छोरी ने खोद-खोदकर पूछा तो उसने ससुराल की सारी बातें बता दीं। बोली, 'पति में हिम्मत न हो तो ऐसा ही होता है। कसूर तो तुम्हारा है, फिर दूसरों को दोष देने से क्या फायदा!'

उसने बच्चे की तरह पूछा, 'इस में मेरा क्या कसूर है?'

वह गोफन से पत्थर फेंकते हुए बोली, 'नहीं तो क्या मेरा कसूर है? सात

फेरे की ब्याहता को नामरद की तरह छोड़कर जाते हुए तुम्हें शरम नहीं आती? थोड़ा-बहुत भी जोर होता तो यों खाली हाथ नहीं जाते।'

एक अजान छोरी की फटकार सुनकर भी उसे जोश नहीं आया। ठण्डे सुर में बोला, 'तुम्हारी बात मानता हूँ। अगर उसका थोड़ा-सा भी मन होता तो मरकर भी खाली हाथ नहीं आता। मैंने बहुत कहा, पर उन्होंने उसको जैसे सात तालों में छुपा दिया हो।'

'उसका मन भले न हो, तुम्हारा मन तो है। चोटी पकड़कर घसीटते हुए ले जाते। कायर आदमी की जोरू ऐसे ही नाते जाती है, इस में अनहोनी कैसी!'

'नही, नहीं यह बात नहीं। मैं तो बैलों को भी उनकी मरजी के बिना हल में नहीं जोतता, वह तो मेरी घरनी है। उसकी इच्छा के बिना मेरे हठ का क्या मोल रह जाता है!'

कुछ क्षण रुककर बोला, 'तुम्हारी तो सहेली है, तुम से अपने मन की बात कही होगी। तुम भी तो कुछ बताओ।'

उसने पीठ फेरकर कहा, 'उसका मन नहीं है तभी तो घर वाले ऐसा बरताव करते हैं।'

उसने एक गहरा निश्वास छोड़कर कहा, 'मैं यही जानने के लिए आया था। उसका मन नहीं है तो बात ही खत्म हो गई।'

उसने दूसरी ओर मुँह किए हुए ही पूछा, 'अब तो मुझे साथ ले जाने की हिम्मत है तुम्हारी? मेरा मन तो है। तुम्हारा मन हो तो अभी खड़े-खड़े चल पड़ूँ। ससुराल की भड़ास तो निकल गई!'

उसका रोम-रोम कान बनकर सुनने के लिए तैयार हो गया। एक पल भी उसे बरस जितना लगा।

वह थोड़ी देर सोच-विचार कर बोला, 'तुम्हारी बात पर अभरोसा भी तो कैसे करूँ, पर मजाक करने की आदत होने के कारण भरोसा करते हुए डर लगता है। भगवान जाने क्यों मुझे यह पक्का भरोसा है कि एक बार वह मुझ से मिल ले तो उसके मन को बदलना पड़ेगा। सच्चे मन की बात बेकार नहीं जाती।'

छोरी के अङ्ग-अङ्ग में जैसे तारे जड़ गए, 'कहो तो एक बार मिलवा दूँ?'

वह लपककर उसके सामने आया, 'यों भी तुम्हारा एहसान कम नहीं है, पर यह बात बिठा दो तो जीऊँगा तब तक तुम्हारा गुण नहीं भूलूँगा।'

वह मुस्कान को होंठों से ढकते हुए कहने लगी, 'खाली गुण मानने से क्या होता है!'

'तो तुम कहो जैसा करूँ!'

वह गोफन को घुमाते-घुमाते थोड़ी दूर जाकर बोली, 'यह तो बिना कहे समझने की बात है। पर तुम तो निरे बुद्धू हो, कहने से भी समझोगे नहीं। फिर

कहने से क्या मतलब! आज साँझ को ही मिलाए देती हूँ।'

फिर जाने क्या सोचकर वह उसके पास आई। कहने लगी, 'तुम्हारे ससुराल वाले गए-गुजरे हुए तो क्या, पूरा गाँव तो गया-गुजरा नहीं हो सकता। उन्होंने तुम्हें बिना खिलाए ही दुत्कारकर निकाल दिया, पर गाँव वाले अपने दामाद को भूखा कैसे जाने दें भला! कल की तरह खेत की रखवाली करना, मैं अभी भाता लेकर आती हूँ।'

वह मना करता रहा और वह गाँव की ओर दौड़ पड़ी। मचान पर चढ़कर देखने लगा। मगरे की ढलान से ओझल हुई तब तक देखता रहा। दो-तीन गहरे निश्वास छोड़कर कहा—अजीब छोरी है!

थी तो वह अजीब ही। माँ रोटियाँ बना रही थी कि वह बवण्डर की नाईं झोंपड़ी में घुसी और घुमते ही बरस पड़ी, 'भूखे रहकर मुझ से रखवाली नहीं होती। डङ्गरों के पीछे भागते-भागते पाँवों में छाले पड़ गए। भाते की बाट जोहते-जोहते आँखें पथरा गईं—अभी आता है, अभी आता है। आखिर मुझे ही आना पड़ा।'

माँ ने रोटी बनाते-बनाते ही कहा, 'तेरे पेट में जम तो नहीं घुस गए! अभी तो भाते की वेला ही नहीं हुई। आज तो तू मुँह अँधेरे ही चली गई, कलेवा भी नहीं किया, फिर तो भूख लगेगी ही।'

कल की तरह बेटी ने अपने हाथ से चूरमा बनाया। ग्वारफली का साग लेकर गरणे में बाँधने लगी तो माँ ने कहा, 'यहीं खा ले, ऐसी क्या देर हो रही है!'

'खेतों में बिगाड़ नहीं हो जाएगा!' यह कहकर वह चली गई।

आज भी उसने दो-तीन बार मनुहार की, पर वह खाने के लिए राजी नहीं हुई। कहा कि घर पर खाकर आई है। ज्यादा जिद की तो बोली, 'आदमी के खाने से औरत का पेट आप ही भर जाता है। तिस पर तुम तो हमारे गाँव के दामाद हो।'

'बातों में तुम से कोई नहीं जीत सकता।' चूरमे का स्वाद लेते हुए बोला, 'एक बात पूछूँ?'

'दस पूछो तो कौन मना करता है!'

बोला, 'ससुराल से चलते बखत आखिर मुझे कहना पड़ा कि तुम्हारी काली, कानी और ठिगनी बेटी को मेरे सिवा कोई आँख वाला नहीं ले जाएगा। सुनकर सास बहुत बिगड़ी। कहा, 'उजाले जैसा भाग होता तो रतौंधी क्यों होती! बड़ा आया मेरी बेटी को कुरूप कहने वाला! उसके तलवे में मुँह देखे तो दिख जाए।' ये दोनों बातें मेरी समझ में नहीं आईं।'

'यह तो तुम्हारी समझ का दोष है, जिसका तो मैं भी क्या करूँ! आँखों से देख लोगे तो सब पता चल जाएगा। मैं आते हुए तुम्हारे ससुराल होकर आई थी।

गुइयाँ बड़ी मुश्किल से मानी, साँझ को मेरे साथ चलना। एक बार तुम्हारी दुलारी से मिलाने के लिए सब मान गए हैं।'

'क्या कहती हो?' उसे भरोसा नहीं हुआ।

'इतने अधीर मत होओ। सारी दुनिया का ब्याह होता है, अकेले तुम्हारा ही नहीं हुआ। तुम्हारी दुलारी कहीं भागी नहीं जाती।'

रोटी खाने के बाद इधर-उधर की बातें हुईं। थोड़ी देर बाद वह बोली, 'तुम्हारे ससुराल वालों को समझाने के लिए मैं पहले जाना चाहती हूँ। तब तक तुम यहीं रहो। दिन ढलने पर चल पड़ना। गुइयाँ को मनाकर छोड़ूँगी।'

घर जाकर उसने घर वालों को कैसे मनाया यह वही जानती है। बड़ी तकरार के बाद माने। वे तो बेटी के भले के लिए ही नाता कर रहे थे। जब वही उसके घर जाना चाहती है तो जाए। पति को मूढ़ और गँवार कहा तो उसने सारा लिहाज बिसराकर साफ-साफ कहा, 'सारी उम्र ढूँढ़कर भी कोई दूसरा सूरज ढूँढ़ सकता हो तो उनकी जोड़ का आदमी मिल सकता है। फकत धन से क्या होता है। साँप की मणि सवा लाख की होती है इस से कोई उसे घर में नहीं रख लेता।'

बहली में उम्दा बैल जोतकर बड़ा साला दो घड़ी दिन रहते खेत पर आया और बहनोई को आब-आदर से घर लिवा ले गया। दरवाजे पर ढोली ढोल बजा रहा था। ढोलनियाँ जामाता को 'गालियाँ' गा रही थीं। बिरादरी की औरतें आईं। जामाता को बधाकर भीतर लिया। जामाता की अकल चकरा गई। यह क्या जादू हुआ? चूरमे का सगुन अकारथ कैसे जा सकता था! ऐसे एहसान सात जनम में भी नहीं उतरते। मचान वाली सगुनी छोरी नहीं मिलती तो उसकी कैसी दुर्गति होती।

साँझ को सास ने अपने हाथ से बत्तीस पकवान बनाकर खिलाए। सालियों ने पङ्खा झला। सास आधा घूँघट उठाकर बोली, 'जमाईराजा, एक बात पूछूँ? सच-सच बताना!'

भोले जमाई ने तुरन्त जवाब दिया कि झूठ तो वह बोलना चाहे तब भी बोल नहीं सकता। तब सास ने कहा, 'मेरी सोने जैसी गोरी बेटी के लिए आप से किसने कहा कि वह तवे से भी ज्यादा काली, कानी और ठिगनी है?'

उसने जो हुआ सच-सच बता दिया। सारी वार्ता सुनकर माँ समझ गई कि दो बार चूरमा किसके लिए बना था। खेत पर काफी बातें हुई दिखती हैं। जब बेटी ने भेद प्रकट नहीं किया तो माँ कैसे करती! बेटी गुस्सा होगी। सब उस से भीतर-ही-भीतर डरते थे।

नवलख तारों जड़ी रात आधी ढल गई तब सङ्गी-साथिनियों ने दुलहन को मेड़ी में धकेला और बाहर से कुण्डी लगा दी। घी के सात दीये जल रहे थे। मेड़ी में उजाला समा नहीं रहा था। दूल्हे ने दुलहन को देखा—ठिगनी तो नहीं है। पलङ्ग से उठकर पास आया। दुलहन ने अपने हाथ से घूँघट उठाया। जैसे चाँद पर से

बादल हटा हो। अरे, यह तो मचान वाली छोरी।

अचरज और हर्ष की होड़ में वह सुध-बुध खो बैठा। कोई अँधेरी कोठरी का किवाड़ खोले और उसे कोने में सूरज पड़ा नजर आए तो उस बखत उसके मन का जो हाल होता है वैसा ही हाल भोले जमाई का हुआ। बेचारी भाषा की क्या बिसात जो मन के उस उजास को काली स्याही से जगमगा सके।

दुलहन खिल-खिल हँसी। कोयल-से मीठे सुर में बोली, 'अब भी तुम्हारा अचरज दूर नहीं हुआ? मैंने तो तुम्हें पहली बार देखते ही पहचान लिया था।'

अब कहीं भोले जामाता को सारी बात समझ में आई।

फिर तो नवलख तारे और चाँद अपनी ठौर छोड़कर उस मेड़ी में आ बसे। एक-एक तारे का उजास सूरज से बढ़कर था।

पाँच दिन तक ससुराल वालों ने जमाई की बहुत आवभगत की। ढेर सारा दहेज दिया। विदाई में सौ मोहरें दीं।

लौटते हुए गाड़ी मचान वाली खेजड़ी के पास से निकलने लगी तो मचान की ओर इशारा करते हुए पति ने पूछा, 'वहाँ मचान पर वह सूरज जैसा क्या चमक रहा है?'

घरनी ने खिलखिलाते हुए जवाब दिया, 'वहाँ ही क्या, अब तो तुम्हें ठौर-ठौर सूरज-ही-सूरज नजर आएँगे।'

खेजड़ी के नीचे पानी से भरा घड़ा रखा था। पति ने कहा, 'एक बार उस घड़े का पानी पीकर आगे चलेंगे।'

दूसरे दिन आधी रात को वे अपने गाँव पहुँचे। पति ने अपने मालिक के घर के आगे गाड़ी रोकी। दुलहन ने पूछा, 'यह किसका घर है?'

'गाँव-चौधरी का।'

'फिर यहाँ गाड़ी क्यों रोकी? अपने घर चलो। जैसा भी है वही काम आएगा।'

पति ने बहुत समझाया पर वह नहीं मानी। अण्टी में जोर हो तो गृहस्थी जमते क्या देर लगती है! अगले ही दिन जादू की तरह सब चीजें आ गईं। पुराने जर्जर झूँपे में नया घर बस गया। जाट के छोरे ने दिन उगते ही अपने मालिक को उसके कपड़े, डोरा और कड़े लौटा दिए। नई ठौर अकेली बहू को लेकर बसने पर चौधरी बहुत बिगड़ा। बहुत भला-बुरा कहा। जाट के छोरे ने सच-सच बता दिया कि उसने तो बहुत मना किया पर घरवाली नहीं मानी।

चौधरी ने ताना दिया, 'अभी से लहँगे का गुलाम हो गया तो उम्र कैसे कटेगी! गाड़ी की धुरी और औरत की खोपड़ी तो कूटने से ही काम देती है। जूती आदमी के पग में और औरत के माथे पर ही शोभा देती है। पर तेरी उलटी गङ्गा के आगे कौन टिक सकता है भला!'

पर जाट के छोरे ने मालिक की यह बात नहीं मानी। अपनी गुणवन्ती

जोड़ायत पर उसे इतना भरोसा था कि वह रात को दिन और दिन को रात कहती है तब भी उसे मानना पड़ता।

सञ्जोग की बात कि जल्द ही ऐसी घड़ी आ गई। दशहरे के दिन सारी प्रजा राजा के दरसन के लिए जाती थी। जाट का बेटा भी दरबार में जाने के लिए रवाना हुआ तो उसकी मेहरारू ने कहा, 'तुम महाराज के दरसन के लिए जा रहे हो सो तो ठीक है, पर एक बात मेरी भी माननी होगी।'

पति ने कहा, 'कैसी बात करती हो! तुम्हारा कहा मैं सपने में भी टाल सकता हूँ भला!'

जाटनी ने कहा, 'सब लोग महाराज के दरसन के लिए जाएँगे, उनकी जय-जयकार करेंगे। पर तुम घोड़े पर बैठे-बैठे ही दरबार में जाना। जाते ही महाराज के सर पर दस-बीस जूते मारना और उनकी पगड़ी दूर फेंक देना। फिर उसी बखत घोड़े पर बैठकर घर आ जाना। पीछे मुड़कर भी मत देखना।'

उसने कई बार कहा था कि अपनी मेहरारू के कहने से वह हँसते-हँसते सूली पर चढ़ सकता है। यह तो सूली पर चढ़ना ही था। अपनी गुणवन्ती लक्ष्मी के सङ्ग नवलख तारे जड़ी एक-एक रात में उसने हजार जनमों का आनन्द पाया है। अब मर जाए तब भी गम नहीं। उसने उस बात का माने पूछे बिना ही दरबार की ओर घोड़ा दौड़ाया।

दरबार में भी वह घोड़े से नीचे नहीं उतरा। सिपाहियों ने यह सोचकर नहीं रोका कि महाराज के लिए कोई जरूरी सन्देश होगा। चौकी के पास नीचे उतरा और खट-खट सीधा सिंहासन पर विराजमान राजा की ओर बढ़ा। पास जाते ही सर पर कसकर दस-बीस जूते मारे और पगड़ी दूर फेंक दी। लोग कुछ समझते-बूझते तब तक वह घोड़े पर बैठकर वह जा, वह जा!

राजा की आँखों के आगे अँधेरा छा गया। दीवान ने 'मारो-मारो' का आदेश देकर पगड़ी उठाई और राजा के सर पर रखने वाला ही था कि उसे पगड़ी के अन्दर एक साँप लटपट-लटपट करता नजर आया। फन कुचला हुआ। पगड़ी में छटपटाते साँप को देखकर राजा की खुशी का पार न रहा। अगला जीवन तो अजाने घुड़सवार का दिया हुआ ही है। साँप डस लेता तो पानी माँगने की भी जरूरत नहीं थी। अजाने घुड़सवार ने प्राण बचा लिए। राजा ने आदेश दिया कि जहाँ भी हो उसे ढूँढ़कर हाजिर करें। मुँहमाँगा इनाम देगा। राज माँगेगा तब भी ना नहीं करेगा।

जाट का बेटा घर पहुँचा ही था कि राज के सिपाही आ पहुँचे। जाटनी दरवाजे पर ही खड़ी थी। जैसे चौखट में मढ़ा हुआ साक्षात् सौन्दर्य।

पति घर पर था तब भी उसने मना कर दिया। कहा, 'वह सवेरे ही खेत पर चले गए थे, अभी तक आए नहीं। पर काम क्या है?'

सिपाहियों ने कहा कि पगड़ी के पेंच में छुपे साँप को मारकर तुम्हारे पति

ने महाराज के प्राण बचाए हैं, सो वे मुँहमाँगा इनाम देना चाहते हैं। भाग बली हो तो छप्पर फाड़कर मिलता है।

घुड़सवारों की आँखों में उसे मैल नजर आया। उनकी सूगली भूखी नजरें उसके शरीर में खुब रही थीं। किवाड़ की ओट में होते हुए कहा, 'हाथों में ताकत है तब तक हम भाग की कमाई की आस नहीं करते।'

यह कहकर उसने धड़ाम-से दरवाजा बन्द कर लिया। सिपाही जैसे आए थे वैसे ही लौट गए। राजा से कहा, 'अन्दाता, घर का पता तो चल गया, पर घर की मालकिन ने बताया कि वह बड़े उछाह से दरबार में गए हैं। कल से पहले शायद ही आएँ।'

साँप के मरने और मुँहमाँगा इनाम मिलने की बात सुनकर भी उसने अपनी घरतिन से किसी बात का मायना नहीं पूछा। पूछे जैसा उसने कभी काम नहीं किया था। उसके देखते-देखते घर-गवाड़ी देवताओं के रहे जैसी हो गई। सब बातों का ठाट हो गया। खूँटे पर बँधी भँवातड़े की भैंसें। नागौरी बैल। खेत और बाड़े। किसी तरह की कोई कमी नहीं थी।

राजा ने सोचा, अब दीवाली दूर थोड़े ही है। उस दिन दरसन के लिए आएगा ही। तब जो माँगेगा दे देगा। कदाच डर के मारे सामने आने की हिम्मत नहीं हो रही।

दीवाली से एक दिन पहले जाटनी ने अपने पति से कहा कि पहले की तरह इस बार भी वह घोड़े पर बैठकर दरबार में जाए। महाराज झरोखे में बैठे दरसन दे रहे होंगे। बेधड़क पास जाए और टाँग पकड़कर बाहर गद्दे पर ला पटके। उसी तरह घोड़े पर बैठकर सीधे घर। पीछे मुड़कर भी नहीं देखे।

पहले भी किसी ने नहीं रोका तो अब किसकी मजाल जो रोके। घोड़े से उतरकर धम-धम सीढ़ियाँ चढ़ा। राजा के पास जाकर अदेर उसकी टाँग पकड़ी और औंधा लटकाए हुए बाहर लाया। राजमहल से दूर चौगान में एक गद्दे पर ला पटका। राजा के पीछे-पीछे सभी राव-उमराव और अहलकार भी बाहर आ गए। यह कैसा कौतुक है?

रकाब में पाँव रखते ही महल हरड़-से गिर गया। सतखण्डिया महल देखते-देखते मलबे का ढेर हो गया। राजा, राव-उमराव और अहलकारों का कचूमर निकल जाता। माँ-बाप तो एक बार ही जनम देते हैं, पर इस अलबेले ने राजा के दो बार प्राण बचाए। राजा ने आदेश दिया कि जैसे भी हो उसे आदर के साथ दरबार में लिवा लाएँ। उसे राज सौंपे बिना वह मुँह में पानी भी नहीं डालेगा।

आदेश मिलते ही घुड़सवार दौड़ पड़े। घोड़ों के खुरों से धूल के बादल उड़ाते हुए उसी ठौर पहुँचे। कहा कि महाराज उन्हें भगवान से भी बढ़कर मानते हैं। बखतसर नहीं पहुँचते तो महाराज के साथ कई दरबारी भी ढेर हो जाते। राज सौंपे

बिना महाराज मुँह में पानी भी नहीं डालेंगे।

जाटनी ने कहा, 'पर राज चाहिए किसे! तुम्हें दिखता है राज! मैं तुम्हारे राज को धूल बराबर भी नहीं गिनती। अगर राज बड़ा होता तो महाराज प्राण बचने की खुशी में राज देने की बात नहीं करते।'

फिर पति को भीतर ले जाकर कहा, 'जाना तो तुम्हें होगा, पर महाराज कुछ लेने के लिए कहें तो लेना मत। न खजाना, न राज।'

पति ने कहा, 'तेरे आने के बाद मुझे किस बात की कमी! तेरी एक मुस्कान पर ऐसे सौ राज निछावर कर दूँ।'

'यह मैं जानती हूँ, बार-बार कहने की जरूरत नहीं। जो मैं कहूँ वही एक चीज माँगनी है। महाराज अधिक हठ करें तो कहना कि दीवाली की रात पूरे राज में कहीं दीया न जले और न कहीं उजाला हो। राजमहल में भी नहीं। बस, और कुछ मत माँगना।'

घुड़सवार उसे साथ लेकर दरबार में पहुँचे तो राजा नङ्गे पाँव उसकी अगवानी के लिए सामने आया। उसे गले लगाया। सिंहासन पर अपने पास बिठाया। राज सौंपने की बात की तो उसने साफ मना कर दिया।

दीवान ने कहा, 'अन्दाता, राज तो करने वाले ही करते हैं। ये गँवार लोग तो धन से खुश होते हैं सो खजाना सामने कर देते हैं।'

पर वह गँवार न सोने-चाँदी के लिए राजी हुआ न हीरे मोतियों के लिए। जैसे मना करने के अलावा कुछ जानता ही न हो। राजा निहोरे कर-करके थक गया और वह मना कर-करके थक गया। आखिर उसने कहा, 'आप कुछ देना ही चाहते हैं तो एक चीज माँगता हूँ...।'

राजा से सब्र नहीं हुआ। बीच ही में बोला, 'वह क्या? बता, जल्दी बता!'

'कल दीवाली की रात मेरी झोंपड़ी के अलावा पूरे राज में कहीं दीया न जले और न किसी तरह का उजाला हो।'

राजा ने कहा, 'पगले, माँग पर भी क्या माँगा। मुझे देते हुए भी शरम आती है। तू कहे तो अगली दीवाली तक किसी को दीया न जलाने दूँ।'

'नहीं, फकत इसी दीवाली को। मुझे और कुछ नहीं चाहिए। कल आपके राजमहल में भी दीया नहीं जलेगा।'

'हाँ रे हाँ, घड़ी-घड़ी क्या कहता है! मैं तो एक बार में ही सब समझ गया।'

वह पहला आदमी था जो लेने को राजी नहीं हुआ। राजा ने बहुत हठ किया, पर वह नहीं माना। बिना कुछ लिए वह खुशी-खुशी अपने गाँव आया। पर बिना कुछ दिए राजा को उतनी खुशी नहीं हुई।

राजा ने आठों दिशाओं में हजारों घुड़सवार दौड़ा दिए। समूचे राज में गाँव-गाँव डूँडी पिटवा दी कि दीवाली के दिन साँझ के बाद किसी ने दीया जलाया या किसी

तरह का उजास किया तो सूली पर चढ़ा दिया जाएगा।

अगले दिन अमावस की काली-स्याह रात के साथ बदरङ्ग दीवाली आई। न आकाश में चाँद और न उस राज की धरती पर एक भी दीया। दो घड़ी दिन रहते ही लोगबाग चूल्हे-चौके से निपट गए। अँधेरा घिरने के बाद किसी ने चिलम तक नहीं सुलगाई।

अँधेरे के साथ ही देवलोक से लक्ष्मी उतरी। हीरे-मोतियों के गहनों से लड़ाझूम। छम-छम करती धरती पर पग रखा! कहीं उजाले की किरण तक नहीं। लक्ष्मी की आँखें फकत उजाले की अभ्यस्त थीं। अँधेरे में उसे दिखना बिल्कुल बन्द हो गया। एक ठौर रुकने की आदत नहीं। अँधेरे में चले तो ठोकर खाए। कभी इस से टकराती कभी उस से। मृत्युलोक के वासी लक्ष्मी से तङ्ग आ गए दिखते हैं? आज तक ऐसी दीवाली नहीं देखी।

ठोकरें खा-खाकर पाँव लहूलुहान हो गए। काँटों और शूलों से तलवे बिंध गए। झाड़ियों में उलझकर कपड़े तार-तार हो गए। हमेशा तो जगर-मगर करती दीवाली आती है। लोग लक्ष्मी के लिए पलक-पाँवड़े बिछाए रहते हैं। ऐरे-गैरे का तो वह मुँह ही नहीं देखती।

राजमहल में गई। वहाँ भी घना अँधेरा। बरसों की जान-पहचान वाले सेठों की हवेलियों में गई। वहाँ भी घोर अँधेरा। पूरे राज में भटकी, चप्पा-चप्पा छान मारा, पर कहीं उजास का रेशा नजर नहीं आया। गगन के तारों के अलावा धरती पर कहीं किसी तरह का उजाला नहीं था।

आखिर भटकते-भटकते ठोकरें खाते-खाते वह उस जाट के गाँव पहुँची। गलियों में डोलती रही, इस से उस से टकराती रही, पर कहीं उजाला नजर नहीं आया। एक बार तो खड्डे में गिर गई। जोड़-जोड़ खुल गया। घुटने और कोहनियाँ छिल गईं। पर जब तक दम में दम था उसने विश्राम नहीं किया। कराहती हुई उस जाट की झोंपड़ी के पास से निकली। भीतर जगमग-जगमग करता उजाला नजर आया। पर दरवाजा बन्द! कुण्डी खटखटाई। भीतर से औरत की आवाज आई, 'कौन है? डायन, भूतनी या चुड़ैल?'

लक्ष्मी गिड़गिड़ाई, 'न डायन हूँ, न भूतनी, न चुड़ैल। मैं लक्ष्मी हूँ। पूरे राज में कहीं उजाला नहीं दिखा। तेरी झोंपड़ी में उजाला नजर आया, इसलिए इधर आई हूँ।'

जाटनी ने तमककर कहा, 'डायन, भूतनी या चुड़ैल होती तो दरवाजा खोल देती, पर तेरे लिए नहीं खोलूँगी। दफा हो यहाँ से! घर का सत्यानाश करके अब भटकती हुई आई है! जाती है या लगाऊँ दो-चार!'

लक्ष्मी का अङ्ग-अङ्ग दुख रहा था। कहीं जाने की सरधा नहीं थी। मरी हुई आवाज में बोली, 'तू ही बता कहाँ जाऊँ? पूरे राज में कहीं उजाला नहीं है।'

'तूने किसी को उजाले लायक रखा हो तब न!'

'अँधेरे में मेरे पाँव लहूलुहान हो गए। झाड़ियों में उलझकर कपड़े लीर-लीर हो गए। बाहर खड़े-खड़े मुझे चक्कर आ रहा है। जोड़-जोड़ टूट रहा है। तेरे गाँव के एक खड्डे में तो मरते-मरते बची।'

जाटनी दाँत पीसते हुए बोली, 'मर जाती तो क्लेश कटता! दुनिया को सुख की साँस तो आती! छिनाल राँड, आज यहाँ कल वहाँ! तेरा कुछ भरोसा भी है! कलमुँही, क्यों आधी रात को माथा खाती है! मैं तेरी छाया भी नहीं छूना चाहती।'

लक्ष्मी किवाड़ पर सर पटकते हुए बोली, 'समय-समय की बात है। बड़े-बड़े तीसमारखाँ मेरे पाँवों में पगड़ी रखते हैं। हाथ जोड़ते हैं। निहोरे करते हैं। पर मैं किसी की परवाह नहीं करती। मेरी छाया बड़भागियों को ही मिलती है। आज तू जितना कोसे कम है। खोल भली मानुस, खोल! मेरा रोम-रोम टीस रहा है। ठौर-ठौर खून रिस रहा है।'

पर जाटनी नहीं मानी। किवाड़ के होड़ा लगाते हुए कहने लगी, 'तू फूलकुँअर, रईसजादी एक रात में ही तङ्ग आ गई! अङ्ग-अङ्ग टीस रहा है! और जो पीढ़ियों से ठोकरें खा रहे हैं, भटक रहे हैं उनका क्या हाल होता होगा, कभी सोचा है?'

'हाल तो बुरा ही होता होगा, पर मैं अकेली कहाँ-कहाँ जाऊँ!'

'तेरे किए गरीबों का कुछ भला नहीं होगा। पीढ़ियों का ठाया छोड़कर तू गलियों में डोलती ही क्यों है! राजमहलों में जा। गढ़-कोटों में जा। सेठ-साहूकारों की हवेलियों में गुलछर्रे उड़ा। हम गरीबों के यहाँ क्या रखा है!'

लक्ष्मी ने लालच दिखाया, 'मेरे चरण पड़ने के बाद तू गरीब रहेगी नहीं। सब तरह का ठाट हो जाएगा।'

'पर तेरा क्या भरोसा! जब मरजी हो चल दे! आज तो मुसीबत की मारी आसरा माँग रही है और कल पीड़ा मिटते ही खिसक जाएगी। इस से तो तू दूर ही भली।'

लक्ष्मी खीज उठी। पूरे राज में यहीं उजास दिखा, पर घर की मालकिन बिल्कुल उलटी खोपड़ी की! राजा-महाराजा, सेठ-साहूकार पलक-पाँवड़े बिछाते हैं और एक यह गावदी है जो कब से दुत्कार रही है! गिड़गिड़ाते हुए बोली, 'खोल भली मानुस, खोल! वेला निकली जा रही है। इतनी अकड़ मत दिखा। मैंने कभी किसी की इतनी खुशामद नहीं की। तेरे हाथ जोड़ती हूँ, मान जा! वेला टल रही है। कहीं और उजास होता तो मैं तेरी झोंपड़ी की ओर देखती भी नहीं। पर आज लाचार हूँ।'

जाटनी बिजली की तरह कड़कते हुए बोली, 'फूहड़ राँड, मेरे दरवाजे पर खड़ी मुझी को भला-बुरा कह रही है! मैंने क्या अकड़ दिखाई! कुलच्छनी को कौन मुँह लगाए! कब से माथा खा रही है, जाती क्यों नहीं!'

कैसी बुरी फँसी! पर दरारों में से उजास दिखता है तब तक दूसरी ठौर जाया भी नहीं जाता। राजमहल और हवेलियाँ तलक अँधेरे में डूबी हैं, फिर झोंपड़ियों की क्या बिसात! आकाश के तारों के अलावा समूचे राज में उजास का नामोनिशान नहीं। जाए भी तो कहाँ? रुँधे गले से बोली, 'खोल दे भली मानुस, खोल दे! तेरे पाँव पड़ती हूँ। वेला निकली जा रही है। अगर आज रात दीये के उजास का परस नहीं हुआ तो मैं सूरज की लपट से भस्म हो जाऊँगी।'

अबके जाटनी धीमी आवाज में बोली, 'दीये के उजास की मेरी झोंपड़ी में कोई कमी नहीं। घी के सात दीये जल रहे हैं। पर कुछ दिन की अमीरी से तो गरीबी ही भली! एक कौल करे तो दरवाजा खोलूँ?'

आज लक्ष्मी किसी भी कौल-वचन में बँधने को तैयार थी। हारकर बोली, 'भली मानुस, तू मुँह से कुछ बोल तो सही! तू जो कहे मानने को तैयार हूँ।'

'वचन तोड़ेगी तो नहीं?'

'अब कहाँ तक मेरे धीरज की परीक्षा लेगी! जो कहना है कह डाल! रात थोड़ी ही बाकी है।'

वह किवाड़ से होड़ा हटाते हुए बोली, 'सात पीढ़ियों तक यह घर छोड़कर नहीं जाए तो अरगला खोलूँ?'

लक्ष्मी ने अधीरता से कहा, 'नहीं जाऊँगी भली मानुस, नहीं जाऊँगी। अब तो दरवाजा खोल। और कितना तङ्ग करेगी!'

'वचन देती है?'

'हाँ, वचन देती हूँ।'

तब कहीं घर की मालकिन ने अरगला खोली। दरवाजा खुलते ही लक्ष्मी लपककर अन्दर गई। सात दीये जगमग-जगमग कर रहे थे। दीये के उजाले में वह बावली-सी नाचने लगी। लक्ष्मी के पग धरते ही घर में हीरे-मोतियों की बरसात हुई। सोने-चाँदी के ढेर लग गए। नौमञ्जिला महल खड़ा हो गया। अन्न-धन से भंडार भर गए। बाड़े में गाएँ रम्भाने लगीं। खुद विधाता उस महल के आँगन में दाल दलने बैठी। देश के स्वामी से भी अधिक चौधरी की हस्ती हो गई। गाँव-गाँव में उसी की चर्चा थी।

पर चौधरी के चेहरे पर रौनक नहीं आई। वह उदास रहने लगा। उसकी घरवाली तो छाया देखकर भाँपने वाली थी। पूछा, 'महाराज तुम्हें इतनी इज्जत देते हैं। हीरे-मोती कङ्करों की तरह बिखरे पड़े हैं। किसी बात की कमी नहीं। पर मैं कई दिनों से देख रही हूँ कि तुम्हारा मुँह उतरा हुआ है। मुझे तो बताओ, बात क्या है?'

पति कहने लगा, 'मुझे आज दिन तक समझ में नहीं आया कि इतने धन की जरूरत क्या है! बहुत सोचा, पर कुछ समझ नहीं पड़ा। दो जून रोटी। एक

कोठरी। पहनने को कपड़े। इस से अधिक आदमी को क्या चाहिए! सच पूछो तो उस खेजड़ी के नीचे खाए चूरमे जैसा आनन्द इस नौखण्डिये महल में मुझे कभी नहीं आया, इसे मानोगी तुम?'

'मानूँगी क्यों नहीं, हजार बार मानूँगी। पर माँ के वे बोल, ज्वार का खीच और खट्टी छाछ, एवाड़े की झूलती खाट और वह फटी गुदड़ी मैं भूलना चाहूँ तब भी भूल नहीं पाती। फकत गरीबी के कारण तुम्हें बोल सुनने पड़े। एवाड़े की वह रात भुगतनी पड़ी। फकत गरीबी के कारण तुम्हें सात फेरे की ब्याहता को छोड़ना पड़ता। आदमी की इस दुनिया में सूरज से भी धन का उजास ज्यादा है। भगवान वैसी रात बैरी-दुस्मी को भी न दे। मेड़ी के दरवाजे के आगे सोते हुए वह रात मैंने कैसे काटी, यह मैं ही जानतीं हूँ।'

'एवाड़े की खाट पर मैं कौन सुख से सोया था, पर इस में हमारा क्या कसूर!'

'तुम अलबत्ता मरद हो, उस दुःख को भूल सकते हो। पर मैं औरत जात उस रात को मरकर भी भूल नहीं सकती।'

'मैं भूलने को कब कहता हूँ। पर एक बात याद रखना कि जो दुःख हमने भुगता, वह हमारे कारण किसी को न मिले। यह भी याद रखना कि इस धन में सभी अभागों का हिस्सा है।'

'यह भी कोई भूलने की बात है भला!'

थोड़ी देर दोनों चुपचाप खड़े रहे। सहसा मेहरारू के चेहरे की ओर देखते हुए पति ने कहा, 'मानो तो एक बात कहूँ?'

'तुम्हारी कौन-सी बात नहीं मानी जो आज पूछने की जरूरत पड़ी?'

वह सर झुकाकर बोला, 'एक रात खेजड़ी के मचान पर बिताना चाहता हूँ। तुम समझ तो गईं न मेरे मन की बात?'

'तुम्हारे मन की बात नहीं समझती तो आज ये दिन देखने को नहीं मिलते।'

सञ्जोग की बात कि अगले ही दिन बड़ा भाई बहन को लिवाने आया। छोटी बहन के ब्याह में अधिक दिन नहीं रह गए थे। सास ने जामाता को बड़े मान से बुलाया था। ऐसा न हो कि हम गरीबों की सुध ही न लें।

तेरस की मङ्गल वेला वे गाड़ी जोतकर रवाना हुए। बहनोई ने छोटी साली के लिए ढेरों गहने और धन लिया।

चौहस का निर्मल चाँद निकला ही था कि वे उस खेजड़ी के पास पहुँचे। साले को गाँव भेजकर वे वहीं रुक गए। सवेरे आने को कहा।

दोनों खेजड़ी के मचान पर चढ़े। चाँद अमृत बरसा रहा था। ठण्डी बयार। खुला आकाश। अनगिनत तारों की झिलमिल। खेजड़ी के लूँगों का हरियल चँवर। नवलख तारे उस मचान में जड़ने के लिए कसमसाने लगे।

चाँद का अमृत पीते हुए पति ने कहा, 'इस सुख के आगे स्वर्ग के राज और कुबेर के खजाने को भी हजार बार ठोकर मारता हूँ। बेचारी लक्ष्मी की क्या बिसात जो इस सुख का मुकाबला करे!'

फिर भोले पति ने एक भोला सवाल किया, 'यह चाँदनी चाँद की है या तुम्हारे चेहरे की?'

मचान के चाँद ने आँखें मूँदकर कहा, 'मैं क्या जानूँ।'

आखातीज, 1964

अनुवादक : कैलाश कबीर

❑❑❑